INSIDER TRADING

事例でわかる
インサイダー取引
第2版

森・濱田松本法律事務所

編著 弁護士 戸嶋　浩二
　　 弁護士 久保田修平
　　 弁護士 宮田　　俊
著　 弁護士 清水池　徹
　　 弁護士 芳川　雄磨
　　 弁護士 須賀　裕哉
　　 弁護士 西條　　景
　　 弁護士 江角　航介
　　 弁護士 古橋　　悠

商事法務

第2版　はしがき

　初版を出版してから11年が経った。この間、株式市場における取引はより複雑化・大規模化するとともに、NISAなどを通じてより大衆化している。様々なステークホルダーが参加するようになる中、株式市場の公正性を保つためインサイダー取引規制の重要性は増している。

　インサイダー取引規制について、この11年間で何が変わったであろうか。

　まず、知る前契約・計画が導入された。米国の10b-5 Planを参考に作られたこの制度は、特に発行会社の役職員のように日々インサイダー情報に触れる可能性のある方が株式取引を行えるようにするために重要な制度である。インサイダー取引規制に関係する制度としては、フェアディスクロージャー制度も導入されている。

　また、近年、コーポレートガバナンスの充実が図られる中、経営陣の持続的な成長に向けたインセンティブとして、株式報酬を導入する上場会社が増えている。そのため、株式報酬とインサイダー取引規制との関係について、Q&Aの改訂など新たな論点と対応に関する実務が進展している。

　さらに、11年間蓄積してきた裁判例・課徴金事例そのものが、インサイダー取引規制の全体像を明らかにする上でとても有用であることは、この本のタイトルが示すとおりである。特に、初版段階では刑事事件の裁判例が多かったが、この11年の間に、課徴金命令を不服として課徴金命令取消訴訟が多数提起されており、少なからず取消を認める裁判例があらわれている。このことは、インサイダー取引規制の限界を知る上で極めて重要な役割を果たしている。

　私自身、日々、インサイダー取引規制についてアドバイスをしている身として、本書を参照して説明することも多かった。しかし、本書にインサイダー取引規制に関する上記のような進展を反映できていないことには忸

悗たる思いもあった。多忙を言い訳に動かない私に代わり、初版で共同して編著にあたった久保田修平弁護士のほか、証券取引等監視委員会での執務経験を経た宮田俊弁護士に編著者に加わってもらい、新たな6名の執筆者である弁護士と、当事務所内のパラリーガル及び秘書の多大なる尽力を経て、章立ても含めて内容を刷新し、ようやく本書がここに刊行にいたった。

初版のはしがきで述べたように、インサイダー取引規制がいまだ分かりにくい規制であることは否めないものの、本書が読者の羅針盤となり、また公正な実務と将来の法改正に少しでも影響を与えることができれば、執筆者一同望外の喜びである。

最後に、本書の刊行は、粘り強く原稿を待ち校正を行って頂いた浅沼亨氏をはじめとする商事法務の方々の大変なご尽力がなければ実現しなかったものである。この場を借りてお礼を申し上げたい。

2024年9月

執筆者を代表して
森・濱田松本法律事務所
弁護士　戸　嶋　浩　二

初版　はしがき

　率直に言えば、インサイダー取引規制は、ビジネス法務の中でもあまり評判の良くない規制の一つであろう。

　もちろん、インサイダー情報を知ることができる特別な立場を利用して証券市場で不当に儲けることが許されるわけはない。証券市場の公正性と健全性に対する投資家の信頼を確保するというインサイダー取引規制の趣旨に異論はない。

　しかし、インサイダー取引規制は、まじめに考えれば考えるほど、非常に窮屈で厄介な規制のようにも思えてくる。重要事実の発生時期やバスケット条項に関する曖昧な解釈、実態にそぐわない軽微基準、形式的に適用される要件と規制範囲を拡大させる実質的な解釈。法律ではたったいくつかの条文の話に過ぎないのに、入り込むと抜け出ることのできない迷路のように感じる方もいるかもしれない。

　そこで、本書は、上場会社や証券会社・投資会社の方など、証券市場に関わるすべての方に、そのような厄介な規制の範囲を実感を持ってわかっていただくことを目的とした。そのために、本書ではこれまでの課徴金事例・裁判例を網羅的に検討し、それぞれの要件において参考となる事例をできるだけ挙げることとした。実を言えば、課徴金事例の中には、理論的にはやや説明がつかないようなものもある。しかし、それも含めて、実態として規制がどのように解釈・運用されているのかを実感していただくことは、実務に携わる方にとって重要なことと考えて、事例をできるだけ載せている。インサイダー取引規制の内容について記した第3章から第6章までがこれに当たる。第2章はこれからインサイダー取引規制について学ぼうとされる方が、その概要を理解するためのものである。

　また、本書を執筆中に、一連の公募増資インサイダー事件が摘発され、

情報伝達行為・取引推奨行為自体を禁止するという新たな規制を設ける平成25年金商法改正が成立した。そこで、本書の第1章では、情報伝達行為・取引推奨行為の禁止やJ-REITへのインサイダー取引規制の導入など、実務に重要な影響を与える平成24年改正・平成25年改正の内容について、実務的な観点から解説している。

　第7章は、公募増資や公開買付け、自社株買いといった場面での実務対応や、インサイダー取引防止規程について、第8章はインサイダー取引の調査とその対応について、それぞれ実務に即した形で記している。特に、これらの具体的な場面に立った際にご覧いただければと思う。

　本書が、実務に携わる方々にとって、インサイダー取引規制という窮屈で厄介に思える規制の羅針盤となることが少しでもできれば、執筆者としては望外の喜びである。

　最後に、本書の刊行は商事法務の水石曜一郎氏の大変なご尽力がなければ実現しなかったものである。この場を借りてお礼を申し上げる。

平成25年10月

執筆者を代表して
森・濱田松本法律事務所
弁護士　戸　嶋　浩　二

目次

はしがき……i

第1章 インサイダー取引規制の概要

1 インサイダー取引規制の概要　3
 1 会社関係者等によるインサイダー取引　3
 2 公開買付者等関係者によるインサイダー取引　6
 3 インサイダー取引規制違反の罰則　8
2 課徴金事例における対象者属性の傾向　10
 1 行為者属性別の勧告状況　10
 2 情報伝達者及び情報受領者の属性　12
 3 情報伝達・取引推奨規制行為者の属性　14

第2章 インサイダー取引規制の対象者

第1節　会社関係者及び公開買付者等関係者……19
3 会社関係者及び公開買付者等関係者の範囲　19
 1 会社関係者　19
 2 公開買付者等関係者　20
4 元会社関係者・元公開買付者等関係者　22
5 「上場会社等」及び「公開買付者等」　23
 1 上場会社等及び公開買付者等の意義　23
 2 上場会社等へのインサイダー取引規制適用の有無　24
 3 公開買付者等へのインサイダー取引規制適用の有無　25

4 公開買付け等に関し共同買集め行為を行う者についての
　　　　「公開買付者等」該当性　26
　6 「役員等」　27
　　1 概　要　27
　　2 株主の「役員等」への該当性　28
　　3 出向中の従業員に係る出向元の「役員等」への該当性　29
　7 「職務に関し知ったとき」　30
　　1 「職務に関し知った」の意義　30
　　2 裁判例の傾向　32
　　3 チャイニーズ・ウォール　38
　8 「権利の行使に関し知ったとき」　39
　9 「法令に基づく権限」・「権限の行使に関し知ったとき」　40
　　1 法令に基づく権限　41
　　2 権限の行使に関し知ったとき　41
　10 「契約」　42
　　1 種類・内容　43
　　2 書面性の要否　43
　　3 「契約」の当事者　44
　11 契約の「締結若しくはその交渉又は履行に関し知ったとき」　45

第2節　情報受領者 …………………………………………… 48
　12 情報受領者の範囲　48
　13 重要事実等の伝達の方法　50
　　1 概　要　50
　　2 第三者を介在させた伝達　51
　　3 後段の情報受領者　52
　14 情報伝達の内容　57
　15 法人の情報受領者該当性　60

第3章
重要事実・公開買付け等事実

第1節　決定事実及び公開買付け等事実················65

16　決定事実の類型と軽微基準　65
　1　概　要　65
　2　軽微基準　65
　3　純粋持株会社等における重要事実の軽微基準・重要基準の変更　66
　4　決定事実と軽微基準　68

17　軽微基準に関する論点　81
　1　「募集の払込金額の総額」　81
　2　「最近事業年度」の意義　81
　3　最近事業年度が1年未満である場合　82
　4　最近事業年度が存在しない場合　82

18　子会社の決定事実と軽微基準　83
　1　概　要　84
　2　子会社とは　84
　3　軽微基準　85
　4　子会社の決定事実と軽微基準　85

19　中止・変更の決定　94
　1　決定事実の中止　95
　2　決定事実の変更　96

20　公開買付け等事実　97
　1　概　要　97
　2　公開買付け等及び公開買付者等　97
　3　軽微基準　98
　4　株券等　98
　5　公開買付け等事実と期間の経過　99
　6　買集め行為の完了と公表　99

第2節　業務執行を決定する機関·····100

21　「業務執行を決定する機関」の解釈　100
　1　最高裁判決　100
　2　課徴金事例　101
22　会社外部者による関与　102
　1　概　要　102
　2　実質的経営者の関与がある場合　103
　3　親会社の関与がある場合　104
23　公開買付けにおける、公開買付者・SPCと公開買付者等の
　　「業務執行を決定する機関」　105
　1　SPCがすでに設立されている場合　106
　2　SPCが設立されていない場合　107
　3　SPCの設立に向けたある程度具体的な準備行為が観念できない場合　108

第3節　決定時期·····110

24　「決定時期」の解釈　110
25　実現可能性の要否に関する判例の考え方　112
　1　決定時期と実現可能性　112
　2　日本織物加工事件　113
　3　村上ファンド事件　114
26　実現可能性に関連する課徴金事例　116
27　決定事実・公開買付け等事実の中止　117
　1　決定事実・公開買付け等事実の中止　118
　2　決定事実の中止に関する課徴金事例　118
28　株式等の発行における決定時期に関する判断要素　121
　1　概　要　121
　2　課徴金事例　122
　3　増資内容の具体性　124
　4　引受先の特定及び具体的作業の開始状況　124
　5　実現可能性との関係　126
29　組織再編、業務上の提携等における決定時期に関する判断要素　126
　1　モルフォの業務上の提携に関する課徴金納付命令取消訴訟　127

2 それ以外の業務上の提携に関する課徴金事例　130
　　　3 まとめ　133
　30　公開買付け等における決定時期に関する判断要素　133
　　　1 公開買付けの場合の特徴　134
　　　2 提携に伴う公開買付け　134
　　　3 親会社による完全子会社化　136
　　　4 MBO　137
　31　法的倒産手続開始の申立てにおける決定時期　139
　32　その他の決定事実に関する決定時期についての事例　141
　　　1 解　散　141
　　　2 新規事業の開始　142
　　　3 新製品の企業化　143
　　　4 株式分割　143
　　　5 自己の株式の取得　145
　　　6 固定資産の譲渡　146

第4節　発生事実　……………………………………………………147
　33　発生事実の類型と軽微基準　147
　　　1 概　要　147
　　　2 軽微基準　147
　　　3 発生事実と軽微基準　148
　34　子会社の発生事実　153
　35　発生事実の発生時期　159
　　　1 災害に起因する損害又は業務遂行の過程で生じた損害　159
　　　2 免許の取消し等の行政庁による処分　164
　36　損害の額　164
　37　主要株主の異動・親会社の異動　166
　　　1 主要株主の異動　166
　　　2 親会社の異動　168
　38　上場廃止の原因となる事実　168
　39　財産権上の請求に係る訴えの提起等　171
　　　1 概　要　171

2　軽微基準　172

第5節　決算情報 ……………………………………………… 175
40　決算情報と重要基準　175
41　子会社の決算情報と重要基準　178
42　決算情報に関する事例　179
43　「新たに算出した」　180
　　1　学説の状況　181
　　2　マクロス事件　182
　　3　SHIFT株式に係る課徴金納付命令取消訴訟　182
　　4　課徴金事例　183
44　時　期　185

第6節　バスケット条項 ………………………………………… 186
45　バスケット条項の概要　186
　　1　概　要　186
　　2　金融商品取引所の適時開示基準との関係　187
　　3　子会社の重要事実に関するバスケット条項　189
46　バスケット条項に関する事例　190
47　粉飾決算等が問題となった事例　195
48　製品の欠陥の発生が問題となった事例　201
49　資金調達の成否が問題となった事例　204
50　その他の適用事例　207
51　166条2項1号ないし3号に該当する事実のバスケット条項の適用　213

第4章
禁止される行為

第1節　売買等、買付け等・売付け等 …………………………… 217
52　禁止される取引　217
　　1　金商法166条のインサイダー取引規制　217

2 金商法167条のインサイダー取引規制　220

53　「売買等」と組織再編による有価証券等の承継等　220

　　1「売買等」該当性　221

　　2 組織再編における適用除外　221

　　3 組織再編の類型ごとの整理　223

第2節　情報伝達・取引推奨規制（金商法167条の2）……225

54　情報伝達行為・取引推奨行為に対する規制の概要　225

　　1 規制の対象者　226

　　2 情報伝達行為・取引推奨行為の相手方　227

　　3 情報伝達行為　228

　　4 取引推奨行為　228

55　情報伝達行為・取引推奨行為の目的要件　229

　　1 認識の程度　230

　　2 利益・損失の範囲　230

　　3 IR活動への適用可能性　231

　　4 適用除外取引　231

56　情報伝達行為・取引推奨行為における積極的意思　233

　　1 積極的意思が認められた事例　234

　　2 積極的意思の判断における考慮要素　238

57　情報伝達行為・取引推奨行為の取引要件　240

　　1 適用除外取引　241

　　2 取引を行う主体　241

　　3 他人の計算による取引　241

　　4 違反行為と取引との因果関係　242

　　5 刑事罰における取引要件に関する故意の要否　242

58　情報伝達行為・取引推奨行為に関する金商法上の違反抑止策　243

59　情報伝達行為・取引推奨行為を行う際の実務上の留意点　245

第5章 対象有価証券、公表等

60 インサイダー取引規制の対象となる有価証券　249
　1　金商法166条のインサイダー取引規制の対象となる有価証券　249
　2　金商法167条のインサイダー取引規制の対象となる有価証券　250
　3　上場投資法人に係る投資証券　250

61 「公表」　250
　1　金商法166条のインサイダー取引規制の公表の方法　251
　2　金商法167条のインサイダー取引規制の公表の方法　253

62 「公表」とリーク報道　257
　1　リーク報道と「公開」　257
　2　「公知」による重要性の喪失の有無　259

63 故　意　260
　1　故意とは　260
　2　課徴金　262

64 自己の計算・他人の計算　263
　1　他人の計算　263
　2　他人の口座の使用と他人の計算　264

第6章 適用除外

65 適用除外の概要　269
　1　概　要　269
　2　知る前計画・契約　273
　3　クロ・クロ取引　274
　4　法令等における権利義務に基づく場合　274
　5　その他の制度を優先する必要がある場合　275

66 上場会社等との「知る前契約」に基づく売買等　275

1　知る前契約の主体　276
　　2　取引実行の期日・期限　276
　　3　取引の数量　277
67　包括的な「知る前契約・計画」に基づく売買　278
68　重要事実等を知る前に締結・決定された有価証券の売買等に関する書面による契約・計画　280
　　1　重要事実等を知る前に締結・決定された契約・計画　280
　　2　契約・計画の締結・計画時において未公表の重要事実を知っている者による「知る前契約・計画」の利用　281
　　3　書面の形式　282
69　重要事実等を知る前に講じられた措置　282
　　1　金融商品取引業者による確認　282
　　2　確定日付　283
　　3　公　表　284
70　契約・計画における特定・裁量の余地がない方式による決定　284
　　1　売買等の別・買付け等又は売付け等の別　285
　　2　期日・裁量の余地　285
　　3　売買等の総額又は数・買付け等又は売付け等の総額又は数　286
71　契約・計画の中止・変更　287
　　1　一旦締結・決定した契約・計画を履行・実行しないこと　287
　　2　契約・計画の変更　288
72　持株会による買付け等　288
73　知る前計画に基づく公開買付け／売出し　291
　　1　知る前計画に基づく公開買付け　291
　　2　知る前計画に基づく売出し等　292
74　知る者同士の証券市場によらない取引（クロ・クロ取引）　292
　　1　概　要　293
　　2　クロ・クロ取引における売買等の主体　293
　　3　当事者間の認識の差異　294
75　株式買取請求権及び法令上の義務に基づく場合　296
76　新株予約権等の行使　298

1　新株予約権の行使・株式の割当てを受ける権利　298
　　2　市場において取引が行われるオプションの行使による売買等　299
　　3　取得した株式の売買等　300
　77　取得請求権又は取得条項に基づく取得等　300
　　1　取得請求権に基づく取得の場合　301
　　2　取得条項に基づく取得の場合　301
　78　自己株式の取得と適用除外　303
　　1　自己株式の取得に関する適用除外の趣旨　303
　　2　取引所規則に基づく開示との関係　304
　　3　実務上の留意点　305
　79　対抗買いの要請に基づく売買等　306
　　1　概　要　306
　　2　「公開買付け等に対抗するため」　307
　　3　金商法上の対抗買いの要請と事実上の対抗買いの要請　308
　80　公開買付け等事実に関する適用除外　308
　　1　公開買付開始公告等に当該情報を記載して公開買付けを行う場合　309
　　2　情報受領後6ヶ月が経過した場合　310
　　3　まとめ　311
　81　特別の事情に基づく売買等であることが明らかな売買等　312
　82　重要事実を知ったことと無関係な取引　314

第7章
J-REIT

　83　J-REITの概要　319
　　1　投資法人型J-REITのスキーム概要　319
　　2　インサイダー取引規制導入経緯　321
　84　J-REITにおける会社関係者の範囲　321
　　1　資産運用会社　321
　　2　スポンサー　323
　　3　その他　324

- 85 J-REITの重要事実等　325
  - 1 重要事実　325
  - 2 バスケット条項　342
  - 3 公開買付け等事実　343
- 86 J-REITにおける決定・公表　344
  - 1 J-REITにおける決定主体　344
  - 2 J-REITにおける公表主体　345
- 87 その他の要件　346
  - 1 適用除外　346
  - 2 刑事罰・課徴金・民事責任　346

第8章 刑事罰・課徴金・民事責任

- 88 刑事罰　349
- 89 必要的没収・追徴　350
- 90 金商法166条及び167条のインサイダー取引規制に係る課徴金　353
  - 1 密接関係者・特殊関係者の計算による場合　354
  - 2 違反行為者が他人の計算において行った場合の課徴金の額　356
  - 3 売付け等及び買付け等の双方がなされた場合　358
  - 4 複数の者が同一の証券口座を利用した場合　359
- 91 情報伝達・取引推奨行為に対する課徴金　361
- 92 課徴金の調整　363
  - 1 課徴金の増額及び減額　363
  - 2 没収・追徴との関係　364
- 93 課徴金事案における氏名の公表　364
- 94 海外の投資家に対する刑事罰・課徴金　365
- 95 民事責任　366
- 96 法人のインサイダー取引規制違反防止義務　367
  - 1 日本経済新聞株主代表訴訟　367
  - 2 インサイダー取引防止体制の構築義務　368

3　インサイダー取引防止体制の構築　369
　97　金融商品取引所による制裁　370

第9章 インサイダー取引防止の実務

第1節　決算情報に係るインサイダー取引の防止 …………373
　98　決算情報に係るインサイダー取引の防止　373
　　　1　決算情報のインサイダー取引防止規程における取扱い　373
　　　2　個別業績の決算数値　374
　　　3　プレス・リリース等のウェブサイトへの掲載　375
　　　4　社内における情報管理体制の整備　376

第2節　フェア・ディスクロージャー・ルール（重要情報の公表）…377
　99　フェア・ディスクロージャー・ルール（重要情報の公表）　377
　　　1　概　要　377
　　　2　公表義務の主体　378
　　　3　情報提供者の範囲　378
　　　4　情報受領者（取引関係者）の範囲　379
　　　5　重要情報　381
　　　6　規制対象行為・義務　382
　　　7　重要情報の公表方法　383
　　　8　重要情報の公表義務の例外　383
　　　9　インサイダー取引規制との関係　384

第3節　公開買付け ………………………………………385
　100　公開買付けにおける手続の流れと公開買付けの関係者　385
　　　1　公開買付けとインサイダー取引規制　385
　　　2　手続の流れと関係者　385
　101　初期的段階における情報管理　389
　　　1　重要事実の決定時期　389
　　　2　情報管理　390

102 公開買付けと役員・従業員持株会による買付け　392
　1 持株会がインサイダー取引の適用除外となる場合　392
　2 インサイダー取引の適用除外とならない場合　393
103 デュー・ディリジェンスにおける情報管理　396
　1 デュー・ディリジェンスにおける情報管理　396
　2 デュー・ディリジェンスにおいて発見された未公表の重要事実　397
104 応募株主に対するアプローチ　398
　1 交渉を行う株主の範囲　399
　2 株主に接触する際の留意点　399
105 特別関係者の調査　401
　1 特別関係者の調査の範囲・時期　401
　2 調査の方法　403
106 公開買付期間中に発見された未公表の重要事実　406
　1 インサイダー取引の適用除外　406
　2 買付条件等の変更　406
　3 訂正届出書の提出　407

第4節　自己株取得　409

107 上場会社による自己株取得がインサイダー取引とされた事例　409
　1 自己株取得とインサイダー取引規制　409
　2 課徴金事例　409
　3 インサイダー取引規制違反事例の傾向　411
108 自己株取得における重要事実の確認　411
　1 重要事実確認のタイミング　411
　2 重要事実確認後の対応　413
109 信託方式・投資一任方式による自己株取得　414
　1 個別発注方式における自己株取得の問題点　414
　2 信託方式・投資一任方式による自己株取得　414
　3 信託方式・投資一任方式の留意点　415
　4 流動株式を確保等するために発行会社が設定する信託　417
110 立会外市場取引による自己株取得　418
　1 立会外市場取引による自己株取得の流れ　418

2 自己株取得の適用除外との関係　419
　⑪ 公開買付けによる自己株取得　420
　　1 公開買付けの開始前の重要事実の確認　420
　　2 公開買付期間中の重要事実の発生等　420

第5節　ストック・オプション・株式報酬制度 …………422
　⑫ 株式報酬制度の現状　422
　⑬ ストック・オプション　426
　　1 概　要　427
　　2 重要事実該当性　427
　　3 オプションの付与及び行使並びに取得株式の売却と
　　　インサイダー取引規制　428
　⑭ 譲渡制限付株式　429
　　1 概　要　429
　　2 重要事実該当性　430
　　3 譲渡制限付株式の付与とインサイダー取引規制　432
　　4 譲渡制限解除後の株式の売却とインサイダー取引規制　433
　⑮ 事後交付型RS（いわゆる譲渡制限付株式ユニット又は
　　業績連動型株式ユニットを含む）　434
　⑯ 従業員持株会RS　436
　　1 概　要　436
　　2 インサイダー取引規制との関係　437
　⑰ 株式交付信託・日本版信託型ESOP　438
　　1 概　要　438
　　2 重要事実該当性　440
　　3 受託者による株式取得とインサイダー取引規制　441
　　4 持株会又は従業員等への株式付与とインサイダー取引規制　442

第6節　内部者取引防止規程 ……………………………444
　⑱ 内部者取引防止規程　444
　　1 内部者取引防止規程の主な内容　444
　　2 役職員による自社株式の売買等に関する手続　445

3 情報管理に関する事項　446
4 役員による自社株式の売買等　447
5 情報伝達・取引推奨の禁止　447
6 実効性確保のための規定　447
7 内部者取引防止規程のモデル　448

第10章 インサイダー取引の調査とその対応

第1節　インサイダー取引の調査……469

119　インサイダー取引に関する調査の概要　469
　1 調査の全体的な流れ　469
　2 調査の開始　470
　3 証券取引等監視委員会における調査　471
　4 課徴金に関する調査から処分までの流れ　472
　5 犯則事件に関する調査から処分までの流れ　473
　6 課徴金手続と犯則手続の違い　473

120　金融商品取引所の売買審査の概要　474
　1 売買審査の流れ　474
　2 金融商品取引所による注意喚起　475
　3 経緯報告書　475

121　課徴金に関する調査から課徴金納付命令までの流れ　476
　1 課徴金に関する調査　477
　2 課徴金納付命令の勧告　478
　3 審判手続の開始　478
　4 審判手続　479
　5 課徴金納付命令等の決定　480
　6 取消訴訟　481

122　犯則事件の調査の流れ　483
　1 犯則事件の調査　483
　2 告　発　484

3 起訴及び裁判　484
123 クロスボーダー取引　486
　1 海外証券規制当局との情報交換　486
　2 海外証券規制当局との情報交換により処分が行われた事例　487

第2節　上場会社の対応　488
124 初期的対応　488
　1 調査対象事実の把握　488
　2 調査への協力　489
125 違反事案に係る開示　491
　1 金融商品取引所の規則　491
　2 開示の必要性　492
　3 開示を行うタイミング　493
　4 開示を行っている事案　493
126 上場会社における内部調査　494
　1 内部調査のメンバー　494
　2 証券取引等監視委員会との調整　494
　3 内部調査の対象及び方法　495
127 調査委員会の設置及び公表　497
　1 調査委員会の種類　497
　2 調査委員会の設置及び公表の要否　498
128 再発防止策　499
　1 役職員への啓発活動　499
　2 具体的な再発防止策　499

凡　例

本書の法令は、令和6年10月1日現在の内容に基づいている。

【法令・ガイドライン等】

略称	正式名称
会社法	会社法（平成17年法律第86号）
金商法	金融商品取引法（昭和23年法律第25号）
平成24年改正	金融商品取引法の一部を改正する法律（平成24年法律第86号）による金商法の改正及び同改正に伴う政省令の改正
平成25年改正	金融商品取引法等の一部を改正する法律（平成25年法律第45号及び第56号）による金商法の改正及び同改正に伴う政省令の改正年改正
金商法施行令	金融商品取引法施行令（昭和40年政令第321号）
課徴金府令	金融商品取引法第6章の2の規定に関する課徴金に関する内閣府令（平成17年内閣府令第17号）
業府令	金融商品取引業等に関する内閣府令（平成19年内閣府令第52号）
開示府令	企業内容等の開示に関する内閣府令（昭和48年大蔵省令第5号）
開示ガイドライン	金融庁「企業内容等の開示に関する留意事項について（企業内容等開示ガイドライン）」令和6年4月付
他社株公開買付府令	発行者以外の者による株券等の公開買付けの開示に関する内閣府令（平成2年大蔵省令第38号）
自社株公開買付府令	発行者による上場株券等の公開買付けの開示に関する内閣府令（平成6年大蔵省令第95号）

取引規制府令	有価証券の取引等の規制に関する内閣府令（平成19年内閣府令第59号）
投信法	投資信託及び投資法人に関する法律（昭和26年法律第198号）
振替法	社債・株式等の振替に関する法律（平成13年法律第75号）
財務諸表規則	財務諸表等の用語、様式及び作成方法に関する規則（昭和38年大蔵省令第59号）
連結財務諸表規則	連結財務諸表の用語、様式及び作成方法に関する規則（昭和51年大蔵省令第28号）
東証規程	東京証券取引所「有価証券上場規程」
東証施規	東京証券取引所「有価証券上場規程施行規則」
インサイダー取引規制Q&A	金融庁・証券取引等監視委員会「インサイダー取引規制に関するQ&A」最終改訂令和6年4月19日
情報伝達・取引推奨Q&A	金融庁「情報伝達・取引推奨規制に関するQ&A（金融商品取引法第167条の2関係）」平成25年9月12日付
FDルールガイドライン	金融庁「金融商品取引法第27条の36の規定に関する留意事項について（フェア・ディスクロージャー・ルールガイドライン）」平成30年4月1日制定
自社ウェブサイト掲載留意事項	金融庁・全国証券取引所「法定開示書類及び適時開示事項を自社ウェブサイト等に掲載する場合の留意事項について」平成25年4月5日付
自己株式取得Q&A	東京証券取引所「東証市場を利用した自己株式取得に関するQA集」最終改訂2015年3月20日
持株制度ガイドライン	日本証券業協会「持株制度に関するガイドライン」最終改訂2022年6月15日

【機関・ワーキンググループ等】

略称	正式名称
東京証券取引所	株式会社東京証券取引所
平成23年インサイダーWG	平成23年金融審議会「インサイダー取引規制に関するワーキング・グループ」
平成24年インサイダーWG	平成24年金融審議会「インサイダー取引規制に関するワーキング・グループ」

【報告書等】

略称	正式名称
平成23年インサイダーWG報告書	平成23年インサイダーWG「企業のグループ化に対応したインサイダー取引規制の見直しについて」平成23年12月15日付
平成24年インサイダーWG報告書	平成24年インサイダーWG「近年の違反事案及び金融・企業実務を踏まえたインサイダー取引規制をめぐる制度整備について」平成24年12月25日付
平成／令和○年度活動状況	証券取引等監視委員会「証券取引等監視委員会の活動状況」の年次公表（http://www.fsa.go.jp/sesc/reports/reports.html）
課徴金事例集 　課徴金事例集の事例を本書で引用する場合は、「H/R○－△」（平成／令和○年課徴金事例集の事例△）と記載している。	証券取引等監視委員会「金融商品取引法における課徴金事例集」又は「金融商品取引法における課徴金事例集～不公正取引編～」（https://www.fsa.go.jp/sesc/jirei/index.html） 事例の概要は商事法務サイトで閲覧できるので参照していただきたい。 （https://www.shojihomu.co.jp/page/insider_trading2）

凡例

内部者取引防止規程事例集	東京証券取引所自主規制法人『内部者取引防止規程事例集』（東京証券取引所自主規制法人 東証COMLEC・2010）

【パブリックコメント・照会等】

略称	正式名称
金融庁ノーアクションレター回答（平成14年9月6日）	金融庁「『証券取引法』『証券取引法施行令』及び『上場会社等の役員及び主要株主の当該上場会社等の特定有価証券等の売買に関する内閣府令』に関する法令適用事前確認手続にかかる照会について（平成14年7月15日付照会文書に対する回答）」平成14年9月6日付
金融庁ノーアクションレター回答（平成20年12月25日）	金融庁「『金融商品取引法』に関する法令適用事前確認手続にかかる照会について（平成20年12月9日付照会文書に対する回答）」平成20年12月25日付
金融庁ノーアクションレター回答（令和2年6月26日）	金融庁「『金融商品取引法』に関する法令適用事前確認手続にかかる照会について（令和2年5月28日付照会文書に対する回答）」令和2年6月26日付
金融庁パブコメ回答（平成19年7月31日）	金融庁「コメントの概要及びコメントに対する金融庁の考え方」平成19年7月31日付
金融庁パブコメ回答（平成25年8月30日）	金融庁「コメントの概要及びコメントに対する金融庁の考え方」平成25年8月30日付
金融庁パブコメ回答（平成26年2月14日）	金融庁「コメントの概要及びコメントに対する金融庁の考え方」平成26年2月14日付
金融庁パブコメ回答（平成27年9月2日）	金融庁「コメントの概要及びコメントに対する金融庁の考え方」平成27年9月2日付
金融庁パブコメ回答（平成30年2月6日）	金融庁「コメントの概要及びコメントに対する金融庁の考え方」平成30年2月6日付

金融庁パブコメ回答（令和3年2月3日）	金融庁「コメントの概要及びコメントに対する金融庁の考え方」令和3年2月3日付
金融庁規制改革ホットライン回答（平成29年度）	金融庁「規制改革ホットライン検討要請項目の現状と対応策」平成29年度（受付番号300227007）

【文献】

略称	正式名称
ガイドライン	東京弁護士会会社法部『インサイダー取引規制ガイドライン』（商事法務研究会・1989）
鎌田ほか（問6～8）	鎌田航ほか「インサイダー取引規制に関するQ&A『応用編（問6～8）』の解説」旬刊商事法務2349号13頁（2024）
鎌田ほか（問9・10）	鎌田航ほか「インサイダー取引規制に関するQ&A『応用編（問9・10）』の解説」旬刊商事法務2361号13頁（2024）
神崎ほか	神崎克郎・志谷匡史・川口恭弘『金融商品取引法』（青林書院・2012）
木目田	木目田裕監修『インサイダー取引規制の実務〔第2版〕』（商事法務・2014）
金商法セミナー	岩原紳作ほか『金融商品取引法セミナー〔開示制度・不公正取引・業規制編〕』（有斐閣・2011）
黒沼・論点	黒沼悦郎「『課徴金事例集』にみる金融商品取引法上の論点」金融法務事情1908号36頁（2010）
コンメ4	神田秀樹ほか編『金融商品取引法コンメンタール4──不公正取引規制・課徴金・罰則』（商事法務・2011）
齊藤ほか	齊藤将彦ほか「公募増資に関連したインサイダー取

	引事案等を踏まえた対応」旬刊商事法務2012号24頁（2013）
事例インサイダー取引	野村證券株式会社編著『事例インサイダー取引』（金融財政事情研究会・1990）
注解特別刑法補巻(2)	平野龍一ほか編『注解特別刑法補巻(2)』（青林書院・1996）
注釈金商法	岸田雅雄監修『注釈金融商品取引法〔改訂新版〕〔第4巻〕不公正取引規制』（金融財政事情研究会・2022）
適時開示ガイドブック	東京証券取引所上場部編『東京証券取引所会社情報適時開示ガイドブック（2024年4月版）』（株式会社東京証券取引所・2024）
取引規制実務Q&A	インサイダー取引規制実務研究会編『取引規制実務Q&A』（財経詳報社・1989）
服部	服部秀一『〔新版〕インサイダー取引規制のすべて——平成元年〜25年規制の実務手引き』（金融財政事情研究会・2014）
船越	船越涼介「取引規制府令および金商法等ガイドライン一部改正の解説——いわゆる『知る前契約・計画』および『対抗買い』に係るインサイダー取引規制の適用除外規定の見直し等」旬刊商事法務2079号31頁（2015）
堀本(1)〜(6)	堀本修「内部者取引規制関係政省令の解説(1)〜(6)」旬刊商事法務1173号11頁、1174号18頁、1175号27頁、1176号26頁、1177号13頁、1178号29頁（1989）
松本	松本真輔『最新インサイダー取引規制』（商事法務・2006）
三國谷	三國谷勝範『インサイダー取引規制詳解』（資本市場研究会・1990）

| 横畠 | 横畠裕介『逐条解説インサイダー取引規制と罰則』（商事法務研究会・1989） |

【判例誌・データベース】

略称	正式名称
民集	大審院・最高裁判所民事判例集
刑集	大審院・最高裁判所刑事判例集
判時	判例時報
判タ	判例タイムズ
金法	金融法務事情
金判	金融・商事判例
裁判所ウェブサイト掲載判例	裁判所ウェブサイト裁判例情報
LEX/DB	LEX/DBインターネット（TKC）
LLI/DB	LLI/DB判例秘書Internet（LIC）
Westlaw Japan	Westlaw Japan（ウェストロー・ジャパン）
判例体系	判例体系（第一法規）

第1章
インサイダー取引規制の概要

1 インサイダー取引規制の概要

> インサイダー取引規制の趣旨は、証券市場の公正性と健全性を確保し、証券市場に対する投資家の信頼を確保するためである。インサイダー取引規制は、会社関係者等による取引と公開買付者等関係者等による取引を規制するものである。

上場会社の内部者等は上場会社の内部にある投資判断に影響を及ぼすべき事実について知りうる立場にあるのに対して、一般投資家はかかる事実について上場会社が公表しない限りこれを知りえない立場にあり、上場会社と一定の関係のある者が、そのような事実を知りながら、その公表前に当該会社の有価証券の取引を行うことは、一般の投資家と比べて著しく有利となって不公平である。かかる取引が横行すると証券市場の公正性と健全性が損なわれ、証券市場に対する投資家の信頼を失うこととなるから、インサイダー取引は規制されている[1]。

かかる趣旨から、インサイダー取引規制はすべての者のあらゆる取引に適用があるわけではなく、①会社関係者等が上場会社の業務等に関する未公表の重要事実を知りながら当該上場会社の株券等の売買等を行うこと（金商法166条）と②公開買付者等関係者等が未公表の公開買付け等事実を知りながら当該公開買付け等に係る株券等の買付け等又は売付け等を行うこと（同法167条）が規制されている。

1　会社関係者等によるインサイダー取引

金商法166条により、インサイダー取引となるのは、①会社関係者等が、②重要事実について、③その者の職務等に関し知りながら、④当該重要事

1　横畠9頁。

実が公表される前に、⑤当該上場会社等の株券等の、⑥売買等を行うことである。

各要件における個別の検討箇所及びその概要は以下のとおりである。

【図表１－１　会社関係者等によるインサイダー取引】

①会社関係者等	会社関係者（「③１　会社関係者」参照）： (ⅰ)上場会社等、その親会社、子会社の役職員（代理人、顧問、アルバイト等も含む。） (ⅱ)上場会社等に対して会計帳簿閲覧権を持つ者 (ⅲ)上場会社等に対して法令に基づく権限を有する者 (ⅳ)上場会社等と契約を締結している又は締結の交渉をしている者 (ⅴ)上記(ⅱ)・(ⅳ)が法人の場合にはその役職員 元会社関係者（「④　元会社関係者・元公開買付者等関係者」参照）： 会社関係者でなくなってから１年以内の者 情報受領者（「⑫　情報受領者の範囲」参照）： 会社関係者から重要事実等の伝達を受けた者。第一次情報受領者から重要事実等の伝達を受けた第二次情報受領者以降は対象外である。
②重要事実	重要事実は、以下の四つに分類されるが、軽微な事実については重要事実から除外される。また、子会社に関する事実も投資家の投資判断に影響を与えることがあることから、一定の事実について重要事実として扱われる。 ・決定事実（「第３章第１節　決定事実及び公開買付け等事実」参照）： 増資、減資、自己株取得、合併等の会社が決定した事実 ・発生事実（「第３章第４節　発生事実」参照）： 災害に起因する損害の発生、財産権上の請求に係る訴えの提起等の会社に発生した事実

	・決算情報（「第 3 章第 5 節　決算情報」参照）： 売上高、経常利益、純利益、剰余金の配当額等の予想値等との差異がある事実 ・バスケット条項（「第 3 章第 6 節　バスケット条項」参照）： その他上場会社等の運営、業務又は財産に関する重要な事実で、投資者の投資判断に著しい影響を及ぼす事実
③職務等に関し	会社関係者の分類によって、情報入手の態様は異なるが（「③1　会社関係者」参照）、「職務に関し知ったとき」とは、職務行為自体により知った場合のほか、職務と密接に関連する行為により知った場合も含まれる。
④公表される前に	公表（「⑥1　金商法166条のインサイダー取引規制の公表の方法」参照）：上場会社等により以下の方法のいずれかの措置がなされる必要がある。 (i)重要事実が 2 以上の報道機関に公開されて12時間以上が経過したこと (ii)重要事実の記載された有価証券報告書等が公衆縦覧に供されたこと (iii)TDnetに登録されたこと
⑤上場会社等の株券等	特定有価証券等（「⑥0　1　金商法166条のインサイダー取引規制の対象となる有価証券」参照）： 　上場会社等が発行する株券、新株予約権証券、社債券等が該当する。
⑥売買等	売買等（「⑤2　1　金商法166条のインサイダー取引規制」参照）： 　相続、無償の贈与、有価証券の新規発行等は該当しないが、売買だけではなく、現物出資、自己株式の処分、代物弁済などの有償の譲渡、譲り受け等が含まれる。

　また、重要事実のうち決定事実を「決定」する「業務執行を決定する機関」は、会社の意思決定と同視されるような意思決定を行うことができる

機関を意味し、会社法上の決定権限がある機関に限られず、常務会や経営会議等の会議体であっても決定機関として扱われる（「21　『業務執行を決定する機関』の解釈」参照）。加えて、「決定」とは、当該重要事実を行うことの最終決定である必要はなく、当該行為の実施に向けての調査や準備、交渉等の諸活動を業務として行うことの決定であれば足りる（「24　『決定時期』の解釈」参照）。

　なお、上記のすべてに該当した場合であっても、一定の取引については証券市場の公正性及び健全性に対する投資家の信頼の確保という観点から規制が不要であるとして、インサイダー取引規制違反には該当しない（「第6章　適用除外」参照）。適用除外となる取引としては、法令上の義務に基づき売買等をする場合、重要事実等を知る前にすでに取引を行うことが決まっていた取引、重要事実等を知る者同士の市場外での相対取引等がある。

2　公開買付者等関係者によるインサイダー取引

　金商法167条により、インサイダー取引となるのは、①公開買付者等関係者等が、②公開買付け等事実について、③その者の職務等に関し知りながら、④当該公開買付け等事実が公表される前に、⑤当該公開買付け等に係る株券等の、⑥買付け等又は売付け等を行うことである。

　各要件における個別の検討箇所及びその概要は以下のとおりである。

【図表1－2　公開買付者等関係者によるインサイダー取引】

| ①公開買付等関係者等 | 公開買付者等関係者（「③2　公開買付者等関係者」参照）：
(ⅰ)公開買付者等、その親会社、子会社の役職員（代理人、顧問、アルバイト等も含む。）
(ⅱ)公開買付者等に対して会計帳簿閲覧権を持つ者
(ⅲ)公開買付者等に対して法令に基づく権限を有する者
(ⅳ)公開買付者等と契約を締結している又は締結の交渉をし |

		ている者 (v)公開買付け等に係る上場等株券等の発行者(その役職員を含む。) (vi)上記(ii)・(iv)・(v)が法人の場合はその役職員 元公開買付者等関係者(「4　元会社関係者・元公開買付者等関係者」参照): 　公開買付者等関係者でなくなってから1年以内の者 情報受領者(「12　情報受領者の範囲」参照): 　公開買付者等関係者から公開買付け等事実の伝達を受けた者。第一次情報受領者から公開買付け等事実の伝達を受けた第二次情報受領者以降は対象外である。
②公開買付け等事実		公開買付け等の実施に関する事実(「20　公開買付け等事実」参照): 　公開買付者等が公開買付け等を実施することについての決定をしたこと 公開買付け等の中止に関する事実(「20　公開買付け等事実」参照): 　公開買付者等が公表された公開買付け等を中止することについての決定をしたこと
③職務等に関し		公開買付者等関係者の分類によって、情報入手の態様は異なるが(「3 2　公開買付者等関係者」参照)、「職務に関し知ったとき」とは、職務行為自体により知った場合のほか、職務と密接に関連する行為により知った場合も含まれる。
④公表される前に		公表(「6 2　金商法167条のインサイダー取引規制の公表の方法」参照):公開買付者等により以下の方法のいずれかの措置がなされる必要がある。 (i)重要事実が2以上の報道機関に公開されて12時間以上が経過したこと (ii)(公開買付者等が上場会社である場合のみ)TDnetに登録されたこと (iii)(公開買付者等が上場会社である自社の親会社又は対象

		会社に要請して）親会社若しくは対象会社と連名のプレス・リリース及び対象会社のプレス・リリースにおいて引用する公開買付者等の公開買付け等事実に関する公表文がTDnetに登録されたこと
		⒤公開買付開始公告等の公告がなされ、公開買付届出書等が公衆縦覧に供されたこと
⑤公開買付け等に係る株券等		株券等（「60 2　金商法167条のインサイダー取引規制の対象となる有価証券」参照）： 上場等されている株券、新株予約権証券、社債券等が該当する。
⑥買付け等又は売付け等		買付け等又は売付け等（「52 2　金商法167条のインサイダー取引規制」参照）： 公開買付け等の実施に関する事実については買付け等のみ、公開買付け等の中止に関する事実については売付け等のみが規制。

　「公開買付け等」とは、金商法27条の2第1項及び27条の22の2第1項に規定される公開買付けに加えて、これに準ずる行為として自己又は他人名義で買い集める株券等に係る議決権の数が、総株主等の議決権の5％以上となる当該株券等を買い集める行為も含まれる。なお、かかる買集め行為は複数年に亘る行為でもよいが、買集め行為により各暦年において買い集める株券等の数が総株主等の議決権の2.5％未満である場合には、軽微基準により規制の対象にならない。詳細は、「20　公開買付け等事実」を参照されたい。

3　インサイダー取引規制違反の罰則

　インサイダー取引規制に違反した場合の法令上の制裁としては、金商法166条又は167条の違反のいずれも、刑事罰（金商法197条の2第13号等）及び課徴金納付命令（同法175条）がある。インサイダー取引規制違反に際しては、未公表の重要事実等を利用したこと又はかかる取引によって利益を

得ることは要件となっておらず、未公表の重要事実等を知って株券等の売買等を行うことで足りる。また、刑事罰については、かかる売買等がインサイダー取引規制に反することを認識等していることの故意が必要だが、課徴金については、かかる故意及び過失は不要と解されている。詳細は、「第8章　刑事罰・課徴金・民事責任」を参照されたい。

　最後に、金商法166条と167条のインサイダー取引規制の違いを簡略にまとめている。

【図表1－3　金商法166条と167条のインサイダー取引規制の違い】

	金商法166条	金商法167条
規制対象者	・会社関係者 ・元会社関係者 ・情報受領者	・公開買付者等関係者等 ・元公開買付者等関係者 ・情報受領者
対象となる事実	・決定事実 ・発生事実 ・決算情報 ・バスケット条項	・公開買付け等の実施に関する事実 ・公開買付け等の中止に関する事実
公表者	上場会社等	公開買付者等
公表方法	(i)重要事実が2以上の報道機関に公開されて12時間以上が経過したこと (ii)重要事実の記載された有価証券報告書等が公衆縦覧に供されたこと (iii)TDNetに登録されたこと	(i)重要事実が2以上の報道機関に公開されて12時間以上が経過したこと (ii)（公開買付者等が上場会社である場合のみ）TDnetに登録されたこと (iii)（公開買付者等が上場会社である自社の親会社又は対象会社に要請して、親会社又は対象会社が）親会社若しくは対

			象会社と連名のプレスリリース及び公開買付者等の公開買付け等事実の公表資料がTDnetに登録されたこと (iv)公開買付開始公告等の公告がなされ、公開買付届出書等が公衆縦覧に供されたこと
対象となる株券等		上場会社等が発行する株券、新株予約証券、社債券[2]等	上場等されている株券、新株予約証券等
規制となる取引		売買等のいずれも	公開買付け等の実施の事実については買付け等、又は公開買付け等の中止については売付け等のみ

2

課徴金事例における対象者属性の傾向

> 近年は、違反行為者が会社関係者等である事例と情報受領者である事例がほぼ同数で推移している。また、情報伝達者の属性としても、会社関係者の役職員又は公開買付者の役職員が情報伝達者である事例よりも契約締結者等が情報伝達者である事例の方が多い傾向にある。

1 行為者属性別の勧告状況

課徴金事例集によれば、インサイダー取引に関する過去の課徴金事例における行為者属性別の勧告状況は以下のとおりである。近年では、情報受領者が違反行為者である事例が会社関係者等が違反行為者である事例を上

---

[2] なお、社債券については、対象となる重要事実が限定される（金商法166条6項6号）。

回る傾向にある。

【図表2-1　行為者属性（適用条項）別勧告状況】

（情報伝達・取引推奨規制違反者を除く）

年　　　度	26	27	28	29	30	1	2	3	4	計
会社関係者（金商法166条）	5	5	17	7	9	8	2	3	2	58
発行会社役員（1項1号）	1	1	1	1	0	0	0	1	0	5
取締役	1	1	1	1	0	0	0	1	0	5
監査役	0	0	0	0	0	0	0	0	0	0
発行会社社員（1項1号）	2	1	12	4	9	7	0	0	1	36
執行役員	0	0	0	0	0	1	0	0	0	1
部長等役席者	2	0	5	1	8	3	0	0	1	20
その他社員	0	1	7	3	1	3	0	0	0	15
発行会社（金商法175条9項による準用）	0	0	0	0	0	0	0	0	0	0
契約締結者等（1項4号・5号）	2	4	4	2	0	1	2	2	1	18
第三者割当	0	0	2	0	0	0	0	0	0	2
業務受託者	1	1	1	1	0	0	0	0	0	4
業務締結者	0	2	0	0	0	1	1	1	0	5
その他	1	1	1	1	0	0	1	1	1	7
公開買付者等関係者（金商法167条）	2	1	3	1	0	0	1	1	2	11
公開買付者等役員（1項1号）	1	0	0	0	0	0	0	1	0	2
取締役	1	0	0	0	0	0	0	1	0	2
監査役	0	0	0	0	0	0	0	0	0	0

	公開買付者等社員（1項1号）	0	0	2	1	0	0	0	0	3
	執行役員	0	0	0	0	0	0	0	0	0
	部長等役席	0	0	2	0	0	0	0	0	2
	その他社員	0	0	0	1	0	0	0	0	1
	契約締結者等（1項4号・5号）	1	1	1	0	0	1	0	1	5
	公開買付対象者	0	0	0	0	0	0	0	1	1
情報受領者		24	13	20	10	10	8	5	3	3	96
	重要事実等（金商法166条3項）	4	10	13	6	6	7	3	3	2	54
	公開買付け等事実（金商法167条3項）	20	3	7	4	4	1	2	1	2	44
合計		31	19	40	18	19	16	8	6	6	163
年度別勧告件数		31	22	43	21	23	24	8	6	8	186

（注）違反行為者が複数の違反行為を行った結果、属性（適用条項）を重複して計上しているものがある。このため、年度ごとの各属性の数の合計した数と合計数及び合計数と年度別勧告件数の数が一致しないものがある。なお、平成30年度以降の件数については令和4年度の課徴金事例集の件数を記載している。

2　情報伝達者及び情報受領者の属性

　課徴金事例集によれば、近年の課徴金事例に関する情報受領者の属性及び情報伝達者の属性はそれぞれ以下のとおりである。近年では、情報伝達者が契約締結者である事例が会社関係者の役職員又は公開買付者の役職員が情報伝達者である事例を上回る傾向にある。

【図表2-2 情報受領者の属性】

年　　度	26	27	28	29	30	1	2	3	4	計
情報受領者（金商法166条）	4	10	13	6	6	7	3	3	2	54
取引先	2	0	1	2	1	0	0	1	0	7
親族	0	0	4	1	0	1	0	1	2	9
友人・同僚	1	7	8	2	2	4	1	0	0	25
その他	1	3	0	1	3	2	2	1	0	13
情報受領者（金商法167条）	20	3	7	4	4	1	2	1	2	44
取引先	9	0	3	0	1	1	0	0	0	14
親族	0	0	0	1	0	0	0	0	1	2
友人・同僚	11	3	2	2	1	0	2	0	0	21
その他	0	0	2	1	2	0	0	1	1	7

（注）一の行為者が、複数の重要事実等に基づく違反行為を行っている場合には、それぞれの属性を計上。なお、平成30年度以降の件数については令和4年度の課徴金事例集の件数を記載している。

【図表2-3 情報伝達者の属性】

（情報伝達規制違反と認定されなかった者を含む）

年　　度	26	27	28	29	30	1	2	3	4	計
会社関係者（金商法166条）	4	10	13	6	6	7	3	3	2	54
発行会社役員	2	6	6	4	3	1	1	1	0	24
取締役	2	6	6	4	3	1	1	1	0	24
監査役	0	0	0	0	0	0	0	0	0	0
発行会社社員	1	2	1	0	0	2	2	2	2	12
執行役員	0	0	0	0	0	0	0	0	0	0

		部長等役席者	0	1	0	0	0	1	0	1	1	4
		その他社員	1	1	1	0	0	1	2	1	1	8
	契約締結者等		1	2	6	2	3	4	0	0	0	18
		引受証券会社	0	0	0	0	0	0	0	0	0	0
		業務受託者	0	0	4	2	1	1	0	0	0	8
		業務提携者	0	0	0	0	2	0	0	0	0	2
		その他	1	2	2	0	0	3	0	0	0	8
公開買付者等関係者（金商法167条）			20	3	7	4	4	1	2	1	2	44
	買付者役員		3	0	0	0	1	1	1	0	0	6
		取締役	3	0	0	0	1	1	1	0	0	6
		監査役	0	0	0	0	0	0	0	0	0	0
	買付者社員		0	0	0	2	0	0	0	0	0	2
		執行役員	0	0	0	1	0	0	0	0	0	1
		部長等役席者	0	0	0	0	0	0	0	0	0	0
		その他社員	0	0	0	1	0	0	0	0	0	1
	契約締結者等		17	3	7	0	0	0	1	0	0	28
	公開買付対象者		10	0	2	2	3	0	0	1	2	20
合計			24	13	20	10	10	8	5	4	4	98

（注）一の行為者が、複数の重要事実等に基づく違反行為を行っている場合には、それぞれの属性を計上。なお、平成30年度以降の件数については令和4年度の課徴金事例集の件数を記載している。

3　情報伝達・取引推奨規制行為者の属性

　課徴金事例集によれば、過去の課徴金事例に関する情報伝達・取引推奨規制行為者の属性は以下のとおりである。情報伝達・取引推奨規制が制定

されて以降、情報伝達行為者及び取引推奨行為者いずれについても、会社関係者等の役職員の事例が、契約締結者等の事例を上回る傾向がある。

【図表2-4　情報伝達・取引推奨規制行為者の属性】

年　　度	26	27	28	29	30	1	2	3	4	計
情報伝達行為者	0	3	5	4	1	5	2	0	1	21
会社関係者	0	2	4	2	0	5	2	0	0	15
発行会社社員	0	1	2	2	0	1	0	0	0	6
発行会社社員	0	1	0	0	0	1	1	0	0	3
契約締結者等	0	0	2	0	0	3	1	0	0	6
公開買付者等関係者	0	1	1	2	1	0	0	0	1	6
買付者役員	0	0	0	0	0	0	0	0	0	0
買付者社員	0	0	0	1	0	0	0	0	0	1
契約締結者等	0	1	0	0	0	0	0	0	0	1
公開買付対象者	0	0	1	1	1	0	0	0	1	4
取引推奨行為者	0	0	1	0	3	3	0	0	4	11
会社関係者	0	0	1	0	2	3	0	0	2	8
発行会社役員	0	0	0	0	0	2	0	0	0	2
発行会社社員	0	0	0	0	1	1	0	0	1	3
契約締結者等	0	0	1	0	1	0	0	0	1	3
公開買付者等関係者	0	0	0	0	1	0	0	0	2	3
買付者役員	0	0	0	0	0	0	0	0	0	0
買付者社員	0	0	0	0	0	0	0	0	0	0
契約締結者等	0	0	0	0	1	0	0	0	1	1

	公開買付対象者	0	0	0	0	0	0	0	2	2
合計		0	3	6	4	4	8	2	0	5	32

(注) 違反行為を行ったものの属性が複数の場合は、当該複数の属性を計上している。また、一人の行為者がインサイダー取引規制違反と情報伝達・取引推奨規制違反の両方に該当する場合等は、両方に記載している。なお、平成30年度以降の件数については令和4年度の課徴金事例集の件数を記載している。

第2章
インサイダー取引規制の対象者

第1節 会社関係者及び公開買付者等関係者

③ 会社関係者及び公開買付者等関係者の範囲

> インサイダー取引規制により売買等が禁止される会社関係者及び公開買付者等関係者の範囲は法定されている。

インサイダー取引規制により売買等が禁止されるのは、重要事実等を知る者すべてではなく、会社関係者、公開買付者等関係者及び情報受領者に限られる。このうち、会社関係者及び公開買付者等関係者については、その範囲は法定されており、その属性に応じて、インサイダー取引規制の適用対象となる時期が異なる。

なお、一度、会社関係者又は公開買付者等関係者に該当した者がその後その地位を失った場合も一定の場合には会社関係者又は公開買付者等関係者として扱われる（詳細は「④ 元会社関係者・元公開買付者等関係者」参照）。

1 会社関係者

会社関係者（金商法166条1項各号）の範囲は、概要以下のとおりである。

【図表3-1　会社関係者（金商法166条1項）】

号数	会社関係者の属性	規制開始時点
1号	**上場会社等**（親会社及び子会社^(※)並びに上場会社等が上場投資法人等である場合の当該上場会社等の資産運用会社及びその特定関係法人を含む。以下同じ。）の**役員等**	その者の**職務**に関し知ったとき
2号	上場会社等の会計帳簿閲覧権（会社法433条1項）等を有する**株主等**（法人である場合にはその**役員等**を、法人でない場合には代理人・使用人を含む。）	当該**権利の行使**に関し知ったとき
2号の2	上場会社等の投資主又は上場会社等の会計帳簿閲覧請求権を有する親法人の投資主（法人である場合にはその**役員等**を、法人でない場合には代理人・使用人を含む。）	会計帳簿閲覧請求権の**権利の行使**に関し知ったとき
3号	上場会社等に対して法令に基づく権限を有する者	当該**権限の行使**に関し知ったとき
4号	上場会社等と**契約**を締結している者又は締結の交渉をしている者（法人である場合にはその**役員等**を、法人でない場合には代理人・使用人を含む。）	当該**契約の締結**若しくはその交渉又は履行に関し知ったとき
5号	2号、2号の2又は4号に該当する者であって法人である者の**役員等**（当該法人のその他の役員等が2号、2号の2又は4号に定めるところにより当該重要事実を知った場合に限る。）	その者の**職務**に関し知ったとき

（※）子会社に係る会社関係者にのみ該当する者は当該子会社に係る重要事実についてのみ規制の対象となる。

2　公開買付者等関係者

公開買付者等関係者（金商法167条1項各号）の概要は以下のとおりである。

【図表３－２　公開買付者等関係者（金商法167条１項）】

号数	公開買付者等関係者の属性	規制開始時点
１号	**公開買付者等**（親会社を含む。以下４号まで同じ。）の**役員等**（当該公開買付者等が法人以外の者であるときはその代理人又は使用人）	その者の**職務**に関し知ったとき
２号	公開買付者等の会計帳簿閲覧権（会社法433条１項）等を有する株主等（法人である場合にはその**役員等**を、法人でない場合には代理人・使用人を含む。）	当該**権利**の行使に関し知ったとき
３号	公開買付者等に対して法令に基づく権限を有する者	当該**権限**の行使に関し知ったとき
４号	公開買付者等と**契約**を締結している者又は締結の交渉をしている者（法人である場合にはその**役員等**を、法人でない場合には代理人・使用人を含む。）	当該**契約**の締結若しくはその交渉又は履行に関し知ったとき
５号	公開買付け等（自社株公開買付けを除く。）の対象会社及びその役員等	公開買付者等からの**伝達**により知ったとき（対象会社の役員等についてはその者の職務に関し公開買付者等からの**伝達**により知ったとき）
６号	２号、４号又は５号に該当する者であって法人である者の**役員等**（当該法人のその他の役員等が２号、４号又は５号に定めるところにより当該公開買付け等事実を知った場合に限る。）	その者の**職務**に関し知ったとき

4 元会社関係者・元公開買付者等関係者

> 会社関係者・公開買付者等関係者がその職務に関して等により知った重要事実等については、その後当該者がその地位を失ったとしても、当該地位を失ってから一定期間は、会社関係者・公開買付者等関係者と同様に規制の対象となる。

　退職等により上場会社等の役員等ではなくなる場合や、上場会社等との取引が終了したことにより契約関係がなくなった場合など、会社関係者等がその立場を失う場合がある。

　このような場合であっても、会社関係者又は公開買付者等関係者の立場を離れれば直ちに取引を行ってもよいということではインサイダー取引規制の実効性が失われることから、一定の限度で取引が禁止される。

　具体的には、会社関係者である際に職務に関して（その他金商法166条1項に定める方法により）知った重要事実等については、その後これらの者でなくなったとしても、1年間は、同様に会社関係者として規制の対象となる（金商法166条1項柱書後段）。他方、公開買付者等関係者である際に職務に関して（その他167条1項に定める方法により）知った重要事実等については、その後公開買付者等関係者でなくなったとしても、6ヶ月間は、同様に公開買付者等関係者として規制の対象となる（167条1項柱書後段）。

　したがって、このような元会社関係者又は元公開買付者関係者が売買等をすればインサイダー取引規制に抵触し、元会社関係者又は元公開買付者関係者から情報を受領すれば当該情報を受領した者は情報受領者に該当することとなる。

　なお、あくまでも、元会社関係者又は元公開買付者関係者は、これらの者である際に職務に関して等により知った重要事実等についてのみ規制が及ぶこととなるため、会社関係者又は公開買付者関係者でなくなった後新

たに知った重要事実等については規制の対象外である（ただし、当該重要事実等について情報受領者に該当する可能性はある。）。

元会社関係者が違反行為者となった課徴金事例として以下の事例がある。

【図表４－１　元会社関係者等による課徴金事例】

No.	事案
H21-8	上場会社Ａ社の社員であった違反行為者はＡ社とＣ社間で株式交換を行うことについて決定した旨の重要事実をその職務に関して知り、**Ａ社を退社した後**、当該重要事実の公表前にＡ社株式を買い付けた。
H21-11	Ｂ社の社員であった違反行為者は、上場会社Ａ社がＣ社を吸収合併することについて決定した旨の重要事実について、Ａ社との守秘義務契約の履行に関し知ったＢ社の他の役員からその職務に関し伝達を受け、**Ｂ社を退社した後**、当該重要事実の公表前にＡ社の株券を買い付けた。
H28-4	Ａ社の役員であった違反行為者は、Ａ社のＢ社に対する債務不履行を理由として契約解除が前提となるＢ社からの支払催告書がＡ社に到達した事実をその職務に関して知り、**Ａ社を退社した後**、当該重要事実の公表前にＡ社株式を売り付けた。

5

「上場会社等」及び「公開買付者等」

> 「上場会社等」は金商法163条１項に定義されており、「公開買付者等」は同法167条１項に定義されている。上場会社等自身は一定の範囲で同法166条のインサイダー取引規制の対象となるものの、公開買付者等自身は同法167条のインサイダー取引規制の対象とはならない。

1　上場会社等及び公開買付者等の意義

上場会社等とは、社債券、優先出資法に規定する優先出資証券、株券、

新株予約権証券、投資証券等のうち金融商品取引所に上場され又は店頭売買有価証券若しくは取扱有価証券に該当する有価証券(ただし、金商法施行令27条に定めるものを除く。)の発行者その他の金商法施行令27条の2で定められている有価証券の発行者をいう(金商法163条1項)。上場投資証券等を発行する投資法人も上場会社等に含まれる。

「店頭売買有価証券」とは、金商法67条の11第1項の規定により、店頭売買有価証券市場を開設する認可金融商品取引業協会が店頭売買有価証券登録原簿に登録した有価証券(同法2条8項10号ハ)をいうが、現在これに該当するものは存在しない。また、「取扱有価証券」とは、認可金融商品取引業協会がその規則において売買その他の取引の勧誘を行うことを禁じていない株券等(株主コミュニティ銘柄を除く。)をいい(同法67条の18第4号)、いわゆるフェニックス銘柄の有価証券が該当する。

普通株式を上場している会社(いわゆる「上場会社」)はすべて上場会社等に該当し、また、株式は上場していなくても、社債を上場させている会社は上場会社等に該当することとなる(ただし、現在の金融商品取引所規則では株式を上場していない会社が社債のみを上場させることはできない。東証規程904条1項1号)。なお、近年、Tokyo Pro Market, Tokyo Pro Bond Marketのようないわゆるプロ向け市場(金商法2条32項)に有価証券を上場している事例も増加しているが、かかるプロ向け市場のみに有価証券が上場されている会社についても上場会社等に該当する。

他方で、公開買付者等とは、「公開買付け等」をする者をいう(金商法167条1項)。「公開買付け等」については「20 公開買付け等事実」を参照されたい。

2 上場会社等へのインサイダー取引規制適用の有無

上場会社等自身は、直接にはインサイダー取引規制の対象者である会社関係者には該当しない。

しかし、上場会社等の役員等が当該上場会社等の計算で売買等を行った場合(自己株式の取得・処分をした場合)には、当該上場会社等に対して課

徴金が課せられることとなる（金商法175条9項。なお、「90　金商法166条及び167条のインサイダー取引規制に係る課徴金」も参照）。この場合、当該役員等自身は課徴金の対象とはならない。

　上場会社等の役員等が当該上場会社等の計算で取引（自己株取得）を行い、当該上場会社等に対して課徴金納付命令が出された事案については「107　上場会社による自己株取得がインサイダー取引とされた事例」を参照されたい。

　また、上場会社等の役員等が上場会社等の業務として情報伝達・取引推奨を行った場合には、当該上場会社等に対して課徴金が課せられることになり、この場合も、当該役員等自身については課徴金の対象とはならない。

　刑事罰との関係では、上場会社等の役員等が当該上場会社等の計算で売買等（自己株式の取得・処分をした場合）を行った場合又は上場会社等の業務として情報伝達・取引推奨を行った場合、当該役員等が刑事罰の対象となり、かつ両罰規定も設けられていることから（金商法197条の2第13号、金商法197条の2第14号、金商法207条1項2号）、当該上場会社等及びその役員等の両者が対象となる。

3　公開買付者等へのインサイダー取引規制適用の有無

　公開買付者等自身もインサイダー取引規制の対象者である公開買付者等関係者に該当しない。

　そして、上場会社等の場合とは異なり、①公開買付者等自身による買付け等若しくは売付け等及び②（公開買付者等が法人の場合に）その役員等が公開買付者等の計算でする買付け等若しくは売付け等のいずれについても、金商法167条のインサイダー取引規制の適用はない[3]。したがって、これらの行為に関しては、公開買付者等及びその役員等は刑事罰・課徴金いずれの対象ともならない。

　しかし、公開買付者等の役員等が公開買付者等の業務として情報伝達・

3　横畠178頁。

取引推奨を行った場合には、上場会社等の場合と同様、当該公開買付者等のみに対して課徴金が課せられることになり（金商法175条の2第14項）、当該公開買付者等及びその役員等の両者が刑事罰の対象となる（金商法197条の2第15号・207条1項2号）。

4　公開買付け等に関し共同買集め行為を行う者についての「公開買付者等」該当性

　自己又は他人の名義をもって買い集める株券等に係る議決権の数の合計が発行会社の議決権総数の5％以上に相当する株券等を買い集める行為（以下「買集め行為」という。）についても、公開買付けに準ずる行為として金商法167条1項に規定される「公開買付け等」に該当する（施行令31条。なお、46-2も参照）。したがって、上記3のとおり、買集め行為を行う者自身も公開買付者等に該当するため、買集め行為を行うもの自身による買付け等又は売付け等についても金商法167条のインサイダー取引規制の適用はない。また、買集め行為を行う者には、「その者と共同して買い集める者」も含むとされている（施行令31条）。

　この「共同して買い集める者」の意義については明文規定はないが、大量保有報告制度の共同保有者との統一的解釈との観点から、「共同して買い集める者」の要件として、共同買集めの合意として、公開買付者等本人との間で買集め対象となる5％以上の株券等の取得、譲渡、議決権行使の意思の合致が必要であるとする見解がある[4]。この点、金融庁は、共同買集めに該当するためには、「当該公開買付者等に当該株券等の売付け等をする目的をもって買付け等をすること等」法167条5項4号と同程度の買集め者との一体性を有することが必要であるとした上で、（買集め行為者ではなく）公開買付者となる予定の特別目的会社（SPC）の設立者との間で株券等の共同取得に関する合意をした者の共同買集め該当性について、その合意において当該共同取得の具体的な時期、買い付ける株券等の数量、

---

[4]　三浦州夫＝吉川純「株式の公開買付け・買集めとインサイダー取引規制〔中〕」旬刊商事法務1720号55頁（2005）。

株券等の取得後の保有・処分に関する予定等が未確定である場合には、当該共同買付者は必ずしも「共同して買い集める者」に該当せず、法第167条第1項のインサイダー取引規制の対象となり得るとしている（金融庁ノーアクションレター回答（令和2年6月26日）[5]）。

この金融庁の回答が、単に買集め者ではなく、公開買付者となる予定の者との間の合意であることをもって共同買集め該当性を否定したとも言いうるものの、合意の内容について具体的に適示していることからすると、実務上、共同買集めに該当しているというためには買集め者との間に最低限買い付け等に関し確定的な合意は必要になるものと考えられる。

6 「役員等」

> インサイダー取引規制上の「役員等」とは、雇用関係の有無や形式上の地位・呼称のいかんを問わず当該会社の業務に従事している者をいう。また、上場会社等や公開買付者等の財務・資本政策や役員人事等を実質的に掌握しているような株主、上場会社等や公開買付者等から他社へ出向中の従業員もこれに該当することがある。

1 概要

インサイダー取引規制における「役員等」とは、①役員（会計参与が法人であるときは、その社員）、②代理人、及び、③使用人その他の従業者と定義されている（金商法166条1項1号）。

①の役員には、取締役、会計参与、監査役、執行役に限られず、これらと同等の地位にある者を含み、②の代理人には、支配人や会社から業務に関する代理権を与えられた者が該当する。そして、③の使用人その他の従業者には、会社との雇用関係の有無や形式上の地位・呼称のいかんを問わ

---

[5] 金融庁ノーアクションレター回答（令和2年6月26日）（https://www.fsa.go.jp/common/noact/kaitou_2/kinsyou/kaitousyo7.pdf）。

ず、当該会社の業務に従事している者が該当し、顧問、相談役、アルバイト社員、パート社員、派遣社員、出向社員等もすべて該当する。
　顧問が「役員等」に該当すると判断された課徴金事例としてH30-8がある。

【H30-8】

> 　甲及び乙は、A社顧問としてA社の社内会議に出席し、同社の代表取締役社長から業務上の提携に係る説明を聞き、職務に関し重要事実等を知った。

2　株主の「役員等」への該当性

　株主は「役員等」の定義には含まれておらず、条文上は株主が会計帳簿閲覧権を有している場合には、別途金商法166条1項2号・167条1項2号の会社関係者等に該当することが規定されているに過ぎない。もっとも、株主であっても「役員等」に該当するとされた判例が存在する。

【最判平成27年4月8日法時88巻2号135頁】

> 　被告人は、A社の役職には何らついておらず、A社との雇用関係もなかったが、A社の発行済株式総数の4割以上の株式を実質的に把握しており、例えば株主総会において、取締役の過半数を自己の意に沿うものとした上、自己の意に沿うYを代表取締役に就任させるなど、A社の大株主の立場にあった。また、被告人は、YがA社の代表取締役に就任するに当たり、日常業務はYに一任するも、Yとの間で「役員の人選と資本政策に関わる点については、事前に被告人に相談する」旨の取決めをし、実際被告人は、同取決めに基づき、役員の人選やA社の経営事項について提案するなどしていた。

　裁判所は、「被告人は、A社の代表取締役と随時協議するなどして同社の財務及び人事等の重要な業務執行の決定に関与するという形態で現実に同社の業務に従事していたものであり、このような者は、金融商品取引法

166条1項1号にいう『その他の従業者』に当たるというべきである。」とした。

3 出向中の従業員に係る出向元の「役員等」への該当性

出向中の従業員が、出向先の業務遂行中に出向先の重要事実を知った場合、出向先との関係で「役員等」になることについては上記1記載のとおりである。

他方、出向社員が出向先の業務遂行中に出向元の重要事実を知った場合、
① 出向元との関係での出向社員の職務は、出向すること及び出向先の業務を行うことであり、出向元の「役員等」に該当するという見解[6]
② 出向元との労働契約関係は存続するものの、出向元との労務提供関係は停止されるため、出向元の「役員等」には該当しないという見解[7]
が存在する。

なお、②の見解によっても、出向先が出向元との間で出向契約を締結している場合には、当該出向社員は契約締結先の「役員等」(金商法166条1項4号・167条1項4号) として会社関係者に該当することとなる。

【H23-6】

●事案の概要
　上場会社A社によるB社との間の業務上の提携という重要事実について、業務資本提携契約の交渉を行っていたB社の従業員J (B社から別の会社に出向していた者であったが、出向元B社の職務に関し重要事実を知った者) が、Xに対して情報を伝達した。
●ポイント
　証券取引等監視委員会は、当時別の会社に出向していた者であったとしても、出向元の情報を出向元の職務に関し知った場合には、出向元の「使用人

6　服部35頁。
7　神崎ほか1221頁。

> その他の従業者」として、情報伝達者であるJは会社関係者に該当することになるとした。

上記事案において、「出向元の情報を出向元の職務に関し知った」と判断された背景の事実関係が明らかではないものの、証券取引等監視委員会は、出向中の従業員に関して出向元の「役員等」に該当するとしていることから、上記①の見解をとっていると思われる。

7 「職務に関し知ったとき」

> 「職務に関し知ったとき」には、その者の地位に応じた任務として取り扱うべき執務（職務）により知った場合だけでなく、その職務と密接に関連する行為により知った場合も含まれる。また、近時、「職務に関し知ったとき」の内容について判示した一連の裁判例が存在する。

1 「職務に関し知った」の意義

「職務に関し知った」とは、①職務行為自体により知った場合のほか、職務と密接に関連する行為により知った場合を含むとする見解[8]、②職務行為自体により知った場合のほか、職務と密接に関連する行為により知った場合を含むが、その者が重要事項を知りうる地位にあることが必要とする見解[9]、③有価証券の投資判断に影響を及ぼすべき特別な情報に自ら関与し、又は接近しうる特別な立場にある者が、その立場ゆえに情報を知ったときとする見解[10]、④職務の実行に関して知る必要のある、又は知る立

---

8 横畠36頁、三國谷17頁。
9 神田秀樹監修『注解証券取引法』（有斐閣・1997）1200頁。
10 服部40頁。

場にある情報を知った場合とする見解等がある[11]。

　この点、課徴金事例集において、証券取引等監視委員会は、以下のとおり①の見解に立っていることを明らかにしている。

【H23-9】

> 　上場会社A社による子会社の異動を伴うB社株式の取得の決定について、A社の社員Jは、当該重要事実に係る業務に直接従事していた者ではなかったが、同じ部署の者から、子会社の異動を伴う株式の取得について決定した旨の重要事実を聞いていたという事案において、情報伝達者であるA社の社員Jが当該重要事実を「職務に関し知った」者に該当する（Jが金商法166条1項1号の会社関係者に該当する）と判断された。

　上記事例において、証券取引等監視委員会は、「職務に関し知った」とは、職務と密接に関連する行為により知った場合を含むとし、「職務」とは、その者の地位に応じた任務として取り扱うべき一切の執務をいい、現に具体的に担当している事務であることを要しないと解されるとした。その上で、証券取引等監視委員会は、情報伝達者であるA社の社員Jは、A社がB社を子会社とするための業務に直接従事する者ではなかったが、職務に関し本件重要事実を知った者に該当するとした。

　かかる見解に従えば、例えば、①役員が役員会において重要事実を知った場合、②部下から業務報告を受けている際に重要事実を知った場合、③部下が上司から業務上の指示を受けている際に重要事実を知った場合、④他の部署に応援に行っている際に当該応援先の部署の業務において重要事実を知った場合、これらの者は重要事実を「職務に関し」知った者に該当する。

　また、上記事例のように実際に業務を担当していなくとも、⑤同じ部署の同僚から連絡を受け重要事実を知った場合、⑥朝会等の場で重要事実を

11　事例インサイダー取引130頁。

知った場合にも「職務に関し知った」者に該当することになる。

加えて、⑦勤務時間終了後の同僚等との飲み会等の会話の中で仕事上の話になり知った場合や⑧異なる部署に所属する同僚との会話の中で知った場合であっても、「職務に関し知った」者に該当する可能性がある。

ただし、⑧については、例えば、自動車メーカーの地方工場で塗装機械の操作を担当している者が、同期生であった本社の経理部に所属している従業員から、休暇で一緒に旅行に行った際に「今度、新株式を発行することが経営会議で決定された」と知らされたような事案であれば、当該話を聞いた者は重要事実を「職務に関し知った」とはいえず、情報受領者にとどまるものと考えられる[12]。

なお、職務に関して知ったものであれば、誰から聞いたか等重要事実等を知った方法は問題とはならない（そもそも他人から情報の伝達を受けて知る必要すらない。）[13]。したがって、決裁権者が稟議書等によって重要事実等を知った場合であっても「職務に関し知った」ことになる。

2　裁判例の傾向

この点、「職務に関し知った」の内容について取り扱った裁判例として以下の事案がある。

【イトーキ事件（最三小決令和4年2月25日ジュリ1576号118頁）】

> ●概要
>
> C社によるその上場子会社D社の公開買付けという公開買付け等事実について、C社との間で当該公開買付けの実施に向けたフィナンシャルアドバイザリー契約（FA契約）を締結していたA証券会社の従業員Xが、自己の直接の担当案件ではなかったものの、所属部署Fで当該案件を扱っていたことから、①Fの担当業務の概要をまとめた一覧表（以下「本件一覧表」）等の

12　事例インサイダー取引134頁。
13　横畠36頁。

内部資料を閲覧することで上場会社がその上場子会社の株式の公開買付けを行い、同社を完全子会社化する案件の情報を知り、②同じくFで当該案件を担当し当該公開買付けの事実を知ったBとその上司との通話内容から公開買付者である上場会社がC社であることを聞き取るとともに、③さらにX自らインターネットで検索して、C社の上場子会社がD社のみであることを知るに至り、公開買付け等事実に関する情報を把握した。Xは、知人Eに対し、あらかじめD社の株券を買付けさせて利益を得させる目的で、本件の公開買付けの実施に関する事実を公表前に伝達し、Eにおいて、D社株券合計29万6,000株を代金合計5,326万8,100円で買い付けた。

●判示内容

裁判所は、「F部に所属するA証券の従業者であったXは、その立場の者がアクセスできる本件一覧表に社名が特定されないように記入された情報と、F部の担当業務に関するBの不注意による発言を組み合わせることにより、C社の業務執行を決定する機関がその上場子会社の株券の公開買付けを行うことについての決定をしたことまで知った上、C社の有価証券報告書を閲覧して上記子会社はD社であると特定し、本件公開買付けの実施に関する事実を知るに至ったものである。このような事実関係の下では、自らの調査により上記子会社を特定したとしても、証券市場の公正性、健全性に対する一般投資家の信頼を確保するという金融商品取引法の目的に照らし、Xにおいて本件公開買付けの実施に関する事実を知ったことが同法167条1項6号にいう『その者の職務に関し知ったとき』に当たる」。

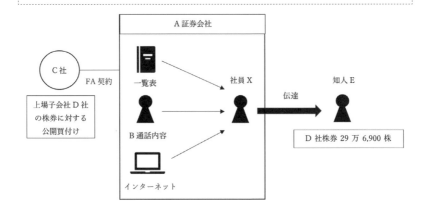

本判例では、Xは、①A証券内部の本件一覧表に記載された情報（A証券がFA契約を締結する上場会社による、その上場子会社の完全子会社化案件であること）及び②同じ部署に属する同僚Bの不注意の発言（公開買付者である上場会社がC社であること）を組み合わせ、さらに③X自ら閲覧したC社の有価証券報告書に記載された情報（C社の上場子会社がD社のみであること）を知り、公開買付け等事実を知るに至ったと判断しており、重要事実を知る者からの伝達行為を必要としておらず、またX自身の情報収集行為（有価証券報告書を閲覧）に基づく情報入手もあわせて「職務に関し知った」ことを認定している。

　なお、「職務に関し知った」につき判示した裁判例として、本判例の前には以下の2つの裁判例があった。東京電力公募増資インサイダー事件課徴金納付命令取消訴訟控訴審判決（東京高判平成29年6月29日判時2369号41頁。以下「平成29年高判」という。）では、「職務に関し知った」というためには役員等が知った重要事実が「伝播したもの」と評価されることが必要とされている一方で、日本板硝子公募増資インサイダー事件課徴金納付命令取消訴訟第1審判決（東京地判令和元年5月30日金判1572号14頁。以下「令和元年地判」という。）では、役員等が知った重要事実が「伝播したもの」であるか否かという点には言及せず、「別の経路から重要事実に関する何らかの情報を入手した場合において、金商法166条1項5号による取引制限の対象に当たるというためには、当該別経路による情報だけでは重要事実を知ったというのに十分でなかったものが、契約担当役員等との直接又は間接の職務上の関わり合いを通じて得られた情報（内部情報）を加えたことにより重要事実を知るに至ったと認められることが必要」と判示している。

事件名	「職務に関し知った」に関する判示内容
平成29年高判	その者が職務に関し重要事実を構成する主要な事実を単に認識したというだけでは足りず、その者を会社関係者と位置づ

	けることを正当化する状況、すなわち、その方法や態様等を問わないものの<u>当該契約の締結若しくはその交渉をする役員等が知った重要事実が法人内部においてその者に伝播したもの（流れて、伝わったもの）と評価することができる状況のもとで重要事実を構成する主要な事実を認識した場合であること</u>を要するものと解するのが相当である。
令和元年地判	当該経路による情報だけでは重要事実を知ったというのに十分でなかったものが、契約担当役員等との直接又は間接の職務上の関わり合いを通じて得られた情報（内部情報）を加えたことにより重要事実を知るに至ったと認められることが必要であり、例えば、別経路による情報は単なる推測や噂にとどまるものであったが内部情報によりこれが確実なものであると裏付けられた場合などは、これに当たるものというべきである。

　その後、モルフォ事件課徴金納付命令取消訴訟第1審判決（東京地判令和4年1月21日資料版商事法務462号121頁）では、「職務に関し『知った』といえるためには、『業務執行を決定する機関』により重要事実に係る決定がされたことについての少なくとも未必的な認識があれば足り、当該決定に係る事項が確実に実行されることが予測されるとの認識や、当該決定が金商法166条1項1号、同条2項1号ヨ、施行令8条1号の構成要件に当てはまるとの認識までは要しないと解するのが相当であるが、その場合であっても、一般投資家の投資判断に影響を及ぼす程度の内容であることの認識を要すると解すべきである。」と判示されており、ある決定がインサイダー取引規制の構成要件に当てはまるという厳密な評価まで認識していた必要はないものの、それが一般投資家の投資判断に影響を及ぼす程度の内容であるという一定の評価を認識していた必要があると考えられる。

　この点、本判例（イトーキ事件）においては、いずれにしても、重要事実を構成する主要な事実についてほぼ認識したと考えられるが、本判例の事案と異なり、必ずしも重要事実を構成する主要な事実を認識していると

までいえない場合に、どの程度認識すれば職務に関し「知った」といえるかは、今後の裁判例の蓄積が待たれる。

各裁判例において、情報伝達者が認識した事実の内容及び情報入手経路については以下のとおりである。

裁判例	「職務に関して知った」該当性	認識した事実の内容	情報入手経路
イトーキ事件（最三小決令和4年2月25日ジュリ1576号118頁）	○	①A証券会社とFA契約を締結している上場会社がその上場子会社の株券の公開買付を行い、完全子会社にする案件であり、②公開買付者である上場会社がC社であること、③対象者である上場子会社がD社以外にないという事実	・①について、担当業務の概要をまとめた一覧表等、②について、被告人と同室で勤務するBと上司との間の通話内容、③について、被告人自らインターネットで検索し閲覧したC社の有価証券報告書の記載。
東京電力公募増資インサイダー事件課徴金納付命令取消訴訟控訴審判決（東京	×	上場会社Gの公募増資の事実	・証券会社H社機関投資家営業二部所属の営業員Ｉは、当時本件公募増資を認識していた、証券会社H社企業調査部のアナリストＪから「（G社の公募増資について）可能性は否

高判平成29年6月29日判時2369号41頁)			定できない」「やってもおかしくない」等の回答を受けた。 ・同じく本件公募増資を認識していた、証券会社H社機関投資家営業第二部の募集担当Iから「(平成29年9月29日に機関投資家との食事の予定を入れることについて)その日何かあるかもしれない」「規模は大きいかもしれない」、さらに「(9月27日の週の休暇取得の可否を尋ねたところ)その週は忙しくなりそうである」との回答。
日本板硝子公募増資インサイダー事件課徴金納付命令取消訴訟第1審判決(東京地判令和元年5月30日金判1572号14頁)	×	上場会社Jの公募増資の事実	・K証券のセールストレーディング部に属する情報伝達者Lは、当時のJ社の財務状況等に関する情報を認識し、J社による公募増資の実施が公表される旨の市場関係者間の噂に接していた ・K証券の株式資本市場部(ECM部)において、セールストレーディング部であるLに対し、J社株式のフロー照会(ある銘柄の売買においてどのような投資家がどの程度の量の売買を行ったのかについての照会。なお、継続してフロー照会を受けたのはJ社とメガバンク銘柄のみであった)がなされた。

			・Lは、本件の公募増資に係るキックオフミーティングよりも前に株式営業部のマネジメント担当者から夏季休暇を取得しないよういわれたこと。 ・Lの参加するK証券社内のミーティング等で、株式営業部のマネジメント担当者から、他社（INPEX）の公募増資は前哨戦であり、次は落とせない旨、顧客とのつながりを確保しておくべき旨、同業他社との競争に負けるわけにはいかない旨発言があった。

3 チャイニーズ・ウォール

　証券会社は、法人関係情報規則に基づき、投資銀行部門や引受審査部門などの法人関係部署と、法人・個人営業部門、アナリスト、トレーディングなどの法人関係情報を取り扱わない部署との間で、情報障壁（いわゆるチャイニーズ・ウォール）を設けている。

　また、上場会社が信託方式又は投資一任方式によって自己株取得を行う場合、インサイダー取引規制に抵触するかどうかが問題となるが、この点について、インサイダー取引規制Q&A[14]において、信託契約又は投資一任契約の締結・変更が上場会社により重要事実を知ることなく行われたものであって、当該上場会社が契約締結後に注文に係る指示を行う場合であっても、指示を行う部署が重要事実から遮断され、かつ、当該部署が重要事実を知っている者から独立して指示を行っているなど、その時点において、重要事実に基づいて指示が行われていないと認められる場合において

14　190729insider_qa_.pdf（https://www.fsa.go.jp/news/r5/shouken/20240419/240419insider_qa_.pdf）

は、基本的にインサイダー取引規制に違反しないものとされている。

したがって、上場会社等においても、実務上、株券の売買等を担当する部署と、重要事実を取り扱う部署との間で情報障壁が設けられることに一定の意義があると考えられ、例えば、上場会社等において自己株取得を行う場合、自己株取得を行う役職員等が重要事実から遮断し、かつ、当該役職員等が重要事実を知っている部署から独立させることは、インサイダー取引規制違反のリスクを低減させる有効な方策であると考えられる。

もっとも、情報障壁が構築されていても重要事実等の伝達が行われれば、インサイダー取引規制が問題になり得るのであるから、情報障壁は、不必要な重要事実等の伝達を防止する一つの方策に過ぎない点に留意が必要である。

8 「権利の行使に関し知ったとき」

> 「権利の行使に関し知ったとき」とは、会計帳簿閲覧権等を行使した結果として重要事実等を知った場合のほか、当該権利の行使に密接に関連する行為により知った場合も含まれる。

以下のいずれかに該当する者（法人である場合はその役員等、それ以外の場合は代理人・使用人を含む。ただし、金商法167条のインサイダー取引規制においては②を除く。）は、重要事実等をその「権利の行使に関し知ったとき」にインサイダー取引規制が適用される（同法166条1項2号・167条1項2号）。

① 会計帳簿閲覧権（会社法433条1項）を有する株主
② 優先出資法に規定する普通出資者のうちこれに類する権利を有する者として取引規制府令48条に定める者
③ 親会社社員による会計帳簿閲覧権（会社法433条3項）を有する社員

金商法166条1項2号及び167条1項2号の規制趣旨は、会計帳簿閲覧権等を有する株主等は、当該権利を行使することにより会社の内部を知りうる立場にあり、会社の内部者としての実質があると認められるからとされている[15]。

　そして、「権利の行使に関し知ったとき」には、会計帳簿閲覧権等を行使した結果として重要事実等を知った場合だけでなく、当該権利の行使に密接に関連する行為により知った場合も含まれ、具体的には、当該権利行使のための準備、調査や交渉の中で知った場合や、当該権利行使を背景に事実上知った場合（例えば、会計帳簿閲覧請求権を行使させない代わりに、閲覧請求に係る会社担当者が重要事実等である会計帳簿の記載内容を説明する場合）等も含まれる。

　また、誰から聞いたか等の方法は問わないとされているため、当該行使を行った法人の担当者から職務上報告を受けた上司等もこれに該当する[16]。

　なお、金商法166条1項2号及び167条1項2号の会社関係者等による事例で課徴金事例・裁判例として公表されているものは現時点では存在しない。

　なお、上場投資証券等を発行する投資法人についても、金商法166条1項2号と同趣旨の規定として同項2号の2が存在する。

9 「法令に基づく権限」・「権限の行使に関し知ったとき」

> 「法令に基づく権限」には、許認可等に関連して監督官庁が保有する権限等が該当する。また、「権限の行使に関し知ったとき」とは、法令に基づく権限を行使した結果として重要事実を知った場合のほか、当該権限の行使に密接に関連する行為により知った場合も含まれる。

15　横畠38頁。
16　横畠38頁。

「法令に基づく権限」を有する者（金商法166条1項3号・167条1項3号に該当する会社関係者等）は、重要事実等をその「権限の行使に関し知ったとき」にインサイダー取引規制が適用される。

金商法166条1項3号・167条1項3号の規制趣旨は、法令に基づく権限を有する者は、当該権限を行使することにより会社の内部を知りうる立場にあり、会社の内部者としての実質があると認められるからとされている[17]。

1 法令に基づく権限

「法令に基づく権限」には、例えば、許認可等に関連して監督官庁が保有する権限、国政調査権等の立法権に関する権限、文書提出命令や差押等の司法権に関する権限が含まれ、また、弁護士法23条の2に基づく弁護士会照会の権限も含まれる。なお、法令によって直接権限を有している者だけでなく、その部下や補助者も「法令に基づく権限を有する者」に含まれる。

2 権限の行使に関し知ったとき

「権限の行使に関し知ったとき」には、法令に基づく権限を行使した結果として重要事実等を知った場合のほか、当該権限の行使に密接に関連する行為により知った場合も含み、具体的には、当該権限の行使のための準備、調査や交渉の中で知った場合、当該権限の行使を背景に事実上知った場合も含まれる。

また、誰から聞いたか等の方法は問わず、当該権限を行った組織の担当者から職務上報告を受けた上司等もこれに該当する[18]。

法令に基づく権限を有する者によるインサイダー取引が問題となったものとして、以下の事例が存在する。

17　横畠39頁。
18　横畠39頁。

【図表９－１　法令に基づく権限を有する者によるインサイダー取引が問題となった事例】

事件名	事案
チノン事件 （東京地判平成17年10月28日判例体系28135406[19]）	経済産業省職員Aは、コダックジャパンデジタルプロダクトディベロップ（KJDPD）とチノンが共同して認定申請した産業活力再生特別措置法に基づく事業再構築計画の審査・認定事務に従事していたところ、その審査・認定事務の過程において、KJDPDが産業活力再生特別措置法の適用を前提としてチノンの公開買付けを行うことを知り、公表前に同社株券を買い付けた。
経産省職員インサイダー事件 （最決平成28年11月28日刑集70巻7号609頁）	経済産業省職員Aが、同職務上の権限の行使に関し、①NECエレクトロニクスの業務執行を決定する機関が、ルネサステクノロジと合併することについての決定をした旨の事実を知り、公表前にNECエレクトロニクスの株券を買い付け、②エルピーダメモリの業務執行を決定する機関が、産業活力の再生及び産業活動の革新に関する特別措置法に基づく事業再構築計画の認定を取得し、同計画に沿って日本政策投資銀行を割当先とする第三者割当増資を行うことについての決定をした旨の事実を知り、公表前にエルピーダメモリの株券を買い付けた。

10

「契約」

> 「契約」は、その種類・内容に限定はなく口頭による契約であってもよい。なお、契約の名義人ではない場合であっても、諸般の事情により「契約」の当事者と解されることがある。

19　事案の記載は、平成16年度活動状況17頁以下参照。

契約を締結している者又は締結の交渉をしている者は、有価証券の投資判断に影響を及ぼすべき特別な情報に関与し又は接近しうる特別な立場にあり、その立場ゆえに重要な情報を知ることが多い。そのため、金商法166条1項4号・167条1項4号は、上場会社等・公開買付者等と「契約」を締結している者又は締結の交渉をしている者を、インサイダー取引規制の対象としている[20]。

1　種類・内容

　「契約」について、その種類・内容は問わず、重要事実等を知ることを内容とする契約に限られるものではないとするのが通説である[21]。最高裁も日本エム・アイ・シー事件（最決平成15年12月3日判タ1141号150頁）において、「契約」は重要事実等を前提として締結される契約に限定されるとする必要はないと判断している。

2　書面性の要否

　「契約」は、書面によるものに限られるわけではなく、「口頭」によるものも含まれる。口頭による契約をもって金商法166条1項4号の「契約」と認定した課徴金事例として、以下の事例がある。

【図表10－1　口頭による契約を「契約」とした課徴金事例】

No.	事案
H23-1	上場会社A社の代表取締役が、A社のために出資者を手配することを口頭で委託した者について、A社と当該者との間で口頭による準委任契約が成立しているとして、同人は金商法166条1項4号の会社関係者に該当するとした。

20　服部51頁。
21　横畠41頁。

| H24-11 | 公開買付者Ａ社と対象会社Ｂ社間において口頭の秘密保持契約が締結されているとして、対象会社Ｂ社役員が金商法167条1項4号の公開買付者等関係者に該当するとした。 |

なお、平成25年改正において、公開買付け等（自社株公開買付を除く。）の対象会社及びその役員等も新たに公開買付者等関係者に含まれることとなったため（金商法167条1項5号）、現在はH24-11のような事案の場合、口頭の合意がなくとも対象会社Ｂ社役員は公開買付者等関係者に該当することとなる。

3 「契約」の当事者

形式的には契約の当事者ではない者についても、以下のとおり、「契約」の当事者に該当する場合がある。

【H23-2】

> 上場会社Ａ社による第三者割当による転換型新株予約権付社債の発行について、当該発行に係る総額引受契約の割当先の名義人は投資事業組合（ファンド）であったものの、その実態がないことや、当該増資の交渉当事者の意思等から、総額引受契約の締結に係る交渉をしていた各違反行為者が実質的な出資者であるとし、これらの者について金商法166条1項4号の会社関係者に該当するとした。

上記事案では、形式的な契約の名義人にとらわれず、その背後に存在する実質的当事者が「契約」の当事者であると認定されている。なお、H23-12も同様に、割当先の名義人は投資事業組合（ファンド）であったものの、その実態がないことや当該増資の交渉当事者の意思等から、総額引受契約の締結に係る交渉をしていた各違反行為者が実質的な出資者であり金商法166条1項4号の会社関係者として認定されている。

11 契約の「締結若しくはその交渉又は履行に関し知ったとき」

> 契約の「締結若しくはその交渉又は履行に関し知ったとき」とは、契約の締結若しくはその交渉又は履行によって知った場合だけでなく、それらと密接に関連する行為によって知った場合も含まれる。

契約の「締結若しくはその交渉又は履行に関し知ったとき」(金商法166条1項4号・167条1項4号)とは、契約の締結・交渉・履行行為自体により知った場合のほか、密接に関連する行為により知った場合を含み、契約の締結・交渉・履行のための準備・調査等の過程で知った場合も含まれる[22]。

この点について取り扱った裁判例として以下の事案がある。

【三笠コカ・コーラボトリング事件(東京地判平成15年5月2日判タ1139号311頁)】

●事案の概要
　K社によるM社株式の公開買付けという公開買付け等事実について、M社の株式を購入するためのアドバイザリー契約をK社との間で締結していたT社の従業員Aは、当該案件の直接の担当者ではなかったものの、所属部署で当該案件を取り扱っていたことから、所属部署で開催される会議等において担当者の報告を聞く等して当該公開買付けの実施に関する内部情報を知った。

●ポイント
　裁判所は、「『当該契約の締結若しくは交渉又は履行に関し知ったとき』とは、契約の締結若しくは交渉又は履行行為自体によって知った場合はもとより、これと密接に関連する行為により知った場合を含むと解されるが、それは、契約の締結又は交渉について権限を有し、あるいはその履行について義務を負う者がそれらの行為の際に知ったときだけではなく、これを補助する

22　横畠42頁。

> 担当者が知ったときを含み、さらに、この担当者等からその職務上当該契約の締結若しくは交渉又は履行の状況等について報告を受ける立場にある上司や同僚等がその報告等の機会に知った場合をも含むと解するのが相当である」として、被告人Aは、公開買付等事実を「当該契約の締結若しくは交渉又は履行に関し知った」といえるとした。

「締結若しくはその交渉又は履行に関し知ったとき」に該当するためには、上記裁判例のとおり、報告を受けた上司又は同僚等が「職務上当該契約の締結若しくは交渉又は履行の状況等について報告を受ける立場にある」ことが必要である。そして、交渉等の担当者からその職務上当該契約の締結若しくは交渉又は履行の状況等について報告を受ける立場にある上司や同僚等は、契約交渉等の相手方から直接重要事実等を知る必要はなく、その報告等の機会に知れば足りる。

他方、同一法人内で、上司又は同僚等が担当者から重要事実等を知らされた場合でも、「職務上当該契約の締結若しくは交渉又は履行の状況等について報告を受ける立場」にない場合には、金商法166条1項4号・167条1項4号の会社関係者等に該当しない。この場合、担当者から連絡を受けた当該上司又は同僚等は、同法166条1項4号・167条1項4号に該当する法人等の役員等として同法166条1項5号・167条1項6号の会社関係者等に該当することとなる（ただし、例外的に、これらの者が「職務に関し知った」のではない場合（「7『職務に関し知ったとき』」参照）には、会社関係者等ではなく、情報受領者として取り扱われる。）。

金商法166条1項4号の会社関係者等に関する課徴金事例は多数あるが、同号か同項5号かの判断を要するもので、同項4号の会社関係者と認められた事例としては、例えば、以下のものがある。

【図表11－1　金商法166条1項4号の会社関係者等に関する事例】

No.	重要事実等	契約	違反行為者
H21-14	上場会社A社とB社の業務上の提携	A・E間販売代行に係る業務委託契約	E社**部下から報告を受けて**知ったE社役員
		A・F間販売代行に係る業務委託契約	F社**顧問から聞いて**知ったF社役員
		A・G間販売代行に係る業務委託契約	G社の**他の役員から聞いて**知ったG社役員
H21-25	上場会社A社の業績予想値の下方修正	A・B間の監査契約	A社の監査業務に従事していた**同じチーム内B監査法人の公認会計士からのメール**で知ったB監査法人の別の公認会計士

第2節

情報受領者

12

情報受領者の範囲

　会社関係者等から情報の伝達を通じて重要事実等を知った一定の者は、情報受領者としてインサイダー取引規制の対象となる（金商法166条3項・167条3項）。

　このような情報受領者をインサイダー取引規制の対象に含めた趣旨は、会社関係者等について有価証券等の売買等を禁止したのみでは、容易にその禁止を回避した脱法的な取引が行われるため、また、会社関係者等から業務等に関する重要事実等の伝達を受ける者は通常会社関係者等と特別の関係を有しているものと考えられ会社関係者等と同様に規制の対象に含める必要があるためである[23]。

　情報受領者には大きく以下の二つの類型が存在する。

① 前段の情報受領者
　会社関係者等から重要事実等の伝達を受けた者（例えば、上場会社の役員がその家族・友人に対して重要事実等を話した場合の当該家族・友人）

23　横畠121頁。

（金商法166条3項前段・167条3項前段）

【図表12－1　前段の情報受領者】

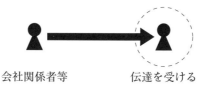

会社関係者等　　　　伝達を受ける

② 後段の情報受領者

　会社関係者等から重要事実等の伝達を受けた者が**職務上**当該伝達を受けた場合であって、その者が所属する法人の他の役員等のうちその者の**職務に関し**当該業務等に関する重要事実等を**知った**者（例えば、証券アナリストが事業会社への取材により重要事実等を知り、これを上司に報告した場合の当該上司）（金商法166条3項後段・167条3項後段）。なお、「職務上」「職務に関し……知った」の意義は会社関係者等における「職務に関し知った」と同義と考えられる[24]（「7」『職務に関し知ったとき』」参照）。

【図表12－2　後段の情報受領者】

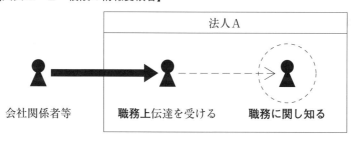

　上記①又は②に該当する者（いわゆる第一次情報受領者）から重要事実等の伝達を受けた者（いわゆる第二次情報受領者）についてはインサイダー取

24　木目田53頁。

引規制の対象にはならない。これは、第二次情報受領者についても規制対象とすると、その処罰範囲が不明確となってしまうことが懸念されたことによる[25]。

もっとも、情報伝達の有無は実質的に判断される（「[13] 重要事実等の伝達の方法」及び「[14] 情報伝達の内容」参照）。

[13] 重要事実等の伝達の方法

> 情報受領者に対する重要事実等の伝達の方法は特に限定がなく、会社関係者等が伝達する意思をもって情報受領者に対し伝達すれば足りる。会社関係者等が第三者を通じて伝達した場合であっても、その受領者は第一次情報受領者としてインサイダー取引の対象となる。

1 概要

インサイダー取引規制上の情報受領者となるためには、原則として、会社関係者等から重要事実等の伝達を受けることが必要である。したがって、一般投資家がリーク情報に基づく報道等により重要事実等を知った場合、通常は会社関係者等による伝達行為が存在せず、情報受領者には該当しない[26]。

ただし、同一法人内の役員等が会社関係者等から職務上重要事実等を受領しており、当該重要事実等を当該法人における職務に関し知った者は、自らが会社関係者等から重要事実等の伝達を受けていなくとも、インサイダー取引規制上の情報受領者となる（詳細は下記3参照）。

会社関係者等から重要事実等の伝達があったとされるためには、会社関係者等が重要事実等を伝達する意思でその伝達行為を行い、その結果伝達

25　横畠122頁。
26　横畠125頁。

の対象となった者が当該重要事実等を知ってさえいればよく、伝達の方法（口頭によるか電話や手紙等の方法によるか）を問わない。他方で、会社関係者等に重要事実等を伝達する意思が全くない場合、例えば、会社の担当者が道端に遺失した書類から知った場合や、会社関係者等の話を盗聴して知った場合は情報受領者に該当しない。

また、すでに別の理由に基づき重要事実等を知っていた場合であっても、その後会社関係者等から当該重要事実等について伝達を受けた場合には、その時点から第一次情報受領者となる[27]。例えば、たまたま道端で拾い聞きした重要事実等について、知り合いの上場会社の従業員に尋ねて当該重要事実等が存在することの確認を得た場合、確認を得た時点で情報受領者に該当する。

2 第三者を介在させた伝達

第一次情報受領者（会社関係者等から未公表の重要事実等の伝達を受けた者）はインサイダー取引規制の対象となるが、当該第一次受領者から重要事実等の伝達を受けた者（第二次情報受領者）はインサイダー取引規制の対象とならない。ただし、会社関係者等が中間に他の人を介在させて伝達する場合であっても、会社関係者等がその者に対して伝達する意思を持っているのであれば、その者は第二次情報受領者ではなく第一次情報受領者としてインサイダー取引規制の対象となる。

例えば、上場会社の社長が友人に対して郵便で重要事実等を伝達する場合には、郵便局員という第三者が介在することになるものの、その友人は第一次情報受領者である。さらに、上場会社の社長がその秘書に指示をして秘書が社長の友人に電話で重要事実等を伝えた場合も同様に当該友人は第一次情報受領者に該当する。

この点に関する裁判例として以下のものがある。

---

27 横畠124頁以下。

【日新汽船事件（東京簡判平成２年９月26日資料版商事法務81号35頁）】

　千代田ファイナンスの代表取締役社長であった被告人が、上場会社であった日新汽船の取締役会長から、**同人の使者を介して**、「日新汽船株式会社は、オーストラリア所在のシドニーリージェントホテルを約291億6,000万円で買収することになり、その買収資金のうち256億円を第三者割当増資によって調達することを決定した。千代田ファイナンスでも35万株引受けてもらいたい」旨依頼されて重要事実（株式の発行及び固定資産の取得）について伝達を受け、当該重要事実の公表前に日新汽船の株式の売買を行った。

　また、東京電力の公募増資インサイダー課徴金納付命令決定において、First New York Securities LLCは、コンサルティング会社との間で情報提供及びコンサルティングに係る契約を締結して当該コンサルティング会社の役員に情報入手を依頼し、当該役員を通じて主幹事証券会社から情報を得ているため、形式的には第二次情報受領者に見えるものの、第一次情報受領者とされている。これは、当該役員はもともと伝達することを意図して証券会社営業員から情報を受領しFirst New York Securities LLCに伝達しているため、いわばFirst New York Securities LLCの道具に過ぎないとされたためである[28]。なお、かかる課徴金命令は、取消判決が確定している（東京高判平成29年６月29日金判1527号36頁）。

3　後段の情報受領者

　同一法人内の役員等が会社関係者等から職務上重要事実等を受領しており、当該重要事実等を当該法人における職務に関し知った場合には、自らは会社関係者等から重要事実等の伝達を受けていなくとも、インサイダー取引規制における情報受領者に当たる。したがって、この場合には、当該情報受領者は会社関係者等から直接情報の伝達を受ける必要はなく、同一法人内にある別の役員等がその職務上会社関係者等から情報の伝達を受け

28　平成24年インサイダーWG第１回議事録〔寺田総務課長発言〕。

ていればよいこととなる。

【図表13−1　後段の情報受領者】

　後段の情報受領者がインサイダー取引を行った裁判例として、例えば以下の事例がある。

【日本経済新聞社社員インサイダー事件（東京地判平成18年12月25日判例体系28135098）】

> 　西松屋チェーン等5社との間で業務委託契約を締結した宝印刷の従業員が当該契約の締結に関し知った当該5社が株式の分割を行うことについて決定した重要事実について、日本経済新聞社部員2名が職務上伝達を受け、当該重要事実を含む情報を同社の広告掲載申込み及び売上管理コンピュータシステムに入力していたところ、日本経済新聞社東京本社広告局金融広告部員であったAが、**当該システムによりかかる重要事実を知り**、かかる重要事実が公表される前に、当該5社の株式を買い付けた。

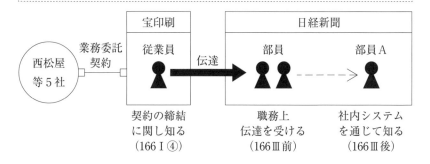

【大日本土木事件（名古屋地判平成16年5月27日資料版商事法務244号206頁）】

　大日本土木との間で銀行取引約定を締結していたUFJ銀行社員Aが当該約定の履行に関し知り、その後、同銀行社員Bがその職務に関し知って、岐阜銀行副頭取執行役員Cに伝えたことによりCが職務上知った、大日本土木が民事再生手続の申立てを行うことを決定した旨の重要事実を、岐阜銀行に派遣された派遣社員である被告人Dが、その職務に関し知り、かかる重要事実が公表される前に、大日本土木の株式を売り付けた。

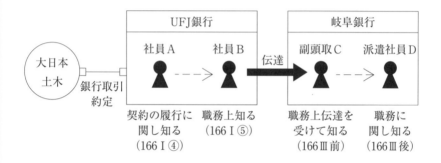

【H30-13】

　上場会社A社の役員甲は、その職務に関し、同社が平成27年3月期決算において債務超過の状態であり、平成28年3月期決算においても債務超過の状態となることによって、A社の特定有価証券の上場の廃止の原因となる事実が発生したことを知った。役員甲はA社の製品を取り扱っているB社に対して、A社が上場廃止になっても従来どおり製品供給できることを説明するため、B社の役員乙に対して同事実を職務上伝達した。同役員乙は、顧客対応のためB社内で共有する目的で社内会議において、社員丙に当該重要事実を伝えた。当該重要事実を職務に関し知った社員丙が、本件事実の公表前に店頭注文で現物取引によりA社の株式を売り付けた。

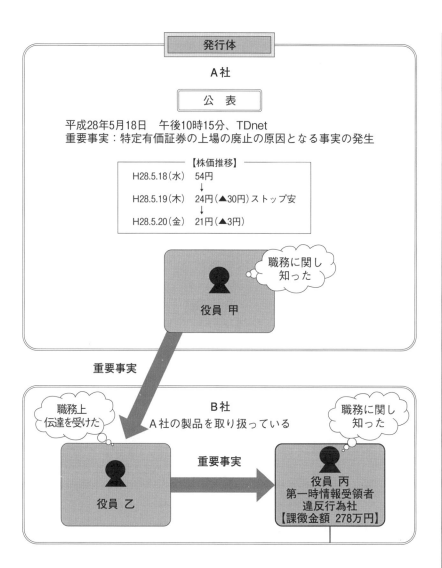

【H30-14】

　上場会社Ａ社と不動産アドバイザリー契約を締結していたＢ社の社員甲は、当該契約の履行に関し、Ａ社が同社の本店土地等を入札方式により売却する

ことについての決定をした旨の重要事実を知った。同社員甲は、マンション建設用地の仕入れ業務を担当しているC社の社員乙に対し、本件の不動産をC社で取得することにつき検討余地があるか尋ね、職務上伝達した。伝達を受けた社員乙は、当該重要事実の公表前にインターネット注文で現物取引によりA社株式を買い付けた。また、社員乙が職務上伝達を受けた当該重要事実を、職務に関し知ったC社の社員丙が、当該重要事実の公表前にインターネット注文で現物取引によりA社株式を買い付けた。

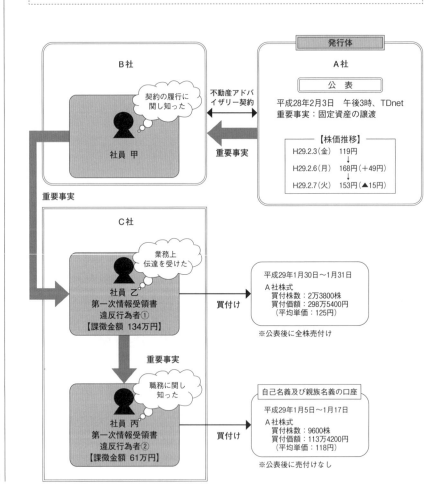

14 情報伝達の内容

> 重要事実等の伝達の有無は、情報受領者と伝達者の関係や受領者における伝達者の職務内容の認識の程度等も勘案して、実質的に判断される。したがって、重要事実等の一部の伝達に過ぎない場合であっても、当該情報を受領した者が情報受領者に該当する場合がある。

　伝達される重要事実等の内容はその全部である必要はなく一部であってもよい[29]。この点、具体的な重要事実等のすべての伝達がなくとも、重要事実等の伝達があったとされた事例として以下のものがある。

【リサ・パートナーズ事件（東京地判平成23年4月26日LEX/DB25471735）】

> A_1銀行の審査第一部において融資案件の審査業務等に従事していた被告人が、E_1と融資契約締結の交渉をしていた同銀行の同じ部に所属する職員（「F_1」）から、F_1が同契約締結の交渉に関し知った、E_1がG_1の株券に対する公開買付けの実施に関する事実の伝達を受けた事案。なお、被告人は、上記審査第一部に係属している案件のリストによって、すでに家庭電器関係の会社に対する公開買付資金のための融資申請をしてきた会社が存在していることについて知っていたところ、F_1から、「G_1の案件をやっています。AV機器の会社です」と伝えられた。

　裁判所は、「金融商品取引法167条3項にいう『公開買付け等の実施に関する事実……の伝達を受けた』というためには、必ずしも当該事実全部を伝達される必要はなく、その一部であっても本質的な部分の伝達を受けた場合はこれにあたると解するのが相当である。」とした上で、「本件をみる

29　横畠123頁。

と、既に家庭電器関係の会社に対する公開買付資金のための融資申請をしてきた会社があることを知っていた被告人がF₁との会話により、F₁がG₁の案件を扱っているという情報を得たことによって、これまで被告人の中で唯一情報として欠けていた重要な部分、すなわち公開買付けの対象となる会社がG₁であるという事実を把握するに至ったものと認められる。このようにみると、伝達された事実は、株式の公開買付けの実施に関する事実の一部ではあってもその本質的な部分であったというべきであり、本件においては金融商品取引法167条3項にいう『公開買付等の事実等に関する事実……の伝達』があったとみるに妨げない」とした。

【H22-18】

　公開買付者との間でアドバイザリー契約等の契約を締結していた証券会社B社の社員Jが、情報受領者Xに対して公開買付けに係る複数の重要事実等について伝達した。XとJは、中学・高校時代の先輩と後輩の関係にあり、Xは、私用の電話や会食の際に、Jから重要事実等の伝達を受けたところ、当該伝達において、具体的な内容の全部の伝達は受けていないものもあった。

　証券取引等監視委員会は、①Xは、Jが従事している業務の内容を十分に知っていること、及び、②最初にXがJから重要事実等を知って買い付けた銘柄について実際に公開買付けが実施されており、Jのもたらす情報の確かさをXは十分理解できていたことから、具体的な内容の一部の伝達であっても重要事実等の伝達があったとした。

【H22-19】

　公開買付けに係る重要事実等について、公開買付者との間でMBOに関する情報共有の契約を締結していた銀行B社のM&Aアドバイザリー業務等に従事していた銀行員Jが、情報受領者Xに対して伝達した。XとJは、以前同じ職場に勤務しており、Xは、Jから重要事実の伝達を受けているところ、当該事実の伝達においては、Jは具体的に公開買付けについては言及せず、

> 銘柄名を伝えるとともにこれを購入するよう促したに過ぎなかった。

　証券取引等監視委員会は、「本件における重要事実の伝達経緯については、伝達者は違反行為者に対し、具体的に公開買付けには言及しないものの、銘柄名を伝えるとともに、これを購入するよう促したものである。このように具体的な重要事実の内容の全部が伝達されなくても、情報受領者が伝達者の職務をどの程度把握していたかによっては、重要事実を伝達したものと認められる可能性があり、そのような情報に基づいて公表前に株の売買を行えば、当然にして、内部者取引規制に抵触することとなる。」とした上で、Xが情報伝達者に該当するとした。

　上記事案では、情報伝達者は銘柄名を伝えこれを購入するよう促したに過ぎず、形式的には重要事実等の一部の伝達すらないともいえる。しかし、証券取引等監視委員会は、情報受領者は元同僚として情報伝達者と同じ銀行に勤めていたこと、情報受領者が情報伝達者の業務がどのようなものであるかについて熟知していたことという事情を踏まえた上で、情報伝達者から銘柄名を告げられてこれを購入するよう促されれば、当該銘柄に関して何らか重要事実等が存在することが認識できるものといえるとし、情報の伝達があったと判断している。

　以上の事案からもわかるとおり、重要事実の伝達の有無は、どのような情報を伝えたかだけではなく、情報伝達者との関係や情報受領者における情報伝達者の職務内容等の認識状況も踏まえて判断されるものといえる。

　なお、情報伝達行為についての規制については「54　情報伝達行為・取引推奨行為に対する規制の概要」以下を参照されたい。

15

法人の情報受領者該当性

> 法人も情報受領者に該当する。

　会社関係者等とは異なり、法人が情報受領者となるかについては、必ずしも文言上明らかではないとの見解もあるが[30]、立案担当者は法人も情報受領者に当たると解している[31]。

　法人自体を情報受領者としている事例として、以下のものがある。

【H22-14】

　　上場会社A社の子会社B社によるA社の孫会社の異動を伴う株式の譲渡という重要事実について、A社の役員X_1がその職務に関し知り、当該重要事実の公表前にA社株式を買い付け、また、X_1が役員を務めるX_2社及びX_3社の計算においてA社株式を買い付けた。

　証券取引等監視委員会は、X_1がX_2社及びX_3社の意思決定を行うことができる立場にあったことから、X_1がA社の役員として職務上当該重要事実を知った際に、X_1から法人であるX_2社及びX_3社への情報の伝達がなされたとし、法人であるX_2社及びX_3社自身を情報受領者としている。

30　黒沼・論点41頁。
31　三井秀範編『課徴金制度と民事賠償責任』（金融財政事情研究会・2005）94頁。

【H29-5】

> A社株を対象に公開買付けを行おうとする公開買付者X社との間で公開買付けに関する契約の締結交渉をしていたB社の役員乙が、当該契約の締結交渉に関し知った本件公開買付け等事実をC社の役員丙に伝達した。この伝達を受けたC社の役員丙が、C社役員丁に、C社の業務としてA社株式の買付けを指示し、C社が本件公開買付け等事実の公表前に公開買付対象者A社株式を買い付けた。

　証券取引等監視委員会は、公開買付け等事実の伝達を受けたC社の役員丙が、役員丁に、C社の業務としてA社株式の買付けを指示し、役員丁が、この業務上の指示に従って、C社の資金を用いてC社名義の証券口座でA社株式を買い付けたことから、法人であるC社自身を違反行為者としている。

第3章
重要事実・公開買付け等事実

第1節 決定事実及び公開買付け等事実

16

決定事実の類型と軽微基準

> インサイダー取引規制上、上場会社等の業務執行を決定する機関が、①金商法166条2項1号に記載の事項を行うことについて決定したこと（決定事実）、②当該決定事実が公表された後、当該事項を行わないことを決定したことが、重要事実となる。ただし、多くの決定事実には軽微基準が設けられている。

1　概　要

　上場会社等の「業務執行を決定する機関」が、①金商法166条2項1号に記載する事項を行うことについて「決定」したこと（当該各号に該当する事実を「決定事実」という。）、又は②「業務執行を決定する機関」が当該決定した事項を、公表された後に行わないことを「決定」したことが重要事実となる。

2　軽微基準

　決定事実の多くには軽微基準が設けられており、軽微基準に該当する場合には重要事実とはならない。ただし、ある事実が軽微基準に該当するかが不明である場合には、軽微基準には該当せず、重要事実となる[1]。

3　純粋持株会社等における重要事実の軽微基準・重要基準の変更

　軽微基準・重要基準については原則として上場会社等単体の数値が用いられているが、平成24年改正により純粋持株会社等を意味する「特定上場会社等」という定義が設けられ、上場会社等のうち「特定上場会社等」に該当する会社は、軽微基準及び重要基準の判断に当たっては、上場会社の数値ではなく当該上場会社の属する企業集団の数値（連結ベースの数値）が用いられることとなった。もっとも、重要基準のうち剰余金の配当に関する事項については、上場会社等の単体の数値を基準に算出されることとなる。この「特定上場会社等」とは、当該上場会社等に係る直近の有価証券報告書等に含まれる最近事業年度の損益計算書において、関係会社（財務諸表規則8条8項）に対する売上高（製品売上高及び商品売上高を除く。）が、売上高の総額の80％以上である上場会社等をいい（取引規制府令49条2項）、一般的には、いわゆる純粋持株会社及びこれに類する会社がこれに該当することとなる。

　関係会社に対する売上高から製品売上高及び商品売上高が除かれているのは、上場会社等が製品・商品を製造しその子会社が販売会社といった場合等があることを踏まえたものである[2]。なお、製品売上高及び商品売上高という名称が用いられていない場合であっても、これらに相当する科目は、同様に除外して計算する必要がある[3]。

【図表16−1　特定上場会社等の該当性判断の算式】

$$\frac{\text{関係会社に対する売上高} - \text{関係会社に対する製品・商品売上高}}{\text{上場会社等の売上高}} \times 100 \geqq 80\%$$

1　横畠55頁。
2　平成23年インサイダーWG報告書4頁。
3　平成25年8月30日付回答3頁6番。

特定上場会社等への該当性は、上場会社等が提出した直近の有価証券報告書等に含まれる損益計算書により判断されるため、前事業年度の決算数値が確定した後であっても、有価証券報告書が提出されるまでは特定上場会社等の該当性に影響を与えない。そのため、当該有価証券報告書を提出した日より前に決定又は発生した重要事実については、当該有価証券報告書の提出前に適用される軽微基準によって判断され、また、当該有価証券報告書をした日以降に決定又は発生する重要事実については提出後の有価証券報告書に基づいてその軽微基準を判断する必要がある[4]。

　特定上場会社等に該当する場合には、有価証券届出書の第二部第1の3【事業の内容】にその旨及びその内容を記載する必要があり（開示府令第二号様式（記載上の注意）四ｃ）、また、有価証券報告書の提出によって特定上場会社等に該当することとなる場合には有価証券報告書の第一部第1の3【事業の内容】にその旨及びその内容を記載する必要がある（同第三号様式（記載上の注意）(7)、第八号様式（記載上の注意）(14)）。「その内容」としては、特定上場会社等に該当することにより、インサイダー取引規制の重要事実の軽微基準については連結ベースの数値に基づいて判断することとなる旨を記載する。

　なお、特定上場会社等の該当性に関する有価証券届出書及び有価証券報告書等への記載の有無及びその内容は、インサイダー取引規制上の特定上場会社等の該当性の判断には影響を与えない。そのため、例えば、有価証券報告書の損益計算書を基に計算した結果、特定上場会社等に該当する場合に、特定上場会社等に該当する旨が記載されていなかったとしても、特定上場会社等に該当するものとして軽微基準が適用される[5]。また、有価証券報告書の損益計算書を基に計算した結果、特定上場会社等に該当しないのであれば、特定上場会社等に該当する旨が記載されていたとしても、特定上場会社等に該当しないものとして軽微基準が適用される[6]。

---

[4]　金融庁パブコメ回答（平成25年8月30日）3頁8番。
[5]　金融庁パブコメ回答（平成25年8月30日）3頁8番。
[6]　金融庁パブコメ回答（平成25年8月30日）3頁8番。

4 決定事実と軽微基準

　金商法及び金商法施行令において定められている決定事実及びその軽微基準は、図表16－2のとおりである。

　なお、軽微基準の中には「見込まれること」が要件となっているものがあるが、かかる「見込まれる」とは、決定時点で客観的、合理的に予測されることをいい[7]、通常は、上場会社等により合理的に予想されたことをいうと解され、当該上場会社等の業務執行を決定する機関において報告・了承された数値があればこれによることとなる。上場会社等により予想された数値がいわゆる目標値であったとしても、特にそれが不合理なものでなければそれにより軽微基準への該当性が判断されることになる[8]。上記のとおり、軽微基準に該当するかが不明の場合は軽微基準に該当しないと解されているため、上場会社等としては、実務上、軽微基準において「見込まれること」が要件となっている重要事実（例えば、合併、業務上の提携等）が生じている場合、資産や売上高の増減額等を合理的に予測し、これを書面化することが望まれる。

　なお、下表1については、上場会社等又はその子会社・関連会社に対する役務の提供の対価として個人に対して株式又は新株予約権（本項において「株式等」）を割り当てる場合においては、①当該株式及び当該新株予約権の目的である株式の総数が当該株式等の割当日の属する事業年度の直前の事業年度の末日若しくは株式併合、株式分割若しくは株式無償割当てがその効力を生ずる日のうち最も遅い日における発行済株式（自己株式を除く。）の総数の100分の1未満であると見込まれること（希薄化率が1％未満と見込まれること。）、又は②割当日における当該株式及び当該新株予約権の目的である株式の価額の総額が1億円未満であると見込まれること（価額（時価）の総額が1億円未満と見込まれること。）のいずれかに該当するときには、軽微基準に該当するとする旨の改正取引規制府令が公布されている（令和7年4月1日から施行される。）[9]。

7　三國谷38頁。
8　横畠55-56頁。

【図表16-2　決定事実と軽微基準】

事項		軽微基準
1. 株式の発行若しくは自己株式の処分の引受け（協同組織金融機関が発行する優先出資の引受けを含む。）の募集又は募集新株予約権の引受けの募集（金商法166条2項1号イ）		
	a. 券面額を発行価額として優先出資者の有する優先出資の数に応じて優先出資を発行する場合	優先出資1口に対して発行する**優先出資の割合が0.1未満**であること
	b. a．以外の場合	**払込金額の総額が1億円未満**であると見込まれること（取引規制府令49条1項1号イ）
2. 資本金の額の減少（金商法166条2項1号ロ）		なし
3. 資本準備金又は利益準備金の額の減少（金商法166条2項1号ハ）		なし
4. 自己の株式の取得（金商法166条2項1号ニ）		なし
5. 株式無償割当て又は新株予約権無償割当て（金商法166条2項1号ホ）		
	a. 株式無償割当てを行う場合	当該株式無償割当てにより**1株に**

9　施行日前に、本改正の軽微基準に該当する重要事実が発生していた場合、本改正の施行日から軽微基準に該当するため、当該重要事実については本改正の施行日からインサイダー取引規制の適用対象外とされている（金融庁パブコメ回答（令和6年9月27日）1頁2番。）。

事項			軽微基準
			対し割り当てる株式の数の割合が0.1未満であること（取引規制府令49条1項2号イ）
	b.	新株予約権無償割当てを行う場合	当該新株予約権無償割当てにより割り当てる新株予約権の行使に際して払い込むべき金額の合計額が**1億円未満**であると見込まれ、かつ、当該新株予約権無償割当てにより1株に対し割り当てる新株予約権の目的である株式の数の割合が**0.1未満**であること（取引規制府令49条1項2号ロ）
6.	株式（優先出資を含む。）の分割（金商法166条2項1号ヘ）		株式（優先出資を含む。）の分割により**1株**（優先出資にあっては**1口**）に対し増加する**株式の数の割合が0.1未満**であること（取引規制府令49条1項3号）
7.	剰余金の配当（金商法166条2項1号ト）		1株又は1口当たりの剰余金の配当額が、**前事業年度の対応する期間に係る剰余金の配当額の80%超120%未満**であること（取引規制府令49条1項4号）
8.	株式交換（金商法166条2項1号チ）		
	a.	株式交換完全親会社となる場合	①株式交換完全子会社となる会社の最近事業年度の末日における**総資産の帳簿価額**が会社（特定上場会社等の場合は、会社の属する企業集団）の最近事

	事項	軽微基準
		業年度の末日における**純資産額の30％未満**であり、**かつ**、当該株式交換完全子会社となる会社の最近事業年度の**売上高**が会社（特定上場会社等の場合は、会社の属する企業集団）の最近事業年度の**売上高の10％未満**であること（取引規制府令49条１項５号イ） **又は** ②**子会社**との間で行う株式交換（取引規制府令49条１項５号ロ）
	b．株式交換完全子会社となる場合	なし
9.	株式移転（金商法166条２項１号リ）	なし
10.	株式交付（金商法166条２項１号ヌ）	株式交付子会社となる会社の最近事業年度の末日における**総資産の帳簿価額**が会社（特定上場会社等である場合にあっては、会社の属する企業集団。以下本10．において同じ。）の最近事業年度の末日における**純資産額の30％未満**であり、**かつ**、当該株式交付子会社となる会社の最近事業年度の**売上高**が会社の最近事業年度の売上高の**10％未満**であること（取引規制府令49条１項５の２号）
11.	合併（金商法166条２項１号ヌ）	
	a．合併により解散しない場合	①合併による会社（特定上場会社

		事項	軽微基準
		（吸収合併において存続会社になる場合）	等の場合は、会社の属する企業集団。以下当該①において同じ。）の**資産の増加額**が最近事業年度の末日における**純資産額の30％未満**であると見込まれ、**かつ**、当該合併の予定日の属する事業年度及び翌事業年度の各事業年度においていずれも当該合併による当該会社の**売上高の増加額**が当該会社の最近事業年度の**売上高の10％未満**であると見込まれること（取引規制府令49条1項6号イ） **又は** ②**発行済株式又は持分の全部を所有する子会社**との合併（取引規制府令49条1項6号ロ）
	b.	合併により解散する場合（新設合併の場合及び吸収合併において消滅会社になる場合）	なし
12.		会社の分割・事業譲渡又は譲受け（金商法166条2項1号ヲ・ワ）	
	a.	分割会社・譲渡会社の場合	最近事業年度の末日における**分割・譲渡対象資産の帳簿価額**が会社（特定上場会社等の場合は、会社の属する企業集団。以下本12.において同じ。）の同日における**純資産額の30％未満**であり、かつ、

	事項	軽微基準
		当該分割・事業譲渡の予定日の属する事業年度及び翌事業年度の各事業年度においていずれも当該分割・事業譲渡による**売上高の減少額**が最近事業年度の**売上高の10%未満**であると見込まれること（取引規制府令49条1項7号イ・8号イ）
b.	承継会社・譲受会社の場合	①当該分割・事業譲受による会社の**資産の増加額**が最近事業年度の末日における**純資産額の30%未満**であると見込まれ、**かつ、**当該分割・事業譲受の予定日の属する事業年度及び翌事業年度の各事業年度においていずれも当該分割・事業譲受による当該会社の**売上高の増加額**が当該会社の最近事業年度の**売上高の10%未満**であると見込まれること（取引規制府令49条1項7号ロ・8号ロ） **又は** ②**発行済株式又は持分の全部を所有する子会社**からの**事業譲受**（取引規制府令49条1項8号ハ）
13.	解散（合併による解散を除く。）（金商法166条2項1号カ）	なし
14.	新製品又は新技術の企業化（金商法166条2項1号ヨ）	新製品の販売又は新技術を利用する事業の開始予定日の属する事業年度開始の日から**3年以内**に開始

	事項		軽微基準
			する各事業年度においていずれも当該新製品又は新技術の企業化による会社（特定上場会社等の場合は、会社の属する企業集団。以下本14.において同じ。）の**売上高の増加額**が当該会社の最近事業年度の**売上高の10%未満**であると見込まれ、**かつ**、当該新製品の販売又は新技術を利用する事業の開始のために**特別に支出する額**の合計額が当該会社の最近事業年度の末日における**固定資産の帳簿価額の10%未満**であると見込まれること（取引規制府令49条1項9号）
15.	業務上の提携又は業務上の提携の解消（金商法施行令28条1号）		
		a.	業務上の提携を行う場合	業務上の提携の予定日の属する事業年度開始の日から**3年以内**に開始する各事業年度においていずれも当該業務上の提携による会社（特定上場会社等の場合は、会社の属する企業集団）の**売上高の増加額**が当該会社（特定上場会社等の場合は、会社の属する企業集団）の最近事業年度の**売上高の10%未満**であると見込まれ、**かつ**、以下のⅰ.～ⅲ.の場合には、以下に該当すること（取引規制府令49条1項10号イ）

	事項	軽微基準
ⅰ.	相手方の株式(優先出資を含む。)・持分を新たに取得する場合	新たに取得する当該相手方の株式又は持分の**取得価額**が会社(特定上場会社等の場合は、会社の属する企業集団)の最近事業年度の末日における**純資産額と資本金の額とのいずれか少なくない金額の10％未満**であると見込まれること(取引規制府令49条1項10号イ(1))
ⅱ.	相手方に株式(優先出資を含む。)を新たに取得される場合	新たに取得される株式(優先出資を含む。)の数が会社の最近事業年度の末日における**発行済株式(発行済優先出資を含む。)の総数の5％以下**であると見込まれること(取引規制府令49条1項10号イ(2))
ⅲ.	共同して新会社を設立する場合	新会社の設立の予定日から**3年以内**に開始する当該新会社の各事業年度の末日における**総資産の帳簿価額に新会社設立時の出資比率[10]を乗じて得たものがいずれも会社**(特定上場会社等の場合は、会社の属する企業集団。以下本ⅲ.において同じ。)の最新事業年度の末日における**純資産額の30％未満**であると見込まれ、**かつ**、当該新会社の当該各事業年度における**売上高に出資比率を乗じて得たもの**

---

[10] 本表において「出資比率」とは、所有する株式の数又は持分の価額を発行済株式の総数又は出資の総額で除して得た数値をいう。

事項			軽微基準
			がいずれも当該会社の最近事業年度の**売上高の10%未満**であると見込まれること（取引規制府令49条1項10号イ(3)）
	b.	業務上の提携の解消を行う場合	業務上の提携の解消の予定日の属する事業年度開始の日から**3年以内**に開始する各事業年度においていずれも当該業務上の提携の解消による会社（特定上場会社等の場合は、会社の属する企業集団）の**売上高の減少額**が最近事業年度の**売上高の10%未満**であると見込まれ、かつ、**以下のi.～iii.の場合には、以下に該当すること**（取引規制府令49条1項10号ロ）
		i. 相手方の株式（優先出資を含む。）・持分を取得している場合	取得している相手方の株式又は持分の**帳簿価額**が会社（特定上場会社等の場合は、会社の属する企業集団）の最近事業年度の末日における**純資産額と資本金の額とのいずれか少なくない金額の10%未満**であること（取引規制府令49条1項10号ロ(1)）
		ii. 相手方に株式（優先出資を含む。）を取得されている場合	取得されている株式（優先出資を含む。）の数が会社の最近事業年度の末日における**発行済株式（発行済優先出資を含む。）の総数の5%以下**であること（取引規制府令49条1項10号ロ(2)）

		事項	軽微基準
	ⅲ.	共同して新会社を設立している場合	新会社の最終事業年度の末日における**総資産の帳簿価額に新会社設立時の出資比率を乗じて得たもの**が会社（特定上場会社等の場合は、会社の属する企業集団。以下本ⅲ.において同じ。）の最近事業年度の末日における**純資産額の30%未満**であり、かつ、当該新会社の最近事業年度の**売上高に出資比率を乗じて得たもの**が当該会社の最近事業年度の**売上高の10%未満**であること（取引規制府令49条1項10号ロ(3)）
16.		子会社[11]の異動を伴う株式又は持分の譲渡又は取得（金商法施行令28条2号）	
	a.	既存の子会社（連動子会社（c.参照）を除く。）の異動の場合	子会社又は新たに子会社となる会社の最近事業年度の末日における**総資産の帳簿価額**が会社（特定上場会社等の場合は、会社の属する企業集団。以下本a.において同じ。）の最近事業年度の末日における**純資産額の30%未満**であり、かつ、当該子会社又は新たに子会社となる会社の最近事業年度の**売上高**が会社の最近事業年度の**売上高の10%未満**であること（取引規制府令49条1項11号イ）

11　子会社の意義については、「18 2　子会社とは」を参照。

		事項	軽微基準
	b.	新たに子会社（連動子会社を除く。）を設立する場合	新たに設立する子会社の設立の予定日から**3年以内**に開始する当該子会社の各事業年度の末日における**総資産の帳簿価額**がいずれも会社（特定上場会社等の場合は、会社の属する企業集団。以下本b.において同じ。）の最近事業年度の末日における**純資産額の30％未満**であると見込まれ、**かつ**、当該各事業年度における**売上高**がいずれも当該会社の最近事業年度の**売上高の10％未満**であると見込まれること（取引規制府令49条1項11号ロ）
	c.	剰余金の配当が特定の子会社の剰余金の配当に基づき決定される旨が定款で定められた株式についての当該特定の子会社（連動子会社）の異動の場合	なし（金商法施行令29条8号、取引規制府令49条1項11号本文括弧書参照）
17.		固定資産の譲渡又は取得（金商法施行令28条3号）	
	a.	譲渡の場合	会社（特定上場会社等の場合は、会社の属する企業集団。以下本17.において同じ。）の最近事業年度の末日における**当該固定資産の帳簿価額**が当該会社の同日における**純資産額の30％未満**であること（取引規制府令49条1項12号イ）

	事項	軽微基準
	b．取得の場合	**当該固定資産の取得価額**が会社（特定上場会社等の場合は、会社の属する企業集団）の最近事業年度の末日における**純資産額の30%未満**であると見込まれること（取引規制府令49条1項12号ロ）
18.	事業の全部又は一部の休止又は廃止（金商法施行令28条4号）	事業の全部又は一部の休止又は廃止の予定日の属する事業年度の開始の日から**3年以内**に開始する各事業年度においていずれも当該休止又は廃止による会社（特定上場会社等の場合は、会社の属する企業集団。以下本17.において同じ。）の**売上高の減少額**が当該会社の最近事業年度の**売上高の10%未満**であると見込まれること（取引規制府令49条1項13号）
19.	金融商品取引所に対する株券（優先出資証券を含む。）の上場の廃止に係る申請（金商法施行令28条5号）	なし
20.	認可金融商品取引業協会に対する株券（優先出資証券を含む。）の登録の取消しに係る申請（金商法施行令28条6号）	なし
21.	認可金融商品取引業協会に対する取扱有価証券である株券（優先出資証券を含む。）の取扱有価証券としての指定の取消しに係る申請	なし

	事項	軽微基準
	（金商法施行令28条7号）	
22.	破産手続開始、再生手続開始又は更生手続開始の申立て（金商法施行令28条8号）	なし
23.	新たな事業の開始（新商品の販売又は新たな役務の提供の企業化を含む。）（金商法施行令28条9号）	新たな事業の開始の予定日の属する事業年度開始の日から**3年以内**に開始する各事業年度においていずれも当該新たな事業の開始による会社（特定上場会社等の場合は、会社の属する企業集団。以下本23.において同じ。）の**売上高の増加額**が当該会社の最近事業年度の**売上高の10%未満**であると見込まれ、**かつ**、当該新たな事業の開始のために**特別に支出する額**の合計額が最近事業年度の末日における**固定資産の帳簿価額の10%未満**であると見込まれること（取引規制府令49条1項14号）
24.	いわゆる防戦買い（金商法166条6項4号・167条5項5号）の要請（金商法施行令28条10号）	なし
25.	預金保険法74条5項の規定による申出（その財産をもって債務を完済することができないこと又はその業務若しくは財産の状況に照らし預金等の払戻しを停止するおそれがある旨の金融機関からの申出）（金商法施行令28条11号）	なし

17 軽微基準に関する論点

> 決定事実に係る軽微基準において、実務上、比較的問題となりやすい論点がある。

1 「募集の払込金額の総額」

募集新株予約権を発行する場合、発行価額及び権利行使価額の双方が存在したり、募集新株予約権と引き換えに金銭の払込みを要しないことが現行法上可能なため、取引規制府令49条1項1号イの「募集の払込金額の総額」についてその解釈がしばしば問題になる。

この点については、「募集の払込金額の総額」とは、募集時に払い込まれる金額の総額をいうものとされていること[12,13]から、新株予約権の権利行使価額は含まれないと考えられる。

したがって、新株予約権の発行価額の総額が、1億円に満たない場合には、軽微基準に該当し、重要事実には該当しないこととなる。

2 「最近事業年度」の意義

図表16−2に記載のとおり、株式交換、株式交付等の決定事実における軽微基準や、図表33−1の訴えの提起や判決等の発生事実における軽微基準、決算情報における重要基準においては、会社の最近事業年度における売上高からの乖離の程度によって軽微基準・重要基準への該当性を判断することとされている。この最近事業年度の意義に関し、事業年度末(例えば、X年3月期とする。)から株主総会等の会社法上の所定の機関による計算書類の承認までの間において、「最近事業年度」をどのように考えるべ

---

[12] 金融庁パブコメ回答(平成19年7月31日)570頁10番。
[13] 金融庁パブコメ回答(令和3年2月3日)5頁15番。

きか（X年3月期とすべきなのか、X－1年3月期とすべきなのか）が問題となり得る。

　この点については、最近事業年度の決定係数は、確定又は公表されている必要はなく、その時点での最善の予想を行えばよいとされており、例えば、決算役員会で承認される前の担当者レベルのものであってもよく、また、担当者レベルでも算出されていない場合には最新の決算見込みの係数であってもよいとされていること[14]から、例えば、3月末決算の会社においては、①2024年3月期の決算に係る管理会計上の数値も確定されていない4月上旬頃までは、2023年3月期が「最近事業年度」となり、②管理会計上の数値が確定された（が決算の承認・公表には至っていない。）4月下旬頃以降は、2024年3月期が「最近事業年度」となると解される。

3　最近事業年度が1年未満である場合

　上記2の最近事業年度の意義に加え、事業年度の変更等によって、最近事業年度が1年未満となった場合の「最近事業年度」の数値をどのように考えるべきかについても実務上問題となり得る。

　この点については、最近事業年度の期間が異なる場合には、最近事業年度の売上高等の数値を同じ長さの期間の数値となるように適宜修正した上で、軽微基準に当てはめるべき[15]と考えられる。また剰余金の配当についても、売上高と同様に、重要基準に当てはめるべきとの見解が存在する[16]。

4　最近事業年度が存在しない場合

　上記3と異なり、上場会社等において組織再編等によって最近事業年度が存在しない場合において、軽微基準への該当性をどのように考えるべきか問題となり得る。

　これについては、条文上は、軽微基準に該当する場合に限って重要事実

14　取引規制実務Q&A41頁。
15　取引規制実務Q&A96頁、木目田237頁。
16　木目田238頁。

に該当しないと定められており、最近事業年度が存在しない以上、形式的には常に軽微基準に該当しないこととなるように読める。もっとも、このような考え方は、一定の事項について軽微基準が定められることによって投資者の投資判断に影響を及ぼさないものを除外しようとした金商法の趣旨に反するようにも思われる。

　この問題に関しては明確な議論がなされていないものの、実務上は、組織再編に伴ってテクニカル上場を行った会社における適時開示の軽微基準の考え方について述べた東京証券取引所の回答[17]が一応の参考になろう。当該回答において、組織再編に伴うテクニカル上場後、当該テクニカル上場を行った会社（合併存続会社、分割承継会社、株式移転設立完全親会社等）において、「合併等の組織再編行為」における軽微基準の計算の基礎となる直前事業年度の財務諸表がない場合、実務上、組織再編に伴って上場廃止となった会社の直前事業年度の数値を基に軽微基準を計算することが考えられ、上場廃止となった会社が複数ある場合には、複数の会社の合算値ではなく、例えば売上高が最も大きい会社など、主たる会社の直前事業年度の数値を基に軽微基準を計算するなどの対応が考えられるとされている。

18 子会社の決定事実と軽微基準

> 　上場会社等自身の決定事実だけでなく、上場会社等の子会社の業務執行を決定する機関が、①金商法166条2項5号に記載の事項を行うことについて決定したこと（子会社の決定事実）、②当該子会社の決定事実が公表された後、当該事項を行わないことを決定したことも、インサイダー取引規制上の重要事実となる。
>
> 　対象となる「子会社」の範囲は直近の有価証券報告書等に記載された子会社に限られ、軽微基準は連結ベースである。

17　https://faq.jpx.co.jp/disclo/tse/web/knowledge8043.html

1 概要

　上場会社等自身における決定事実だけでなく、子会社に関する一部の決定事項についても、上場会社等の投資者にとって重要であることから、インサイダー取引規制における重要事実となっている。具体的には、上場会社等の子会社のうち有価証券報告書等に記載された子会社の「業務執行を決定する機関」が、①金商法166条2項5号に記載する事項を行うことについて「決定」したこと（当該各号に該当する事実を「子会社の決定事実」という。）、又は②「業務執行を決定する機関」が当該決定した事項を、公表された後に行わないことを「決定」したことが重要事実となる。

2 子会社とは

　上場会社等の子会社のうち有価証券報告書等に記載された子会社とは、上場会社等が提出した有価証券届出書や有価証券報告書等の金商法上の継続開示書類のうち直近のものにおいて、上場会社等の属する企業集団に属する会社として記載され、又は記録されたものをいう（金商法166条5項）。また、「企業集団」とは当該会社及び当該会社に意思決定機関を支配されている他の会社等の集団であり、ある会社が当該企業集団に属するかは財務諸表規則の支配基準によって判断される（金商法5条1項2号、開示府令8条の2第1項、財務諸表規則8条4項）。具体的には、直近に提出した有価証券報告書の「関係会社の状況」欄において連結子会社として名称が記載されている子会社は、ここでいう有価証券報告書等に記載された子会社に当たる。また、これから子会社となる会社については、今後、有価証券報告書等に記載されることとなる子会社をいう。これに関し、グッドウィル・グループ事件（東京地判平成22年2月4日LLI/DB06530007）、H27-2、H27-3、H30-12、R1-10、R2-11及びR5-2の各事案においては、それぞれの上場会社等が提出する有価証券報告書等に記載されていない会社を当該上場会社等の子会社とする旨の業務執行を決定する機関の決定が、「子会社」の異動を伴う株式又は持分の譲渡・取得という重要事実に該当すると判断された。有価証券報告書等の「関係会社の状況」欄において具体的な社名が記載

されず、「その他連結子会社○社」といった形でのみ記載され、その他の箇所にも当該子会社の名称が記載されていない場合には、当該子会社は金商法166条5項に定める「子会社」に該当しないと解されている（金融庁ノーアクションレター回答（平成20年12月25日））。ただし、有価証券報告書等の「関係会社の状況」欄においては具体的な社名が記載されないが、その他の項目（事業の系統図、主要な設備の状況等）に具体的な社名が書かれた子会社については、投資判断に重要な影響を与える可能性があることから、企業集団に属する会社として「記載された」子会社に該当すると扱う方がよいであろう[18]。

3 軽微基準

　子会社の決定事実の多くにも、上場会社等の決定事実と同様に軽微基準が設けられており、かかる軽微基準に該当する場合には重要事実とはならない。子会社の決定事実に係る軽微基準は連結ベースの数値基準が用いられている。ただし、子会社連動株式（いわゆるトラッキング・ストック）に係る売買等をする場合の軽微基準は、当該子会社単体が重要であるため、連結ベースではなく当該連動子会社の数値基準が用いられる（取引規制府令52条2項）。

　軽微基準のうち「見込まれること」が要件となっているものについては、「16 4　決定事実と軽微基準」を参照されたい。

4　子会社の決定事実と軽微基準

　金商法及び金商法施行令において定められている子会社の決定事実及びその軽微基準は、図表18-1のとおりである[19]。

18　木目田414-417頁。
19　連動子会社の決定事実に関する子会社連動株式に係る売買等をする場合における軽微基準は、別途、取引規制府令52条2項に規定されている。

【図表18-1　子会社の決定事実と軽微基準】

	事項	軽微基準
1.	株式交換・株式移転（金商法166条2項5号イ・ロ）	株式交換・株式移転による当該上場会社等の属する企業集団の**資産の増減額**が当該企業集団の最近事業年度の末日における**純資産額の30％未満**であると見込まれ、**かつ、**当該企業集団の**売上高の増減額**が当該企業集団の最近事業年度の**売上高の10％未満**であると見込まれること（取引規制府令52条1項1号イ・ロ・2号イ・ロ）
2.	株式交付（金商法166条2項5号ハ）	株式交付による当該上場会社等の属する企業集団の**資産の増減額**が当該企業集団の最近事業年度の末日における**純資産額の30％未満**であると見込まれ、**かつ、**当該企業集団の**売上高の増減額**が当該企業集団の最近事業年度の売上高の10％未満であると見込まれること。（取引規制府令52条1項2号の2イ・ロ）
3.	合併（金商法166条2項5号ニ）	合併による当該上場会社等の属する企業集団の**資産**の増減額が当該企業集団の最近事業年度の末日における**純資産額の30％未満**であると見込まれ、**かつ、**当該合併の予定日の属する当該企業集団の事業年度及び翌事業年度の各事業年度においていずれも当該合併による当該企業集団の**売上高の増減額**が

	事項	軽微基準
		当該企業集団の最近事業年度の**売上高の10%未満**であると見込まれること（取引規制府令52条1項3号イ・ロ）
4.	会社の分割・事業譲渡又は譲受け（金商法166条2項5号ホ・ヘ）	
	a．承継会社・譲受会社の場合	当該分割・事業譲受による当該上場会社等の属する企業集団の**資産の増加額**が当該企業集団の最近事業年度の末日における**純資産額の30%未満**であると見込まれ、**かつ**、当該分割・事業譲受の予定日の属する当該企業集団の事業年度及び翌事業年度の各事業年度においていずれも当該分割・事業譲受による当該企業集団の**売上高の増加額**が当該企業集団の最近事業年度の**売上高の10%未満**であると見込まれること（取引規制府令52条1項4号イ・5号イ）
	b．分割会社・譲渡会社の場合	当該分割・事業譲渡による当該上場会社等の属する企業集団の**資産の減少額**が当該企業集団の最近事業年度の末日における**純資産額の30%未満**であると見込まれ、**かつ**、当該分割・事業譲渡の予定日の属する当該企業集団の事業年度及び翌事業年度の各事業年度においていずれも当該分割・事業譲渡によ

事項	軽微基準
	る当該企業集団の**売上高の減少額**が当該企業集団の最近事業年度の**売上高の10％未満**であると見込まれること（取引規制府令52条1項4号ロ・5号ロ）
5．解散（合併による解散を除く。）（金商法166条2項5号ト）	解散による当該上場会社等の属する企業集団の**資産の減少額**が当該企業集団の最近事業年度の末日における**純資産額の30％未満**であると見込まれ、**かつ**、当該解散の予定日の属する当該企業集団の事業年度及び翌事業年度の各事業年度においていずれも当該解散による当該企業集団の**売上高の減少額**が当該企業集団の最近事業年度の**売上高の10％未満**であると見込まれること（取引規制府令52条1項5号の2）
6．新製品又は新技術の企業化（金商法166条2項5号チ）	新製品の販売又は新技術を利用する事業の開始予定日の属する事業年度開始の日から**3年以内**に開始する各事業年度においていずれも当該新製品又は新技術の企業化による当該上場会社等の属する企業集団の**売上高の増加額**が当該企業集団の最近事業年度の**売上高の10％未満**であると見込まれ、**かつ**、当該新製品の販売又は新技術を利用する事業の開始のために**特別に支出する額**の合計額が当該企業集

	事項	軽微基準
		団の最近事業年度の末日における**固定資産の帳簿価額の10％未満**であると見込まれること（取引規制府令52条1項6号）
7.	業務上の提携又は業務上の提携の解消（金商法施行令29条1号）	
	a. 業務上の提携を行う場合	業務上の提携の予定日の属する当該上場会社等の属する企業集団の事業年度開始の日から**3年以内**に開始する各事業年度においていずれも当該業務上の提携による当該企業集団の**売上高の増加額**が当該企業集団の最近事業年度の**売上高の10％未満**であると見込まれ、かつ、**以下のⅰ.～ⅲ.の場合には、以下に該当すること**（取引規制府令52条1項7号イ）
	ⅰ. 相手方の株式（優先出資を含む。）・持分を新たに取得する場合	新たに取得する当該相手方の株式又は持分の**取得価額**が当該上場会社等の属する企業集団の最近事業年度の末日における**純資産額と資本金の額とのいずれか少なくない金額の10％未満**であると見込まれること（取引規制府令52条1項7号イ(1))
	ⅱ. 相手方に株式（優先出資を含む。）を新たに取得される場合	新たに取得される株式（優先出資を含む。）の**取得価額**が当該上場会社等の属する企業集団の最近事業年度の末日における**純資産額と**

事項			軽微基準
			資本金の額とのいずれか少なくない金額の**10%未満**であると見込まれること（取引規制府令52条1項7号イ(2)）
	iii.	共同して新会社を設立する場合（孫会社の設立に該当する場合を除く。）	新会社の設立の予定日から**3年以内**に開始する当該新会社の各事業年度の末日における**総資産の帳簿価額に新会社設立時の出資比率を乗じて得たもの**がいずれも当該上場会社等の属する企業集団の最新事業年度の末日における**純資産額の30%未満**であると見込まれ、かつ、当該新会社の当該各事業年度における**売上高に出資比率を乗じて得たもの**がいずれも当該企業集団の最近事業年度の**売上高の10%未満**であると見込まれること（取引規制府令52条1項7号イ(3)）
b.		業務上の提携の解消を行う場合	業務上の提携の解消の予定日の属する当該上場会社等の属する企業集団の事業年度開始の日から**3年以内**に開始する各事業年度においていずれも当該業務上の提携の解消による当該企業集団の**売上高の減少額**が当該企業集団の最近事業年度の**売上高の10%未満**であると見込まれ、かつ、以下のⅰ.～ⅲ.の場合には、以下に該当すること（取引規制府令52条1項7号ロ）

	事項	軽微基準
	ⅰ. 相手方の株式（優先出資を含む。）・持分を取得している場合	取得している相手方の株式（優先出資を含む。）又は持分の**帳簿価額**が当該上場会社等の属する企業集団の最近事業年度の末日における**純資産額と資本金の額とのいずれか少なくない金額の10%未満**であること（取引規制府令52条1項7号ロ(1)）
	ⅱ. 相手方に株式（優先出資を含む。）を取得されている場合	取得されている株式（優先出資を含む。）の相手方の**取得価額**が当該上場会社等の属する企業集団の最近事業年度の末日における**純資産額と資本金の額とのいずれか少なくない金額の10%未満**であること（取引規制府令52条1項7号ロ(2)）
	ⅲ. 共同して新会社を設立している場合	新会社の最終事業年度の末日における**総資産の帳簿価額**に新会社設立時の出資比率を乗じて得たものが当該上場会社等の属する企業集団の最近事業年度の末日における**純資産額の30%未満**であり、かつ、当該新会社の最近事業年度の**売上高**に出資比率を乗じて得たものが当該企業集団の最近事業年度の**売上高の10%未満**であること（取引規制府令52条1項7号ロ(3)）
8.	孫会社の異動を伴う株式又は持分の譲渡又は取得（金商法施行令29	

		事項	軽微基準
		条2号）	
	a．	既存の会社の異動の場合	孫会社又は新たに孫会社となる会社の最近事業年度の末日における**総資産の帳簿価額**が当該上場会社等の属する企業集団の最近事業年度の末日における**純資産額の30％未満**であり、かつ、当該孫会社又は新たに孫会社となる会社の最近事業年度の**売上高**が会社の最近事業年度の**売上高の10％未満**である子会社であること（取引規制府令52条1項8号イ）
	b．	新たに子会社を設立する場合	新たに設立する子会社の設立の予定日から**3年以内**に開始する当該子会社の各事業年度の末日における**総資産の帳簿価額**がいずれも当該上場会社等の属する企業集団の最近事業年度の末日における**純資産額の30％未満**であると見込まれ、かつ、当該新たに設立する子会社の当該各事業年度における**売上高**がいずれも当該企業集団の最近事業年度の**売上高の10％未満**であると見込まれること（取引規制府令52条1項8号ロ）
9．		固定資産の譲渡又は取得（金商法施行令29条3号）	固定資産の譲渡又は取得による当該上場会社等の属する企業集団の**資産の増減額**が当該企業集団の最近事業年度の末日における**純資産**

	事項	軽微基準
		額の**30％未満**であると見込まれること（取引規制府令52条1項9号）
10.	事業の全部又は一部の休止又は廃止（金商法施行令29条4号）	事業の全部又は一部の休止又は廃止の予定日の属する事業年度の開始の日から**3年以内**に開始する各事業年度においていずれも当該休止又は廃止による当該上場会社等の属する企業集団の**売上高の減少額**が当該上場会社等の属する企業集団の最近事業年度の**売上高の10％未満**であると見込まれること（取引規制府令52条1項10号）
11.	破産手続開始、再生手続開始又は更生手続開始の申立て（金商法施行令29条5号）	なし
12.	新たな事業の開始（新商品の販売又は新たな役務の提供の企業化を含む。）（金商法施行令29条6号）	新たな事業の開始の予定日の属する事業年度開始の日から**3年以内**に開始する各事業年度においていずれも当該新たな事業の開始による当該上場会社等の属する企業集団の**売上高の増加額**が当該上場会社等の属する企業集団の最近事業年度の**売上高の10％未満**であると見込まれ、かつ、当該新たな事業の開始のために**特別に支出する額の合計額**が当該企業集団の最近事業年度の末日における**固定資産の帳簿価額の10％未満**であると見込まれること（取引規制府令52条1

事項	軽微基準
	項11号)
13. 預金保険法74条5項の規定による申出（その財産をもって債務を完済することができないこと又はその業務若しくは財産の状況に照らし預金等の払戻しを停止するおそれがある旨の金融機関からの申出）（金商法施行令29条7号）	なし
14. 剰余金の配当（連動子会社に係るものに限る。）（金商法施行令29条8号）	子会社連動株式以外の特定有価証券等に係る売買等を行う場合における連動子会社の剰余金の配当についての決定をしたこと（取引規制府令52条1項12号)[20]

19 中止・変更の決定

> 上場会社等やその子会社が一度決定した決定事実の中止を決定したことは、当該決定事実に該当する事項を行うことが「公表」されている場合に限り重要事実となる。
> また、一度決定し公表した決定事実の内容を変更する場合、変更前の決定事実に関して中止の決定があったか、又は変更後の決定について新たな決定事実が決定されたと解されるかを検討する必要がある。

---

20 子会社連動株式に係る売買等をする場合における軽微基準は、「1株当たりの剰余金の配当額が、前事業年度の対応する期間に係る剰余金の配当額の80％超120％未満であること（当該連動子会社の最近事業年度の1株当たりの剰余金の配当額と上場会社等が当該連動子会社の剰余金の配当に基づき決定した最近事業年度の1株当たりの剰余金の配当額が同額の場合に限る。）」である（取引規制府令52条2項12号）。

1 決定事実の中止

上場会社等の「業務執行を決定する機関」が一度決定し公表した決定事実を行わないことを「決定」したこと、及び、子会社の「業務執行を決定する機関」が一度決定し公表した子会社の決定事実を行わないことを「決定」したことも、重要事実となる。

中止の決定が重要事実となるのは、決定事実について「公表がされた」場合に限られる（金商法166条2項1号）。ここにいう「公表がされた」とは、同法166条4項に規定するものを意味する（「公表」の内容については、「61『公表』」を参照）。したがって、この「公表」に該当しない形で決定事実が公になった場合（例えば、上場会社等による公表がないままに報道がされた場合等）には、その後にこれを中止したとしても、その中止の事実は重要事実とはならない。

例えば、ある決定事実が公表されていないものの、スクープ報道等がなされることにより市場の認識するところとなり株価が高騰したような場合に、会社関係者等が、その後、その決定事実が中止されたことを知って当該中止が公表される前に株式を売却したような場合には、会社関係者等が一般の投資家と比べて不当な利益を得る可能性があるが、かかる行為はインサイダー取引規制によって規制されないことになる[21]。

他方、スクープ報道等があった場合に、金融商品取引所の求めに応じてある決定事実について検討していることは事実であるとの適時開示がされた場合、通常、当該決定事実についてすべて具体的に明らかにされたとはいえず、決定事実全体について「公表」がなされ重要事実に該当しなくなることはないものの（「61『公表』」を参照）、検討しているという事実自体は「公表」されたと解することも可能であり、これを行わないことを決定した場合には中止の決定が重要事実となる可能性がある。

21　横畠54頁、三國谷32頁、木目田119頁。

2　決定事実の変更

　一旦ある決定事実に該当する事項を行うことについての決定をし公表した後、その内容を変更する決定を行う場合、従前生じていた決定事実について、中止の決定があったといえるかという点と、変更後の決定事項について、新たな決定事実の決定があったといえるかという点の二つの側面から検討する必要がある。

　例えば、当初は軽微基準に該当しない事業の譲受けを決定し、これを公表していた場合において、その後に譲り受ける対象事業の範囲を変更し、これを縮小したことにより、軽微基準に該当するようになった場合には、譲り受ける対象事業の縮小の決定をした時点で、事業の譲受けに係る決定事実の中止の決定があったと評価されることになる。

　逆に、当初は軽微基準に該当する事業の譲受けを決定していた場合に、後に譲り受ける対象事業の範囲を拡大したことによって、軽微基準に該当しないことになった場合には、譲り受ける対象事業の拡大について決定をした時点で、事業の譲受けに係る決定事実が生じたと評価されることになる。

　さらに、変更前と変更後のいずれにおいても軽微基準に該当しない変更の場合に、決定事実の中止の決定又は新たな決定事実の決定があったといえるかは、変更の内容による。例えば、同じ事業の譲受けのケースで、その後にスキームを変更し、会社分割の方法により同一の事業の承継を受けることになった場合には、事業譲受けに係る決定事実の中止の決定があったと評価されると同時に、会社分割によることを決定した時点で、会社分割に係る新たな決定事実が生じたと評価されることになる。また、公開買付け等を実施することについての決定の事例で、当初、公開買付価格を100円として公開買付けを実施することを決定して公表していたところ、後に200円に変更したといった場合には、インサイダー取引規制との関係では、当初の公開買付価格を100円とする公開買付けは中止され、公開買付価格を200円とする公開買付けを実施することについての決定に係る新たな公開買付け等の実施に関する事実が生じたと解され、当該公開買付価

格の変更を公表しない限り、当該公開買付けの対象会社の売買等はインサイダー取引規制の対象となる。

20 公開買付け等事実

> 公開買付者等が公開買付け等を行うことについての決定をした場合は、公開買付者等関係者が公表前の公開買付け等の実施に関する事実を知って株券等の買付け等をすることが、インサイダー取引規制の対象となる。また、公表された公開買付け等を行わないことについての決定をした場合は、同様に公開買付者等関係者が公表前の公開買付け等の中止に関する事実を知って株券等の売付け等をすることが、インサイダー取引規制の対象となる。

1 概　要

　金商法は、重要事実に関するインサイダー取引とは別に、167条において、公開買付け等に関する事実に関するインサイダー取引についての規制を設けている。

　具体的には、公開買付者等（法人である場合には、その業務執行決定機関）が公開買付け等を実施することについての決定をしたこと、及び、公表された公開買付け等を中止することを決定したことが、公開買付け等事実となる（金商法167条2項）。ただし、公開買付け等の実施に関する事実については株券等の買付け等のみが、公開買付け等の中止に関する事実については株券等の売付け等のみが、それぞれ規制の対象となる点で、上場会社等の重要事実に関する規制と異なる（同条1項）。

2 公開買付け等及び公開買付者等

　「公開買付け等」には、金商法27条の2第1項及び同法27条の22の2第1項に規定される公開買付けのほか、これに準ずる行為として、自己又は他人名義で買い集める株券等に係る議決権の数が、総株主等の議決権の

5％以上となる当該株券等を買い集める行為（「買集め行為」）が含まれる（金商法施行令31条）。「公開買付者等」とは、かかる「公開買付け等」をする者である。なお、インサイダー取引規制の対象となるのは、「公開買付者等関係者」及び過去1年間（ただし、平成25年改正の施行後は、6ヶ月間）に公開買付者等関係者であった者（金商法167条1項）並びに情報受領者（同条3項）が行う買付け等又は売付け等であり、公開買付者等本人は含まれないため、公開買付者等本人が行う株券等の買付け等は規制の対象とされていない（詳細は「5 3　公開買付者等へのインサイダー取引規制適用の有無」を参照）。

3　軽微基準

公開買付け等事実についても軽微基準が設けられており、買集め行為により、各暦年において買い集める株券等の数が当該株券等の発行会社の総株主等の議決権の2.5％未満である場合には、公開買付け等事実とはならない（金商法167条2項但書、取引規制府令62条1号）。また、有価証券関連業を行う金融商品取引業者が有価証券の流通の円滑を図るために顧客を相手方として行うものであって、当該買集め行為により買い集めた株券等を当該買集め行為後直ちに転売することとするものに係る場合（いわゆるブロックトレードの場合）においても、公開買付け等事実には該当しない（金商法167条2項但書、取引規制府令62条2号）。

なお、公開買付けが行われる場合の軽微基準は存在しない。

4　株券等

公開買付者等関係者が公開買付け等事実を知って、その公表前に「株券等」の買付け等又は売付け等を行うことが、インサイダー取引となるが、この場合の「株券等」は、「特定株券等」及び「関連株券等」である（「60　インサイダー取引規制の対象となる有価証券」を参照）。これら株券等に含まれる有価証券の種類は、金商法施行令33条及び33条の2に列挙されており、株式及び株式に転換されるその他の有価証券が含まれている。ま

た、当該公開買付け等に係る株券等だけでなく、その株券等の発行会社（すなわち公開買付け等の対象会社）の発行する他の種類の株券等の売買も規制の対象となる。

5　公開買付け等事実と期間の経過

　特定公開買付者等関係者（公開買付者等関係者であって金商法167条1項各号に定めるところにより同項に規定する公開買付け等の実施に関する事実を知ったものをいう。）のうち、公開買付者等の役員等以外の者、及び特定公開買付者等関係者からの情報受領者については、公開買付け等事実を知った日又は情報の伝達を受けた日から6ヶ月経過した後は、当該公開買付け等事実に係る株券等を取引をしたとしても、規制の対象外とされた（詳細は「80　公開買付け等事実に関する適用除外」を参照）。

6　買集め行為の完了と公表

　公開買付者等関係者による買集め行為が完了したものの、当該買集め行為が公表されていない場合において、当該買集め行為が公開買付け等事実に該当するか否かについての議論がある。これについて、公表によってインサイダー取引規制が解除されるのは公表された情報が市場価格に反映され、もはや投資者の投資判断に著しい影響を及ぼすことがないこと等を理由に、当該完了後の買集め行為は公開買付け等事実に該当しないとする見解[22]もあるが、かかる見解はインサイダー取引規制が形式的に定められた立法経緯[23]と整合しないと考えられる。

22　黒沼悦郎「インサイダー取引規制と法令解釈」金法1866号（2009）53頁、木目田463・464頁。
23　横畠16頁。

第2節

業務執行を決定する機関

21

「業務執行を決定する機関」の解釈

> 「業務執行を決定する機関」とは、会社の意思決定と同視されるような意思決定を行うことができる機関を意味し、必ずしも会社法上の決定権限があることを要しない。

1　最高裁判決

　「業務執行を決定する機関」とは、会社法上の決定権限のある機関には限られず、実質的に会社の意思決定と同視されるような意思決定を行うことのできる機関であれば足りると解されている（日本織物加工事件（最判平成11年6月10日刑集53巻5号415頁））。

　「業務執行を決定する機関」についての基本的な解釈は判例・学説上、上記の解釈で固まっているが、具体的に何が「実質的に会社の意思決定と同視されるような意思決定を行うことのできる機関」に該当するかは、会社内部の意思決定の実態や決定する事柄により異なり、各会社の意思決定の実状に照らして個別に判断される[24]。

　上記日本織物加工事件において、最高裁は、日本織物加工の社長が「日

24　横畠52頁、松本69頁。

本織物加工の代表取締役として、第三者割当増資を実施するための新株発行について商法所定の決定権限のある取締役会を構成する各取締役から実質的な決定を行う権限を付与されていたものと認められる」として、「業務執行を決定する機関」に該当すると判示した。

また、村上ファンド事件（最判平成23年6月6日刑集65巻4号385頁）において、最高裁は、代表取締役兼最高経営責任者でありライブドアの業務全般の統括者であるA及び取締役兼最高財務責任者であり同社の財務面の責任者であるBについて、このようなA及びBの立場等に加え、A及びB以外のライブドアの取締役2名が、いずれも非常勤であり、A及びBに対し、その経営判断を信頼して、企業買収に向けた資金調達等の作業の遂行を委ねていたと認められることに鑑みて、A及びBが、ニッポン放送株の5％以上の買集めを行うことについて実質的にライブドアの意思決定と同視されるような意思決定を行うことのできる機関、すなわち「業務執行を決定する機関」に該当すると判示している。

2 課徴金事例

「業務執行を決定する機関」への該当性について詳細に説明をした上で認定をしている課徴金事例は多くはないが、大きな傾向としては、会社法に基づき権限を有する機関である取締役会を業務執行決定機関としているものは比較的少数（23件）であり、取締役会決議よりも前の段階である①取締役会の構成員である取締役の全部又は一部、上級の役職員を加えて取締役会の前段階として行われる常務会や経営会議等の会議体・会合（27件）、②会長、社長等経営者のトップ（「実質的経営者」を含む。）（93件）、③社長、会長並びに専務及び常務等の役付取締役又は担当役員の複数名の話し合い（39件）、④経営者のトップではない取締役等の役員単独又は数名（16件）、⑤その他（取締役会以外の業務執行を決定する機関等、又は上記の①〜④のいずれであるか不明であるもの）（18件）を決定機関と認定している[25]。なお、課徴金事例（R1-9）においては、代表取締役社長及び代表取締役会長を「業務執行を決定する機関」と認定した上で、当該機関から具

体的な手法の決定権限の委任を受けた担当部門が意向を固めた時点で「決定」があったと判断している。会社外部者が関与した事例については「22　会社外部者による関与」を、設立中の会社の「業務執行を決定する機関」については「23　公開買付けにおける、公開買付者・SPCと公開買付者等の『業務執行を決定する機関』」を参照されたい。

22
会社外部者による関与

> 会社内で何ら正式な役職を有していない場合でも「実質的経営者」として業務執行決定機関と認定された課徴金事例がある。また、親会社との合意や親会社の意向の伝達によって重要事実等の決定があったと認定された課徴金事例がある。

1　概　要

「業務執行を決定する機関」は通常であれば会社内部に存在するが、会社の外部の者が会社の意思決定に影響を及ぼすことがあり、会社の実質的な意思決定が、会社外部の者によってなされていることもある。また、そこまで至ってはいないとしても、ある会社に親会社が存在する場合、当該会社の意思決定は、親会社から派遣された役員や、グループ管理規程による管理等を通じて親会社の意向に影響を受けることも多い。

このような場合、当該会社外部の者が「業務執行を決定する機関」であると認定することが可能かについて学説上は否定的な見解も存在する[26]。しかし、課徴金事例においては、会社内においては何ら地位を有していなかった者を「実質的経営者」として「業務執行を決定する機関」と認定し

25　これらの件数はいずれも証券取引等監視委員会による課徴金納付命令の勧告において示された内容を前提としており、その後の審判手続等によって異なった判断が示された事案も存する。

た事例が存在し、また、親会社による一定の関与が、重要事実等の「決定」の有無を判断するのに当たって影響を及ぼしているとも見られる事例が存在する。

2 実質的経営者の関与がある場合
【H22-4】

> A社の「実質的経営者」であったK氏が、A社の第三者割当増資実施についての実施時期、規模及び割当先等の主要事項を決定したことをもって、「業務執行を決定する機関」による第三者割当増資を行うことについての決定があったとした。
>
> 課徴金事例集によれば、K氏は、「A社の役職員ではないが、同社の株式について同人及び同人が支配しているものを含めて相当程度の保有割合を有し、加えて同社の財務・資本政策や役員人事等について実質的に判断・決定を行うことができる立場にある者」であった（「役員等」への該当性については、「⑥『役員等』」を参照）。また、A社により公表された第三者委員会による最終報告書の概要等によれば、K氏は、A社の発行済株式総数の約30％を保有するファンドの大口出資者で、このファンドを実質的に支配していた者であり、本件当時、第2位の株主と結託して、A社側の取締役選任議案を否決し、K氏が推薦する6名を取締役に就任させて、取締役会の過半数を掌握し、自らが要請したY氏を社長に就任させていた。
>
> 一方、当該第三者委員会の最終報告書では、Y社長は、「Kとの間で、役員人事と資本政策の事前相談を除き、一切の経営に関する事項は、取締役会を中心とする会社体制の中で意思決定をするということで了解を取り、実際にもそのように一線を画して運営してきた」とされている。

26　日本織物加工事件の調査官解説は、日本織物加工が各親会社（日本織物加工の株式を合計で過半数保有していた東海染工及びユニチカのことを指す）の意向を離れては存続し得ない子会社であるとはいっても、独立した会社の業務執行決定機関を親会社の機関等に求めることは、解釈論としては無理というほかないと指摘している（法曹会編『最高裁判所判例解説刑事篇平成11年度』（法曹会・2002）97頁〔三好幹夫〕）。

本件において、A社側は、K氏が実質的経営者ではないと反論しているが、上記のような株式保有関係と、取締役の過半数を掌握していた事実、少なくとも役員人事と資本政策（第三者割当増資は、資本政策に含まれるものと思われる。）についてはK氏の了承が必要であった事実等を捉え、実質的経営者と認定されたものと思われる。具体的な事実関係は不明であるものの、K氏の意向でA社の社長に就任していたY社長や、K氏が派遣した取締役が過半数を占める取締役会を「業務執行を決定する機関」と認定することも抽象的には可能であるように思われる中で、あえてK氏を「業務執行を決定する機関」と認定している点は特徴的である。

3　親会社の関与がある場合

　子会社と親会社との間で行われた会合での合意や親会社の意向の伝達をもって、決定事実に関する決定があったと認定しているものとして下記の課徴金事例が存在する。

【H21-14】

> 　A社及びB社はいずれもC社グループに属する会社であったが、A社がB社製品の総販売元代理店になるという業務上の提携について、A社の取締役及びC社社長の間で、その準備を進めることが確認されたことをもって、A社において、業務上の提携についての決定があったとされた。

　かかる事案で、A社及びB社との関係、A社取締役の権限等は明確ではないものの、証券取引等監視委員会は、A社取締役とA社及びB社の親会社であるC社社長との間で決定したとし、業務提携の相手方であるB社及びA社社長が不在でも、A社において重要事実の決定があったと認定している。

【H25-15】
　A社の親会社の会長の決定により、A社が行うB社株式の公開買付けについての決定があったとされた。

　かかる事案で、証券取引等監視委員会は、H21-14の事案よりもさらに直接的に、親会社の会長による意思決定をもって、子会社による決定があったと認定されている。この事案は、次項で説明するいわゆるSPCによる公開買付けではないが、そのような場合であっても、親会社の決定をもって「業務執行を決定する機関」による決定があったとされる可能性があるため、注意が必要である。
　このように、グループ会社においては、当該決定事実を決定する会社での機関決定等がなされる前に、親会社の意向の伝達等により重要事実等の決定があったと解される可能性がある。

23 公開買付けにおける、公開買付者・SPCと公開買付者等の「業務執行を決定する機関」

　SPCが公開買付者となる公開買付けの場合、SPCの親会社である実質的買収者の機関の決定をもって公開買付者の「業務執行を決定する機関」の決定と認定されることがある。また、SPCが設立されていない場合でも、設立中の会社の機関による決定として、公開買付者等であるSPCの「業務執行を決定する機関」による決定がなされたものと認定されることがある。さらに、公開買付けを行うことについて決定をした時点においてSPCの設立が想定されていない場合であって、事後的にSPCが設立され、当該SPCによる公開買付けがなされたときには、当該SPCを設立した会社（親会社）を公開買付者とし、当該公開買付者の「業務執行を決定する機関」による決定があったと認定されることがある。

公開買付けにおいてよく見られるスキームとして、買収者となる対象会社の経営陣、事業会社やファンド等により、対象会社の株式を取得し保有することのみを目的とした会社（特別目的会社、SPC）が設立され、このSPCが公開買付けの買付者となることがある。この場合、実質的な買収者はSPCを作った経営陣、事業会社やファンド等であり、これらの関係者において、SPCが設立される前から公開買付けの実施について実質的な話し合いがなされ事実上の決定がされており、SPCにおける意思決定は形式的な決定に過ぎないことも多い。
　これらに関連して、公開買付者や「業務執行を決定する機関」の意義が問題となることがある。

1　SPCがすでに設立されている場合

　実質的な買収者により公開買付けの実施について決定される時点でSPCがすでに設立されている場合、課徴金事例においては、SPCの親会社である実質的な買収者の取締役等による決定をもって、公開買付者の「業務執行を決定する機関」による決定と認めている事例がある。

【H24-11】

> 　A社（B社株式の保有を目的に設立された会社）によるB社株券の公開買付けにおいて、A社の発行済株式の過半数を所有するファンドの運営主体であるC社の取締役がA社の「業務執行を決定する機関」とされた。

【R1-7】

> 　X社は、投資関連業務を目的として、親会社であるY社が設立した子会社（取締役会非設置会社であって、X社の株主はY社のみ）であり、X社の代表取締役はY社の投資関連部門の担当部長が務めることになっており、X社の当時の役員は、当該部長のみであった。また、Y社では、同社の投資関

> 連部門の経営に重要な影響を及ぼす投資案件等については、社内審議を経て、同部門の担当役員で代表取締役でもあった者がその実行を決定しており、同役員が決定した案件について、代表取締役社長が承認しなかったものはなかった。
> 　X社の親会社であるY社の投資関連部門の担当役員兼代表取締役の決定により、X社が行うA社株式の公開買付けについての決定があったとされた。

　このように、公開買付者が独立した会社としての実体を有していない場合には、実質的な買収者であるSPCの親会社の機関が公開買付者の「業務執行を決定する機関」とされる場合がある。

2　SPCが設立されていない場合

　SPCを公開買付者とする公開買付けの場合、実質的な買収者による公開買付けの実施の決定がなされた後、公開買付けの直前になってSPCが設立されることもある。

　このような事例において、証券取引等監視委員会は、金商法167条2項における「公開買付者等」は、実際の買付者となるSPCであるという理解に立ちつつ、かかるSPCの設立前であったとしても、実質的な買収者によって行われた意思決定は、いわゆる設立中の会社の機関による決定として、SPCの「業務執行を決定する機関」による決定がなされたものと認定している。

　実質的な買収者による意思決定があれば、投資家の行動に影響を与えるには十分であるから、意思決定が形式的な買収者であるSPCの設立前であったとしても公開買付け等事実の成立を認めることは可能と考えられるが、「設立中の会社」という会社法上の概念で説明することに無理があることを指摘する見解[27]、罪刑法定主義の観点から問題を指摘する見解[28]や、むしろ、実質的な買収者が「公開買付者等」に該当すると考える方がより素直に結論を導けるとする見解[29]も存在する。

【R1-6】

　X社は、公開買付けを通じてA社株式の取得及び保有等を目的として、Y社が設立した会社（取締役会非設置会社であり、X社の株主はY社のみ）である。
　Y社では、Y社の経営に重要な影響を及ぼす案件については、Y社の代表取締役社長に対して説明や報告を行って、当該社長の了解を得て準備作業等を進めてきたところ、Y社の社長が出席するミーティングにおいて、X社の設立やX社による公開買付けを含んだスキームが了承されたことをもってX社によるA社株式の公開買付けについての決定があったとされた。

　このように、SPCの設立の有無にかかわらず、実質的な買収者が公開買付けの実施に関する事実を決定した場合には公開買付け等事実に該当することがある。

3　SPCの設立に向けたある程度具体的な準備行為が観念できない場合

　1及び2は、実質的な買付者により公開買付けの実施について決定される時点においてSPCが設立されているか、又はSPCの設立に向けた検討が進められていた事例と考えられる。他方で、実質的な買付者により公開

27　会社法の解釈上「設立中の会社」の始期は設立会社の定款作成時又はその付近に求めているのが一般的であるが、実際の課徴金事例ではそれよりも前の時点で決定があったとされていること等が指摘されている（小林史治「インサイダー取引規制における『公開買付者』の検討」商事法務1958号（2012）35頁）。

28　小林史治「インサイダー取引規制における『公開買付者』の検討」旬刊商事法務1958号（2012）36頁。

29　黒沼・論点38頁。

買付けの実施について決定される時点においてSPCの設立に向けた具体的な準備行為が観念できない事例において、金商法167条2項の「公開買付者」を、実際の公開買付者であるSPCではなく、実質的な買付者と認定したと考えられる事例が存在する。

【R4-5】

A社では、同社の重要な経営方針は、同社の代表取締役社長が最終判断をしており、同社長の最終判断が取締役会等で否決されたことはなかった。そして、同社長は、令和元年11月11日に公開買付けの手法によってB社を子会社化する方針を決定し、その後、A社内においては、同社長の指示の下にB社に対する公開買付けに向けた具体的な検討や準備作業が行われた。その後、A社の代表取締役社長は、令和元年12月16日に、SPCを設立してSPCによる公開買付けを実施することを決定し、当該決定に基づいて同月26日にSPCが設立された。

実質的な買付者において公開買付けを行うことについて決定をした時点においてSPCの設立が想定されていなかったが、事後的にSPCが設立され、当該SPCが実質的な買付者の完全子会社であったこと等から、当該事案における必要性と許容性を総合考慮の上、例外的に、実質的な買付者を金商法167条における公開買付者と実質的に解釈した事例であるとされる。

第3節

決定時期

24

「決定時期」の解釈

> 決定事実や公開買付け等事実に該当する行為を「行うことについての決定」とは、当該行為の実施自体についての最終的な決定には限られず、当該行為の実施に向けての調査や準備、交渉等の諸活動を上場会社等の業務として行うという決定も含まれる。また、当該「決定」といえるためには、その内容がある程度具体的である必要がある。

　金商法166条2項1号に列挙された事項が重要事実となるのは、第2節に記載した「業務執行を決定する機関」が、これらの事項を「行うことについての決定をした」ときであり、また同法167条1項の「公開買付け等の実施に関する事実」も、公開買付け等を「行うことについての決定をした」ときである。

　この「行うことについての決定」とは、「業務執行を決定する機関」による当該行為の実施自体についての最終的な決定には限られず、当該行為の実施に向けての調査や準備、交渉等の諸活動を当該会社の業務として行う旨の決定も含まれる[30]。一方、重要事実等としての「決定」といえるためには、ある程度具体的な内容である必要があり、当該行為に関する法的

30　横畠53頁。

手続についての一般的な調査研究を行ったり、いくつかの候補会社について基礎資料の収集を行ったりという程度の決定では、「決定」をしたとはいえない[31]。

判例も、日本織物加工事件（最判平成11年6月10日刑集53巻5号415頁）において、株式の発行を行うことについての「決定」をしたとは、会社の業務執行を決定する機関において、株式の発行それ自体や株式の発行に向けた作業等を会社の業務として行う旨を決定したことをいうと判示している。

インサイダー取引規制の対象となる重要な行為を実施しようとする場合、当該行為の実施が企画されてから最終的に決定がなされるまでの間に、様々な検討や交渉、作業等が行われ、その間の様々なフェーズにおいて、当該行為の実施の是非や方針について、会社としての意思決定ないし内部手続がなされるのが通常である。会社の意思決定が段階を踏んでなされ、また、中間的な意思決定が必ずしも明確な形ではなされないこともある中で、どの時点をもって上記「行うことについての決定」として、重要事実等が発生したとするのかは、悩ましい問題である。

この点、例えば、日本織物加工事件最高裁判決の調査官解説[32]は、合併の相手方が決まるまでの段階について、次のように分けて分析している。

【図表24−1　合併の各段階における「決定」への該当性】

段階	決定への該当性
①合併の是非（メリット・デメリット）の検討を開始することの決定	不十分である
②合併の相手方を探索することの決定	合併の相手方が具体化していないので、特段の事情がない限り、決定があったとはいえない

31　横畠53頁。
32　法曹会編『最高裁判所判例解説刑事篇平成11年度』（法曹会・2002）106頁〔三好幹夫〕。

③候補会社の資産財務内容等を調査検討することの決定	決められた内容の具体性にもよるが、決定があったといえる場合もある
④具体的な相手方について調査検討することの決定	
⑤具体的な相手方との合併の可否について交渉することの決定	決定があったことは明らか

　本節では、これまでの代表的な判例を中心に決定時期についての原則的な考え方を示し、その後、課徴金事例における決定時期の判断を決定事実ごとに紹介する。

　なお、「業務上の提携」(金商法166条2項1号タ、金商法施行令28条1号)を行うことについての決定の内容の具体性に関して示した裁判例については、下記「29　組織再編、業務上の提携等における決定時期に関する判断要素」を参照されたい。

25
実現可能性の要否に関する判例の考え方

> 判例では、決定事実や公開買付け等事実に該当する行為を「行うことについての決定」があったとされるためには、その時点で当該行為の実現可能性があることが具体的に認められることは原則として必要ではないとされている。

1　決定時期と実現可能性

　決定事実や公開買付け等事実の決定時期を判断する際に、当該行為の実現可能性がその時点で認められることが必要か、必要であるとしてどの程度の実現可能性が必要かという問題がある。この問題は、例えば、ある上

場会社の「業務執行を決定する機関」が、子会社の異動を伴う株式取得を行う方向で準備を進めていくことを決定したが、当該株式取得の資金を外部調達する必要があり、金融機関から融資を受ける意向であるものの融資が得られるかどうかは不透明であるといった、重要事実等となる行為の実現に重要な前提条件が存在する場面で特に問題となる。

この問題に関しては、日本織物加工事件（最判平成11年6月10日刑集53巻5号415頁）及び村上ファンド事件（最判平成23年6月6日刑集65巻4号385頁）の2つの最高裁判決において、考え方が示されている。

2　日本織物加工事件

日本織物加工事件は、東海染工及びユニチカに発行済株式の過半数を保有されていた日本織物加工を対象とするM&Aについて、東海染工及びユニチカとの交渉の一切を委任されていたユニマットの監査役兼代理人が、日本織物加工の代表取締役K社長が第三者割当増資を行うことを決定したという重要事実（旧証券取引法166条2項1号イ）を知って、その事実の公表前に日本織物加工の株券を買い付けたという事案である。

【図表25－1　日本織物加工事件】

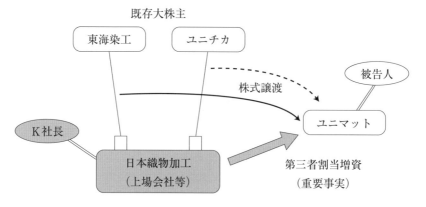

最高裁は、一般論において、「株式の発行」を行うことについての「決

定」をしたというためには、日本織物加工の「業務執行を決定する機関」において株式の発行の実現を意図して行ったことを要するが、当該株式の発行が確実に実行されるとの予測が成り立つことは要しないと解するのが相当であると判断した。そして、K社長は、同社の方針として第三者割当増資を行う旨の決定をし、これを東海染工の常務取締役に言明することによって外部的に明らかにしたものであるから、その当時ユニチカの保有株式の譲渡方法の問題が最終決着を見ていなかったとしても、株式の発行を行うことについて決定したというに妨げなく、K社長の決定は、旧証券取引法166条2項1号にいう「決定」に該当すると認めるのが相当とした。

ただし、最高裁は、この判決においては、「確実に実行されること」の予測が成り立つことは要しないとしているのみであり、ある程度の予測が成り立つことは要するのか、要するとしてどの程度のものが要求されるのかということについては、明確に述べていなかった。

3 村上ファンド事件

村上ファンド事件は、「村上ファンド」として知られていたファンドの運営を行う投資顧問業者の取締役であり実質的経営者であったM（被告人）が、ライブドアがニッポン放送の総株主の議決権の5％以上の株券等を買い集めることについての決定した旨の事実の伝達を受けた後、その事実の公表前にニッポン放送の株式を買い付けたという事案である。

村上ファンド事件では、ライブドアの業務執行を決定する機関であると認定されたライブドアの代表取締役兼最高経営責任者（CEO）であったA社長及び取締役兼最高財務責任者（CFO）であり同社の財務面の責任者であったB取締役において、ニッポン放送株式を5％以上買い集めることを「決定」したのはいつか、という点が争点となった。

【図表25−2　村上ファンド事件】

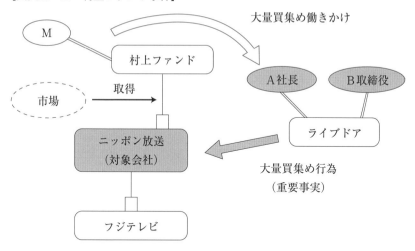

　最高裁は、「公開買付け等の実現可能性が全くあるいはほとんど存在せず、一般の投資者の投資判断に影響を及ぼすことが想定されないために、同条項（引用者注：旧証券取引法167条2項）の『公開買付け等を行うことについての決定』というべき実質を有しない場合がありうるのは別として、上記『決定』をしたというためには、上記のような機関（引用者注：業務執行を決定する機関）において、公開買付け等の実現を意図して、公開買付け等又はそれに向けた作業等を会社の業務として行う旨の決定がされれば足り、公開買付け等の実現可能性があることが具体的に認められることは要しないと解するのが相当」と判示した上で、控訴審判決が、主観的にも客観的にもそれ相応の根拠を持って実現可能性があることを上記「決定」該当性の要件としたことは相当でないとした。
　このように、「決定」の有無と実現可能性の問題について、最高裁判決は、実現可能性を全く考慮しないとまでは述べていないが、実務上「決定」の有無が問題となる場面で、実現可能性が全く又はほとんどない場合はそれほど多くはないと考えられる。また、実現可能性が「ほとんどない場合」といえるかどうかは、明確な基準がない。結局、実務的な対応とし

て実現可能性の低さを理由に「決定」に該当しないと判断することは困難であると思われる[33]。

26 実現可能性に関連する課徴金事例

> 第三者割当増資を実施する前提条件であった第三者の同意時点をもって、第三者割当増資についての決定があったとされた課徴金事例がある。

インサイダー取引規制における決定時期に関し、実現可能性について明示的に触れている課徴金事例はほとんどないが、村上ファンド事件の最高裁判決の前の事例として、以下のような事例が存在する。

【H21-3】

A社は、C銀行の同意を条件に、業務提携契約を締結していたB社に対して第三者割当による株式の発行を行う方針であったところ、C銀行の同意を得たことをもって、A社の決定があったとされた。なお、C銀行の同意後、A社社長及び専務は、B社の代表権のある役員Xに対して、かねてから業務提携契約の履行の一環として両社で検討中であった第三者割当による新株発行についてこれを実行したい旨を伝えた。

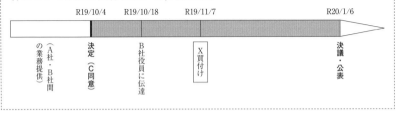

---

[33] 黒沼悦郎「村上ファンド事件最高裁決定の検討」商事法務1945号（2011）8頁、11頁等。

上記事例においては、もともとＣ銀行の同意が得られることを条件として第三者割当増資を行う方針であったところ、その条件であったＣ銀行の同意が得られた時点をもって、「決定」と認定している。具体的な状況は不明ではあるが、これは、重要事実等となる行為の実現に条件がついている場合、かかる条件が成就して初めて「決定」となるという考え方を前提としているようにも思われる。

　しかしながら、証券取引等監視委員会が課徴金納付命令を行う場合の決定時期は、より確実に重要事実等を決定している時期を認定している可能性があること、また、上記事例に係る課徴金納付命令が行われたのは平成18年10月2日であり、日本織物加工事件最高裁判決の後ではあるが、上記の村上ファンド事件最高裁判決よりも前であるという点に留意すべきである。

　村上ファンド事件最高裁判決（詳細は「25 3　村上ファンド事件」を参照）において、実現可能性が全く又はほとんど存在しない場合を除いて、実現可能性が具体的に存することは要しないと示されたことから、今後の課徴金事例の具体的な判断においては、実現可能性はあまり重要視されない可能性がある。したがって、案件の実行に係る前提条件が満たされていないことのみをもって、「決定」に至っていないと判断することは実務上避けるべきであろう。

27 決定事実・公開買付け等事実の中止

> 　決定事実や公開買付け等事実が生じた場合、その公表前に中止すれば、かかる中止後に行った株式の売買等はインサイダー取引とならない。ただし、特に中止後に検討を再開した場合は、中止の理由、中止時における再開予定の有無、中止前後における重要事実等の内容の類似性、中止から再開までの期間等を考慮して、実際には中止されていなかったと判断される可能性がある。

1 決定事実・公開買付け等事実の中止

インサイダー取引規制上の重要事実等に該当する事項が一旦決定された後に、様々な事情から最終決定に至らずに中断又は中止されることがある。このような場合に、かかる中断又は中止により、かかる重要事実等は消滅するかが問題となる。例えば、子会社の異動を伴う株式の取得に向けて本格的な準備を行うことを決定したが、売主である現株主との間で条件の合意ができずに断念するようなケースである。

このような場合には、中止の決定によって、従前の重要事実等は投資判断に影響を及ぼす重要性は失われているので、中止の決定後にした売買等はインサイダー取引規制の対象とはならないと解されている[34]。ただし、実務上、一度決定した重要事実等に該当する事項について様々な理由から一旦中止するものの、将来の状況によっては再開することも否定されていない場合がある。そのような場合には、何をもって決定事実が中止されたといえるかが問題となる。

2 決定事実の中止に関する課徴金事例

決定事実の中止の有無について正面から判断した裁判例や課徴金事例は見当たらないが、決定事実の中止の有無が判断された事例としては、以下の課徴金事例が存在する。

【H21-5】

> A社社長と役員との合議において、役員が公募増資の計画を報告し、社長が了承したことをもって公募増資による株式の発行についての決定があったとされた。
>
> なお、A社では、当初、6月1日に発行決議を行う日程での公募増資が計画されていたところ、4月下旬頃に一旦中止され、その後、5月下旬から7月14日発行決議の日程での公募増資が計画され、かかる増資の計画が上記の

---

[34] 木目田120頁、黒沼悦郎「インサイダー取引と法令解釈」金融法務事情1866号(2009) 44-45頁。

決定に至ったものである。

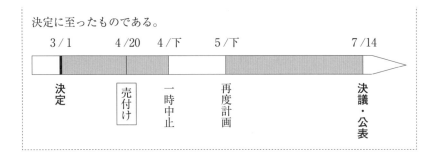

(1) 課徴金納付命令の前提としての決定事実の同一性

上記事例の特色は、違反行為者がインサイダー取引規制違反となる株式の売却を行った後、一旦公募増資の計画が中止され、その後、発行決議の日程を異にする公募増資を再度計画し実施した点にある。

インサイダー取引規制違反への該当性は、株式等を売買した時点において判断され、その後、重要事実等に該当する決定事実を中止したとしても違反が治癒されることはない[35]。しかし、違反者に課される課徴金の金額を計算するに当たっては、重要事実等の公表がされた後の株券等の価格をもとに計算する必要があるため（金商法175条）、当該重要事実等についての公表がなされていることが、課徴金納付命令の前提として必要である。したがって、上記事例においては、インサイダー取引規制違反自体は、3月1日の決定を知った上で売付けを行った4月20日に生じているが、その課徴金の計算において、3月1日の決定事実が公表される前に一度中止になっていることから、3月1日の決定に係る公募増資の計画と、実際に7月14日に公表された公募増資との間の同一性が問題とされている。

証券取引等監視委員会は、以下の事実を根拠に、両者の同一性を認定している。

① 公募増資計画を一旦中止したのは、違反行為者の株式売却がインサイダー取引と指摘される事態を避けるために過ぎず、その中止段階に

---

35 横畠54頁。

おいて、公募増資計画の再開時期について話題にする等、公募増資計画の続行を前提にしていたこと
② 両増資計画の内容は、日程が異なるだけで、それ以外の新規発行株数等の内容には差異がないこと
③ 4月下旬に増資計画が中止されてから、5月下旬に再開されるまで、わずか1ヶ月しか経過していないこと

上記事例からは、上記①ないし③の事実がどの程度存在すれば、中止前後の重要事実等の同一性を認められるかは明らかではないが、少なくとも、中止の理由及び中止時における再開予定の有無、両者の重要事実等の内容の類似性並びに中止から再開までの期間については重要な考慮要素とされていると考えられる。

(2) 中止後の売買等と中止の有無
次に、上記事例とは異なり、株券等の売買等を決定事実の中止後に行った場合はどうであろうか。具体的には、例えば上記事例のように4月下旬に決定事実の中止が行われ、5月下旬に再度決定がなされた事例で、4月下旬から5月下旬までの間に、4月下旬の増資計画の経緯を知っていた者が株式の売買等をした場合、インサイダー取引規制違反と解されるであろうか。
この点、決定事実の中止によって決定事実が存しなくなっていたのであれば、その間に売買等を行ったとしてもインサイダー取引規制違反とはならない。もっとも、中止が形式的なものであり、実際には決定事実の中止がなされていなかったと認定されれば、インサイダー取引規制違反となると考えられる。
そして、実際に決定事実の中止がなされていたか否かの認定に関しても、上記事例は参考になると思われる。すなわち、案件の終了時にすでに再開予定があること、終了前の案件と再開後の案件の内容が相当程度類似していること、終了と再開の時期が近接していることといった、上記事例が決

定事実の同一性の考慮要素としている事情が認められる場合には、そもそも「中止」があったと認められない可能性もある。

実務上、決定事実を中止する場合には、実際に当該検討を中止したことを社内手続上も明確にするとともに（当該検討の中止を書面化する等）、実際に当該検討を中止し、また、その後も重要事実等が継続して存在していたと疑われることのないよう、プロジェクトメンバーの解散・グループメールアドレスや案件共通パスワードの使用の中止を行う必要がある。

28 株式等の発行における決定時期に関する判断要素

> 株式等の発行に係る刑事裁判例及び課徴金事例は相当数存在し、平成25年度までの一定数の課徴金事例においては、決定時期の認定における具体的な事実関係が明らかにされることが多かったが、平成26年以降の課徴金事例では、証券取引等監視委員会による公表内容からは必ずしもその具体的な事実関係が明らかでない。もっとも、①増資内容の具体性（時期、規模及び方法）、②引受先の特定、③具体的な作業の開始状況といった判断要素は、引き続き1つのメルクマールになっていると考えられる。

1 概　要

過去の株式等の発行に関する課徴金事例における重要事実の決定時期を検討すると、①増資の時期、規模、方法等の方針が決定されていること、②複数の割当先候補に引受等を打診した上で、増資が可能と判断していること、③具体的な増資の準備を開始していることの3点が、重要事実の決定に至っているとの判断要素として挙げられていた。より一般化すれば、①増資内容の具体性、②引受先の特定、③具体的な作業の開始状況に係る事実が株式等の発行に関する重要事実の決定時期を認定する際の重要な要素とされてきた。このように平成25年までの課徴金事例では、かかる重要な判断要素となる具体的な事実関係を挙げた上で、株式等の発行における

決定時期の認定をしていた。しかしながら、平成26年以降の課徴金事例では、証券取引等監視委員会による公表内容からは必ずしもその具体的な事実関係は明らかでない。したがって、近時の課徴金事例からは、株式等の発行における決定時期の認定に際して、証券取引等監視委員会がどういった事実や要素を重要視しているかは必ずしも明らかではないものの、①増資内容の具体性（時期、規模及び方法）、②引受先の特定、③具体的な作業の開始状況といった判断要素は、引き続き1つのメルクマールになっていると考えられる。

2 課徴金事例

【H21-6】（H22-2も同事案）

> A社の第三者割当による株式の発行について、A社の社長、専務取締役及び常務取締役において、増資の時期、規模、方法（第三者割当）等の方針を決定し、複数の割当先候補に増資引受等を打診し増資が可能であると判断しており、この後に取締役会決議を経て具体的な増資の準備を開始していることをもって、8月18日を決定時期と認めた。
>
> 一方、上記決定時点よりも前の8月上旬に、A社社長、専務取締役及び常務取締役によって増資の時期、規模、方法等の方針が立てられたが、この段階においては、「株式発行に係る市場調査や試算等の一般的情報収集すら行われておらず、もっぱら3人で検討したのみである」との理由により、株式発行について具体性のある段階には至っておらず、重要事実は決定されていないと判断された。
>
>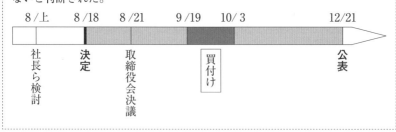

【R2-1】

　A社の第三者割当増資を含む重要な新規事業に係る意思決定を行う場合には、同社の代表取締役及び役員甲の了承を得て進めることとされていたところ、実質的な業務執行決定機関である同社長及び役員甲が本件第三者割当増資を行うことについて了承していることから、同日に、株式の発行を行うことについての決定をしたものと認定した。

【R3-4】

　A社の第三者割当による株式の発行について、A社の社長が第三者割当による新株式の発行の実現に向けた準備や交渉を進める方針を決め、取締役に対し、準備作業を行うよう指示し、同日以降、実務作業が進められたことから、同日に第三者割当による新株式の発行を行うことについての決定をしたものと認定した。

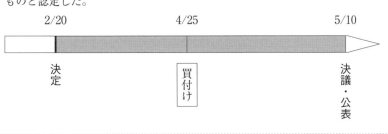

【R4-1】

　A社の第三者割当による新株式の発行について、A社の社長が遅くとも令和2年4月7日までに第三者割当による新株式の発行を行う方針を決定した。そして、A社では、同日以降、同社長の指示の下に具体的な準備作業が進められ、その後に開催された取締役会において、同社長の決定した方針どおり、第三者割当増資を行うことが異議なく承認されたことから、同日に、発行する株式を引き受ける者の募集を行うことについての決定をしたものと認定した。

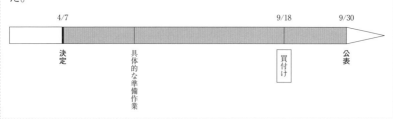

3　増資内容の具体性

　①の増資内容の具体性に関しては、R2-1及びR4-1の事例において、業務執行を決定する機関であると認定された発行会社の社長により第三者割当を行うことについての了承又はそのような方針を決定したことが認定されている。重要事実としての決定は、投資者の投資判断に影響を及ぼすべきものであるという観点から、ある程度具体的な内容を持つ必要があるとされるが、株式等の発行については、R3-4の事例のように、当該実現に向けた準備や交渉を進める方針の決定にとどまる場合であっても、ある程度具体的な内容を持つと判断される場合がある。

4　引受先の特定及び具体的作業の開始状況

　H21-6では、上記①の増資内容の具体性に加えて、上記②の引受先の特定に相当する事実（ただし、複数の引受先候補への打診）、及び上記③の具体的な作業の開始状況を認定している。同様に、平成25年以前の決定時期の具体的な認定の記載がある第三者割当増資の課徴金事例では、いずれも

引受先への打診・打合せ・内諾・決定が認定されており、上記②の引受先の特定に係る事実が存在していることが窺われる（決定時期とされた時点では引受先の特定が認定されていないH23-2においても、決定時期とされた日と同日に、実質的な引受先との間で総額引受契約に係る交渉が行われたことを認定している。）。一方で、公募増資の課徴金事例では、決定時期における具体的な決定内容については明確にされていない場合が多いが、例えば、平成25年1月10日公表の「日本板硝子株式会社の契約締結交渉先の社員からの情報受領者による内部者取引に対する課徴金納付命令の決定について」（H25-4）に係る審判においては、決定があったとされた取締役会への説明の際に、主幹事証券会社をどの証券会社とするかということも含めて説明がなされていることが認定されていることから、上記②の引受先の特定に相当する事実として、引受証券会社の決定が考慮されていると思われる。

また、課徴金事例集掲載の第三者割当増資の事例のうち、H29-14、H29-15、R2-2、R2-3及びR4-1では、③具体的な増資の準備の開始を認定し、資金調達に向けた当該準備・交渉作業等が開始されていることをもって、決定時期を認定している。これらの事案においては、具体的に記載されていないものの、③具体的な増資の準備を開始していることの前提として、業務執行を決定する機関によって、①増資の時期、規模、方法等の方針が決定されていたと思われる。

なお、上記3のR2-1及びR4-1の事例では、③具体的な作業の開始状況に関する事実関係は記載されていない。

以上からすると、平成26年以降の課徴金事例では、株式等の発行における決定時期に関する考慮要素について、証券取引等監視委員会による公表内容からは必ずしもその具体的な事実関係が明らかではない。

しかしながら、①増資の時期、規模、方法（例えば第三者割当の方法によるなど）については方針が定まっている必要があり、加えて、②引受先への打診・打合せ又は決定等の状況及び③会社による具体的な準備作業の開始が重要な考慮要素とされているという点が、引き続き1つのメルクマー

ルになっていると考えられる。

5 実現可能性との関係

課徴金事例においては、特に②の引受先の特定の事実との関係で、引受先が具体的に決定していることまでは必須とされていない。H21-6においても、引受先候補に打診し増資が可能であると判断された時点で決定があったとされ、実際にはその後少なくとも2ヶ月近く経った時点においても、具体的な引受先は決定していなかった。

これに対し、引受先が未決定の段階で決定があったすることに疑問を呈し、これは実現可能性がどの程度あったかの問題であると指摘する学説も存在するが[36]、村上ファンド事件最高裁判決において、重要事実を決定したというためには、決定した事項に実現可能性があることが具体的に認められることは要しないとされた以上、引受先が具体的に決定していないという意味で実現するかが不透明であっても、重要事実の決定がなされたと認定される可能性がある。

29
組織再編、業務上の提携等における決定時期に関する判断要素

> 上場会社等が行うM&Aについては、インサイダー取引規制上、そのスキームによって、株式交換（金商法166条2項1号チ）、株式移転（同号リ）、合併（同号ヌ）、会社分割（同号ル）、事業譲渡・譲受（同号ヲ）等の組織再編、あるいは、業務上の提携（同号ヨ、金商法施行令28条1号）、子会社の異動を伴う株式の取得・譲渡（金商法166条2項1号ヨ、金商法施行令28条2号）に該当する可能性がある。また、M&Aが子会社を通じて行われる場合には、別途上記に相当する子会社の重要事実に該当する可能性がある。
> 業務上の提携、組織再編等のM&Aの決定時期の認定においては、具体的

---

36 黒沼・論点38頁。

> な相手方が特定されていることが重要な判断要素となっている。また、相手方との間で案件の交渉を進めることについての基本的な意向を確認している段階や、当該提携等に関する具体的な準備の開始をもって「決定」とされている。

　業務上の提携とは、複数の企業が協力して一定の業務を遂行することをいう[37]。ただし、金商法及び取引規制府令における業務上の提携には、業務提携の当事者の一方が他方の株式を取得するいわゆる資本業務提携や、当事会社が共同して新会社を設立するケースも含まれている。また、合併、会社分割、株式交換、株式移転等の組織再編行為等についての決定も、重要事実とされる。

　これらはそれぞれ性質の異なる取引であるが、いずれも複数の企業間の統合又は結合行為であり、いわゆるM&Aの手法としてよく用いられるものである点に類似性がある。

　業務上の提携、組織再編等の行為についても、どの段階で「決定」に至っているといえるかの一般論は株式の発行と同様ではあるが、相手方が存在する等の点で株式の発行とは異なる点がある。以下、業務上の提携が重要事実とされた課徴金納付命令取消訴訟や過去の業務上の提携等に係る課徴金事例における決定時期の認定の内容を検討する。

1　モルフォの業務上の提携に関する課徴金納付命令取消訴訟

　モルフォの業務上の提携に関する課徴金納付命令取消訴訟においては、モルフォ（以下「M社」という。）が上場企業であるD社（以下「D社」という。）との間で行うことを決定した業務上の提携に関し、同社の役員、元従業員及び従業員持株会を通じて同社の株式を取得した従業員5名のインサイダー取引の成否についての判断がなされた[38]。これらの課徴金納付

37　松本92頁。

命令取消訴訟においては、主に、業務上の提携の決定時期が争点となったところ、裁判所は、具体的な事実認定を行った上で、これらの者によるインサイダー取引は成立しないとの判断を下した。

これらの課徴金納付命令取消訴訟のうち、東京高裁[39]は、概要、以下のような事実を認定した。

日付	事実関係
5月頃	D社の従業員が参加したセミナーにおいて、M社の従業員が講演を行い、このセミナーをきっかけに両社による打合せが行われることになった。
6月15日	M社とD社による初めての打合せが行われた。この打合せにおいて、M社の画像認識技術や画像処理技術を紹介したところ、D社はこれに関心を示した。
7月29日	両社の間で秘密保持契約が締結された。
8月4日	M社とD社の2回目の打合せが行われ、その内容は以下のとおり。D社から、画像処理と画像認識の分野でM社と共同開発の検討を進めたいと考えているため、2・3ヶ月で終了するような小規模のプロジェクトを複数行い、その結果によって技術的に共同開発が実現できるか否かを年末までに判断したい旨の要望が出された。また、D社から車載カメラの高画質化に関連して、いくつかの要望が出された。 2回目の打合せよりも前に設定されていたとおり、次回は8月26日に打合せを行うこととされ、その打合せでは、M社がD社から提供されたサンプル動画に画像処理を行った結果を提示するととも

---

38 証券取引等監視委員会による課徴金の納付命令の勧告においては、役員1名及び社員9名（うち従業員持株会を通じて同社の株式を取得した者は7名）であり、これらの者の課徴金納付命令取消訴訟に関する経緯及び結論は、証券取引等監視委員会のホームページ（https://www.fsa.go.jp/sesc/news/c_2017/2017/20170224-1.html）を参照されたい。

39 東京高判令和3年11月24日（金法2196号57頁）。

	もに、D社から出された課題や要望に対する提案を行うこととなった。
同日	M社において、8月4日の打合せに出席した従業員が、M社の代表取締役及び課徴金納付命令が出された取締役（以下、本表において「当該取締役」という。）に対し、秘密保持契約を締結したこと及び次回の打合せはD社に赴き、技術者同士で技術に関する話し合いを行う旨を報告したところ、代表取締役は「分かりました」と回答し（以下「本件回答」という。）、同席していた当該取締役も今後の方針に異議を述べなかった。
8月26日	M社とD社の3回目の打合せが行われ、その内容は以下のとおり。M社が、サンプル動画に画像処理した動画を提示しつつ、画像処理の手法等について説明をした。D社は、M社の画像処理技術を高く評価し、M社の持つソフトウェアをどのように利用するかについてD社内部で協議・検討し、M社に連絡することになった。
9月11日	M社とD社の4回目の打合せが行われ、D社からは、M社のソフトウェアを組み込んだシステムを自動車に搭載し、走行テストを行いたい旨の要望があった。 その後、両社は会食を行い、その席上、D社は、D社がM社の技術について大きな興味と期待を持っており、M社に対し、出資及び中長期的な協業を検討している旨を述べたところ、M社は、出資の規模については持ち帰って相談する旨を述べた。
9月14日〜18日	代表取締役及び当該取締役に対して、会食の報告が行われた。M社においては、D社に出資してもらうことは構わないが、代表取締役の持分比率を超えないようにすることを条件として提示することを決めた。
9月24日	M社とD社の5回目の打合せが行われた。D社からは、常務執行役員も出席し、あらためて、出資及び中長期的な協業の提案がなされるとともに、画像処理技術及びディープラーニングについて、共同開発を行いたい旨の提案がされ、M社もこれを了承した。

12月11日	M社の取締役会においてD社との資本業務提携が決議され、同日に、当該資本業務提携の内容が公表された。

　そして、東京高裁は、まず、「業務上の提携」の意義について「仕入れ・販売提携、生産提携、技術提携及び開発提携等、会社が他の企業と協力して一定の業務を遂行すること」と判断した。

　その上で、「業務上の提携」を「行うことについての決定をした」とは、業務執行を決定する機関において、「業務上の提携」の実現を意図して、「業務上の提携」それ自体や当該「業務上の提携」に向けて調査、準備、交渉等の諸活動を当該会社の業務として行う旨の決定がされることが必要であり、それが一般投資家の投資判断に影響を及ぼすべきものであるという観点から、ある程度具体的な内容を有するものであることを要するものと解するのが相当である。そして、「業務上の提携」及び当該「業務上の提携」に向けての調査、準備、交渉等の諸活動の内容が広範に及ぶものであるとともに、金商法166条2項1号ヨが「投資家の投資判断に及ぼす影響が軽微なものとして内閣府令で定める基準に該当するもの」を除外し、これを受けて取引規制府令が当該基準として定めを設けていることからすると、上記の具体的な内容の程度については、当該「業務上の提携」が当該会社の売上高に与え得る影響についての見込みの具体性の程度等が考慮されるべきものと解されると示した。

　このような解釈を行った上で、8月4日の本件回答により業務上の提携を行うことについて決定がなされたとの国の主張については、一般投資家の投資判断に影響を及ぼす程度の具体的な内容を持つものではなかったことから、「業務上の提携」を「行うことについての決定」があったとはいえないとして、当該主張を排斥した。

2　それ以外の業務上の提携に関する課徴金事例

　業務上の提携に関する課徴金事例として、以下の事案がある。

【H29-13③】

　社長、副社長などが出席する会合において、X社との間で共同開発契約を締結すること、すなわち業務上の提携を実施することを承認した平成26年3月3日に重要事実が決定されたものと認定した。

【H30-12③】

　社長は、平成27年6月9日、業務提携に関して、提携先との間で、具体的な取り組みについて協議を行った上、協議事項の検討を進めていくこと及び秘密保持契約を締結することを合意していることから、遅くとも平成27年6月9日までに本件業務提携を行うことについての決定をしたものと認定した。

【R3-4②】

　社長は、業務上の提携の実現に向けた準備や交渉を進める方針を決め、取締役に対し、準備作業を行うように指示し、同日以降、実務作業が進められたことから、同日に重要事実を行うことについての決定をしたものと認定した。

業務上の提携、その他組織再編等の事例においては、具体的な提携、再編の相手方が具体的に決定し、当該相手方との間で互いにその実行に関する何らかの合意ができていることが認定されており、相手方が具体的に決定していない段階で「決定」を認めた事例は、少なくとも課徴金事例集において決定時期が詳しく紹介されている中には存在しない。これは、先に紹介した株式の発行の事例において、引受先が具体的に決定していない段階でも「決定」が認定されているものがあるのと異なる点である。

　また、相手方との交渉のどの段階で「決定」と認められたかについて、上記で紹介した三つの事例は、H29-13③が相手方との間での「共同研究開発契約を締結すること、すなわち、業務上の提携を実施することを承認した」時をもって認定しているのに対し、H30-12③は提携先との間で、具体的な取り組みについて協議を行った上、協議事項の検討を進めていくこと及び秘密保持契約を締結することを合意したことをもって、R3-4②は社長が、業務上の提携の実現に向けた準備や交渉を進める方針を決め、取締役に対し、準備作業を行うように指示し、同日以降、実務作業が進められたことから、それぞれ決定時期と認定している。

　業務上の提携、その他組織再編等に関する他の課徴金事例も含めると、最終的な合意の時点を決定時期としているものは少なく、両当事会社の社長同士による方針の了承（R4-5④における株式移転）、相手方との間で業務提携について実務的な協議を進めていくことの合意（H30-8）、社長及び相手方の役員との面談における合併の提案とそれに対して賛同を得たこと（R3-2）といった、より事前の段階で「決定」と認定している。

　以上からすると、課徴金事例においては、業務上の提携等の決定時期については、その相手方が特定されていること、相手方との間でその実施に向けられた何らかの合意があることが重要視されているが、相手方との最終的な合意に至っていることは必要とされず、相手方との間で、案件の交渉を前に進めていくことについての基本的な意向を確認している段階や、当該提携等に関する具体的な交渉の開始をもって、「決定」と認められる傾向がある。

3 まとめ

業務上の提携以外の組織再編等に関する重要事実については、2に記載のとおり、その相手方が特定されており、相手方との間で案件の交渉を前に進めていくことについての基本的な意向を確認している段階や、当該提携等に関する具体的な交渉の開始の時点で、「決定」と認められる傾向がある。

その一方で、業務上の提携については、今後の実務としては、M社の業務上の提携に関する課徴金納付命令取消訴訟において示された判断枠組み、すなわち、「業務上の提携」に向けて調査、準備、交渉等の諸活動を当該会社の業務として行う旨の決定がされることが必要であり、その決定の内容は、一般投資家の投資判断に影響を及ぼすべきものであるという観点から、ある程度具体的な内容を有するものである必要がある。そして、軽微基準が設けられていることから、その具体的な内容の解釈に当たっては、当該「業務上の提携」が当該会社の売上高に与え得る影響についての見込みの具体性の程度等が考慮されると考えられる。

30 公開買付け等における決定時期に関する判断要素

> 公開買付け等事実に係る刑事裁判例及び課徴金事例は相当数存在し、課徴金事例においては決定時期についての判断内容についても明らかにされている。一方、現在のところ、課徴金事例集に記載された公開買付け等の中止に関連する事実に係る課徴金事例は存在しない。
>
> 公開買付け等事実における決定時期は、買付者において具体的な相手方の株券等の買付けを行うことに関しての準備ないし決定を行ったことが重大な判断要素となっている。また、公開買付者がSPCの場合には、SPCの親会社ないし実質支配を行っている者による決定をもって、決定時期として認定される。

1　公開買付けの場合の特徴

　公開買付けは、資本業務提携の一環ないし完全子会社化等の一手法としての株式取得手法であることから、基本的には組織再編、業務上の提携等について述べたことと同様のことが当てはまる。

　ただし、公開買付けの実施に関する事実は、買付け対象となる株券等の取得を行うことが公開買付け等事実となることから、決定事実が生じた時点で、対象となる会社が決まっていることになる。また、実務上は対象会社や既存の株主との事前協議を経た上で公開買付けを実施することが圧倒的に多いものの、法令上は買付者（ないし実質的な買付者）のみの意思決定により公開買付けを開始することができる。したがって、課徴金事例において、対象会社との交渉の開始や何らかの合意があったかは特に問題とせずに、買付者側において買付けの準備を進めることをもって「決定」とされている。

　また、買収目的会社であるSPCを用いて公開買付けを行うことが多いことから、公開買付者の親会社ないし実質支配する者の決定をもって、決定事実としている事例も存在する（詳細は「23　公開買付けにおける、公開買付者・SPCと公開買付者等の『業務執行を決定する機関』」を参照）。

2　提携に伴う公開買付け

【H29-4】

> 　X社においては、平成26年12月に開催された同社の取締役会において、A社株式に対する公開買付けを前提に、人材やノウハウ等を提供する業務支援をする方針を決め、当該方針をA社の代表取締役に伝えていたところ、平成27年3月18日以降、X社が、社員甲を介して本件公開買付け等の実施に向けた作業を進めていたことから、X社は遅くとも平成27年3月18日までに、本件公開買付けを行うことについての決定をしたものと認定した。

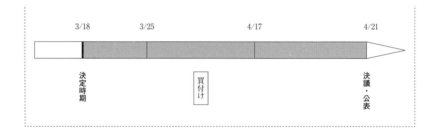

　H29-4は、課徴金事例集において公開買付けとして紹介されるとともに、概要図においてX社とA社において資本業務提携を行うことが記載されている。当該事案では、平成26年12月に開催されたX社の取締役会において、A社株式に対する公開買付けを前提に、人材やノウハウ等を提供する業務支援をする方針を決めてその旨をA社の代表取締役に伝えていたことに言及しつつ、その後に平成27年3月18日以降に本件公開買付け等の実施に向けた作業を進めていたことを踏まえ、「遅くとも」平成27年3月18日までに「決定」があったと認めている。当該事案では、課徴金納付命令の対象者による買付けが同月25日以降であったことから、遅くとも同月18日との認定を行ったように見受けられる(なお、同事例に係るX社のプレス・リリースによれば、A社の主要株主の数社からA社との資本提携について提案を受けたこと契機に、平成26年12月にA社の株式の買付けを含むX社とA社の協業の可能性についての検討を開始し、平成27年2月上旬にA社及びその主要株主との協議を具体的に開始し、同年2月下旬に人的支援を中心とした資本業務提携の内容についてA社に提案をしたとのことである。)。

　H29-4は、対象会社に対する公開買付けの実施に係る準備に先立ち、買付者と対象会社との間で資本業務提携についての協議が開始されていた事案ではあるが、そういった事実よりも、買付者側において買付けの準備を進めることをもって公開買付け等開始に関する事実の「決定」とされている。

3　親会社による完全子会社化

【H27-13・H28-9】

　X社では、会社経営等に係る重要事項の決定を行う場合、同社の代表取締役等で構成される会議体において検討・協議がなされていたことから、平成25年9月11日に当該会議体において、公開買付けの実施に向けた作業の開始が確認されたことにより、本件公開買付けの実施に関する事実の決定がなされたものと認定した。

【H29-6】

　X社では、企業買収等の会社経営に関する重要事項について、代表取締役社長がその実施に向けた具体的な準備作業を行う旨の意思決定を行っており、同社長が、平成27年7月13日に本件公開買付けの実施に向けた準備を行うことを決めていることから、平成27年7月13日に本件公開買付けを行うことについての決定をしたものと認定した。

　上記の各事例は、対象会社の親会社が、対象会社を完全子会社化する目的で行った公開買付けの事例であるが、まず、H27-13・H28-9では、対象会社との合意や交渉の開始といった事実の有無を検討することなく、親会社である買付者側で公開買付けの実施に向けた作業の実施を決定したとの

事実から、「決定」に至ったと認定している。また、H29-6では、本件公開買付けの実施に向けた準備を行うことを決めた時点までには「決定」があったとされ、対象会社との合意や交渉の前に「決定」を認めている[40]。

4　MBO

MBOには、会社の経営陣自身が借入れ等で買収資金を調達し自ら買収を行う場合や、ファンド等の第三者が経営陣とともに対象会社を買収して対象会社の経営に関与する場合がある。課徴金事例集にも、これらの両方の課徴金事例が存在する。

【H22-19】

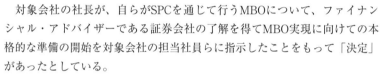

対象会社の社長が、自らがSPCを通じて行うMBOについて、ファイナンシャル・アドバイザーである証券会社の了解を得てMBO実現に向けての本格的な準備の開始を対象会社の担当社員らに指示したことをもって「決定」があったとしている。

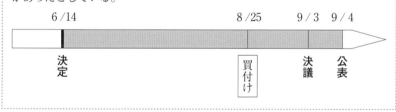

H22-19は、経営陣が実質的な買付者となる形で行われたMBOの事例であり、当該事例では「ファイナンシャル・アドバイザーである証券会社の了解」を得たことが要素の一つとして記載されているが、当該事例に関するプレス・リリース等によれば、買付者となった対象会社の経営陣が設立した会社に対し、この証券会社の関連会社が、公開買付けの成立直後に種

40　その他、課徴金事例集においては業務提携先による公開買付けと紹介されているものの、実際には対象者の株式の50％を所有して連結子会社としている買付者による公開買付けに関連する事例として、H21-17がある。

類株式の発行を受けることにより出資しており、これによれば、ファイナンシャル・アドバイザーの了解という記載がなされているものの、実際には、資金供与者の了解という趣旨を含んでいる可能性がある。

【H21-33】

A社設立準備中の者（ファンドCの代表者）が、B社役員XとファンドCとの間で、MBOの実施、公開買付け応募契約の締結等を内容とする基本合意書を交換することにより、A社を設立してA社によるB社のMBOを実施することを決定した。

一方、H21-33は、ファンドが実質的な買付者となる形で行われたMBOの事例である。このようなMBOの場合には、公開買付けの実施に先立ち、ファンドと対象会社の経営陣との間で、MBOの実施に関する協議・交渉が行われ、その結果何らかの合意が形成されてから公開買付けが開始されることが一般的であるが、当該事例においても、ファンドと対象会社の経営陣との間で基本合意書が締結されたことを捉えて、「決定」があったとしている。

31
法的倒産手続開始の申立てにおける決定時期

> 法的倒産手続の開始の申立てに関する事例は多くはないが、業務執行決定機関による決定を直接認定しているものがほとんどである。一方、弁護士への申立資料の提供という外形的な事実から「決定」を認定している事例もある。

　法的倒産手続開始の申立てに係るインサイダー取引規制違反の刑事裁判例として、イセキ開発工機事件（東京地判平成17年10月19日判例体系28135419）がある。同事件では、決定時期は争点となっていないものの、代表取締役社長、代表取締役副社長及び常務取締役の3名で構成する役員ミーティングが、民事再生手続開始の申立てに向けた本格的準備作業を始めることを決定した時点が決定時期と認定されている。

　法的倒産手続の開始の申立ての課徴金事例は多くはなく、また「決定」についての判断の詳細がわかるものも少ないが、H23-10のように当該上場会社の取締役等の協議により民事再生法に基づく再生手続開始の申立てを行う方針の決定をした場合だけではなく、H22-8のように、意思決定それ自体ではなく、申立代理人弁護士に対して法的倒産手続の開始の申立てに向けた資料の提供を行っているという外部的な事実から、遅くともその時点までには「決定」があったものと認定している例もある。これは、申立代理人弁護士への申立資料の提供を行うまでの段階に至っていれば、通常は少なくとも法的倒産手続の開始の申立てを行うことについての内部的な決定は経ているといえるとの理解を前提にしていると思われる。また、R1-13では、業務執行決定機関として認定された社長の指示を受け、同社の役員が、同社の再建計画策定のために設置された外部委員会の委員に対し、同社の民事再生手続に関する電子メールを送信していたことから、遅くとも同日までに、再生手続開始の申立てを行うことについての決定が

なされたものと認定している。これも、H22-8の例と同様に、外部委員会の委員に対して民事再生手続に関するメールを送信しているまでの段階に至っていれば、一般的に、少なくとも法的倒産手続の開始の申立てを行うことについての決定は経ているといえるとの理解を前提にしていると思われる。

R2-14においては、同じく実質的な決定機関とされる会社社長が、更生手続開始の申立ての準備を行う旨を決め、取締役らに対し、同申立ての準備等を指示したことから、同日に本件事実である更生手続開始の申立てを行うことについての決定をしたものと認定した。

なお、この事例については令和元年度（判）第37号金融商品取引法違反審判事件[41]として金融庁において審判が行われたものであるところ、決定要旨においては、まず、課徴金事例集と同様に実質的な業務執行を決定する機関は同社の社長であると認定されている。その上で、当該社長が「更生手続開始の申立てに向けた準備を進める」旨の発言を行った後に、短期間のうちに具体的な準備が進んでいったことや、弁護士が6月7日に更生手続開始の申立てをすることを視野に入れた検討をしていたことから、遅くとも5月21日までに、同社社長が更生手続開始の申立ての実現を意図していたことや、会社の当時の財務状況も併せ考慮すれば、会社が更生手続開始の申立てに及ぶ可能性も相当程度あったと認定した。そして、これらの事実に照らし、遅くとも、会社社長が上記の発言を行った平成30年5月21日までに、更生手続開始の申立てを行うことについての決定をしたものと判断している。

41　https://www.fsa.go.jp/policy/kachoukin/05/2020/19-1.pdf

32 その他の決定事実に関する決定時期についての事例

> 上記に記載した決定事実以外の決定事実のうち、決定時期についての具体的な認定がある課徴金事例として、子会社の解散や新たな事業の開始に係るものがある。

　決定事実に関するインサイダー取引に係る課徴金事例において、比較的多くの事例が認定されているものは、上記に記載したとおりであるが、それ以外の決定事実のうち、決定時期についての具体的な認定がなされている課徴金事例としては、以下のものがある。

1　解　散

【H21-29】

> 　上場会社であるA社の子会社であるB社の取締役が、B社の解散に係る申請書をA社の役員に対してメール送信した時点で、子会社B社において解散の決定があったとされた。

　H21-29は、子会社の決定事実（金商166条2項5号）に該当するものであるが、子会社の解散について、子会社の解散に係る申請書を親会社に提出したという事実から、当該時点までに「決定」があったと認定している。なお、当該事案は、信託を利用して自社株買いを行った事案であるが、子会社から当該申請書に目を通した役員がかかる信託契約を締結する前に当該書類に目を通していたという事案であり、不注意によりインサイダー取引規制違反をしたものと思われる。なお、本件の後、平成20年の金商法等改正の際に、取引規制府令52条1項5号の2が新設され、子会社の解散についての軽微基準が設けられた。自己株式との関係については、「107　1　自

己株取得とインサイダー取引規制」を参照されたい。

　なお、子会社の解散に関する課徴金事例としては、他にH25-12がある。この事例では、親会社の会長と解散に係る子会社の社長において「決定」がなされたと認定している。また、子会社ではなく上場会社等自身の解散に関する刑事裁判例として、トーア・スチール事件（東京高判平成11年10月29日告発事件の概要一覧表21・22号事件）がある。

2　新規事業の開始
【H24-3】

> 　上場会社であるＡ社が新たな事業としてLED照明の製造及び販売を開始することについて決定した旨の重要事実について、Ａ社社長が、LED照明の大口発注先とLED照明に係る売買基本契約を締結した時点をもって、遅くともこの時点までに決定があったとされた。

　H24-3は、新たな事業の開始（金商法166条2項1号タ、金商法施行令28条9号）に該当するものであるが、新規の製品の製造販売開始を内容とする新規事業の開始について、発注先との間で売買基本契約を締結した時点で決定があったことが認められている。売買基本契約の締結までには、新製品の製造開始の目途が一定程度ついていることが予想されるため、新製品の製造を行うための準備を具体的に開始することの決定は、実際にはこれよりも相当前に行われていると考えられる。一つの可能性としては、売買基本契約が締結された時点で、新製品の製造に係る取引規模等が確定し、新製品の製造が軽微基準に該当しないことが確定したということも考えられるが、「遅くともこの時までに」決定されたと認められるとされていることから、実際には、発注先との契約締結に至る前であっても重要事実が生じていると解される可能性は十分にある。

3　新製品の企業化

【H26-11】

> 新製品の企業化に関する重要事実について、A社社長及び取締役が、同社が新たに決済装置を販売することについて決定した時点をもって、当該重要事実の決定があったとされた。

H26-11は、課徴金制度開始以来初となる新製品の企業化（法166条2項1号ヨ）を重要事実とする課徴金事例であるところ、この事案では、業務執行決定機関であると認定されたA社の社長及び取締役において、新たに決済装置を販売することについて決定した時点で、重要事実があったと認定されている。

なお、「新製品」とは上場会社等が新たに市場に投入する商品をいい、「企業化」とは、いわゆるコマーシャルベースに乗せることであり、新製品については、その製造・販売を行うことを含むと解されていることから[42]、H26-11では「販売」することについて決定したことをもって新製品の企業化についての決定があったと判断されたと考えられる。

4　株式分割

【H21-7】

> 上場会社であるA社が株式分割を行うことについて決定した旨の重要事実について、A社社長が証券会社に対し株式分割を行う意思を表示した時点をもって、この時点までに決定があったとされた。

H21-7は、株式分割の実施（法166条2項1号ヘ）に該当するものであるが、証券会社に対して社長が実施の意思を表示した時点で決定があったこ

42　横畠66頁。

とが認められている。これについても、株式分割を行うことを外部に表示した時点を捉えて、その時点までに決定があったと認定しており、実際には、この時点よりも前に「決定」が行われていることが示唆されている。

【R3-1】

> 実質的な業務執行決定機関であるA社の役員甲が、株式の分割を行うための準備作業を開始するよう指示し、同日以降、その実施に向けた実務作業が行われたことをもって、同日に株式の分割を行うことについての決定があったとされた。

R3-1も、株式分割の実施（法166条2項1号ヘ）に該当するものであるが、実質的な業務執行決定機関である役員によって株式の分割を行うための準備作業を開始する旨の指示があったこと及びその指示以降その実施に向けた実務作業が行われたことを捉えて、同日に重要事実があったと認定されている。

その他、株式分割の実施に関するインサイダー取引に係る課徴金事例として、H26-9、H27-1、H30-11及びR1-1が存在する。H26-9は会社の社長及び取締役による株式分割の決定をもって、H27-1は会社の役員の協議による株式分割を行うことの決定をもって、及びH30-11は会社の社長及び担当役員による株式分割を実施する方針の決定をもって、株式分割を行うことについての決定あったと認定している。一方で、R1-1は、役員が取締役会後の懇談の場において、株式分割を行う方向で検討し、次回取締役会に諮る旨を発言していることから、株式の分割を行うことについての決定をしたと認定している。

株式分割に関するインサイダー取引規制違反の刑事裁判例としては、①日本経済新聞社社員インサイダー事件（東京地判平成18年12月25日判例体系28135098。会社が日刊新聞によってする株式分割の法定公告の掲載申込内容を閲覧することにより重要事実を知った事例）のほか、②キヤノンソフトウェア

事件（東京地判平成18年7月7日告発事件の概要一覧表73号事件）、③アライドテレシス事件（さいたま地判平成19年3月20日告発事件の概要一覧表84号事件等）、④ピーシーデポコーポレーション事件（横浜地判平成19年12月18日告発事件の概要一覧表87号事件）がある。

5　自己の株式の取得

【H29-18】

> 上場会社であるA社が自己の株式の取得を行うことについて決定した旨の重要事実について、A社会長及び社長が自己株式の取得を行うことについての具体的な方針を定め、以後、A社において自己株式の取得に向けた具体的な実務作業を行っていることから、重要事実の決定があったとされた。

　市場において自己株式を取得する場合、会社法上、定款に定めがあり、かつ一定の要件を満たせば取締役会の決議により行うことができるが（会社法165条3項・459条1項1号・2号）、業務執行決定機関に関する一般的な議論（「21　『業務執行を決定する機関』の解釈」を参照）と同様に、取締役会が決定した時点で重要事実となることはもちろん、実質的に会社の意思決定と同視されるような意思決定を行うことのできる機関（会社社長等）の決定により、重要事実となる旨を認定している事例が多い（具体的な事例としては、H23-4、H26-8、H29-13、H30-12、R1-4、R2-12及びR4-5がある。）。
　一方で、上記のH29-18は、A社会長及び社長が自己株式の取得を行うことについての具体的な方針を定め、以後、A社において自己の株式の取得に向けた具体的な実務作業を行っていることをもって、自己の株式の取得を行うことについての決定があったと認定している。H30-12についても、同様に、自己株式の取得に向けた準備作業の指示を行っていることから、遅くともその時点までに、自己の株式の取得を行うことについての決定があったと認定している。
　なお、自己株式の取得に係る株主総会決議や取締役会決議が公表されて

いる場合における個別の具体的な自己株式の取得に関する決定については、個別の自己株式の取得に係る公表を行わずに自己株式の買付けを行ったとしてもインサイダー取引規制は適用されない（法166条6項4号の2、「78　自己株式の取得と適用除外」を参照）。

自己株式の取得に関する刑事裁判例として、ソーテック事件（横浜地判平成16年1月30日告発事件の概要一覧表54号事件）がある。

6　固定資産の譲渡

【H30-14】

> A社の実質的な業務執行決定機関はA社の社長及び会長であるところ、A社の社長が同社の会長から不動産の売却の了承を得た後、不動産アドバイザリー契約を締結していたB社に対して、その実施に向けた具体的な準備作業に着手することを依頼していることを理由に、遅くともその日までに、決定があったとされた。

H30-14は、課徴金制度開始以来初となる固定資産の譲渡（法166条2項1号タ、施行令28条3号）に該当する課徴金事例である。実質的な業務執行決定機関の一人であるA社の社長が、同様にA社の実質的な業務執行決定機関の一人であるA社会長による了承を得た後、不動産アドバイザリー契約を締結していたB社に対して、その実施に向けた具体的な準備作業に着手することを依頼したことを理由に、「遅くとも」その日までに重要事実の決定があったと認定している。具体的な事実関係は明らかではないが、「遅くとも」この日までにとされていることから、それよりも前の段階、例えば、A社とB社の不動産アドバイザリー契約の締結の時点等で固定資産の譲渡を行うことについての決定があったと判断される可能性は否定できない。

第4節

発生事実

33

発生事実の類型と軽微基準

> インサイダー取引規制上の「発生事実」とは、上場会社等において金商法166条2項2号に記載の事実（発生事実）が発生したことをいう。ただし、多くの発生事実には軽微基準が設けられている。

1　概　要

上場会社等において、金商法166条2項2号に記載する事実が発生した場合、当該事実が発生したことがインサイダー取引規制における重要事実となる。

2　軽微基準

金商法166条2項2号に記載する事実のうち、多くの事実については軽微基準が設けられており、軽微基準に該当する場合には「重要事実」とはならない。ただし、ある事実が軽微基準に該当するか不明である場合には、軽微基準に該当せず、重要事実となる[43]。同号に記載する事実のうち重要事実に該当するものを「発生事実」という。

43　横畠91頁。

なお、発生事実に関する軽微基準のうち、最近事業年度が1年未満である場合や最近事業年度が存在しない場合の軽微基準に関する論点については、上記「17 軽微基準に関する論点」を参照されたい。

3　発生事実と軽微基準

金商法及び金商法施行令で定められている発生事実及びその軽微基準は以下の表のとおりである。

なお、軽微基準の中には「見込まれること」が要件となっているものがあるが、かかる「見込まれる」とは、客観的、合理的に予測されることをいい、通常は、上場会社等により合理的に予想されたことをいうと解され[44]、当該上場会社等の業務執行を決定する機関において報告・了承された数値があればこれによることとなる。上場会社等により予想された数値がいわゆる目標値であったとしても、特にそれが不合理なものでなければそれにより軽微基準への該当性が判断されることになる[45]。

【図表33－1　発生事実と軽微基準】

	事　　　　項	軽　微　基　準
1.	災害に起因する損害又は業務遂行の過程で生じた損害（金商法166条2項2号イ）	損害の額が会社（特定上場会社等の場合は、会社の属する企業集団）の最近事業年度末日における**純資産額の3％**未満であると見込まれること（取引規制府令50条1号）
2.	主要株主の異動（金商法166条2項2号ロ）	なし

44　横畠91頁。
45　横畠55-56頁。

	事　　項	軽　微　基　準
3.	特定有価証券又は特定有価証券に係るオプションの上場廃止又は登録取消しの原因となる事実（金商法166条2項2号ハ）	**社債券**又は**優先株**に係る上場の廃止又は登録の取消しの原因となる事実（優先株以外の株券又は優先出資法に規定する優先出資証券の上場廃止の原因となる事実を除く。）が生じたこと（取引規制府令50条2号）
4.	財産権上の請求に係る訴えの提起又は当該訴えの判決若しくは当該訴えに係る訴訟の全部若しくは一部の裁判によらない完結（「判決等」）（金商法施行令28条の2第1号）	
	a.　財産権上の請求に係る訴えの提起がされた場合	訴訟の目的の価額が会社（特定上場会社等の場合は、会社の属する企業集団。以下本4.において同じ。）の最近事業年度末日における**純資産額の15%未満**であり、かつ、当該請求が訴えの提起後直ちに訴えのとおり認められて敗訴したとした場合、当該訴えの提起日の属する事業年度開始日から**3年以内**に開始する**各事業年度**においていずれも当該敗訴による当該会社の売上高の減少額が当該会社の最近事業年度の**売上高の10%未満**であると見込まれること（取引規制府令50条3号イ）
	b.　財産権上の請求に係る訴えの判決等があった場合	上記a.に掲げる軽微基準に該当する訴えの提起に係る判決又は裁

事　項			軽　微　基　準
			判によらない完結の場合又は上記a.に掲げる軽微基準に該当しない訴えの提起に係る訴訟の一部が裁判によらずに完結した場合で、当該判決等により会社の給付する財産の額が当該会社の最近事業年度末日における**純資産額の３％未満**であると見込まれ、かつ、判決等の日の属する事業年度開始日から**３年以内**に開始する**各事業年度**においていずれも判決等による当該会社の売上高の減少額が当該会社の最近事業年度の**売上高の10％未満**であると見込まれること（取引規制府令50条３号ロ）
5.	事業の差止めその他これに準ずる処分を求める仮処分命令の申立て又は当該申立ての裁判若しくは裁判によらない完結（「裁判等」）（金商法施行令28条の２第２号）		
	a.	事業の差止めその他これに準ずる処分を求める仮処分命令の申立てがされた場合	当該仮処分命令が当該申立て後直ちに申立てのとおり発せられたとした場合、申立ての日の属する事業年度開始日から**３年以内**に開始する**各事業年度**においていずれも仮処分命令による会社（特定上場会社等の場合は、会社の属する企業集団。以下本５．において同じ。）の売上高の減少額が当該会社の最近事業年度の**売上高の10％未満**で

		事　　項	軽　微　基　準
			あると見込まれること（取引規制府令50条4号イ）
	b.	事業の差止めその他これに準ずる処分を求める仮処分命令申立ての裁判等があった場合	裁判等の日の属する事業年度開始日から**3年以内**に開始する**各事業年度**においていずれも裁判等による会社の売上高の減少額が当該会社の最近事業年度の**売上高の10%未満**であると見込まれること（取引規制府令50条4号ロ）
6.		免許の取消し、事業の停止その他これらに準ずる行政庁による法令に基づく処分（金商法施行令28条の2第3号）	処分を受けた日の属する事業年度開始日から**3年以内**に開始する**各事業年度**においていずれも当該処分による会社（特定上場会社等の場合は、会社の属する企業集団。以下本号において同じ。）の売上高の減少額が当該会社の最近事業年度の**売上高の10%未満**であると見込まれること（取引規制府令50条5号）
7.		親会社の異動（金商法施行令28条の2第4号）	なし
8.		当該上場会社等以外の者による破産手続開始、再生手続開始、更生手続開始又は企業担保権の実行の申立て又は通告（「破産手続開始の申立て等」）（金商法施行令28条の2第5号）	なし
9.		手形若しくは小切手の不渡り（支払資金の不足を事由とするものに	なし

第4節　発生事実

	事　項	軽　微　基　準
	限る。）又は手形交換所による取引停止処分（「不渡り等」）（金商法施行令28条の2第6号）	
10.	親会社に係る破産手続開始の申立て等（金商法施行令28条の2第7号）	なし
11.	債務者又は保証債務に係る主たる債務者について不渡り等が生じたことにより、当該債務者に対する債権又は当該主たる債務者に対する求償権について債務不履行のおそれが生じたこと（金商法施行令28条の2第8号）	債務不履行のおそれのある額が会社（特定上場会社等の場合は、会社の属する企業集団。）の最近事業年度末日における**純資産額の3％未満**であると見込まれること（取引規制府令50条6号）
12.	主要取引先（前事業年度における売上高又は仕入高が売上高の総額又は仕入高の総額の10％以上の取引先）との取引停止（金商法施行令28条の2第9号）	主要取引先との取引の停止の日の属する事業年度開始日から**3年以内**に開始する**各事業年度において**いずれも当該取引の停止による会社（特定上場会社等の場合は、会社の属する企業集団。以下本12.において同じ。）の売上高の減少額が当該会社の最近事業年度の**売上高の10％未満**であると見込まれること（取引規制府令50条7号）
13.	債権者による債務の免除又は第三者による債務の引受け若しくは弁済（金商法施行令28条の2第10号）	債務の免除の額又は債務の引受け若しくは弁済の額が会社（特定上場会社等の場合は、会社の属する企業集団。）の最近事業年度末日における**債務総額の10％未満**であること（取引規制府令50条8号）

	事　　項	軽微基準
14.	資源の発見（金商法施行令28条の2第11号）	発見された資源の採掘又は採取を開始する事業年度開始日から**3年以内**に開始する**各事業年度**においていずれも当該資源を利用する事業による会社（特定上場会社等の場合は、会社の属する企業集団。以下本14.において同じ。）の売上高の増加額が当該会社の最近事業年度の**売上高の10%未満**であると見込まれること（取引規制府令50条9号）
15.	特定有価証券又は特定有価証券に係るオプションの取扱有価証券としての指定の取消しの原因となる事実（金商法施行令28条の2第12号）	**優先株**に係る取扱有価証券としての指定の取消しの原因となる事実（優先株以外の株券の取扱有価証券としての指定の取消しの原因となる事実を除く。）が生じたこと（取引規制府令50条10号）

34 子会社の発生事実

> 上場会社等自身の発生事実だけでなく、上場会社等の子会社において金商法166条2項6号に規定する事実が発生したことも、インサイダー取引規制における重要事実となる。対象となる「子会社」の範囲は直近の有価証券報告書等に記載された子会社に限られ、軽微基準は連結ベースである。

　上場会社等の子会社のうち有価証券報告書等に記載された子会社において、金商法166条2項6号に記載する事実が発生した場合、当該事実が発

生したことがインサイダー取引規制における重要事実となる（有価証券報告書等に記載された子会社の範囲については、「18 2　子会社とは」を参照）。

　子会社の発生事実にも、一部の事実には軽微基準が設けられており、軽微基準に該当する場合には「重要事実」とはならない。子会社の発生事実に係る軽微基準は連結ベースの数値基準が用いられている。ただし、子会社連動株式（いわゆるトラッキング・ストック）に係る売買等をする場合の軽微基準は、子会社連動株式の対象である連動子会社単体が重要であるため、当該連動子会社の数値基準が用いられる（取引規制府令53条 2 項）。軽微基準のうち、「見込まれること」が要件となっているものについては、上記「33 3　発生事実と軽微基準」を参照されたい。

　子会社の発生事実と上場会社等の発生事実とは重複する項目が多いが、子会社の発生事実においては、①主要株主の異動、②特定有価証券又は特定有価証券に係るオプションの上場廃止又は登録取消しの原因となる事実、③親会社の異動、④特定有価証券又は特定有価証券に係るオプションの取扱有価証券としての指定の取消しの原因となる事実、及び、⑤親会社に係る破産手続開始の申立て等が重要事実となっておらず、他方、⑥孫会社に係る破産手続開始の申立て等が重要事実となっているという差異がある。

　金商法及び金商法施行令で定められている子会社の発生事実及びその軽微基準は以下の表のとおりである。

【図表34－ 1 　子会社の発生事実と軽微基準】

	事　　　項	軽　微　基　準
1.	災害に起因する損害又は業務遂行の過程で生じた損害（金商法166条 2 項 6 号イ）	損害の額が当該上場会社等の属する企業集団の最近事業年度末日における**純資産額の 3 ％未満**であると見込まれること（取引規制府令53条 1 項 1 号）

		事　項	軽　微　基　準
2.		財産権上の請求に係る訴えの提起又は当該訴えの判決若しくは当該訴えに係る訴訟の全部若しくは一部の裁判によらない完結（「判決等」）（金商法施行令29条の2第1号）	
	a.	財産権上の請求に係る訴えの提起がされた場合	訴訟の目的の価額が当該上場会社等の属する企業集団の最近事業年度末日における**純資産額の15%未満**であり、かつ、当該請求が訴えの提起後直ちに訴えのとおり認められて敗訴したとした場合、当該訴えの提起日の属する事業年度開始日から**3年以内**に開始する**各事業年度**においていずれも当該敗訴による当該企業集団の売上高の減少額が当該企業集団の最近事業年度の**売上高の10%未満**であると見込まれること（取引規制府令53条1項2号イ）
	b.	財産権上の請求に係る訴えの判決等があった場合	上記a．に掲げる軽微基準に該当する訴えの提起に係る判決又は裁判によらない完結の場合又は上記a．に掲げる軽微基準に該当しない訴えの提起に係る訴訟の一部が裁判によらずに完結した場合で、当該判決等により当該子会社の給付する財産の額が当該上場会社等の属する企業集団の最近事業年度末日における**純資産額の3%未満**

事　項			軽　微　基　準
			であると見込まれ、**かつ**、判決等の日の属する事業年度開始日から**3年以内**に開始する**各事業年度**においていずれも判決等による当該企業集団の売上高の減少額が当該企業集団の最近事業年度の**売上高の10%未満**であると見込まれること（取引規制府令53条1項2号ロ）
3.	事業の差止めその他これに準ずる処分を求める仮処分命令の申立て又は当該申立ての裁判又は裁判によらない完結（「裁判等」）（金商法施行令29条の2第2号）		
	a.	事業の差止めその他これに準ずる処分を求める仮処分命令の申立てがされた場合	当該仮処分命令が当該申立て後直ちに申立てのとおり発せられたとした場合、申立ての日の属する事業年度開始日から**3年以内**に開始する**各事業年度**においていずれも仮処分命令による当該上場会社等の属する企業集団の売上高の減少額が当該企業集団の最近事業年度の**売上高の10%未満**であると見込まれること（取引規制府令53条1項3号イ）
	b.	事業の差止めその他これに準ずる処分を求める仮処分命令申立ての裁判等があった場合	裁判等の日の属する事業年度開始日から**3年以内**に開始する**各事業年度**においていずれも裁判等による当該上場会社等の属する企業集団の売上高の減少額が当該企業集

	事　　項	軽　微　基　準
		団の最近事業年度の**売上高の10%未満**であると見込まれること（取引規制府令53条1項3号ロ）
4．	免許の取消し、事業の停止その他これらに準ずる行政庁による法令に基づく処分（金商法施行令29条の2第3号）	処分を受けた日の属する事業年度開始日から**3年以内**に開始する**各事業年度**においていずれも当該処分による当該上場会社等の属する企業集団の売上高の減少額が当該企業集団の最近事業年度の**売上高の10%未満**であると見込まれること（取引規制府令53条1項4号）
5．	債権者その他の当該子会社以外の者による破産手続開始、再生手続開始、更生手続開始又は企業担保権の実行の申立て又は通告（「破産手続開始の申立て等」）（金商法施行令29条の2第4号）	なし
6．	手形若しくは小切手の不渡り（支払資金の不足を事由とするものに限る）又は手形交換所による取引停止処分（「不渡り等」）（金商法施行令29条の2第5号）	なし
7．	孫会社に係る破産手続開始の申立て等（金商法施行令29条の2第6号）	なし
8．	債務者又は保証債務に係る主たる債務者について不渡り等が生じたことにより、当該債務者に対する債権又は当該主たる債務者に対す	債務不履行のおそれのある額が当該上場会社等の属する企業集団の最近事業年度末日における**純資産額の3％未満**であると見込まれる

事　　項	軽　微　基　準
る求償権について債務不履行のおそれが生じたこと（金商法施行令29条の2第7号）	こと（取引規制府令53条1項5号）
9. 主要取引先（前事業年度における売上高又は仕入高が売上高の総額又は仕入高の総額の10％以上の取引先）との取引停止（金商法施行令29条の2第8号）	主要取引先との取引の停止の日の属する事業年度開始日から**3年以内**に開始する**各事業年度**においていずれも当該取引の停止による当該上場会社等の属する企業集団の売上高の減少額が当該企業集団の最近事業年度の**売上高の10％未満**であると見込まれること（取引規制府令53条1項6号）
10. 債権者による債務の免除又は第三者による債務の引受け若しくは弁済（金商法施行令29条の2第9号）	債務の免除の額又は債務の引受け若しくは弁済の額が当該上場会社等の属する企業集団の最近事業年度末日における**債務総額の10％未満**であること（取引規制府令53条1項7号）
11. 資源の発見（金商法施行令29条の2第10号）	発見された資源の採掘又は採取を開始する事業年度開始日から**3年以内**に開始する**各事業年度**においていずれも当該資源を利用する事業による当該上場会社等の属する企業集団の売上高の増加額が当該企業集団の最近事業年度の**売上高の10％未満**であると見込まれること（取引規制府令53条1項8号）

35

発生事実の発生時期

①災害に起因する損害又は業務遂行の過程で生じた損害では、減損処理が必要となるだけの多額の含み損が生じた時点を、②免許の取消し等の行政庁による処分では、行政庁が処分することが確定した時点を、それぞれ発生事実の発生時期としている。

　発生事実は、上場会社等の意思によらずに生じる事実であるが、発生事実の中には天変地異のように上場会社にとって全く予期することができない事実もある一方、主要株主の異動等の場合には当該異動が生じるよりも前に上場会社等に事前に連絡・協議等が事実上なされることもある。そのため、どの時点で「発生事実」が発生したかは個別具体的に検討する必要がある。しかしながら、発生事実の発生を重要事実とするインサイダー取引規制違反の事例は少なく、告発事件の概要一覧表掲載の刑事裁判例は4件（告発事件の概要一覧表4号事件、9号事件、142号事件、192号事件）[46]、課徴金事例集掲載の事例は7件（H22-9、H24-2、H24-6、H28-14、H28-15、H30-13、R4-6）である。

1　災害に起因する損害又は業務遂行の過程で生じた損害

　損害の発生の時点は、個々の災害又は業務活動によって損害が発生したときであり、決算において損害額が確定することまでは不要と解されている[47]が、資産に含み損が生じた場合における損害の発生時期については解釈が分かれている。この点に関して、以下の裁判例及び課徴金事例がある。

---

[46]　なお、これら以外の裁判例は、手形若しくは小切手の不渡り等（金商法施行令28条の2第6号）が問題となった新日本国土工業事件（東京簡判平成7年3月24日告発事件の概要一覧表4号事件）である。

[47]　横畠92頁、三國谷80頁。

(1) 裁判例

【鈴丹事件（名古屋地判平成9年9月30日判タ972号283頁）】

> 鈴丹は子会社であるＢ社に債務保証、貸付及び出資により合計約80億円の資金を投入したが、Ｂ社において利益を上げる見込みが立たず、Ｂ社は平成5年12月末頃には経営破綻状態となっていた。
>
> これにより、鈴丹には、①鈴丹が取得していたＢ社株式についての株式評価損が生じたという「業務に起因する損害」の発生[48]、及び、②鈴丹がＢ社の銀行借入れに係る保証債務を履行した場合、Ｂ社に対する求償を断念して債務免除を決定することになる等、保証債務を履行した場合のＢ社に対する求償権について債務不履行のおそれが生じているという「保証債務を履行した場合における当該主たる債務者に対する求償権について債務の不履行のおそれ」[49]の各重要事実が発生していたが、鈴丹が実際にかかる損害を開示し、かつ特別損失の計上を行ったのは平成6年10月であった。

　上記事例で、裁判所は、平成5年12月末には、Ｂ社は経営破綻状態であり重要事実は発生していると認定している。裁判所が、いかなる事実に基づき経営破綻状態にあると認定したかは明示されていないが、同事件の判旨においては、事件の経緯として、①Ｂ社は構造的な赤字体質となっており、鈴丹の支援（鈴丹は合計80億円程度の資金を投入し、また、鈴丹の副社長をＢ社の代表取締役として派遣する等の人的支援を行った。）をもってしても営業収支は黒字とならなかったこと、②鈴丹の代表取締役社長も鈴丹による支援は経営判断の誤りであり、いずれＢ社を倒産させるしか途はないと考えていたこと等が認定されており、これらの事実が考慮されたものと推察される。

---

[48] 平成10年12月1日改正前証券取引法166条2項2号イ。現在の「業務遂行の過程で生じた損害」（金商法166条2項2号イ）に相当。

[49] 同号ニ・平成12年7月1日改正前証券取引法施行令29条8号（現在の金商法施行令28条の2第8号）。

【オックスホールディングス事件(東京地立川支判平成24年3月7日告発事件の概要一覧表142号事件[50])】[51]

> オックスホールディングスの子会社であるオックスキャピタルに合計5億8,000万円の有価証券評価損及び有価証券売却損が発生しており、同社の決算において同額相当の有価証券評価損又は有価証券売却損を計上しなければならないことが確実になったという、子会社の業務遂行の過程で損害が発生した事案である。

　上記事例で、証券取引等監視委員会は、有価証券評価損又は有価証券売却損を計上しなければならないことが確実になったことをもって重要事実の発生と認定している。

【東芝テック事件(東京地判平成30年1月25日告発事件の概要一覧表192号事件[52])】

> 上場会社である東芝テック株式会社が、特別損失を計上することにより業務遂行の過程で生じた損害が発生した事例である。

　上記事例で、いつの時点をもって重要事実の発生と認定しているのか明確ではない。

50　上記事案の概要は、証券取引等監視委員会の平成23年3月22日付告発の「告発の対象となった犯則事実」の記載による。
51　上記裁判例は会社との契約を締結している者が取引を行った事例であるが、この者からの情報受領者も公表前に取引を行っており、課徴金処分を受けている(H24-6)。
52　上記事案の概要は、証券取引等監視委員会の平成30年1月25日付告発の「告発の対象となった犯則事実」の記載による。

(2) 課徴金事例

【H24-2】

> 多額の訴訟損失引当金を計上し、配当を無配とする旨のA社社長の意向を把握していたA社財務担当役員が、監査法人から、訴訟損失引当金繰入額として特別損失に計上しなければ決算を承認しないとの方針決定を聞き、これを了承して、公表文の案文の作成といった具体的な作業を開始した時期を重要事実の発生時期とした[53]。

　A社の平成22年10月26日付プレス・リリース「訴訟損失引当金の計上に関するお知らせ」によれば、上記特別損失引当金の計上は、A社において当該時点以降に予想された調停等の件数の増加を想定して行ったものであり、当該時点においてA社に具体的な損害が発生していたわけではないものと考えられる。特別損失引当金の計上という会計上の損失計上をもって「損害」の発生が認められている。

【H28-14】

> A社では、平成26年8月22日の経営会議において、A社に損害が発生したことを前提に、その原因究明、業績に与える影響、公表の具体的なスケジュール等について検討する特別委員会を設置していることから、同委員会の設置が決まった平成26年8月22日の経営会議の時点で重要事実が発生していたものと認定した。

　上記事例は、開発プロジェクトに起因する損害の発生が重要事実であるところ、A社に損害が発生したことを前提に、その原因究明、業績に与える影響等を検討する特別委員会の設置を決定した経営会議の時点で重要事実が発生していたものと認定している。

---

53 剰余金の配当（決定事実）、業務遂行の過程での損害の発生（発生事実）、配当予想値の下方修正のいずれも重要事実としており、課徴金事例集では、決定事実の「決定時期」しか明記されていないが、かかる時期に発生事実及び配当予想値の下方修正についても発生したと認定していると思われる。

【H28-15】

> 業務遂行の過程で生じた多額の損失により貸倒引当金繰入額が特別損失に計上されることについて、A社の社長以下、幹部社員が共通して認識するところとなった平成27年2月5日までには重要事実が発生したものと認定した。

　上記事例では、業務遂行の過程で生じた多額の損失により貸倒引当金繰入額の特別損失への計上という会計上の損失を、A社の社長以下、幹部社員の共通認識となった時期までには、重要事実が発生していたと示しているが、具体的な発生時期については明確に言及していない。したがって、それよりも前の段階で重要事実が発生していたと判断される可能性は否定できない。

【R4-6】

> A社の子会社であるB社においては、遅くとも令和元年7月11日午後11時頃までに、社内調査により、おおよその損害範囲が判明していたものと認められ、その頃までに重要事実が発生したものと認定した。

　上記事例は、上場会社の子会社であるB社の仮想通貨取引管理システムがハッキングを受けて同社の管理する仮想通貨が不正に流出し損害が発生したことを子会社の業務遂行の過程で生じた損害を重要事実とする課徴金事例であるところ、社内調査により、おおよその損害範囲が判明した時点をもって、その頃までに重要事実が発生したと認定している。同種の事案においては、社内調査又は外部調査等によって、おおよその損害範囲が判明した時点をもって、重要事実が発生していると解される可能性が高いと考えられる。

2　免許の取消し等の行政庁による処分

　免許の取消し等の行政庁による処分を重要事実とした事例としては以下の課徴金事例がある。

【H22-9】

> 　A社が、特定商取引に関する法律に基づく業務停止命令（行政処分）を受ける旨の通知を受け、弁明の機会の付与（行政手続法13条1項2号）がなされていたところ、その期限までに弁明を行わなかったことから、行政処分を受けることが確定し、当該期限の経過をもって重要事実が発生したものとされた。
>
>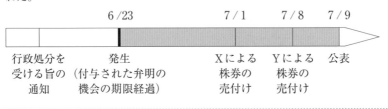

　上記課徴金事例では、免許の取消し等の処分の重要事実の発生時期について、行政庁が処分をすることが確定すればその時点で投資者の投資判断に影響を及ぼすこと等を理由として、行政庁が処分をすることが確定した時点と認定している。

36

損害の額

> 　災害に起因する損害の発生における「損害の額」は、物的損害については、原則として被害を受けた資産の帳簿価額であり、保険金による補てんや逸失利益は考慮されない。

災害に起因する損害又は業務遂行の過程で生じた損害の軽微基準は、当該「損害の額」が、最近事業年度の末日における会社（純粋持株会社の場合は、その属する企業集団）の純資産額の３％に相当する額未満であると見込まれること（取引規制府令50条１号）である。
　かかる「損害の額」は、物的損害については、取引を行う時点において当該取引がインサイダー取引に該当するか否かを明確にするため、被害を受けた物の再取得価額（例えば、工場が滅失した場合における、工場の再建費用）ではなく、帳簿価額を基準に算定する[54]。
　また、損害の発生により、上場会社等に対して保険金が支払われ、損害が補てんされることもあるが、損害の発生時点においては、具体的にどの程度の保険金の支払いがなされるか不明瞭であり、（保険金により事後的な補てんがなされるとしても）大きな損害等が発生した事実自体が重要な情報であること等から、損害の額を算定するに当たり、保険金額は一切考慮されない[55]。
　逸失利益については、逸失利益の算定は必ずしも容易ではなく、逸失利益が損害に含まれるとすると損害の額を確定できず、売買等を不当に制限することとなる可能性があるため、損害の額には含まれない[56]。なお、かかる逸失利益の発生により売上高・利益が減少し業績予想の修正が必要となった場合には、別途業績予想の修正に係る決算情報に該当する場合がある点に留意が必要である。

54　堀本(4)26頁、取引規制実務Q&A76頁。
55　取引規制実務Q&A76頁。
56　堀本(4)26頁、取引規制実務Q&A78頁、木目田187頁。

37

主要株主の異動・親会社の異動

> 主要株主の異動・親会社の異動はいずれも発生事実となる。もっとも、主要株主・親会社の異動の原因となる事実自体が重要事実となることが多く、主要株主の異動・親会社の異動を重要事実とする課徴金事例・裁判例は存在しない。

　主要株主の異動及び親会社の異動はいずれも発生事実となる（金商法166条2項2号ロ・ニ、金商法施行令28条の2第4号）。いずれも軽微基準は設けられていない。

　上場廃止の原因となる事実（金商法166条2項2号ハ）を重要事実とする課徴金事例がH30-13として公表されているが、主要株主・親会社の異動及び財産権上の請求に係る訴えの提起等（同号ニ、金商法施行令28条の2第1号）を重要事実とする課徴金事例・裁判例として公表されているものは現時点では存在しない。

　もっとも、実務上問題となることが多いため、本項、「38　上場廃止の原因となる事実」及び「39　財産権上の請求に係る訴えの提起等」にて概説する。

1　主要株主の異動

　主要株主とは、自己又は他人（仮設人を含む。）の名義をもって総株主等の議決権の10％以上の議決権（取得又は保有の態様その他の事情を勘案して内閣府令で定めるものを除く。）を保有している株主をいう（金商法163条1項）。総株主等の議決権とは、総株主、総社員、総会員、総組合員又は総出資者の議決権をいい、株式会社にあっては、株主総会において決議をすることができる事項の全部につき議決権を行使することができない株式についての議決権を除き、会社法879条3項の規定により議決権を有するも

のとみなされる株式についての議決権を含む（金商法29条の4第2項）。取得又は保有の態様その他の事情を勘案して内閣府令で定めるものとは、信託業を営む者が信託財産として所有する株式等である（取引規制府令24条）。

　組合の構成員が組合契約に基づき株式を共有している場合、株主は各々の構成員であり、議決権は各構成員が共有持分に応じて保有すると解されている（金融庁ウェブサイト掲載の平成14年9月6日付ノーアクションレター[57]）。そのため、民法上の組合（民法667条1項）、投資事業有限責任組合（投資事業有限責任組合契約に関する法律2条2項）、有限責任事業組合（有限責任事業組合契約に関する法律第2条）等のように、構成員が株式を共有している組合は、10％以上の議決権に係る株式を取得したとしても主要株主に該当せず、主要株主の異動は生じない。他方、匿名組合（商法535条）の場合、その財産は営業者の所有に属する（同法536条1項）ため、10％以上の議決権を取得する場合、営業者が主要株主に該当することになる[58]。

　主要株主の「異動」とは、主要株主の地位に変動が生じたことをいい、具体的には、①主要株主に該当していた者が主要株主に該当しなくなること及び②主要株主でなかった者が新たに主要株主に該当することとなることをいう。条文上「異動」が「発生したこと」が重要事実であり、異動のおそれがある（異動が見込まれる）時点では重要事実に該当しない。

　主要株主の「異動」の有無は、実質的な所有関係の変動の有無に着眼して判断される[59]。上場会社の上場株式は、いわゆる株券電子化により、すべて振替株式（振替法128条1項）となり、譲渡人の振替えの申請に基づき、譲受人の口座における保有欄に記載又は記録されることが株式譲渡の効力発生要件となった（同法140条）。そのため、上場株式については、形式を伴わず実質的な所有関係だけが移転するということは考えられず、主要株

57　金融庁ノーアクションレター回答（平成14年9月6日）。旧証券取引法に関するものであるが、金商法においても妥当すると思われる。
58　金融庁パブコメ回答（平成19年7月31日）568頁6番。
59　横畠93頁、三國谷166頁。

主の「異動」は、通常、上記保有欄への記載又は記録がなされた時点で生じると考えられる[60]。

主要株主の異動を重要事実とする課徴金事例・裁判例として公表されているものは現時点では存在しない。その理由として、主要株主の異動が生じる場合としては、第三者割当により割当てを受けた株主が主要株主となる場合、募集株式の発行に伴い発行済株式総数が増えることにより既存の主要株主が主要株主に該当しなくなる場合、主要株主が売出しを行い主要株主に該当しなくなる場合等様々なものが考えられるものの、多くの場合、主要株主の異動の原因となる事由自体が重要事実となっており、主要株主の異動が生じる前に、これらの重要事実が決定・公表されるためと推察される。

2 親会社の異動

親会社とは、上場会社等が提出した有価証券届出書や有価証券報告書等の金商法上の継続開示書類のうち直近のものにおいて、親会社として記載され、又は記録されたものをいう（金商法166条5項、金商法施行令29条の3）。

親会社の「異動」とは、①親会社に該当していた者が親会社に該当しなくなること及び②親会社でなかった者が新たに親会社に該当することとなることをいい、主要株主の「異動」と同様である。

38 上場廃止の原因となる事実

> 上場廃止の原因となる事実は各金融商品取引所が定めている。上場廃止の原因となる事実が発生する前に、バスケット条項に該当する場合がある点に留意を要する。

---

[60] 木目田192頁。

上場廃止の原因となる事実は、発生事実となる（金商法166条2項2号ハ）。軽微基準は設けられていない。

　具体的な上場廃止の原因となる事実は、各金融商品取引所が定めている。例えば、東京証券取引所は、株主数、流通株式、売買高、時価総額、債務超過、銀行取引の停止、破産手続、再生手続又は更生手続、事業活動の停止、不適当な合併等、有価証券報告書等の提出遅延、虚偽記載又は不適正意見等、支配株主との取引の健全性の毀損、完全子会社化、全部取得等に関する事項について、上場廃止事由を定めている（東証規程601条1項）。

　上場廃止基準には、銀行取引の停止（東証規程601条1項6号）のように当該事象が発生した場合、直ちに上場廃止基準に該当する項目と、債務超過（同項5号）のように当該事象の発生後、一定期間が経過しても解消されない場合に初めて上場廃止基準に該当する項目がある。後者のように一定の猶予期間が定められている基準については、当該猶予期間の終了時が重要事実の発生時点となる[61]。かかる後者の上場廃止基準に関する課徴金事例として以下のH30-13が存在する。

【H30-13】

> 　平成27年3月期決算において債務超過の状態であったA社は、遅くとも平成28年5月6日までに、A社の会計監査人からの指摘等により、平成28年3月期決算において、特別損失を計上することが避けられない旨認識しており、債務超過の状態となることが避けられない状況となっていたと認められることから、遅くとも平成28年5月6日までに、上場廃止の原因となる事実（債務超過の状態となった場合において、当該債務超過となった事業年度の末日の翌日から起算して1年を経過する日以内に債務超過の状態が解消されなかったとき）が発生したものと認定した。

　東京証券取引所の上場廃止基準によれば、債務超過状態になり、1年以

61　取引規制実務Q&A82頁、木目田193頁。

内にその状態を解消できない場合は上場廃止となるとされていたところ（東証規程601条1項(1)、501条1項）、この事例では、平成27年3月期決算において債務超過の状態であったA社が、その会計監査人からの指摘等によって、その翌事業年度末である平成28年3月期決算においても債務超過となることが避けられない（1年以内にその状態を解消することができないこと）状況となっていたとして、その時点で重要事実が発生していたとしている。

ただし、上場廃止基準に列挙された事象が生じた場合、実際に上場廃止基準に抵触する前の時点であっても、バスケット条項に該当する場合がある。実際に、上場廃止事由に関連する事実が、上場廃止事由の該当日より早い段階でバスケット条項に該当するとされた事例として以下の事例がある。詳細は「47　粉飾決算等が問題となった事例」及び「50　その他の適用事例」を参照されたい。

【図表38-1　上場廃止の事由に係る事例】

事例	上場廃止の事由	上場廃止事由の該当日	バスケット条項が適用された時点
日本風力開発事件（神戸地判平成24年5月18日告発事件の概要一覧表157号事件、H24-5）	有価証券報告書の提出遅延	法定期限の経過後1ヶ月	法定期限の約3週間前（会計監査人が異動し、有価証券報告書を法定期限までに提出できない見込みとなった時点）
H25-11	株式の全部取得	取引所が上場会社から全部取得が確定した旨の報告を受けた日[62]（東証施規601条15項2号）	全部取得条項付種類株式を利用する方法により、A社をB社の完全子会社とする決定をした時点

39

財産権上の請求に係る訴えの提起等

> 財産権上の請求に係る訴えの提起又は当該訴えの判決等は発生事実となる。軽微基準は、訴えの提起の場合は、訴訟の目的物の価額及び直ちに敗訴した場合の売上高の減少額により、判決等の場合は給付する財産の額及び売上高の減少額により定まる。

　財産権上の請求に係る訴えの提起又は当該訴えの判決若しくは当該訴えに係る訴訟の全部若しくは一部の裁判によらない完結（金商法166条2項2号ニ、金商法施行令28条の2第1号）があったことが発生事実である。

　下記2に記載のとおり、軽微基準が定められている。

1　概　要

　「財産権上の請求」とは、物権、債権、知的財産権等の財産的価値のある権利（財産権）を根拠として主張される金銭の支払い、物の引渡し、一定の作為・不作為の給付を求める請求のほか、特定の権利関係の存在又は不存在の確認を求める請求等をいう[63]。合併無効の訴え（会社法828条1項7号・8号）や、株主総会決議取消しの訴え（同法831条1項）は、民事訴訟法上、経済的利益を目的とした権利又は法律関係に関する訴訟ではないと解されており、「財産権上の請求に係る訴え」に該当しない[64]。

　「訴え」とは、原告が被告に対する一定の権利主張（請求）について、裁判所に審理・判決を求める行為である。そのため、裁判所に対する申立てであっても、仮処分命令の申立てや調停の申立ては「訴え」に該当しな

62　通常は、全部取得条項付種類株式への変更等に関する株主総会及び種類株主総会の決議が得られた時点である。
63　横畠97頁、三國谷87頁。
64　堀本(4)27頁、ガイドライン216頁、取引規制実務Q&A83頁、木目田198頁。

い（なお、仮処分命令の申立てのうち、事業の差止めその他これに準ずる処分を求める仮処分命令の申立ては別途発生事実に該当する。金商法施行令28条の2第2号）。外国裁判所に対する同様の訴えも含まれる[65]。

「判決があった」とは、訴えの全部又は一部について終局判決（民事訴訟法243条）があったことのほか、中間判決（同法245条）があったことを含む。第一審の判決に限られず、上訴審の判決を含む[66]。判決が「あった」とは、判決の言渡しがあったことを意味し、判決が確定することは不要である。

訴訟の全部若しくは一部が「裁判によらずに完結した」とは、当該訴訟が、訴えの取下げ（民事訴訟法261条）、請求の放棄・認諾（同法266条）、訴訟上の和解等によって終了したことをいう。

2 軽微基準

財産権上の請求に係る訴えに関する軽微基準は、訴えの提起と訴えについて判決等があった場合に分けて定められている。

①訴えの提起がされた場合における軽微基準は、(i)訴訟の目的の価額（訴額）が最近事業年度末日における会社（純粋持株会社等の場合はその属する企業集団）の純資産額の15％未満であり（資産基準）、かつ、(ii)直ちに敗訴した場合に、当該訴えの提起日の属する事業年度開始日から3年以内に開始する各事業年度における会社（純粋持株会社等の場合はその属する企業集団）の売上高の減少額がいずれも最近事業年度の会社（純粋持株会社等の場合はその属する企業集団）の売上高の10％未満であると見込まれること（売上高基準）である（取引規制府令50条3号イ）。

上記のとおり、軽微基準への該当性が訴訟の目的物の価額及び直ちに敗訴したと仮定した場合における売上高の減少額により定まるため、提起された訴えがかかる軽微基準を満たさない場合は、敗訴する見込みが全くないような場合であっても、重要事実に該当する。

65　横畠98頁。
66　横畠97-98頁。

資産基準である訴訟の目的の価額は当該訴えで原告が主張する利益を基準として算定される（民事訴訟法8条1項）。実務上は、昭和31年12月12日民事甲412号民事局長通知などの民事局長通知が算定に利用されている。

外国裁判所に対する訴訟は、請求の内容等に応じて、日本の訴額に準じて、訴訟の目的物の価額を計算するべきであると解されている[67]。

なお、訴えが提起された時点では軽微基準を満たす場合であっても、請求額の増額等により軽微基準に該当しなくなった場合は、軽微基準に該当しなくなった時点で重要事実となる点に留意が必要である。

他方、②訴えについて判決等があった場合における軽微基準は、(i)訴えの提起がされた場合における軽微基準（上記①）に該当する訴えの提起に係る判決等の場合又は訴えの提起がされた場合における軽微基準（上記①）に該当しない訴えの提起に係る訴訟の一部が裁判によらずに完結した場合で、(ii)当該判決等により会社の給付する財産の額が最近事業年度末日における会社（純粋持株会社等の場合はその属する企業集団）の純資産額の3％未満であると見込まれ（資産基準）、かつ、(iii)判決等の日の属する事業年度開始日から3年以内に開始する各事業年度においていずれも判決等による会社（純粋持株会社等の場合はその属する企業集団）の売上高の減少額が最近事業年度の会社（純粋持株会社等の場合はその属する企業集団）の売上高の10％未満であると見込まれること（売上高基準）である（取引規制府令50条3号ロ）。

訴えの提起がされた場合における軽微基準（上記①）に該当しない訴えについて、その全部について裁判によらない完結があった場合及びかかる訴えについて判決があった場合には軽微基準が存在せず、常に発生事実に該当する。

---

[67] 三國谷89頁。

【図表39−1 訴えについて判決等があった場合における軽微基準】

訴え提起時	訴え完結時		判決
	裁判によらない完結		
	一部	全部	
軽微基準に該当する	資産基準・売上高基準で判断	資産基準・売上高基準で判断	資産基準・売上高基準で判断
軽微基準に該当しない	資産基準・売上高基準で判断	常に重要事実	常に重要事実

第5節

決算情報

40

決算情報と重要基準

> 　上場会社等の、単体若しくは連結の売上高、経常利益若しくは純利益、又は剰余金の配当の数値について、公表された直近の予想値（予想値がない場合には実績値）に比較して、新たに算出された値に取引規制府令51条に定める差異が生じた場合、その情報は重要事実となる。

　上場会社等単体の売上高、経常利益若しくは純利益若しくは剰余金の配当又は当該上場会社等の属する「企業集団」の売上高、経常利益若しくは純利益について、公表がされた直近の予想値（当該予想値がない場合は、公表がされた前事業年度の実績値）に比較して当該上場会社等が「新たに算出した」予想値又は当事業年度の決算において、取引規制府令51条で定める基準に該当する差異が生じたことが、インサイダー取引規制における重要事実となる（金商法166条2項3号）。なお、純粋持株会社等については、上場会社等単体の売上高、経常利益及び当期純利益に関する差異は重要事実に該当しない（詳細は「16 3　純粋持株会社等における重要事実の軽微基準・重要基準の変更」を参照）。

　また、「企業集団」とは、当該会社及び当該会社に意思決定機関を支配されている他の会社等の集団であり、当該会社とその子会社をいい（金商

法5条1項2号、開示府令8条の2第1項、財務諸表規則8条4項)、いわゆる連結の範囲とほぼ同様である[68]。

なお、金融商品取引所の規則上、連結財務諸表作成会社における個別業績の決算数値は、決算短信への記載が義務付けられておらず、実際に開示していない上場会社も少なくない。ただし、かかる場合であっても、新たに算出した予想値又は当事業年度の決算において、取引規制府令51条で定める基準に該当する差異が生じた場合には、重要事実となる点に留意が必要である。詳細は「[98] 2　個別業績の決算数値」を参照されたい。

具体的な基準は以下の表のとおりである。

【図表40－1　決算情報と重要基準】

	項目[69]	重要基準
1	単体売上高 又は 連結売上高	新たに算出した予想値又は当事業年度の決算における数値の、公表がされた直近の予想値(当該予想値がない場合は、公表がされた前事業年度の実績値)からの**増減額が10％以上**であること(取引規制府令51条1号)。
2	単体経常利益 又は 連結経常利益	新たに算出した予想値又は当事業年度の決算における数値の、公表がされた直近の予想値(当該予想値がない場合は、公表がされた前事業年度の実績値)からの**増減額が30％以上**(公表がされた直近の予想値又は当該予想値がない場合における公表がされた前事業年度の実績値が0の場合はすべてこの基準に該当することとする。)であり、**かつ**、新たに算出した予想値又は当事業年度の決算における数値と公表がされた直近の予想値(当該予想値がない場合は、公表がされた前事業年度の実績値)の差額が前事業年度の末日における**純資産額**と**資本金の額**

---

[68] 重要性の乏しい子会社を連結の範囲から除外できる点(連結財務諸表規則5条2項)等で若干の差異がある。

[69] 特定上場会社等については、単体の売上高、経営利益及び純利益が除外される。

		とのいずれか少なくない金額の**5％以上**であること（取引規制府令51条2号）。
3	単体純利益又は連結純利益	新たに算出した予想値又は当事業年度の決算における数値の、公表がされた直近の予想値（当該予想値がない場合は、公表がされた前事業年度の実績値）からの**増減額**が**30％以上**（公表がされた直近の予想値又は当該予想値がない場合における公表がされた前事業年度の実績値が0の場合はすべてこの基準に該当することとする。）であり、**かつ**、新たに算出した予想値又は当事業年度の決算における数値と公表がされた直近の予想値（当該予想値がない場合は、公表がされた前事業年度の実績値）の差額が前事業年度の末日における**純資産額**と**資本金の額**とのいずれか少なくない金額の**2.5％以上**であること（取引規制府令51条3号）。
4	剰余金の配当	新たに算出した予想値又は当事業年度の決算における数値（決算によらないで確定した数値を含む。）の、公表がされた直近の予想値（当該予想値がない場合は、公表がされた前事業年度の対応する期間に係る剰余金の配当の実績値）からの**増減額**が**20％以上**（公表がされた直近の予想値又は当該予想値がない場合における公表がされた前事業年度の実績値が0の場合はすべてこの基準に該当することとする。）であること（取引規制府令51条4号）。

　なお、近時では、多くの上場企業がIFRSを適用して計算書類等を作成しているところ[70]、各計算項目をどのように読み替えるべきかが問題となりうる。

　これについては、一次的には、東京証券取引所の会社情報適時開示ガイ

70　日本取引所グループによれば、2024年5月末現在で、IFRSを適用している会社は272社、IFRSの適用を決定している会社は9社とされ、これらの合計数は281社である（https://www.jpx.co.jp/equities/improvements/ifrs/02.html）。

ドブックの適時開示基準において示されている読み替え等の考え方を基準としつつ、かかる考え方を適用することが適切でない等の場合には、当該会社の会計監査人や外部の法律専門家等と協議の上で、適切に対応することが望ましい。

41 子会社の決算情報と重要基準

> 上場会社等の子会社単体の決算情報は、原則として、インサイダー取引規制における重要事実とならない。

上場会社等の子会社の決算情報が重要事実に該当するのは、当該子会社が、①子会社連動株式（いわゆるトラッキング・ストック）の対象である連動子会社（ただし、当該子会社連動株式の売買等をする場合に限られる。）及び、②当該子会社自体が上場会社等である、いわゆる上場子会社の場合に限定されている（金商法166条2項7号、取引規制府令55条1項）。

上場会社等の子会社の決算情報及びその重要基準は以下の表のとおりである。

【図表41－1　子会社の決算情報と重要基準】

	項目	重要基準
1	売上高	新たに算出した予想値又は当事業年度の決算における数値の、公表がされた直近の予想値（当該予想値がない場合は、公表がされた前事業年度の実績値）からの**増減額**が**10％以上**であること（取引規制府令55条2項1号）。
2	経常利益	新たに算出した予想値又は当事業年度の決算における数値の、公表がされた直近の予想値（当該予想値がない場合は、公表がされた前事業年度の実績値）からの**増減額**

		が**30％以上**（公表がされた直近の予想値又は当該予想値がない場合における公表がされた前事業年度の実績値が０の場合はすべてこの基準に該当することとする。）であり、**かつ**、新たに算出した予想値又は当事業年度の決算における数値と公表がされた直近の予想値（当該予想値がない場合は、公表がされた前事業年度の実績値）の差額が前事業年度の末日における**純資産額**と**資本金の額**とのいずれか少なくない金額の**５％以上**であること（取引規制府令55条2項2号）。
3	純利益	新たに算出した予想値又は当事業年度の決算における数値の、公表がされた直近の予想値（当該予想値がない場合は、公表がされた前事業年度の実績値）からの**増減額**が**30％以上**（公表がされた直近の予想値又は当該予想値がない場合における公表がされた前事業年度の実績値が０の場合はすべてこの基準に該当することとする。）であり、**かつ**、新たに算出した予想値又は当事業年度の決算における数値と公表がされた直近の予想値（当該予想値がない場合は、公表がされた前事業年度の実績値）との差額が前事業年度の末日における**純資産額**と**資本金の額**とのいずれか少なくない金額の**2.5％以上**であること（取引規制府令55条2項3号）。

42

決算情報に関する事例

> 決算情報に関する刑事裁判例及び課徴金事例は、それぞれ多数存在し、課徴金事例については、その算出した時期についての判断も明らかにされている。

　決算情報に係るインサイダー取引事例については、刑事裁判例及び課徴

金事例が多数存在している。このうち刑事裁判例では、公表されている判決等からは、いかなる事実をもって「上場会社等が新たに算出した」と判断しているかは明確ではない。課徴金事例では、新たな売上高、経常利益又は純利益を算出した時期、決定機関、決定時期についての判断が明らかにされている。

43 「新たに算出した」

> 　上場会社等が「新たに算出した」とは、取締役会において予想値の修正公表が避けられない事態に立ち至っていることについての報告がなされ、その承認がなされたことをもって足りると解されており、代表者又は常務会等の取締役会以外の会議体による了承をもって「新たに算出した」と認められた事例や当該上場会社等における実質的な意思決定がされれば足りるものの、業績予想修正についての意思決定が、単に増減率が基準値以上となる抽象的な可能性の下に行われたというだけでは足りず、少なくとも、増減率が基準値以上となることにつき具体的な根拠に基づいて行われたと認められることを要するとした事例がある。

　上場会社等による予想値又は当該事業年度の決算を「新たに算出した」とは、公表数値が具体的に確定しているまでの必要はなく、取締役会において予想値の修正公表が避けられない事態に立ち至っていることについての報告がなされ、その承認がなされたことをもって足りると解されている（マクロス事件・東京地判平成4年9月25日判時1438号151頁。なお、同裁判例におけるバスケット条項の適用については「47　粉飾決算等が問題となった事例」を参照）。

　また、課徴金納付命令取消訴訟においては、「新たに算出した」の意義について、当該予想値に係る業績予想につき当該上場会社等における正式

な決定を必ず経なければならないものではなく、当該上場会社等における実質的な意思決定がされれば足りるが、業績予想修正についての意思決定が、単に増減率が基準値以上となる抽象的な可能性の下に行われたというだけでは足りず、少なくとも、増減率が基準値以上となることにつき具体的な根拠に基づいて行われたと認められることを要すると判示された事例が存在する（SHIFT株式に係る課徴金納付命令取消訴訟・東京地判令和3年12月9日判決[71]・東京高判令和4年10月13日判決[72]。「43 3　SHIFT株式に係る課徴金納付命令取消訴訟」参照）。

　なお、金融庁は、上場会社等が有する業績に関わる将来予測情報がすべて「予想値」に該当するわけではないとの考え方を示している。例えば、会社の将来の業績が、その属する業界、事業活動を行う地域及び会社を取り巻く法的・経済的環境等の要因により大きく影響を受ける等の理由で、将来の事象及び状況等について蓋然性が必ずしも高いとは考えていない前提・仮定を設けた上で試算した試算値・参考値や、実質的に社内で確定するに至らず、対外的に合理的に説明するに至らないような試算値等は一般的には「予想値」に該当しない可能性が高い[73]。

1　学説の状況

　上場会社等が「新たに算出した」予想値又は当該事業年度の決算とは、会社の判断として実質的に確定した予想値等と解されているが[74]、具体的に誰が算出したものが該当するかは、各会社の業務運営の実態に則して判断される[75]。また、会社の判断として実質的に確定したとは、一経理部員が試算をした程度の段階では、会社として算出した段階にはまだ至っていないものの、責任を持った役員や部課長クラスが確認したような段階において

71　https://www.courts.go.jp/app/files/hanrei_jp/011/091011_hanrei.pdf
72　資料版商事法務466号102頁以下。
73　東京証券取引所が平成24年3月21日付で公表（同年4月5日一部追記）した「業績予想開示に関する実務上の取扱いについて」。
74　三國谷101頁。
75　マクロス事件・東京地判平成4年9月25日判時1438号151頁。

は、すでに会社として算出したことになるとの見解[76]もあり一義的ではない。

2 マクロス事件

マクロス事件では、東京地裁は、取締役会が算出主体である場合において、最終的に公表数値が具体的に確定することまでは要せず、「取締役会において予想値の修正公表が避けられない事態に立ち至っていることについての報告がなされてそれが承認されたこと」をもって数値の「算出」がなされたものとすべきと判示した[77]。

3 SHIFT株式に係る課徴金納付命令取消訴訟

「新たに算出した」の意義について、当該予想値に係る業績予想につき当該上場会社等における正式な決定を必ず経なければならないものではなく、当該上場会社等における実質的な意思決定がされれば足りるが、業績予想修正についての意思決定が、単に増減率が基準値以上となる抽象的な可能性の下に行われたというだけでは足りず、少なくとも、増減率が基準値以上となることにつき具体的な根拠に基づいて行われたと認められることを要すると判示された。具体的には、業績予想の修正について協議された取締役会においては、純利益の予想値に係る増減率はマイナス29.73％であることを前提に協議が行われ、その後の監査法人からの指摘を受けて修正した結果、増減率がマイナス38.2％になったものであり、基準値であるマイナス30％以上となることを想定し、又は想定して協議が行われたとは認めがたいと判断された[78]。

---

76 三國谷102頁。
77 もっとも、当該事案については、取締役らが、架空売上げ等による売上高の減少を認識する一方で、別途売上高の増加に関する事実の報告を受けていたこと等から、総合すれば、売上高の予想値について公表済の予想値の10％に相当する額以上の減額になるとの認識を抱いたとはいえないとして、検察官の主張を排斥した。
78 東京高判令和4年10月13日（資料版商事法務466号102頁以下）。

4　課徴金事例[79]

　決算情報を重要事実とする課徴金事例は平成26年8月から令和5年6月30日までに34件存在するが、①取締役等が参加し、取締役会の前段階で行われていると思われる経営会議その他の社内会議体での了承（4件）、②複数の役員間の話し合い（0件）、③社長、副社長又は財務担当役員による了承（9件）、④取締役会での了承（3件）、⑤その他（不明である場合を含み、18件）をもって「新たに算出した」と認定している。また、最終的な修正数値までは確定していなくても、投資者の投資判断に重大な影響を及ぼすと認められるだけの大幅な業績予想の修正を行うことが報告又は了承されたことをもって、「新たに算出した」と認定している課徴金事例もあることから、決算情報が重要事実に該当するおそれがある場合には慎重な対応が必要である。

(1)　社長以外の取締役の了承・承認による事例

【R1-5】

> 　A社では、担当役員が、同社の担当部署において作成された通期決算数値のたたき台を確認・とりまとめ、取締役会出席者等に事前送付した上で、取締役会において報告しており、事前送付を受けて、又は取締役会において修正などが求められたり、異議が出たことはなかったことから、業績予想等の修正における実質的な算定主体は同役員であると認定した。

　この事案では、当該役員が通期決算の担当役員であったことに加え、A社における通期決算数値のたたき台の位置づけ、従前からの当該たたき台に対する他の役員等からの意見の有無等を踏まえて「新たに算出した」といえるかについて判断していると考えられる。

---

[79]　鍛冶雄一ほか「業績予想等の修正に関するインサイダー取引規制」旬刊商事法務2148号（2017）4頁以下。

【R1-3】

> 　A社では、新たな業績予想値は、同社の担当部長が算出し、上方又は下方修正の公表が必要な場合、担当役員の了承を得た上で社内会議において報告された後、代表取締役社長に報告されており、同役員及び同社長から否定的な意見や見直しを指示されたことはなかったことから、業績予想等の修正における実質的な算出主体は同部長であると認定した。

　この事案では、担当役員や代表取締役社長から否定的な意見や見直しを指示されたことがなかったこと等に触れつつ、担当部長が実質的な算出主体であると認定している。もっとも、かかる担当部長が兼任する職位や地位等が明らかではないところ、仮に、当該担当部長が他の職位や地位を兼任していない場合には、一定の決定権限を有しない者の判断によって「新たに算出した」と認定されることになってしまうため、留意を要する。

(2)　新たな業績予想値が確定していない事例

　課徴金事例のうち、H22-11の事例及びH23-11の事例においては、いずれも、証券取引等監視委員会が「業績予想値の修正を重要事実とする内部者取引事案においては、最終的な修正数値までは確定していなくても、投資者の投資判断に重大な影響を及ぼすと認められるだけの大幅な業績予想の修正を行うことが決定されれば、重要事実の決定があったと認められる。」旨のコメントを付していた。

　そして、R1-1においては、役員甲が実質的な算出主体であると認定された上で、「役員甲が、平成29年１月13日までに、他の役員から意見を聴取し、業績予想の修正を行う旨の判断をしていたことから、遅くとも同日までに重要事実である差異が生じたものと認定した。」と判断されている。

44 時　期

> 課徴金事例では、「新たに算出した」時期を、各四半期の末日から決算情報が公表されるまでの期間としている例が多い。

　決算情報が重要事実となった34件の課徴金事例において、決算情報が新たに算出された日から公表日までの期間は、2週間以内の事例が15件、2週間を超えて3週間以内の事例が7件、3週間を超えて1ヶ月以内の事例が7件、1ヶ月以上の事例が5件である。
　決定事実や発生事実を重要事実とする事例においては、当該事実が公表される数ヶ月前の時点で決定又は発生が認められた事例が散見されることと対照的といえる。

第6節

バスケット条項

45

バスケット条項の概要

> 決定事実、発生事実、決算情報に該当しない場合であっても、通常の投資者が当該事実を知った場合に、当然に当該上場会社等の特定有価証券等の売買等をする、あるいは当然に売買等をしなかったであろうと認められる事実については、インサイダー取引規制上の「重要事実」に該当する。取引所のバスケット条項の基準に該当する事実については、インサイダー取引規制上のバスケット条項にも該当する可能性がある。

1 概　要

　上場会社の企業活動をあらかじめ網羅的に列挙することは困難であることから、投資者の投資判断に著しい影響を及ぼすものを包括的にインサイダー取引規制の対象とする趣旨で、金商法は、金商法166条2項1号ないし3号に掲げる事実を除き、当該上場会社等の運営、業務又は財産に関する重要な事実であって投資者の投資判断に著しい影響を及ぼすものを重要事実として定めている（金商法166条2項4号。いわゆるバスケット条項）。

　バスケット条項の要件は、「当該上場会社等の運営、業務又は財産に関する重要な事実」であり、かつ、「投資者の投資判断に著しい影響を及ぼすもの」である。まず、「当該上場会社等の運営、業務又は財産に関する重要な事実」についてであるが、これについては、条文上、「前三号に掲

げる事実を除き」とされているところ、後記「46 バスケット条項に関する事例」のとおり、日本商事事件において「包摂・評価され得ない性質の事実」がある場合においては、決定事実や発生事実のいずれの事実であるであっても、バスケット条項の適用対象となる[80]。「投資者の投資判断に著しい影響を及ぼす」場合には、通常「運営、業務又は財産に関する」「重要な」事実にも該当すると考えられることから、実質的な要件は「投資者の投資判断に著しい影響を及ぼす」かどうかに集約される[81]。「投資者の投資判断に著しい影響を及ぼす」とは、通常の投資者が当該事実を知った場合に、当然に当該上場会社等の特定有価証券等の売買等をする、あるいは当然に売買等をしなかったであろうと認められることをいう[82]。

2 金融商品取引所の適時開示基準との関係

金融商品取引所は、個別の適時開示事由とは別に適時開示のバスケット条項を設けている。例えば、東京証券取引所では「当該上場会社の運営、業務若しくは財産又は当該上場株券等に関する重要な事項であって投資者の投資判断に著しい影響を及ぼす」事実の決定又は発生を適時開示のバスケット条項として設けている（東証規程402条1号ar・2号x）。かかる取引所のバスケット条項とインサイダー取引規制におけるバスケット条項を「ほぼ同義」と評価する裁判例もある[83]ことから、取引所のバスケット条項の基準に該当する場合にはインサイダー取引規制上のバスケット条項にも該当する可能性が高いと考えるべきである。

適時開示のバスケット条項については、以下のとおり金融商品取引所が

---

80 美崎貴子ほか「インサイダー取引規制におけるバスケット条項の適用」旬刊商事法務2097号（2016）5頁。

81 注解特別刑法補巻(2)255頁、鍛冶雄一ほか「業績予想等の修正に関するインサイダー取引規制」旬刊商事法務2148号（2017）6頁、味香直希ほか「バスケット条項に関する考察―近年の課徴金勧告事案を題材として―」旬刊商事法務2215号（2019）29頁。

82 横畠119頁。

83 リサ・パートナーズ事件（東京地判平成23年4月26日LEX/DB25471735）。下記「49 資金調達の成否が問題となった事例」も参照。

具体的に例示列挙している[84]。
① 金商法166条2項4号に該当する事実（インサイダー取引規制のバスケット条項に該当する事実）
② 当該事実による連結総資産の増加又は減少見込額が、直前連結会計年度の末日における連結純資産の30％に相当する額以上
③ 当該事実による連結売上高の増加又は減少見込額が直前連結会計年度の連結売上高の10％に相当する額以上
④ 当該事実による連結経常利益の増加又は減少見込額が、直前連結会計年度の連結経常利益の30％に相当する額以上
⑤ 当該事実による連結当期純利益の増加又は減少見込額が、直前連結会計年度の連結当期純利益の30％に相当する額以上
⑥ 開示府令19条2項12号又は19号の規定に基づく事由（提出会社の財政状態、経営成績及びキャッシュ・フローの状況に著しい影響を与える事象が発生した場合又は当該連結会社の財政状態、経営成績及びキャッシュ・フローの状況に著しい影響を与える事象が発生した場合）で臨時報告書が提出される事実

なお、上記④及び⑤については、直前連結会計年度の連結経常利益が直前連結会計年度の連結売上高の2％に満たない場合又は直前連結会計年度の連結当期純利益が直前連結会計年度の連結売上高の1％に満たない場合は、利益が少額の場合の開示基準の特例がある[85]。

上記のとおり、金融商品取引所の適時開示のバスケット条項に該当する事実として例示列挙された基準の多くは連結ベースの指標を用いているが、インサイダー取引規制における軽微基準及び重要基準は、平成24年改正後においても、純粋持株会社等以外においては上場会社等の単体の指標を用いている（「16 3　純粋持株会社等における重要事実の軽微基準・重要基

84　適時開示ガイドブック199頁、251頁。
85　適時開示ガイドブック389頁。

準の変更」参照)。そのため、インサイダー取引規制におけるバスケット条項の該当性の判断においては、連結ベースで重要な影響が生じない場合であっても、単体ベースで重要な影響が生じる場合は、バスケット条項に該当しうるものとして扱うことが適切である。

3 子会社の重要事実に関するバスケット条項

子会社についても、金商法166条2項4号と同様に、同項5号ないし7号に掲げる事実を除き、当該上場会社等の子会社の運営、業務又は財産に関する重要な事実であって投資者の投資判断に著しい影響を及ぼすものは重要事実となる(同項8号)。

子会社に関する事実が「投資者の投資判断に著しい影響を及ぼす」か否かは、親会社である上場会社等の上場株券等に対する投資判断に著しい影響を及ぼすか否かにより判断されるため、連結ベースで判断されると考えられる[86]。

金融商品取引所が個別の適時開示事由とは別に適時開示のバスケット条項を設けている点も同様である。例えば、東京証券取引所の場合、東証規程403条1号s・同条2号lにて子会社の適時開示のバスケット条項を定めている。適時開示のバスケット条項に該当するものとして例示列挙されている具体例は以下のとおりである[87]。

① 金商法166条2項8号に該当する事実(インサイダー取引規制のバスケット条項に該当する事実)
② 当該事実による連結総資産の増加又は減少見込額が、直前連結会計年度の末日における連結純資産の30%に相当する額以上
③ 当該事実による連結売上高の増加又は減少見込額が直前連結会計年度の連結売上高の10%に相当する額以上
④ 当該事実による連結経常利益の増加又は減少見込額が、直前連結会計年度の連結経常利益の30%に相当する額以上

---

86 松本173頁。
87 適時開示ガイドブック389頁。

⑤ 当該事実による連結当期純利益の増加又は減少見込額が、直前連結会計年度の連結当期純利益の30％に相当する額以上
⑥ 開示府令19条2項19号の規定に基づく事由（当該連結会社の財政状態、経営成績及びキャッシュ・フローの状況に著しい影響を与える事象が発生した場合）で臨時報告書が提出される事実

46 バスケット条項に関する事例

> バスケット条項の適用が問題となった事例として、刑事裁判例が13件、課徴金事例が14件存在し、粉飾決算の発覚、主要製品の欠陥の発生、資金調達の成否等が問題となっている。

　バスケット条項に該当する可能性がある事実としては、例えば、重要な子会社の株式公開、主要製品の重大な欠陥の発生、粉飾決算の発覚、脱税、未告発の贈収賄の事実、使途不明金、新規の発明等が考えられる。

　これまで、粉飾決算の発覚、主要製品の欠陥の発生、資金調達の成否等についてバスケット条項が適用されており、令和5年6月30日までに、刑事裁判例は13件、課徴金事例は14件存在する。その概要は以下の表のとおりである[88]。

【図表46－1　バスケット条項に関する刑事裁判例】

No.	事件名	重要事実
1.	マクロス事件 （東京地判平成4年9月25日判時1438号151頁）	公表されていた売上高の予想値に大幅な架空売上げが含まれていた事実及びその結果現に売掛金の入金がなくなり巨額の資金手当を必要とする事態を招いたこと

No.	事件名	重要事実
2．	日本商事事件 （最判平成11年2月16日刑集53巻2号1頁）	実質上初めて開発し有力製品として期待され、同社の株価上昇のもとになっていた新薬について、発売直後、これを投与された患者につき死亡例も含む副作用と見られる重篤な症例が発生したこと
3．	西武鉄道事件 （東京地判平成17年10月27日LEX/DB28135404）	継続的に被告会社の所有に係る西武鉄道株式の一部を他人所有であるように装い、その株式数等について有価証券報告書に虚偽の記載をして提出してきたこと
4．	LTTバイオファーマ事件 （東京地判平成21年4月15日告発事件の概要一覧表111号事件、東京地判平成21年9月14日判例体系28167002[89]）	子会社が主力事業として累次に亘り投資を募っていた病院再生事業がいずれも架空のものであって、償還日が到来する都度、他の投資家を欺いて調達した金員をもって償還に充てることを繰り返していた事実が投資家の知るところとなり、それ以降に償還日が到来する償還金を償還する目途が立たず、同事業の継続が事実上困難になったこと
5．	プロデュース事件 （さいたま地判平成21年5月27日告発事件の概要一覧表117号事件）	粉飾決算を内実とする金商法違反等の嫌疑で証券監視委から強制調査を受け、これにより、同社が粉飾決算を行っていた事実が公になる事態に至ったこと
6．	テークスグループ事件 （大阪地判平成22年9月1日告発事件の概要一覧表132号事件）	第三者割当による新株式発行増資について、払込総額の約9割に相当する株式が失権することが確実になり、連結業績向上のための基幹事業としていた子会社事業等への投資資金

---

88 刑事裁判例のNo.4、No.5、No.6、No.8及びNo.9は判例集未掲載であり、表中の記載は、平成20年度版ないし平成24年度版活動状況による。

89 子会社の社長と、同人からの情報受領者についてそれぞれ告発がなされ、いずれも有罪判決が下されている。

No.	事件名	重要事実
		を確保する目処が立たなくなったこと
7.	リサ・パートナーズ事件（東京地判平成23年4月26日LEX/DB25471735）	景気の低迷等により不動産関連企業の新規資金調達が困難となっていた状況下で三井住友銀行ほか10行から成る銀行団による協調融資により総額約100億円の新規事業資金を調達できることが確実となったこと
8.	スルガコーポレーション事件（平成23年6月10日付告発　告発事件の概要一覧表144号事件）	従前から委託先法人に行わせていた同社所有の商業ビルの立ち退き交渉業務に関し、同委託先法人が反社会的勢力であるとし、当該交渉業務に関してスルガコーポレーションの役員らの取調べ等の捜査を警察が進めていること
9.	日本風力開発事件（神戸地判平成24年5月18日告発事件の概要一覧表157号事件）	有価証券報告書の提出が遅延し、発行する株式が東京証券取引所により監理銘柄に指定される可能性がある事態に至ったこと
10.	石山Gateway Holdings事件（東京地判平成28年2月26日LEX/DB25533915）	石山Gateway Holding㈱が粉飾決算をしたとする金融商品取引法違反の嫌疑事実により証券取引等監視委員会の強制調査を受けたこと
11.	テラ事件（東京地判令和4年7月22日告発事件の概要一覧表211号事件）	新型コロナウイルス感染症肺炎に対する間葉系幹細胞を用いた治療法の開発に関する共同研究に係る業務提携契約に基づき行われていた臨床試験において1例目の投与患者の症状に改善が認められたなど
12.	Aiming事件（東京地判令和5年6月7日LEX/DB25573033）（東京地判令和5年7月7日LEX/DB25573033）	㈱スクウェア・エニックスと㈱Aimingが共同で進めていた携帯電話機向け新作ゲーム開発が配信開始を見込める段階まで進捗したことなど

No.	事件名	重要事実
13.	エイチーム事件（東京地判令和5年7月7日LEX/DB25573033）	㈱エイチームと㈱スクウェア・エニックスが共同で進めていた携帯電話機向け新作ゲームの開発が配信開始を見込める段階まで進捗したことなど

【図表46－2　バスケット条項に関する課徴金事例】

No.	事件名	重要事実
1.	H21-28	製造、販売する製品の強度試験の検査数値の改ざん及び板厚の改ざんが確認されたこと
2.	H22-12	過年度の決算数値に過誤があることが発覚したこと
3.	H22-13	複数年度に亘る不適切な会計処理が判明したこと
4.	H23-12	第三者割当による転換社債型新株予約権付社債の発行が失権となる蓋然性が高まり、継続企業の前提に関する重要な疑義を解消するための財務基盤を充実させるのに必要な資金を確保することが著しく困難となったこと
5.	H24-5	会計監査人の異動、それに伴い有価証券報告書の提出が遅延し、同社株式が監理銘柄に指定される見込みとなったこと（上記刑事裁判例（図表46－1）No.9と同じ）
6.	H25-8	業務提携を行っていた相手方から、両社間の業務提携に係る不動産検索サービスの提供を停止するとの一方的な通告を受けたこと
7.	H25-11	全部取得条項付種類株式を用いて、同社を同社の親会社の完全子会社とする決定をしたこと

No.	事件名	重要事実
8.	H28-4	上場会社等の債務不履行により、契約解除が前提となる他社からの支払催告書が到達したこと
9.	H28-5	㈱アールテックウエノが網膜色素変性に対するウノプロストン（開発コードUF-021）の点眼液の第3相臨床試験を中止することについて決定したこと
10.	H28-6[90]	上場会社等が粉飾決算をしたとする金融商品取引法違反の嫌疑事実により証券取引等監視委員会の強制調査を受けたこと
11.	H29-16	上場会社が、国の認定を受けた性能評価基準に基づき、上場会社の子会社を通じて製造、販売していた製品の一部が、同性能評価基準に適合しておらず、また、一部の性能評価基準に対する当該認定を技術的根拠のない申請により受けていたことが確認されたこと
12.	H29-17	上場会社の子会社が施工した工事の一部について施工報告書の施工データの転用及び加筆があったことが判明したこと
13.	R2-9	上場会社のある部門において、顧客と取り交わした製品仕様を満たさない不適合製品を、検査結果の改ざん等を行うことにより、当該仕様に適合する製品として、出荷していたことが判明したこと
14.	R2-10	上場会社のある事業部が値引き販売を隠蔽し、売上高を過大に計上していたことが判明したこと

90 　図表46－1のNo.10と同じ重要事実である。

47

粉飾決算等が問題となった事例

> 粉飾決算等に関しバスケット条項が適用された刑事裁判例及び課徴金事例は6件存在し、修正後の決算数値が算出されなくとも、決算数値に誤りがあることが発覚した時点でバスケット条項の適用が認められた事例もある。

　上場会社等の売上高、経常利益又は純利益の決算数値については、新たに予想値等を算出したことが重要事実とされている（金商法166条2項3号）が、過年度の決算数値の修正は必ずしも上記重要事実には該当しない。しかし、虚偽記載の発覚や過年度決算の修正にはバスケット条項が適用される可能性がある。

　粉飾決算の発覚が問題となった事例は、以下のとおりであるところ、これらの事案に関しては、決算数値の過誤又は不適切な会計処理の判明の期間や、その訂正額の大きさ、提出直前における会計監査人の解任などの個別の不提出理由なども踏まえて、上場維持が困難になるおそれや信用低下、今後の業務展開への支障などを考慮し、バスケット条項が適用されたと考えられる。

【H22-12】

> 「過年度の決算数値に過誤があることが発覚したこと」が重要事実とされた事例である。具体的には、過年度決算の過誤が複数年に亘っており、かつ、訂正額が大規模で上場廃止のおそれや信用低下を招くおそれがあったこと、利益水増し等の意図による会計処理ではないかとの疑念が持たれる等、悪質なものであり、今後の業務展開に重大な支障を及ぼしかねないことが、バスケット条項適用のポイントとされた。また、当該事実の公表により、金融商品取引所において監理銘柄（審査中）に指定されたこと、公表日翌日から当該銘柄の株価が4日連続でストップ安になっていることも指摘されている。

同社の平成20年10月15日付プレス・リリース「過年度決算訂正の可能性に関するお知らせ」によれば、決算数値（連結経常利益）の訂正額は、平成18年3月期が50億円（訂正前比25.7％）、平成19年3月期が70億円（訂正前比29.9％）、平成20年3月期が125億円（訂正前比50.4％）の減額となっており、決算情報の経常利益に関する重要基準（30％）と比較しても大規模な訂正が行われた事案であった。

なお、証券取引等監視委員会は、当該事実の公表後に監理銘柄（審査中）に指定され、また、株価が下落したという、インサイダー取引の行為後の事実も指摘しており、当該事実の重要性の判断に、行為後の事情を加味してよいかという問題がある。もっとも、これらの事実は、重要事実とされた事実の重要性を推認させる事情であり[91]、行為後に判明する事実を判断材料に加味することが必ずしも禁止されるものではない[92]。

典型的な過年度決算の修正とは異なるが、マクロス事件も会計の粉飾に関連した事実が問題となった事例である。

【マクロス事件（東京地判平成4年9月25日判時1438号151頁）】

> 裁判所は、①年160億円の売上高が見込まれていた電子機器部門で8月末現在約40億円の架空売上げが計上されていて、当該年度における過去の売上実績の少なくとも過半が粉飾されたものであったこと、当該部門の売上げの大半を担っていた商品営業本部長が失踪したこと等から、マクロスにおいて主要な営業部門として大きな収益を上げているとされた電子機器部門につき、売上予想値に大幅な水増しがされていたと判断されること、並びに、②これらに関連し約30億円の資金繰りが必要となったことを指摘し、これらの事実は、年間の売上高の見込みが230億円ないし290億円で、経常利益の見込みが20億円というマクロスの会社規模に照らして、バスケット条項に該当すると判断した。

決算情報の重要基準としては、売上高については10％という軽微基準が定められているところ、マクロス事件における架空売上高は当該時点にお

いて判明していた40億円のみでも、マクロスの売上高の見込み額の10％を優に超えており、重大な粉飾決算事案であったといえる。

　その一方マクロス事件では、上記の粉飾による売上高の減少とは別に売上高の増加要因となる事象が存在しており、合算すると業績予想の修正を要するか明らかではなかったことから業績予想の修正（金商法166条2項3号）に係る重要事実はなかったと判断されている。裁判所は、上記の架空売上げの計上等からバスケット条項の該当性を認めている。マクロス事件と同様に、売上高の減少要因と増加要因が併存する事例では、業績予想の修正は不要である場合であっても、バスケット条項に該当する場合がある点に留意を要する。

　また、上場会社と会計監査人の間に会計処理に関する見解の相違が生じたことに起因する事実が重要事実となった事例として、以下の日本風力開発の事例がある。

【日本風力開発事件（神戸地判平成24年5月18日告発事件の概要一覧表157号事件）、H24-5】

> 　日本風力開発は、会計処理（売上げの一部の期ずれ処理）に関する見解の相違が生じたことにより、金商法24条に定める有価証券報告書の提出期限の約2週間前に会計監査人を解任し、別の監査法人を一時会計監査人に選任した。もっとも、提出期限までの日数が短く監査業務が終了しないため、日本風力開発は、一時会計監査人から有価証券報告書の提出期限までに同法193条の2第1項及び2項に基づく監査証明を受領できず、提出期限までに有価証券報告書を提出できない見込みとなり、有価証券報告書の提出遅延により東京証券取引所の監理銘柄の指定を受ける見込みとなった。

91　例えば、日本商事事件の差戻後控訴審判決（大阪高判平成13年3月16日金判1123号29頁）は、傍論であるが、公表後の株価大幅下落の事実について、当該事実そのものが、日本商事事件で問題となった副作用発生事実が4号の重要事実に該当することを積極的に裏付ける一つの大きな間接事実と見ることは当然である旨述べている。

92　味香直希ほか「バスケット条項に関する考察─近年の課徴金勧告事案を題材として─」旬刊商事法務2215号（2019）30頁においては、前掲H22-12についても言及した上で、行為後に判明する事実を判断材料として考慮することを許容され得ると述べている。

> 　証券取引等監視委員会は、会計監査人の異動、それに伴い有価証券報告書の提出が遅延し、同社株式が監理銘柄に指定される見込みとなったことは重要事実に該当すると判断した。また、証券取引等監視委員会は「発行する株式が東京証券取引所により監理銘柄に指定される可能性がある事態に至ったこと」を重要事実として告発を行い、裁判所において有罪判決が下されている。

　日本風力開発の一連のプレス・リリースによれば、日本風力開発は、問題となった会計処理に関し外部調査委員会を設置し、同委員会から「現行の会計基準を逸脱するものであるとはいえない」との評価を得ており、いわゆる粉飾決算の事案とは異なる。また、日本風力開発は、同委員会からの指摘に基づき、より保守的な会計処理に基づく過年度決算の訂正を行っているが、その訂正の額も、連結売上高の5％程度、連結営業利益、連結経常利益及び連結当期純利益の10～15％程度と、重要事実の軽微基準と比較しても多額とまではいえない金額であった。

　しかし、有価証券報告書を法定期限後原則として1ヶ月以内に提出しないことが上場廃止事由とされており（東証規程601条1項10号、東証施規601条10項）、法定期限までに有価証券報告書を提出できないことにより監理銘柄に指定されることが見込まれることや不適切な会計処理の期間、提出期限直前における会計監査人の解任タイミングや、監理銘柄指定の見込みなどから、同社の上場維持が困難になるなどのおそれや信用低下につながる問題である等を考慮し、バスケット条項が適用されている[93]。

　したがって、有価証券報告書の提出遅滞等で監理銘柄に指定されることが見込まれる場合には、かかる事実は、重要事実と取り扱うべきであろう。

　なお、有価証券報告書等の提出期限は承認を得れば延長が可能であるところ（金商法24条1項本文・企業内容等の開示に関する留意事項B24-13の追加）、承認を得て提出期限が延長された場合、金融商品取引所との関係でも、延長された期限までは監理銘柄に指定されず、延長後の期限が経過して初め

93　鍛冶雄一ほか「業績予想等の修正に関するインサイダー取引規制」旬刊商事法務2148号（2017）8頁。

て監理銘柄に指定され、その後8営業日が経過すれば上場廃止事由に該当することとなる（東証規程601条1項7号、東証施規601条7項1号）。

　そのため、有価証券報告書等の提出期限の延長について承認が得られれば、延長期間内は監理銘柄の指定はまだ見込まれないものの、延長の承認に係る申請の決定を行ったことも適時開示事由とされたこと（東証規程402条1項akの2）等からすれば、監理銘柄に指定される見込みがまだなくとも延長承認の申請を決定すれば、当該決定も重要事実と取り扱われるべきであろう。

　なお、有価証券報告書等の提出期限は承認を得れば延長が可能であるところ（金商法24条1項本文、企業内容等の開示に関する留意事項B24-13）、承認を得て提出期限が延長された場合、金融商品取引所との関係でも、延長された期限までは監理銘柄に指定されず、延長後の期限が経過して初めて監理銘柄に指定され、その後8営業日が経過すれば上場廃止事由に該当することとなる（東証規程601条1項7号、東証施規601条7項1号）。

　そのため、有価証券報告書等の提出期限の延長について承認が得られれば、延長期間内は監理銘柄の指定はまだ見込まれないものの、延長の承認に係る申請の決定を行ったことも適時開示事由とされたこと（東証規程402条1項akの2）等からすれば、監理銘柄に指定される見込みがまだなくとも延長承認の申請を決定すれば、当該決定も重要事実と取り扱われるべきであろう。

【R2-10】

　「上場会社のある事業部が値引き販売を隠蔽し、売上高を過大に計上していたことが判明したこと」が重要事実とされた事例である。売上高を過大に計上していた事業部は、主力事業の一つとして、成長・発展が期待されており、こうした重要な事業における不正行為が判明した事実は、昨今のコンプライアンス意識の高まりに照らすと同社の社会的信用を著しく毀損するものと指摘されている。

　また、当該不正行為の発覚によって、過年度の決算における当期純利益を

> 下方修正し、四半期報告書の一部修正を余儀なくされる等、同社の業績に関し、重大な影響を及ぼすものであったことのほか、公表日翌日以降から当該銘柄の株価が下落基調で推移したことも指摘されている。

　当該上場会社の一連のプレス・リリースによれば、当初は、平成29年10月期における同社の単体の業績における売上高の過大計上額は1億6,600万円を見込んでいる旨を公表したが、同社の単体の業績について、売上高を393億8,500万円（1億6,600万円の減少・0.42％減）、営業利益を41億5,400万円（1億6,400万円の減少・3.87％減）、経常利益を39億800万円（2億1,200万円の減少・5.17％減）、当期純資産を29億5,400万円（1億6,600万円の減少・5.32％減）に訂正する旨を公表した。

　この事案においては、決算数値の訂正額やその割合はそれほど大きなものではないものの、売上高が過大に計上されていた事業部が同社の主力事業であったことや、コンプライアンス意識の高まりによる社会的な信用の毀損ほか、当該不正行為の発覚によって会社として四半期報告書の一部の修正等の各種対応が必要になったことを理由に、バスケット条項に該当すると判断している。

　近時においては、企業におけるコンプライアンス意識の高まりやその社会的責任がより一層重視されている。そのため、粉飾決算等が発覚した場合には、訂正額及びその割合のみに着目するのではなく、粉飾決算等が生じた部門やその原因を含め、投資者の投資判断に与える影響を加味した上で、バスケット条項への該当性を判断する必要があると考えられる。

48 製品の欠陥の発生が問題となった事例

> 上場会社等の製造する製品に重大な欠陥が生じた場合、具体的な損害の発生とは別に、会社の製品全体に関する信用の問題を生じることから、重要事実となる場合がある。

　金商法上、災害に起因する損害又は業務遂行の過程で生じた損害が発生したことがインサイダー取引規制上の重要事実とされている（金商法166条2項2号イ）が、上場会社の製造する製品に重大な欠陥が生じたことは、具体的な損害の発生とは別に、会社の製品全体に関する信用の問題を生ずる事象である[94]。

　製品の欠陥の発生が問題となった事例としては、例えば日本商事事件及びR2-9の事例が挙げられる。

【日本商事事件（大阪地判平成8年5月24日判時1609号153頁[95]）】

> 　日本商事が実質上初めて開発して発売を開始し、同社の株価上昇のもとになっていた新薬「ユースビル錠」について、発売直後、これを投与された患者につき、抗がん剤であるフルオロウラシル系薬剤との併用に起因した相互作用に基づく副作用と見られる死亡例が発生したという事実に関しバスケット条項の適用が認められた事案である。
> 　裁判所は、日本商事の資本金ほか人的・物的規模、営業状況、自社品事業部門におけるユースビル錠の比重、同錠の開発に投下した資金量、同錠に対

94　石井輝久「インサイダー取引におけるバスケット条項の適用事例と論点―裁判例および課徴金事例の分析」旬刊商事法務1935号（2011）19頁。

95　バスケット条項の具体的な適用を行った第一審の判断を記載している。166条2項1号ないし3号に該当する事実へのバスケット条項の適用の可否に関する最高裁の判断については「51　166条2項1号ないし3号に該当する事実のバスケット条項の適用」を参照。

する有力商品としての期待、同社株の人気の要因、同錠の売上目標の大きさ等を摘示した上、当該副作用症例の発生は、単に副作用症例の発生に伴って発生する損害によって同社の財産状態が悪化することとは別に、これが同社の信頼性一般を大きく傷つけ、同社の今後の業務展開の変更を余儀なくさせ、それによって同社の財産状態悪化がもたらされる等、極めて深刻な悪影響が見込まれるものであり、投資家の投資判断に著しい影響を与えるとして、バスケット条項の該当性を肯定した。

【R2-9】

> A社は、平成30年10月8日に「当社が製造したアルミ・銅製品の一部に関する不適切な行為について」においては、お客様との間で取り交わした製品仕様に適合していない一部の製品につき、検査証明書のデータの書き換え等を行うことにより、当該仕様に適合するものとして、出荷していた事実が判明したと公表した。

　課徴金事例集では、以下のような理由から、この事実がバスケット条項に該当すると判断している。まずは、製品の用途の観点から、「これらの不適合製品は、多くの人の生命・身体の安全に深くかかわる自動車や航空機、鉄道車両をはじめとして幅広く用いられている」ことから、顧客に対する信用のみならず、製造業者としてのA社の社会的信用をも低下させるものであって、A社の事業展開に大きな支障をきたすものである。また、この事案を受けての品質管理の適正化に関し、「不良率の増加によるコスト増や生産量の減少、不適合製品の在庫処分等の問題が生じることが予想され」るとし、これらがA社の業績に悪影響を及ぼすことから、これらの事情などを踏まえると、投資者がこの事実を知れば、当然に「売り」の判断を行うものとしている。また、当該会社において複数の製造拠点で不適切行為を行っているが、重要事実としては、ある事業部門のうち、個々の製造拠点ごとの不適切行為ではなく、複数の製造拠点における不適切行為を総合して判断している[96]。

また、当該事案では、重要事実は、検査結果の改ざん又はねつぞう等を行うことによって、不適合製品を製品仕様に合致する製品として出荷していたこと（以下、本段落において「本件不適切行為」という。）それ自体ではなく、本件不適切行為が判明したこととされており、同社が当該出荷していたことを調査の結果認識したことがバスケット条項に該当すると考えられている。当該会社の認識としては、「会社の信用に係る事実の発覚と、その公表がなされる見込みが高まったこと」又は「投資者の判断に著しい影響を及ぼすまでの事実として確実になったこと」をもって、当該会社として当該事実を認識した時点と解される可能性がある。この事案においては、本件不適切行為を行った部門長は当該会社の代表権を有する役員であり、本件不適切行為についての疑義が生じ、調査を進めその調査の結果が当該役員に報告等をなされた時点で、遅くとも当該会社の認識があったと判断されると解されている[97]。

　上場会社又はその子会社が提供する製品・サービス等の瑕疵やその疑義が生じた場合、当該時点では、その事実の真偽や、その原因及び範囲等が不明確であったり、また、確定的な問題かは判明しておらず[98]、その後の調査によって、その瑕疵等の原因及びその範囲等が明らかになってくることもあることから、当該瑕疵等の性質や重大性、その確度や当該瑕疵による社会的な信用や業績への影響を踏まえて、上場会社にとって重大な問題になり得ると認識した時点で、当該瑕疵等は重要事実に該当するとして情報管理を適切に行う必要があろう。

96　味香直希ほか「バスケット条項に関する考察―近年の課徴金勧告事案を題材として―」旬刊商事法務2215号（2019）29頁。

97　味香直希ほか「バスケット条項に関する考察―近年の課徴金勧告事案を題材として―」旬刊商事法務2215号（2019）30頁。

98　H29-16の事案では、製品についてのデータ処理について技術的な根拠がないのではないかとの疑義が社内で呈された後、検査等を行い製品の一部が、性能評価基準に適合していないことが確定的になった旨を代表取締役に対して報告された時点で遅くとも重要事実は発生したと認定されている。

49 資金調達の成否が問題となった事例

> 社債の発行、シンジケートローンによる借入れの実施、募集株式の失権等、重要なファイナンス案件の成否は、かかるファイナンスの規模だけでなく、企業の財務状態等によって重要事実に該当するか否かが判断される。

　企業が事業を継続するためには資金調達が不可欠であるが、インサイダー取引規制においては、エクイティ・ファイナンスである株式・新株予約権の募集（金商法166条2項1号イ）は重要事実とされているものの、デット・ファイナンスである社債の発行やローンの借入れは重要事実とされていない。また、エクイティ・ファイナンスについても、一度公表した募集の中止は重要事実に該当する（同号柱書・同号イ）が、募集に応募がないこと（いわゆる失権）は重要事実とされていない。

　これらの資金調達に関する事実についても、かかるファイナンスの規模、企業の事業状況等によってはバスケット条項による重要事実となる場合がある。

　資金調達の成否が問題となった事例としては、以下の事例がある。

【リサ・パートナーズ事件（東京地判平成23年4月26日LEX/DB25471735）】

> 景気の低迷等により不動産関連企業の新規資金調達が困難となっており、リサ・パートナーズについても株価が下落し、信用不安に関する風評が流れといった状況下において、三井住友銀行ほか10行から成る銀行団による協調融資により総額約100億円[99]の新規事業資金を調達できることが確実となったことが重要事実とされた事案である。

99　実際に公表された資金調達額は95億円であった。

資金調達の重要性について、金額だけではなく、リサ・パートナーズに対する信用不安に言及した上で、当該資金調達の実現により、リサ・パートナーズの財務状況が改善されるだけでなく、その信用力や資金繰りの安定性等を市場や取引先等に対し強くアピールすることにもなることが指摘されており、信用不安の払拭という企業の信用への影響が重要視されている。

　裁判所は、東京証券取引所における適時開示基準のバスケット条項を引用し、インサイダー取引におけるバスケット条項と「ほぼ同義」であると指摘した上、本件の資金調達が、東京証券取引所の適時開示ガイドブックに記載されている適時開示基準のバスケット条項の具体例である「当該決定事実による資産の増加又は減少見込額が、最近に終了した事業年度の末日における純資産額の30％に相当する額以上」に該当する（リサ・パートナーズの平成20年12月期の純資産額は238億5,600万円であり、本件資金調達による資産の増加額95億円は純資産額の39.8％になる。）点も、バスケット条項該当性を裏付けるものであるとした。

　また、裁判所は、リサ・パートナーズの株価についても言及し、資金調達公表直前の終値と公表後の高値を比較し2.35倍と高騰している点も、バスケット条項の適用を肯定する理由として挙げている。

【H23-12】

> 　第三者割当による転換社債型新株予約権付社債の募集が失権となる蓋然性が高まり、継続企業の前提に関する重要な疑義を解消するための財務基盤を充実させるのに必要な資金を確保することが著しく困難となったことが重要事実とされた事案である。
>
> 　A社の平成21年1月23日付プレス・リリースによれば、当該募集の総額は3億円であり、A社の平成21年3月期第3四半期決算短信によれば、平成20年12月31日時点で、A社は債務超過に陥っており、第3四半期（累計）の営業利益・経常利益・四半期純利益はいずれもマイナスという状況であった。

A社は、会計監査人から継続企業の前提に関する重要な疑義があると指摘を受けるほど財務状況が悪化しており、必要な資金等を確保することが著しく困難となれば、財務基盤が一層悪化し、業績が急落するだけではなく、上場廃止に至ることすら懸念されたことから、「当該上場会社等の運営、業務又は財産に関する重要な事実」で「投資者の投資判断に著しい影響を及ぼすもの」に該当するものと判断されている。

　上記判断においては、当該転換社債型新株予約権付社債の募集が失権となる蓋然性が高まったという事実だけではなく、財務状況が著しく悪化していたという状況も踏まえて、重要事実に該当するとの判断がなされた。

【テークスグループ事件(大阪地判平成22年9月1日告発事件の概要一覧表132号事件)】

> 　第三者割当による新株式発行増資について、払込総額の約9割に相当する株式が失権することが確実になり、連結業績向上のための基幹事業としていた子会社事業等への投資資金を確保する目処が立たなくなったことが重要事実とされた事案である。

　テークスグループのプレス・リリースによれば、当該第三者割当増資の発行価額は約20億円であり、当時のテークスグループの最近事業年度における連結総資産が約69億円、連結純資産が約29億円という会社の規模からすると大規模な第三者割当増資であった。

　テークスグループは当時、直前期に多額の特別損失を計上していたものの、債務超過に陥るといった状況にはなかったが、会社の規模に比して大規模な第三者割当であったことから、重要事実に該当するとの判断がなされたものと思われる。実際、プレス・リリースからは、第三者割当の失権により、払込みの当月又は翌月から資金を充当する予定であった事業・設備への投資を中止し、土地の購入を賃借にする等当初の投資計画を大幅に変更せざるをえなかったことが窺える。

50 その他の適用事例

> 上記47～49の類型のほか、①反社会的勢力との取引に関する捜査、②有価証券報告書の虚偽記載、③架空投資の発覚、④業務提携の中止に関する通告の受領、⑤上場会社の債務不履行により、契約解除が前提となる他社からの支払催告書が到達したことについて、バスケット条項が適用された事例がある。

バスケット条項は、投資者の投資判断に著しい影響を及ぼす事実を包括的に重要事実とするため、必ずしも類型化になじまない適用事例も存在する。上記47～49で述べた類型のほかに、これまでバスケット条項が適用された主な事例は以下のとおりである。

【スルガコーポレーション事件（平成23年6月10日告発　告発事件の概要一覧表144号事件[100]）】

> スルガコーポレーションが、従前から委託先法人に行わせていた同社所有の商業ビルの立ち退き交渉業務に関し、同委託先法人が反社会的勢力であるとし、当該交渉業務に関してスルガコーポレーションの役員らの取調べ等の捜査を警察が進めていることが重要事実とされた。

本件の重要事実は、反社会的勢力との取引がなされていたこと自体ではなく、反社会的勢力との取引を行っているものとして、その役員等に対して警察が捜査を行っていることである。反社会的勢力と関係があるとしてその役員が捜査対象となること自体が、当該上場会社の社会的信用を低下させ、投資判断に重大な影響を及ぼすと判断されたものといえる。なお、

---

[100] 犯則嫌疑者3名のうち1名について公訴が提起されたが、被告人が心神喪失となったため、刑事訴訟法314条により公判手続停止中である。

当局による強制調査を受けたことがバスケット条項に該当すると判断された事案として、「46 バスケット条項に関する事例」の図表46－1のNo.10及び図表46－2のNo.10がある。

【西武鉄道事件（東京地判平成17年10月27日LEX/DB28135404）】

> 西武鉄道が継続的にコクドの所有に係る西武鉄道株式の一部を他人所有であるように装い、その株式数等について、コクドの保有する西武鉄道の株式は発行済株式総数の約64％であるにもかかわらず、約43％である旨、有価証券報告書に虚偽の記載をして提出してきたことが重要事実とされた。
> 裁判所は、大株主の持株数及び持株比率は、投資者が、その企業の経営への参加可能性や株式の流動性、東京証券取引所の当時の上場廃止基準であるいわゆる80％ルール[101]への抵触可能性等を判断する上で重要な要素となるものであり、特に、西武鉄道においては、実際に80％ルールに抵触していたことから、コクドの株式保有数は投資者の投資判断を大きく変える重要な事実であると指摘している。

投資家は上場会社が適切な情報開示を行っていることを前提として投資判断を行うものであり、上場会社の開示内容に重要な事項について虚偽が含まれている場合、投資判断に重大な影響を生じうるため、当該虚偽の記載をしていること自体が重要事実に該当しうる。本件では特に、有価証券報告書の記載に重大な虚偽があったことだけではなく、かかる虚偽の記載がなされなかった場合には東京証券取引所の上場廃止の可能性があった点も、投資者の投資判断を大きく変える重要事実と判断した理由として挙げられている。

---

101 少数特定者持株数（所有株式数の多い順に10名の株主及び役員が所有する株式の総数に自己株式数を加えた数）の上場株式数に対する割合が80％を超え、1年以内に80％以下とならない場合に当該銘柄の上場を廃止することとする基準。現在は廃止されている。

第 6 節 バスケット条項

【LTTバイオファーマ事件(東京地判平成21年4月15日告発事件の概要一覧表111号事件、東京地判平成21年9月14日判例体系28167002)】

> 　LTTバイオファーマの子会社であるアスクレピオスが主力事業として累次に亘り投資を募っていた病院再生事業がいずれも架空のものであって、償還日が到来する都度、他の投資家を欺いて調達した金員をもって償還に充てることを繰り返していた事実が投資家の知るところとなり、それ以降に償還日が到来する償還金を償還する目途が立たず、同事業の継続が事実上困難になったことが重要事実とされた。
>
> 　LTTバイオファーマの一連のプレス・リリースによれば、LTTバイオファーマは平成19年9月1日を効力発生日とする株式交換により非上場会社であったアスクレピオスを子会社化したものであり、当該株式交換により、LTTバイオファーマの売上高が1,671百万円から5,268百万円に、営業利益は956百万円の赤字から643百万円の黒字になる等、大幅な業績予想の上方修正を行った。
>
> 　もっとも、アスクレピオスは平成20年3月19日、匿名組合契約に基づく出資金を資金不足のため投資家に償還することができず、かつ、債務超過状態に陥ったことから破産手続を申し立て、これにより同社の架空投資の事実が明らかとなったものである。

　上記業績予想の修正から明らかなとおり、アスクレピオスの事業継続が困難となることはLTTバイオファーマの売上高及び営業利益に大幅な修正を与えるものであり、LTTバイオファーマにとって重大な影響が生じるものといえる。また、LTTバイオファーマの取締役副会長であり、かつアスクレピオス社長であった者が、架空投資という詐欺行為に加担していたということ自体も、上場会社の信用という観点から投資判断上重要な事実に当たると考えられる。

【H25-8】

　A社が業務提携を行っていた相手方から、両社間の業務提携に係る不動産検索サービスの提供を停止するとの一方的な通告を受けたことが重要事実とされた。
　バスケット条項が適用された理由としては、当該通告により、A社が相手方と共同して展開していた不動産検索サービスの運営が不可能となり、不動産情報提供サービス事業に特化していたA社にとって、A社の運営、業務に関し重要な影響が生じること、また、当該検索サービスの停止によりA社の売上げや利益が減少しA社の財産にも重要な影響が生じる点が挙げられており、またA社の株価が、当該重要事実の公表日から2日連続でストップ安となった点も指摘されている。
　A社の平成23年2月10日付プレス・リリースによれば、A社は、当該不動産検索サービスの提供が停止されたことに伴い、業績予想のうち、連結売上高を690百万円から270百万円に、連結経常利益を－1,210百万円から－1,450百万円に、連結当期純利益を－240百万円から－1,350百万円にそれぞれ修正した。

　上場会社等が業務提携上のサービス提供を停止するとの一方的な通告を受けた場合、上場会社等は何らの決定も行っていないため、「業務上の提携の解消」についての決定（金商法施行令28条1号）には該当しない。
　また、本件サービスの提供元がA社の主要取引先に該当する場合、主要取引先との取引の停止（金商法施行令28条の2第9号）に該当するが、「主要取引先」は前事業年度における売上高・仕入高を基準に判断されるところ、上記プレス・リリースによれば、本件サービスはサービスの提供が停止された平成23年2月10日と同一の事業年度に属する平成22年8月12日から開始されたものであり、本件サービスの提供元は主要取引先に該当しなかったようである。
　もっとも、上記のとおり、不動産情報提供サービス事業に特化していたA社にとって、本件のサービスの提供の停止は、その運営、業務に関し重要な影響を与えることが明らかなこと、また、本件サービスの停止により

A社の売上げや利益が減少することは免れないことが、「投資者の投資判断に著しい影響を及ぼす」(バスケット条項に該当する)と判断されたと考えられる[102]。実際にも、A社は連結売上高、連結経常利益、連結当期純利益に係る業績予想を大幅に下方修正している。

また、当該事象により現実化している財務上の損害に加えて、会社が将来的に予定していた事業や将来への受注への影響による将来的な事業等への影響を踏まえて、投資者の投資判断に著しい影響を及ぼすかどうかは判断されることになる[103]。

【H28-4】

> A社が、巨額の売買契約を締結していた相手方から、A社の債務不履行により、契約解除が前提となるB社からの支払い催告書が到達したことが重要事実とされた。
>
> バスケット条項の適用について、B社の催告書は、A社の売買契約に基づく支払いの遅延を内容とする債務不履行を原因とするものであり、期限内に支払いがなされない場合には、①売買契約の解除、②支払い済みの前払金の没収、③高額の損害賠償請求等が行われるというものであったが、A社において債務不履行を解消するだけの資金的な余裕がなかったことを踏まえると、当該売買契約が解除されることがほぼ確実であり、投資者が、A社の株式について「売り」の判断を行うことは明らかな状況であったと述べられている。また、当該重要事実の公表後に、A社の株価が、公表後の2週間で約5割下落していることも指摘されている。

A社の平成26年7月29日付プレス・リリースによれば、A社は、円安や競争の激化によって経営環境が厳しくなり、当初の購入計画を変更せざる

---

102 鍛冶雄一ほか「業績予想等の修正に関するインサイダー取引規制」旬刊商事法務2148号(2017)10頁。
103 鍛冶雄一ほか「業績予想等の修正に関するインサイダー取引規制」旬刊商事法務2148号(2017)10頁。

を得ない状況になってきたこと、並びに、これに伴って平成26年４月からＢ社と協議を行ってきたが交渉は難航してきたこと、及びその理由としてＢ社が、Ａ社に対して、Ａ社が大手の傘下に入ることを契約変更の条件の一部として要求したことや、この要求を拒否して購入をキャンセルした場合には法外な違約金を提示してきたこと等が述べられ、引き続きＢ社と協議し解決策を見出していく所存であるとの説明がなされている。

　なお、上場会社等において、災害に起因する損害又は業務遂行の過程で生じた損害が発生したことがインサイダー取引規制上の重要事実とされている（金商法166条２項２号イ）が、この「損害」の意義について、営業損失、営業外損失若しくは特別損害のいずれに計上されるかを問わないが、売上原価、減価償却費のように費用収益対応の原則から収益の実現に対応して会計上計上される費用については「損害」という文言からして除かれると解されている[104]。この事案において、契約が解除された場合には既に支払い済みであった前払い金合計約260億円が減損損失になるとのことであったが、当該時点では、まだ、売買契約の解除までは行われておらず、かかる意味で損害自体は発生していない状況であったこと、また、当該減損損失のみならず、売買契約の解除によってＡ社に対して高額の損害賠償請求等が行われる等、事業の継続に重大な疑義が生じる状況において、Ａ社において債務不履行を解消するだけの資金繰りに余裕がなかったことを踏まえて、この契約解除が前提となるＢ社からの支払い催告書が到達したことを、バスケット条項に該当すると判断したと考えられる。

---

[104]　注解特別刑法補巻(2)237頁。

51 166条2項1号ないし3号に該当する事実のバスケット条項の適用

> 金商法166条2項1号ないし3号に該当するものの軽微基準の範囲内にとどまるため重要事実に該当しない事実については、原則としてバスケット条項に該当することはない。ただし、このような事実であっても、金商法166条2項1号ないし3号によって包摂・評価され得ない別の重要な面があり、それが投資者の投資判断に著しい影響を及ぼすときは、別途バスケット条項が適用されることがある。

　金商法166条2項4号は、「前3号に掲げる事実を除き」という要件を課していることから、金商法166条2項1号ないし3号に該当するものの軽微基準の範囲内にとどまるため、金商法166条1号ないし3号に定める重要事実に該当しない事実については、原則として4号に該当することはない[105]。

　もっとも、日本商事事件最高裁判決（最判平成11年2月16日刑集53巻2号1頁。「48　製品の欠陥の発生が問題となった事例」参照）は、ある事実が金商法166条2項1号から3号までのいずれかの事実に相応する面を有していても、それによって「包摂・評価され得ない」別の重要な面を持ち、それが投資者の投資判断に著しい影響を及ぼすときは、かかる事実について、1号から3号までとは別に4号の該当性を問題にすることができ、このように解しても4号が「前3号に掲げる事実を除き」と規定している趣旨等にも反するものではないとしている。

　具体的には、日本商事事件で、最高裁は、副作用例の発生は、副作用の被害者らに対する損害賠償の問題を生ずる可能性がある等の意味では、「災害又は業務に起因する損害」が発生した場合に該当しうる面を有する事実であることは否定し難いとした上で、バスケット条項の該当性を検討

---

[105]　横畠119頁。

し、副作用例の発生は、日本商事が有力製品として期待していた新薬であるユースビル錠に大きな問題があることを疑わせ、同錠の今後の販売に支障を来すのみならず、日本商事の特に製薬業者としての信用をさらに低下させて、同社の今後の業務の展開及び財産状態等に重要な影響を及ぼすことを予測させ、ひいて投資者の投資判断に著しい影響を及ぼしうるという面があり、また、この面においては旧証券取引法166条2項2号イの損害の発生として包摂・評価されえない性質の事実であると述べ、当該事実が同号イの損害の発生に当たる面を有するとしても、そのために同項4号に該当する余地がなくなるものではないとした。

このように、金商法166条2項1号ないし3号に該当するものの軽微基準の範囲内にとどまる事実について、例外的にバスケット条項の該当性が認められる場合は存在するため、このような事実について、実務上は、金商法166条2項1号ないし3号に定める事由によって評価されない重要な側面がないかを念のため検討する必要がある。

なお、上記「46 バスケット条項に関する事例」の図表46-1に記載のとおり、Aiming事件とエイチーム事件においては、共同で進めていた携帯電話機向け新作ゲームの開発が配信開始を見込めるまで進捗したことがバスケット条項に該当するとされているところ、これらと、新製品又は新技術の企業化（金商法166条2項1号ヨ）との関係が問題になり得る。この点、上記「32 その他の決定事実に関する決定時期についての事例」のとおり、「新製品」とは上場会社等が新たに市場に投入する商品をいい、「企業化」とは、いわゆるコマーシャルベースに乗せることであるところ、これらの事案においては、新製品の企業化に定める事由によって評価されない重要な側面があるとの判断がなされたと考えられる。

第4章
禁止される行為

第1節

売買等、買付け等・売付け等

52

禁止される取引

> インサイダー取引規制では、市場取引か相対取引かを問わず、売買、交換、代物弁済や現物出資等の有償の譲渡若しくは譲受け等が禁止されている。また、合併又は会社分割による承継も禁止される取引に含まれるが、かかる組織再編による承継については一定の適用除外も定められている。

1 金商法166条のインサイダー取引規制

(1) 「売買等」の該当性

　金商法166条のインサイダー取引規制では「売買等」が禁止されている。

　「売買等」とは、①売買その他の有償の譲渡若しくは譲受け、②合併若しくは会社分割による承継、又は③デリバティブ取引をいう(金商法166条1項)。なお、国内の金融商品取引所での取引に限られず、相対取引や海外の金融商品取引所での取引もこれに含まれる。

　このうち、①の「売買その他の有償の譲渡若しくは譲受け」は、有償でその所有権を移転することをいい、具体的には以下のとおりと考えられている[1]。

1　横畠44頁以下、服部202頁以下、松本179頁以下、木目田294頁以下参照。

【図表52-1　売買その他の有償の譲渡若しくは譲受けに該当する行為】

No.	行為	該当性
1.	売買、交換、代物弁済、現物出資	該当する。
2.	贈与等の無償の移転行為	該当しない。
3.	相続による移転	該当しない。
4.	有価証券の新規発行とこれによる原始取得	該当しない。
5.	自己株式や自己新株予約権等の処分とこれによる取得	該当する。ただし、組織再編（合併、分割、株式交換、株式交付又は事業譲渡）の対価として行われる場合は適用除外に該当（166条6項11号。詳細は「53　『売買等』と組織再編による有価証券等の承継等」参照）。
6.	事業譲渡による承継	有償の場合には該当する。ただし、承継資産の全体に占める割合が低い場合等については適用除外に該当（詳細は「53　『売買等』と組織再編による有価証券等の承継等」参照）。
7.	貸株・借株	諸説ある。
8.	質権・譲渡担保権の設定	該当しない。
9.	質権・譲渡担保権の実行	該当する。
10.	株式交付における株式交付子会社株式等の譲渡・譲受け	該当する。

　No.7の貸株・借株については、目的物たる株券等の所有権が貸主が留保する賃貸借の場合と、所有権が貸主から借主に移転する消費貸借の場合

が考えられるが、後者の消費貸借の場合には所有権が有償で移転することになるから「売買等」に該当すると解される[2]。

②の合併若しくは会社分割による承継については、「53 『売買等』と組織再編による有価証券等の承継等」を参照されたい。

③のデリバティブ取引については、金商法2条20項から23項において定義されており、先物取引、先渡取引、オプション取引、スワップ取引等をいう。

なお、一定の要件を満たす持株会による株券の買付け等にインサイダー取引規制の適用がないことについては「72 持株会による買付け等」を、一定の要件を満たす持株会による買付け等と公開買付け手続との関係については「102 公開買付けと役員・従業員持株会による買付け」を、参照されたい。

(2) 売買等をすること

売買等をするとは、売買契約等の当事者として権利義務の帰属主体となることに限られず、他人に売買等の委託、指図をすること（例えば、証券会社を通じて売買等をすること）や、他人のために売買等の行為を行うこと（例えば、投資顧問会社の担当者が他人である顧客のためにその一任勘定口座において売買等をすること）を含む[3]。

もっとも、他人の指示を受けて単に機械的に売買等に関与するに過ぎない場合には、規制の対象にはならない（ただし、幇助犯として処罰される可能性はある。）[4]。例えば、証券会社がインサイダー取引であることを知りつつ顧客からの注文を受けて金融商品取引所における売買取引を成立させる行為等は原則として売買等をすることには該当しないものの、幇助犯と

---

2 コンメ4 125頁〔岩原執筆部分〕、金商法セミナー296頁。
3 横畠44-45頁。
4 これをさらに進めて、木目田311頁以下では、「売買等」に該当するためには、行為者の売買等の意思に基づいて売買等の行為が行われることを要すると定式化できる旨論じている。

して処罰の対象となると考えられる。

加えて、売買等の契約が成立していない限りは、インサイダー取引規制には抵触せず、その準備段階の行為（例えば、売買を証券会社に委託しただけの場合）は処罰の対象外となる（未遂は不処罰）。もっとも、売買等の契約が成立してさえいれば、現実に売買等に係る決済（株式の振替の完了、代金の振込み等）が完了している必要はない[5]。

2 金商法167条のインサイダー取引規制

金商法166条のインサイダー取引規制においては、常に「売買等」が禁止されているものの、同法167条のインサイダー取引規制では、公開買付け等の実施に関する事実を重要事実等とする場合には「買付け等」をすることが禁止され、公開買付け等の中止に関する事実を重要事実等とする場合には、「売付け等」をすることが禁止されている。

「買付け等」及び「売付け等」に該当する取引はそれぞれ金商法施行令33条の3及び33条の4に規定されている（金商法167条1項）。

その他上記1で記載した内容は、基本的に金商法167条のインサイダー取引規制においても妥当する[6]。

53

「売買等」と組織再編による有価証券等の承継等

> 組織再編によって有価証券等が承継される場合も、インサイダー取引規制の対象である「売買等」に当たる。もっとも、①承継資産に占める有価証券等の帳簿価額の割合が20％未満の場合、②組織再編等の契約の決定についての取締役会決議が重要事実等を知る前にされた場合、③単独新設分割により承継させる場合は、適用除外規定によりインサイダー取引規制違反とならない。また、組織再編の対価としての自己株式の交付は、売買等の適用除外としてインサイダー取引規制が適用されない。

1 「売買等」該当性

インサイダー取引規制の対象である「売買等」（又は公開買付け等事実に関する規制の対象である「買付け等」及び「売付け等」）には、売買その他の有償の譲渡又は譲受けのほか、合併又は分割による承継が含まれる（金商法166条1項柱書、金商法施行令33条の3第2号・33条の4第2号）。

なお、無対価の合併や吸収分割による有価証券等の承継については、「承継」が有償の場合に限定されていたことからすれば、適用除外とすべきとも思われる[7]が、文言上、明示的には除外されていない。

株式交換又は株式移転により完全子会社となる会社の株式を取得することは、「売買等」に該当しないものと考えられる[8]。一方で、株式交付における株式交付子会社株式等の譲渡・譲受けは、「有償の譲渡若しくは譲受け」として「売買等」に該当し、株式交付子会社が上場会社等である場合にはインサイダー取引規制の対象になるものと解される[9]。

また、上場会社等が組織再編を行い、その対価として自己株式・自己新株予約権を交付する場合、既発行の有価証券を移転させるものであることから、当該交付は「売買等」に該当するものの、後述のとおり適用除外規定がある。

2 組織再編における適用除外

組織再編が「売買等」に当たる場合であっても、以下のいずれかに該当する場合については、適用除外に該当する。

---

5 横畠210頁。
6 横畠180頁、金商法セミナー305頁。
7 宮下央「インサイダー取引規制の見直しと実務上の留意点―金融審議会WG報告を踏まえて」金法1943号（2012）98頁。
8 宮下央「インサイダー取引規制の見直しと実務上の留意点―金融審議会WG報告を踏まえて」金法1943号（2012）98頁。
9 上島正道＝船越涼介「株式交付および株式報酬とインサイダー取引規制」旬刊商事法務2252号（2021）28頁。

① 承継資産に占める割合が20％未満の場合

　第一に、承継資産の帳簿価額の合計額に占める有価証券等の帳簿価額の割合が20％未満の場合である（金商法166条6項8号・167条5項8号、取引規制府58条の2）。承継資産のうち有価証券等の割合が20％未満であれば、承継資産全体にとって重要性が低く、また、仮に、重要事実が生じていたとしても承継対価に与える影響は小さいことから、インサイダー取引に利用される危険性は低いと考えられるからである。

② 知る前の決定

　第二に、合併等の契約の内容の決定についての取締役会の決議時には重要事実等を知らず、当該決議に基づいて合併、会社分割又は事業譲渡による有価証券等の承継がなされた場合である（金商法166条6項9号・167条5項9号）。このような場合は、いわゆる知る前契約による適用除外（金商法166条6項12号・167条5項12号）と同様に証券市場の公正性・健全性に対する一般投資家の信頼を損なうおそれは小さいことから導入されたものである[10]。

　「合併等の契約の内容の決定についての取締役会の決議」とは、合併契約、吸収分割契約、事業譲渡契約の承認の決議を指し、いわゆる合併に関する覚書（Memorandum of Understanding）等の締結に関する取締役会決議は含まれない[11]。

　決定を行った時点の明確性の観点から、この適用除外に該当するためには、取締役会の決議が行われることが要件となっており、取締役会決議を経ずに組織再編が行われる場合は適用がない。なお、知る前契約とは異なり、取締役会決議が行われていれば合併契約等の締結前に重要事実を知った場合もインサイダー取引規制の対象とならないとされている。

　また、合併等の契約の内容の決定についての取締役会決議の後、重要

---

[10] 平成23年インサイダーWG第4回議事録〔神田座長発言〕等。
[11] 平成23年インサイダーWG第4回議事録〔川口委員発言、増田市場機能強化室長発言〕等。

事実等を知り、その後に、合併等の契約の内容を変更する取締役会決議をした場合にも、上記適用除外には該当しない可能性がある。

③　単独新設分割の場合

　第三に、単独新設分割について、分社化の機能を有するものであり、基本的に第三者との取引の性質を有しないため、インサイダー取引規制を適用する必要性は低いと考えられることから、インサイダー取引規制の適用除外とされている（金商法166条6項10号・167条5項10号）。適用除外となるのは単独新設分割のみであり、2以上の会社が共同して新設分割を行う共同新設分割はインサイダー取引規制の適用除外とならない。

④　自己株式の交付

　第四に、合併、会社分割、事業譲渡、株式交換又は株式交付の対価としての自己株式の交付について、①組織再編においては、会社間の権利義務の承継に主眼があり、新株又は自己株式の割当てはあくまでもその対価と位置付けられること、②組織再編の対価に関し不正があった場合には当事者間における損害賠償等の問題として解決が可能であり、有価証券の売買等を行う市場取引とは関係性が高いとは考えられないこと、及び、③組織再編においては、デュー・ディリジェンスの手続による精査が行われ、また、原則として株主によるチェックを経て実施されることから、組織再編の対価としての自己株式の交付をインサイダー取引規制の対象とする必要はないこと等を理由として、これらの取引による有価証券等の交付はインサイダー取引規制違反とならないこととされている（金商法166条6項11号・167条5項11号）。

3　組織再編の類型ごとの整理

　インサイダー取引規制の適用の有無を組織再編の類型ごとにまとめると、図表53－1のとおりである。

【図表53−1　組織再編の類型ごとのインサイダー取引規制の適用の有無】

組織再編の類型	組織再編による株式の承継に関するインサイダー取引規制の適用	対価の交付に関するインサイダー取引規制の適用
吸収合併	○ （適用される）	× （適用除外④に該当する）
新設合併	○ （適用される）	／
事業譲渡	○ （適用される）	× （適用除外④に該当する）
吸収分割	○ （適用される）	× （適用除外④に該当する）
単独新設分割	× （適用除外③に該当する）	／
共同新設分割	○ （適用される）	／
株式交換	× （「売買等」に該当しない）	× （適用除外④に該当する）
株式移転	× （「売買等」に該当しない）	／
株式交付	○ （適用される）	× （適用除外④に該当する）

第2節

情報伝達・取引推奨規制
（金商法167条の2）

54
情報伝達行為・取引推奨行為に対する規制の概要

> インサイダー取引に関する情報伝達行為・取引推奨行為に対する規制として、①未公表の重要事実等を職務等により知った会社関係者・公開買付者等関係者が、他人に対し、②公表前に取引させることにより利益を得させる等の目的をもって、③情報伝達・取引推奨を行うことが禁止されている。

　平成25年改正で新設された金商法167条の2は、インサイダー取引に関する情報伝達行為・取引推奨行為に対する規制を定めている。当該規制の概要は以下の表のとおりである。

【図表54－1　情報伝達行為・取引推奨行為に対する規制の概要】

対象者	金商法166条1項各号・167条1項各号に従いその職務等に関して重要事実等を知った会社関係者・公開買付者等関係者（元会社関係者・元公開買付者等関係者を含む。）
行為	①職務等に関して知った重要事実等を他人に対して伝達すること（情報伝達行為） 　　又は

	②他人に対して公表前に売買等をすることを勧めること（取引推奨行為）
目的要件	①公表前に売買等をさせることにより他人に利益を得させる目的（他者利得目的） 又は ②公表前に売買等をさせることにより他人の損失の発生を回避させる目的（他者損害回避目的）

　また、情報伝達行為・取引推奨行為の相手方が実際に重要事実等が未公表のうちに取引をした場合には、情報伝達行為又は取引推奨行為を行った者が刑事罰・課徴金の対象となる（金商法175条の2・197条の2第14号・15号・207条1項2号）。

取引要件 （課徴金又は刑事罰に必要）	（重要事実の場合） 違反行為により重要事実の伝達を受けた者又は売買等をすることを勧められた者が、違反行為に係る特定有価証券等について公表前に売買等をした場合（適用除外に該当する場合を除く。） （公開買付等事実の場合） ①違反行為により公開買付け等の実施に関する事実の伝達を受けた者又は買付け等をすることを勧められた者が、違反行為に係る株券等について公表前に買付け等をした場合（適用除外に該当する場合を除く。） ②違反行為により公開買付け等の中止に関する事実の伝達を受けた者又は売付け等をすることを勧められた者が、違反行為に係る株券等について公表前に売付け等をした場合（適用除外に該当する場合を除く。）

1　規制の対象者

　情報伝達行為・取引推奨行為に対する規制は、会社関係者及び公開買付者等関係者を対象としており、情報受領者については対象としていない。

例えば、上場会社の役員が職務に関し知った重要事実を利益を得させる目的をもって友人に伝達することは規制の対象であるが、その友人がさらに他人に対して取引を推奨したとしても原則として規制の対象外である。会社関係者、公開買付者等関係者及び情報受領者の範囲については「第2章 インサイダー取引規制の対象者」を参照されたい。

また、本規制の対象は、会社関係者及び公開買付者等関係者が金商法166条1項各号又は167条1項各号に定める方法により重要事実等を知った場合に限られる。例えば、上場会社の従業員が友人に自社の株式の売買を勧誘したとしても、当該従業員が重要事実を職務に関して知ったのでなければ、本規制の対象とはならない。ただし、「職務に関し」は広く解釈されるため、会社内で会社関係者及び公開買付者等関係者から重要事実等の伝達を受けた他の役職員は規制の対象になりうる（情報伝達・取引推奨Q&A1頁問1。どのような場合に会社関係者及び公開買付者等関係者が職務等に関し重要事実等を知ったといえるかについては、「7 『職務に関し知ったとき』」～「11 契約の『締結若しくはその交渉又は履行に関し知ったとき』」を参照）。

なお、一旦職務等に関して重要事実等を知った会社関係者及び公開買付者等関係者は、その後退職等により会社関係者及び公開買付者等関係者に該当しなくなったとしても、その後一定期間は会社関係者及び公開買付者等関係者と同様本規制の対象となる（いわゆる元会社関係者及び元公開買付者等関係者。「4 元会社関係者・元公開買付者等関係者」も参照）。

2 情報伝達行為・取引推奨行為の相手方

金商法167条の2は「他人」に対する情報伝達行為・取引推奨行為を規制しているが、当該「他人」の範囲に特に限定はなく（情報伝達・取引推奨Q&A1頁問1）、法人も含まれる[12]。

---

12 齊藤ほか28頁。

3　情報伝達行為

　情報伝達行為に対する規制は、会社関係者及び公開買付者等関係者が職務等に関し知った重要事実等を他人へ伝達する行為を禁止する。

　かかる伝達行為は、従来インサイダー取引規制における情報受領者に該当するための伝達行為と同義と考えられ、その有無については実質的に判断されることになると思われる。例えば、上場会社の社長がその秘書に指示をして社長の友人に対して電話で重要事実を伝える等の第三者を介した伝達行為も含まれることになる。

　情報伝達があったというためには重要事実等の全部を伝達する必要はなく、その一部でも足りる。また、重要事実等について何ら伝達していないともいえるような場合、すなわち、銘柄名及びこれを購入するよう伝えたのみであっても、諸般の事情を考慮して広く情報伝達行為があったと判断する課徴金事例も存在するところである（情報伝達行為については「⒀　重要事実等の伝達の方法」及び「⒁　情報伝達の内容」を参照）。

4　取引推奨行為

　取引推奨行為は、職務等に関し知った重要事実等の公表前に売買等をすることを勧める行為を指す。情報伝達行為と異なり、重要事実等の伝達は必要ない。

　法文上、取引推奨行為を行うに当たり、未公表の重要事実の存在を仄めかし又は未公表の重要事実を知りうる立場にあることを示すことは要件とされていない。

　また、取引推奨行為は明示的に売買等を勧める場合のみに限られるものではなく、売買等を勧める行為を行ったか否かは、行為者の言動等によって実質的に判断される[13]。例えば、【R1-10】においては、明示的に株式の買付けを勧めた事実は認められなかったものの、従前から株取引に関する相談を受ける関係にあり、以前にもインサイダー情報を保有しているかのよ

13　情報伝達・取引推奨Q&A 3頁問5。

うな言動をとって上場会社株式の買付けを勧めたことがあった等の経緯がある中で、株価上昇につながる事実の公表が予定されている旨やその公表日時を繰り返し伝える等したことが、株式について購入する投資判断を示しているとして実質的に取引推奨行為に該当するものと判断されている[14]。

　会社関係者の場合に禁止される行為は「売買等」の推奨であるのに対し、公開買付者等関係者の場合に禁止される行為は、①当該公開買付者等関係者が公開買付け等の実施に関する事実を知った場合は「買付け等」、②公開買付け等の実施の中止に関する事実を知った場合は「売付け等」の推奨である（売買等、買付け等及び売付け等については「52　禁止される取引」を参照）。

55
情報伝達行為・取引推奨行為の目的要件

> 情報伝達行為・取引推奨行為に対する規制は、重要事実等の公表前に売買等をさせることにより、情報伝達行為・取引推奨行為の相手方に利益を得させ又は当該相手方の損失の発生を回避させる目的がある場合のみを対象とする。

　上場会社では業務提携の交渉や投資家向けのIR活動等様々な場面で情報のやり取りが行われており、情報伝達行為・取引推奨行為に対する規制の導入に際しては、これらに支障を来すことがないよう以下の目的要件が必要とされている。

　なお、以下では会社関係者による情報伝達行為・取引推奨行為に対する規制の目的要件を記載しているが、公開買付者等関係者に対する規制においても同様である。

---

[14] 鍛治雄一＝味香直希「平成30年度の課徴金勧告事案にみるインサイダー取引規制に係る留意点」旬刊商事法務2201号（2019）11頁。

【会社関係者に対する規制に係る目的要件（金商法167条の2第1項）】
① 会社関係者が金商法166条1項各号に定めるところにより知った業務等に関する重要事実について公表される前に情報伝達行為・取引推奨行為の相手方に当該上場会社等の特定有価証券等に係る売買等をさせることによって、
② 当該相手方に利益を得させ又は当該相手方の損失の発生を回避させる目的

1　認識の程度

情報伝達行為・取引推奨行為に際して、単に情報受領者が当該売買に起因した利益を得る可能性があることを認識していたというだけでは、これによって証券市場に対する一般投資家の不信感を惹起するおそれはないから、目的要件を満たさない（情報伝達・取引推奨Q&A4頁問7）。これに対し、他人に利益を得させることを意欲して情報伝達等をした場合や、そのような結果が発生することを積極的に是認しながら情報伝達等をした場合には、証券市場において内部者に近い特別の関係にある者のみに有利な取引を進んで行わせる行為が行われている点で、証券市場に対する一般投資家の信頼を失墜させる危険性が高まり、目的要件を満たすものと解されている[15]。詳細については、「56　情報伝達行為・取引推奨行為における積極的意思」を参照されたい。

2　利益・損失の範囲

情報伝達行為・取引推奨行為の相手方が自己の計算で取引をすることにより得られる利益、回避される損失は、当然に目的要件にいう「利益」「損失」に該当する。

情報伝達行為・取引推奨行為の相手方が他人の計算で売買等をする場合であっても、他人の計算で取引をしたことにより当該相手方が売買手数料等の金銭的な利益を得られるのであれば、そのような利益は目的要件にい

---

[15] 齊藤ほか28頁。

う「利益」に該当する[16]。

　もっとも、処罰範囲の明確化の観点からは、非金銭的な利益・損失（人事評価、社会的評価の上昇・下落等）についてまではここでいう「利益」「損失」に含まれないと解すべきであろう[17]。また、目的要件の有無は、「重要事実の公表前に」売買等を行わせ「それに起因した」利益を得させる目的があったか否かにより判断されることから、会社関係者から情報伝達・取引推奨を受けた者が重要事実の公表前の売買等とは関係なく利益を得る場合には目的要件が否定される（情報伝達・取引推奨Q&A 4頁問7）。

3　IR活動への適用可能性

　上場会社が投資家向けのIR活動を行う場合、もし会社に重要事実があれば、会社関係者が他人に対して公表前に売買等をすることを勧めるという要件は満たされる場合も少なくなく、そのような場合、取引推奨行為として違法とならないためには、目的要件がないことを確保することが重要と考えられる。

　そして、上場会社が通常行うIR活動は、上場会社の経営や財務についての正確な実態を伝えて投資家の関心を高めるとともに適切な価格形成がなされる基盤を提供することを目的とするものであり、個々の投資家に対して重要事実等の公表前の売買等をさせて、当該売買等によって利益を得させ又は損失の発生を回避させる目的を欠くものと考えられる[18]。

4　適用除外取引

　会社関係者や情報受領者が重要事実を知って売買等をする場合でも、金商法に定める適用除外事由に該当することによりインサイダー取引規制

16　齊藤ほか28頁。
17　池田唯一「金融・資本市場をめぐる制度改正の動向」証券レビュー53巻5号（2013）29頁、木目田裕＝鈴木俊裕「情報伝達・取引推奨規制における若干の解釈論」旬刊商事法務2036号（2014）7頁。
18　中村聡「インサイダー取引規制の平成25年改正と実務上の諸問題」旬刊商事法務1998号（2013）31頁、情報伝達・取引推奨Q&A 2頁問3。

に違反しない取引がある（詳細は「第6章　適用除外」参照）。情報伝達行為・取引推奨行為の相手方が、このような適用除外に該当する取引を行った場合、課徴金又は刑事罰が科されるための取引要件は満たされない（金商法175条の2・197条の2第14号・15号）。その一方、この場合であっても、目的要件が満たされれば、167条の2に違反したという事実は免れないため、情報伝達者が社内規則や行政機関によって何らかの処分を受けるリスクは回避できないようにも思える[19]。

　もっとも、クロ・クロ取引（金商法166条6項7号・167条5項7号）を行うために、売買当事者双方が未公表の重要事実を知った状態とするために情報を伝達した場合、通常は目的要件を満たさないと解されている。例えば、市場価格とは異なる価格でクロ・クロ取引がなされた場合、当該取引で株式を取得した者は取得価格と市場価格との差額の利益を得ることができる可能性があるが、情報提供者はインサイダー取引の適用除外を受けるために情報提供を行っているのであって、情報提供者において値上がり益を得る可能性を認識しているにしても、当該重要事実の公表前に情報受領者に売買等を行わせ、それに起因した利益を得させる積極的な意思までは認められないから、目的要件を満たさないとされる（情報伝達・取引推奨Q&A4頁問7）。

　また、公開買付け等に対する対抗買い（金商法166条6項4号・167条5項5号）の場面で、上場会社の取締役会が決定した要請と公開買付け等の事実を対抗買いを行う者に伝達する場合も、当該情報伝達は、公開買付け等に対抗するために買付けをしてもらうことが目的であって、当該公開買付け等事実を公表する前に伝達の相手方に売買させることにより利益を取得させることを積極的に意図しているわけではないから、目的要件を欠くものと通常は考えられよう[20]。

19　中村聡「インサイダー取引規制の平成25年改正と実務上の諸問題」旬刊商事法務1998号（2013）30-31頁。注釈金商法259頁（行澤一人執筆部分）。

20　上島正道「情報伝達・取引推奨規制の目的要件」旬刊商事法務2249号（2020）68頁。

56 情報伝達行為・取引推奨行為における積極的意思

> 情報伝達行為・取引推奨行為の目的要件を満たすために必要となる積極的意思の認定は、伝達者又は推奨者が当該積極的な意思を明示的に認めている場合だけに限られず、①親族・友人関係をはじめとする良好な人的関係性、及び②買付け等を促す必要性がないにもかかわらず、取引時期や価格その他の方法等をより具体的に伝えることや買付け等を複数回促したことの双方が認められた場合には、積極的意思も認定されやすいものと思われる。

　上記55に記載のとおり、情報伝達行為・取引推奨行為の目的要件を満たすためには、単に情報受領者が当該売買に起因した利益を得る可能性を未必的に認識していたというだけでは足りず、他人に利益を得させることを意欲し、又はそのような結果が発生することを積極的に肯定・是認しながら情報伝達等をしたことまで必要と解されている（以下、かかる場合に認められる意思を「積極的意思」という。）。

　積極的意思の判断については、各事案の情報伝達・取引推奨行為が、どのような業務上の必要性から、どのような目的の下で行われたのかといった点を、情報伝達・取引推奨を行った者とこれを受けた他人との関係性、情報伝達・取引推奨に至る経緯、情報伝達・取引推奨の状況等、事案に現れた様々な事情を総合的に勘案しながら、事案ごとに個別具体的に判断するものとされている[21]。

21　志村聡＝美﨑貴子「インサイダー取引規制における『情報伝達・取引推奨規制』の適用」旬刊商事法務2096号（2016）11頁、鍜治雄一＝味香直希「平成30年度の課徴金勧告事案にみるインサイダー取引規制に係る留意点」旬刊商事法務2201号（2019）11頁。

1 積極的意思が認められた事例

(1) 審判事例

ルーデン・ホールディングス株式会社(以下「ルーデンHD」という。)の新株発行に係る審判事件では、積極的意思の認定について詳細な判断が示されている。

【ルーデンHD審判事件(令和元年度(判)第6号金融商品取引法違反審判事件)】

> ルーデンHDの新株発行について、ルーデンHDの役員甲が、甲が実質的に経営する会社の社員乙に対してルーデンHD株式の買付けを勧め、乙がルーデンHD株式を買い付けたことについて、課徴金として41万円の支払いが命じられた事例。
>
> 積極的意思の有無が争点となったが、審判体は、以下の事実等を指摘して甲の積極的意思を認定した。
> ① 約1ヶ月程度という比較的近い時期に重要事実の公表が行われることが予想される状況において、甲が、乙に対し、「乙も買っといた方がいいよ。」等と言って、ルーデンHD株式の買付けを勧めたこと
> ② その後、「株を買ったの⁉」とのメッセージを送信して、乙がルーデンHD株式の買付けをしたか否かをわざわざ確認したこと
> ③ 乙から、未だ本件株式を購入していないことのみならず、購入をやめようかと思っている等と伝えられるや、「指値しないで買った方が良いです!」、「300円くらいで買って」とのメッセージを送信して、乙に翻意を促し、成行注文に変更して早く買い付けるように急かし、買い付けるべき価格を伝える等、具体的な買付方法を示してルーデンHD株式の購入を積極的にもちかけたこと
> ④ さらに、「1,000万円くらい?せめて300万円」とのメッセージを送信して、買付けの総額についての具体的金額までも示した上、「300万円なら将来1,000万円になるかも?」とのメッセージを送信して、現時点で本件株式を買い付ければ、本件株式の将来の株価が3倍以上になる可能性がある旨伝え、乙が多額の利益を得ることが可能であることを示唆したこと

(2) 課徴金事例

いくつかの課徴金事例については証券取引等監視委員会の担当者による解説[22]がなされており、積極的意思の認定過程をうかがい知ることができる。

【H28-1】

> A社のB社に対する公開買付けの実施について、A社の親会社と株式引受契約を締結していた会社の社員甲が、知人乙に当該重要事実を伝達し、乙がB社株式を買い付けた件で、以下の事情等を考慮して積極的意思が認定された。
> ① 甲及び乙が公私にわたり親しい関係にあったこと
> ② 甲は個人的な事情から自身では取引できないので、代わりに乙を儲けさせようと考え、B社株式にもともと何の興味関心を持っていなかった乙に、自ら進んで公開買付けの情報を伝達したものであり、世間話として伝達してしまったケースやIR活動として伝達したようなケースとは全く異質であること
> ③ 甲は、単に公開買付けの実施に関する事実を伝達しただけにとどまらず、乙がB社の株式を取引した際、買付資金の調達に協力をした上、買付けの価格やタイミング等についても乙に一般的なアドバイスをしていたこと

【H28-2】

> A社による業務上の提携について、A社の親会社の社員甲が、元妻の乙に当該重要事実を伝達し、乙がA社株式を買い付けた件で、以下の事情等を考慮して積極的意思が認定された。
> ① 甲と乙がかつて婚姻関係にあったほか、甲は乙から相当額の資金提供を

---

22 志村聡＝美﨑貴子「インサイダー取引規制における『情報伝達・取引推奨規制』の適用」旬刊商事法務2096号（2016）4頁以下、志村聡ほか「情報伝達・取引推奨規制に関するインサイダー取引規制等」旬刊商事法務2150号（2017）4頁以下、鍛治雄一＝味香直希「平成30年度の課徴金勧告事案にみるインサイダー取引規制に係る留意点」旬刊商事法務2201号（2019）4頁以下。

受けており、乙に利益を得させることで過去に経済的な負担をかけたことを清算するような意味合いがあったこと
② 業務提携の事実を伝える際に、当該重要事実の公表前に取引しておくことによって得られる利益の見込みも併せて伝えており、単に世間話をしたといった性質のものではないこと

【H29-10】

(i)A社の役員甲が、A社による業務上の提携について、知人乙に当該重要事実を伝達し、乙がA社株式を買い付けた件及び(ii)その後A社の役員に就任した乙が、A社の業績予想修正について、知人丙及び丁に当該重要事実を伝達し、丙及び丁がA社株式を買い付けた件について、以下の事情等を考慮して積極的意思が認定された。
① 甲及び乙は以前同じ企業グループで勤務していたこと等から公私にわたり親しく付き合っていたところ、A社の役員に就任した甲は、乙が株取引をすることを知り、長年自分の力になってくれた乙にA社株式の取引で儲けてもらい恩返しをしたいと考え、日頃の経営相談の中でA社の内部情報を乙に伝えており、乙はこれを基にA社株式の取引を行っていたこと
② 乙は、親しく付き合っていた丙及び丁と株取引の話をするような関係となっていたところ、親しく付き合ってくれる丙及び丁にA社株式の取引で儲けてもらい恩返しをしたいと考え、甲から伝えられたA社の内部情報を伝え、また、自身がA社の役員に就任した後は自身が知ったA社の内部情報を伝えており、丙及び丁はこれを基にA社株式の取引を行っていたこと
③ 上記のやり取りの一環として、(i)及び(ii)の情報伝達が行われたこと

【H29-14】

A社による新株及び新株予約権の募集について、A社との間で増資引受先の紹介等の業務に関する契約の締結交渉をしていた会社の社員甲が、親族乙及び知人丙に当該重要事実を伝達し、乙及び丙がA社株式を買い付けた件で、以下の事情等を考慮して積極的意思が認定された。
① 甲は平素から値上がりすると予想した銘柄を乙及び丙に教えてほしいと

言われ、今回の取引前から平素から値上がりすると予想した銘柄を乙及び丙に対して教える関係があったこと
② そのようなやり取りの一環として、乙及び丙に利益を得て喜んでもらおうと考え、電話・メール等で上記重要事実を伝達し、買付けを勧めたこと
③ その際、乙には上記重要事実の公表日を暗示する情報を伝えることで、買付時期を誤らないよう配慮していたほか、公表後には売り付け時期のアドバイスをしていたこと。また、丙に対しても、公表後にその事実を知らせた上で、まだA社株式を保有しているか否かを確認したり、保有していることを確認した後は、今後の株価予測等を伝えて売り付け時期のアドバイスをしたこと

【H29-15】

　　A社による新株及び新株予約権の募集について、A社との間で新株予約権の引受けに関する契約の締結交渉をしていた甲が、親族乙及び知人丙に当該重要事実を伝達し、親族丁にはA社株式の買付けを勧め、乙、丙及び丁がA社株式を買い付けた件で、以下の事情等を考慮して積極的意思が認定された。
① 甲は平素から乙、丙及び丁に株取引に関するアドバイス等を行っており、上記重要事実を知る以前からこの3名に株式の取引を勧め、実際に3名は勧めに応じて株式を買い付けていたこと
② 甲は、上記重要事実を知った後、このような儲け話は早く3名に話して儲けてもらおうと考え、自ら進んで重要事実を伝達した上で株式の買付けを勧め、又は重要事実を伝達することなくA社株式の買付けを勧めたこと

【R1-7】

　　A社のB社に対する公開買付けについて、B社の社員甲が、友人乙に対してB社株式の買付けを勧め、乙がB社株式を買い付けた件で、以下の事情等を考慮して積極的意思が認定された。
① 甲及び乙は学生時代から親しい友人関係を継続しており、甲は乙が様々

な相談に応じてくれていたこと等に感謝していたこと
② 甲は、上記重要事実を知った後に乙と会食した際、乙から仕事やお金がない旨の話を聞き、乙がB社株式の取引で儲けを出せば生活の助けになると考えて、上記取引推奨に及んだこと
③ 乙からなぜB社株式の買付けを勧めるかの理由を質問したところ、当該質問には回答せずに、あらためて、乙に対して、B社株式の買付けを勧めたこと
④ 後日、乙に対して自らがB社株式の買付けを勧めたことを口外しないように伝えていたこと

【R1-10】

A社による業務上の提携、新株発行及びB社の子会社化の決定がなされた旨を知ったA社の社員甲が、元部下の知人乙に対してA社株式の買付けを勧め、乙がA社株式を買い付けた件で、以下の事情等を考慮して積極的意思が認定された。
① 甲及び乙は一緒に会食をする等親しく交際しており、甲は乙が従前から保有していたA社株式の売却タイミングについてアドバイスをする関係にあったほか、甲がインサイダー情報保有を装ってA社株式の買付けを乙に勧めたところ、実際に乙がA社株式を買い付けたことがあったこと
② 甲は、上記重要事実を知った後、A社の株価動向等を連絡する中でA社に未公表のインサイダー情報が存在することを乙に示唆したほか、スマートフォンのメッセージアプリを用いて、近々株価上昇につながる事実が公表される旨を伝えるとともに、その公表日も知らせることを伝えた上で、後日、実際にその公表日や時間帯を繰り返し伝えたこと

2 積極的意思の判断における考慮要素

積極的意思の判断においては、各事案の情報伝達・取引推奨行為が、どのような業務上の必要性から、どのような目的の下で行われたのかといった点が考慮されるが、上記の審判事例及び課徴金事例を分析すると、①人

的な関係性と②交わされた具体的なやり取りにおいて、いくつかのポイントがあるように思われる。

(1) 人的な関係性

上記のうち①の人的な関係性については、情報伝達・取引推奨によって情報伝達者側が経済的な見返りを受けるような関係がある場合に限らず、親族関係や友人関係、法人間における良好な取引関係等の存在を前提に、そうした関係にある相手方を儲けさせることで、今後も良好な関係を維持継続したい、あるいは恩義を返したい等といった情実的な動機に基づく場合を含め、広く課徴金の対象となっていることが指摘されており[23]、上記の課徴金事例のいずれもこのようなケースである。

(2) 具体的なやり取り

上記のうち②の具体的なやり取りについて、ルーデンHD審判事件では成行注文に変更して早く買い付けるように急かし、買い付けるべき価格を伝える等の具体的な買付方法についてまで伝えていることが、【H28-1】では買付資金の調達に協力をした上、買付けの価格やタイミング等についてもアドバイスを行っていたことが、【H28-2】では重要事実と併せて当該事実の公表前に取引しておくことによって得られる利益の見込みも伝えられていたことが、【H29-14】では買付け及び売付けの時期に関するアドバイス等がなされていたこと等が指摘されている。

株式会社ドンキホーテホールディングス（現在の株式会社パン・パシフィック・インターナショナルホールディングス）の代表取締役社長兼最高経営責任者が取引推奨規制違反で有罪判決を受けた東京地判令和3年4月27日裁判所ウェブサイト掲載判例においても、重要事実への言及は避けながらも、相応の根拠があることを暗に示し、知人が買い付けた株数が

---

23 志村聡＝美﨑貴子「インサイダー取引規制における『情報伝達・取引推奨規制』の適用」旬刊商事法務2096号（2016）7頁、志村聡ほか「情報伝達・取引推奨規制に関するインサイダー取引規制等」旬刊商事法務2150号（2017）9頁。

5,000株にとどまることを知ると、買付けの具体的な期限をも示唆して買増しを推奨したことが悪質と評価されている。

　これらの事例に照らすと、取引時期や価格その他の方法等をより具体的に伝えることや、当該取引は根拠があること、得られる利益の見込みを伝える等の、より取引を促す具体的な働きかけがある場合には、積極的意思が認定されやすくなるものと考えられる。また、複数回にわたり買付けを勧める行為についても、積極的意思が認定されやすいものと考えられる。

(3)　まとめ

　上記の各事例を踏まえると、伝達者又は推奨者が積極的意思を明示的に認めている場合だけに限られず、①親族・友人関係をはじめとする良好な人的関係性、及び②買付け等を促す必要性がないにもかかわらず、取引時期や価格その他の方法等をより具体的に伝えることや買付け等を複数回促したことの双方が認められた場合には、積極的意思も認定されやすいものと思われる。

57

情報伝達行為・取引推奨行為の取引要件

> 情報伝達行為・取引推奨行為は、その相手方が実際に重要事実等が未公表の間に、適用除外に該当しない取引をした場合に、課徴金・刑事罰の対象となる。

　会社関係者・公開買付者等関係者が金商法166条1項各号・167条1項各号に従いその職務等に関して重要事実等を知った場合において、他者利得目的・他者損害回避目的をもって情報伝達行為・取引推奨行為をした場合、金商法167条の2に違反することとなる。しかし、このような行為をしただけで直ちに課徴金・刑事罰の対象となるわけではなく、情報伝達行為・

取引推奨行為の相手方が実際に重要事実等が未公表の間に適用除外に該当しない取引をして初めて課徴金・刑事罰の対象となる（金商法175条の2・197条の2。情報伝達・取引推奨Q&A3頁問6）。

なお、かかる取引が行われなかった場合でも、情報伝達行為・取引推奨行為を行ったこと自体は、課徴金・刑事罰の対象にはならないものの違法行為であり、金融商品取引業者等がかかる行為を行った場合は行政処分の対象となりうるほか、上場会社等の役職員の場合には上場会社等の社内規則に違反する可能性がある（情報伝達・取引推奨Q&A3頁問6）。

1 適用除外取引

取引要件で対象とされている取引からは、インサイダー取引規制の適用除外に該当する取引が除外されている。したがって、情報伝達行為・取引推奨行為の相手方がインサイダー取引規制の適用除外に該当する取引（例えば、いわゆるクロ・クロ取引）をした場合に、情報伝達行為・取引推奨行為を行った会社関係者等に課徴金・刑事罰が科せられることはない。

2 取引を行う主体

取引を行う主体は、情報伝達行為・取引推奨行為の相手方に限定されている。したがって、当該相手方からさらに情報の伝達を受けた者による取引は含まれない。

なお、目的要件の場合と同様、法人もかかる相手方に該当する。会社関係者等が法人Xに属する個人Aに対して伝達した場合、状況に応じて、個人Aと法人Xの両方がその相手方となると認定されるであろう（「55　情報伝達行為・取引推奨行為の目的要件」を参照）。

3 他人の計算による取引

金商法175条の2・197条の2は、情報伝達行為・取引推奨行為を受けた者が取引を行ったことをその要件としており、当該取引が誰の計算で行われるかについては特段限定していない。したがって、他人の計算による取

引も含むと解され、例えば、会社関係者である証券会社の社員が投資運用業者へ重要事実等を伝達し、投資運用業者が顧客勘定でのみ（他人の計算でのみ）売買等を行った場合も取引要件は満たされる。

4 　違反行為と取引との因果関係

　金商法197条の2に基づいて刑事罰を科す上で、情報伝達行為・取引推奨行為と取引の間に因果関係まで必要とされるか否かをめぐっては、取引要件の法的性質論における見解の対立を反映するかたちで、議論が分かれている[24]。

　この点、金融庁立案担当者によれば、法197条の2第14号・15号が情報伝達・取引推奨規制の違反「により」と規定しているのは、情報伝達・取引推奨が情報受領者・被取引推奨者の投資判断の要素となって取引が行われたことを必要とする趣旨であり、具体的には、情報伝達・取引推奨を受けたことが決め手となって取引が行われたというほどの強い関連性を必要とするものではなく、一つの考慮要素となった程度の関連性があれば満たされるものとされている[25]。

5 　刑事罰における取引要件に関する故意の要否

　一般に、課徴金について故意は不要であるが、刑事罰については構成要件に係る故意が必要とされる（「63　故意」を参照）。取引要件に係る故意が必要か、すなわち、情報伝達者・取引推奨者において、情報受領者・被取引推奨者によって取引がなされることにつき故意が必要であるか否かについても、取引要件の法的性質論における見解の対立を反映して議論があるが、故意が認められないような場合にはそもそも「結果発生に対する積極的な意思」を欠くとして目的要件を満たさない可能性が高いため、いずれの説によっても、本条違反が成立しないという帰結は異ならないものと解される[26]。

24　注釈金商法267頁（行澤一人執筆部分）。
25　齊藤ほか29頁。

58 情報伝達行為・取引推奨行為に関する金商法上の違反抑止策

> 違法な情報伝達・取引推奨行為に対する金商法上の違反抑止策としては、刑事罰、課徴金及び注意喚起のための氏名公表が用意されている。

　情報伝達行為・取引推奨行為に対するインサイダー取引規制に違反した場合の違反抑止策としては、以下のとおり、刑事罰（金商法197条の2第14号・15号・207条1項2号）、課徴金（同法175条の2）及び注意喚起のための氏名公表（同法192条の2）が用意されている。このうち、氏名公表に関しては、刑事罰及び課徴金とは異なり、法文上は取引要件（「57　情報伝達行為・取引推奨行為の取引要件」を参照）は要求されていない。また、取引要件を満たさない場合であっても行政処分の対象となりうるとされている（情報伝達・取引推奨Q&A3頁問6）。

【図表58-1　違法な情報伝達行為・取引推奨行為に対する金商法上の違反抑止策の概要】

刑事罰	課徴金	氏名公表
（違反行為者） 5年以下の懲役若しくは500万円以下の罰金又はこれらの併科 （両罰規定） 法人に対しては5億円以下の罰金	（仲介関連業務に関する違反行為） ・取引を行った者から違反者への仲介手数料（3ヶ月分） （募集等業務に関する違反行為） ・取引を行った者から違反者への仲介手数料（3ヶ月分）＋引受手数料の2分の1	違反行為に関わった役職員（補助的な役割を担った者を除く。）の氏名等の公表

26　注釈金商法269頁（行澤一人執筆部分）。

個人に対しては500万円以下の罰金	（その他） ・取引を行った者の利得の2分の1

　なお、取引推奨行為に係る課徴金に関連して、日本海洋掘削株式会社の社員による取引推奨に関する2021年3月19日付審判決定は、証券取引等監視委員会が勧告した事案に対し、審判手続を経た結果、金融庁が課徴金納付命令決定を出さなかった事例である。同決定は、関係者の供述の信用性や客観的証拠の意味合いを丁寧に検討した上で、取引推奨行為がなされたとされる時点において被審人が重要事実を知っていたとはいえないとの判断を示した。当該事例にみられる丁寧な事実認定については、課徴金納付命令決定の取消訴訟における厳格な事実認定が金融庁の審判手続に影響した可能性があると指摘する見解もある[27]。

　また、自身のインサイダー取引と取引推奨行為の双方で摘発されるケースはそれまでにも見られたが、2020年12月には初めて取引推奨行為のみでの刑事告発がなされた[28]。その他、本条違反が問われた裁判例として、最決令和4年2月25日刑集76巻2号139頁（「[7]　『職務に関し知ったとき』」を参照）、東京地判令和3年4月27日裁判所ウェブサイト掲載判例、東京地判令和5年10月5日裁判所ウェブサイト掲載判例[29]等がある。

27　埣尚義＝工藤靖「金融商品取引法上の開示不正・不公正取引」旬刊商事法務2289号（2022）51頁。

28　株式会社ドンキホーテホールディングス（現在の株式会社パン・パシフィック・インターナショナルホールディングス）の代表取締役社長兼最高経営責任者に対する刑事告発。その後、有罪判決が確定している（東京地判令和3年4月27日裁判所ウェブサイト掲載判例）。

59 情報伝達行為・取引推奨行為を行う際の実務上の留意点

> 情報伝達行為・取引推奨行為に対する規制の導入に伴い、情報伝達を行う際は情報伝達の目的や名宛人を明示する等、当該規制に違反しないことを担保するための対策を講じることが求められる。

　情報伝達行為・取引推奨行為に対する規制の導入に伴い、情報伝達行為・取引推奨行為を行う場合には、当該規制に違反しないことを担保するべく、例えば、以下のような対策を講じることが考えられる[30]。具体的にどのような対策を講じていくかについては、個々の企業等の状況や情報伝達行為・取引推奨行為の内容・必要性等も踏まえて個別具体的な検討が必要である。

【図表59-1　実務上の対応の一例】

情報伝達行為	・情報伝達行為の明示 ・情報伝達者において「売買等をさせる目的」がないこと又は「他人に公表前に売買等をさせることにより利益の取得又は損失の回避をさせる目的」がないことの確認 ・情報伝達の名宛人の明示 ・情報受領者による情報の秘密保持（情報伝達目的外の目的での利用禁止、第三者への提供禁止、厳格な情報管理等）の義務付け ・情報受領者による売買禁止の義務付け

29　株式会社アイ・アールジャパンホールディングスの代表取締役副社長兼最高執行責任者が、同社が属する企業集団の売上高の予想値が、直近に発表したものより約14パーセント減少することを知り同社の株価が下落する可能性が高いと考え、知人女性2名に対し、同社の株式の売付けを予想値の公表前に繰り返し推奨した事案。

30　中村聡「インサイダー取引規制の平成25年改正と実務上の諸問題」旬刊商事法務1998号（2013）33-34頁。

	・情報受領者による公表前の売買はインサイダー取引規制に抵触するおそれがあることの告知又はその旨の書面の交付
取引推奨行為	・推奨者自身が未公表の重要事実を知っていないことの確認又は明示 ・未公表の重要事実を仄めかさないこと又は未公表の重要事実を知りうる特別の立場にいることを示唆しないこと（法律上の要件ではないが、問題が多い類型であることに鑑み、そのような類型ではないことを担保するための対応）

第5章
対象有価証券、公表等

60

インサイダー取引規制の対象となる有価証券

> インサイダー取引規制の対象となる有価証券は、金商法163条1項・167条1項に定義されている。上場会社が発行している新株予約権や優先株式は、それら自体が上場していなくてもインサイダー取引規制の対象となる有価証券である。

1 金商法166条のインサイダー取引規制の対象となる有価証券

　金商法166条のインサイダー取引規制の対象となる有価証券は、上場会社等（「上場会社等」については「⑤」『上場会社等』及び『公開買付者等』」参照）の「特定有価証券等」である。「特定有価証券等」は同法163条1項において定義されており、「特定有価証券」と「関連有価証券」に区別される。

　特定有価証券とは、①株券、新株予約権証券、社債券（ただし、金商法施行令27条、取引規制府令25条に定めるものを除く。）、優先出資証券又は②これらの有価証券の性質を有するもので上場等されている[1]外国証券等の金商法施行令27条の3に規定される有価証券をいう。上記①については、②とは異なり、上場会社等が発行するものであれば必ずしも当該有価証券が上場等されている必要はない。そのため、例えば、普通株式のみを上場している上場会社が発行する新株予約権（ストックオプションを含む。）や上場していない種類株式もインサイダー取引規制の対象となる。

　また、関連有価証券とは、いわゆる自社株投信やカバードワラント等金商法施行令27条の4に規定される有価証券をいう。

---

[1] 金融商品取引所に上場され又は店頭売買有価証券若しくは取扱有価証券に該当することをいう。以下同じ。なお、店頭売買有価証券及び取扱有価証券については「⑤」『上場会社等』及び『公開買付者等』」参照。

2 金商法167条のインサイダー取引規制の対象となる有価証券

金商法167条のインサイダー取引規制の対象となる有価証券は、上場している会社が発行する「株券等」である。この「株券等」は同条1項において定義されており、さらに「特定株券等」と「関連株券等」に区別される。

特定株券等とは、①株券、新株予約権証券、新株予約権付社債権又は②これらの有価証券の性質を有するもので上場等されている外国証券等金商法施行令33条に規定される有価証券をいう。この点、特定有価証券とは異なり、優先出資証券や普通社債券は特定株券等には含まれていない。

関連株券等は、いわゆる自社株投信やカバードワラント等金商法施行令33条の2に規定される有価証券をいい、基本的に関連有価証券と同様である。

3 上場投資法人に係る投資証券

上場投資証券も「特定有価証券等」としてインサイダー取引規制の対象に含まれる[2]（金商法163条1項・2条11号）。「第7章 J-REIT」も参照されたい。

61
「公表」

> インサイダー取引規制が解除されるための「公表」とは、金商法166条のインサイダー取引規制については同条4項、同法167条のインサイダー取引規制については同条4項に規定された方法により行う必要がある。

金商法166条及び167条のインサイダー取引規制は、重要事実等の「公

---

[2] 金商法167条のインサイダー取引規制の対象となる有価証券にも上場投資法人に係る投資証券は含まれる（金商法施行令33条2号）。

表」前の取引を禁止する。したがって、「公表」はインサイダー取引規制が解除される要件として重要な意義を有する。

1　金商法166条のインサイダー取引規制の公表の方法
(1)　公表の方法
　金商法166条のインサイダー取引規制に係る公表方法は以下のとおりである（同条4項）。これ以外の方法により重要事実が公になったとしても、インサイダー取引規制を解除する効果はない。例えば、上場会社等自身がインターネット上のホームページで開示した場合や、新聞等によるリーク記事により重要事実が世間に明るみになった場合、公開法廷や議会における証言等で公になった場合も、重要事実が「公表」されたことにはならない。

【図表61－1　金商法166条のインサイダー取引規制に係る公表の方法】

	方法
①	【報道機関に対する公開】 2以上の報道機関に対して**公開**し、**その後12時間経過**すること（金商法施行令30条1項1号・2項）
②	【TDnet上の公表】 金融商品取引所へ通知し、金融商品取引所において日本語で公衆縦覧されること（金商法施行令30条1項2号）
③	【TDnet上の公表（特例）】 （発行する金商法27条の2各号に掲げる有価証券がすべて特定投資家向け有価証券である場合）金融商品取引所へ通知し、金融商品取引所において英語で公衆縦覧されること（金商法施行令30条1項3号イ）
④	【縦覧書類の公衆縦覧】 金商法25条1項に規定する書類（自己株券買付状況報告書及びその訂正報告書を除く。）が公衆縦覧されること（金商法166条4項）

①について、「公開」とは、単なる情報の伝達ではなく、広く一般投資家に知らしめる意図をもって行われるものとされ、例えば記者に対していわゆるオフレコで伝達する場合はこれに当たらない。もっとも、具体的な公開の方法については法文上明記されておらず、金融商品取引所や自社等で記者会見を行うこと、記者の取材に応じて公開すること、記者に対する資料配布、電話、ファックスや電子メールでの連絡でもよい[3]。実務的には、証券会社等を通じ、いわゆる投げ込み（記者クラブの投函ボックスへの適時開示資料等の投函）によることが多い。

②は、各金融商品取引所では、上場会社に対してTDnetを利用して適時開示をすることを義務付けており、これに基づき上場会社がTDnetにより重要事実を適時開示した場合には、この方法による公表があったこととされる。なお、この場合、上記①の方法と異なり、公表後12時間経過する必要がない。

④は、例えば、有価証券報告書に重要事実が記載されており、かつこれにつきEDINETにより公衆の縦覧に供された場合である。

なお、①及び④による方法の場合、上場会社等自身だけでなく（当該上場会社等の子会社としての重要事実に限り）上場会社等の子会社による公表も認められており、かかる公表は、親会社である上場会社等に係る重要事実の公表と取り扱われる（金商法166条4項）。

(2) 公表すべき内容

公表すべき内容は法定されていないところ、投資家の投資判断に影響を及ぼすべき事実の内容がすべて具体的に明らかにされることが必要である[4]。例えば、合併を行うことについての決定に係る公表がなされたと認められるためには、「A社と合併することを決定した」との事実を開示するだけでは足りず、その相手方であるA社の内容や合併の条件等が具体的に明らかにされる必要がある。

---

3 横畠140頁以下、松本189頁、木目田329頁。
4 横畠130頁。

ただし、重要事実の一部が未確定な場合には、その時点で確定している重要事実の内容のうち、投資者の投資判断に重要な影響を及ぼすべきものがすべて具体的に明らかになされていれば足りる[5]。例えば、株式等の募集に係る決定の公表については、発行数量、発行総額、募集方法等に係る発行決議と発行価額、転換価額等に係る条件決定に分けて行われることがあるが、前者の内容が公表されていれば、発行価額等が未定で公表されていなくとも、重要事実の公表がされたといえる[6]（ただし、発行価額等が確定した場合には、当該確定した内容を公表しない限りインサイダー取引規制の適用を受ける。）。また、M&Aの統合案件等において、基本合意書を締結の上、最終契約として合併契約等を締結することもあるが、この場合も同様に、基本合意書の締結時点で、いまだ内容が確定していない最終契約の内容が公表されていなくとも基本合意書の内容が公表されていれば重要事実の公表がされたといえる（ただし、同様に、最終契約の内容が確定した場合には、当該確定した内容を公表しない限り再度インサイダー取引の適用を受ける。）。

　重要事実について売上高基準等の軽微基準が定められている場合、当該事実に係る売上高の増加見込額等についても公表される必要があるとするのが立案担当者の見解である[7]。しかし、客観的な事実のうち投資家の投資判断に重要な影響を及ぼすべき内容がすべて具体的に明らかにされていれば足り、主観的な見込額等が公表されていることは必ずしも必要ではないとする見解[8]も存在し、実務的には見込額までは公表されていないことが多い。

2　金商法167条のインサイダー取引規制の公表の方法

　金商法167条のインサイダー取引規制に係る公表の方法は以下のとおり

5　松本184-185頁。
6　取引規制実務Q&A121-122頁。
7　横畠132-133頁。
8　松本185頁。

である。

【図表61－2　金商法167条のインサイダー取引規制に係る公表の方法】

	方法
①	【報道機関に対する公開】 2以上の報道機関に対して**公開**し、**その後12時間経過**すること（金商法施行令30条1項1号・2項）
②	【公開買付関連書類の公表】 公開買付開始公告、公開買付撤回の公告・公表がされること、並びに公開買付届出書及び公開買付撤回届出書が公衆縦覧されること（金商法167条4項）
(公開買付者等が上場会社等の場合)	
③	【公開買付者等である上場会社によるTDnet上の公表】 金融商品取引所へ通知し、金融商品取引所において日本語で公衆縦覧されること（金商法施行令30条1項2号）
④	【公開買付者等である上場会社によるTDnet上の公表（特例）】 （対象会社（自己株式の公開買付けにおける発行会社を含む。）の発行する上場株券等がすべて特定投資家向け有価証券である場合）金融商品取引所へ通知し、金融商品取引所において英語で公衆縦覧されること（金商法施行令30条1項3号ロ・ハ）
(公開買付者等が上場会社等以外の場合)	
⑤	【対象会社である上場会社によるTDnet上の公表】 公開買付者等が対象会社又は公開買付者等の親会社に対して要請し、対象会社又は当該親会社が当該要請に基づいて金融商品取引所へ通知し、金融商品取引所において日本語で公衆縦覧されること（金商法施行令30条1項4号）
⑥	【対象会社である上場会社によるTDnet上の公表（特例）】 （対象会社の発行する上場株券等がすべて特定投資家向け有価証券である場合）公開買付者等が対象会社又は公開買付者等の親会社に対して要

	請し、対象会社又は当該親会社が当該要請に基づいて金融商品取引所へ通知し、金融商品取引所において英語で公衆縦覧されること（金商法施行令30条1項5号）
⑦	【公開買付者等の親会社である上場会社によるTDnet上の公表】 公開買付者等が公開買付者等の親会社に対して要請し、当該親会社が当該要請に基づいて金融商品取引所へ通知し、金融商品取引所において日本語で公衆縦覧されること（金商法施行令30条1項4号）
⑧	【公開買付者等の親会社である上場会社によるTDnet上の公表（特例）】 （対象会社の発行する上場株券等がすべて特定投資家向け有価証券である場合）公開買付者等が公開買付者等の親会社に対して要請し、当該親会社が当該要請に基づいて金融商品取引所へ通知し、金融商品取引所において英語で公衆縦覧されること（金商法施行令30条1項5号）

　この点、①については、金商法166条のインサイダー取引規制と同様である。
　②について、公開買付けに準ずる行為（いわゆる買集め行為）に関して大量保有報告書が提出されることがあるが、かかる大量保有報告書の公衆縦覧は含まれていない点に留意が必要である。
　⑤から⑧について、上場会社以外の者が他社株公開買付け等を行う場合、公開買付者等が金融商品取引所の規則に基づいて当該金融商品取引所に通知をする方法によることはできないことから、公開買付者等が、上場会社である対象会社又は公開買付者等の親会社に対し、公開買付者等が公開買付け等事実を金融商品取引所に通知することを要請し、当該対象会社又は当該親会社が当該要請に基づいて、公開買付け等事実を金融商品取引所に通知する方法（TDnetにより開示する方法）が、公表措置として認められている。実務上は、上場会社である対象会社又は公開買付者等の親会社が、①公開買付者等との連名により作成する公開買付者等が公開買付け等を実施又は中止する旨を記載した資料及び②公開買付者等が作成する公開買付け等の内容を記載した資料を、TDnetを通じて開示することにより、公表

がなされたこととなる（ただし、②の資料を対象会社又は公開買付者等の親会社と公開買付者等の連名で作成した場合は①の資料は不要となる。）[9]。

なお、167条は、公開買付けに係る決定のほか、買集め行為に係る決定についても規制対象としているが、買集め行為に係る決定の公表と認められるためには、買集めにより取得する又は取得した議決権数やその時期等について、ある程度具体的な内容まで開示される必要がある[10]。

以上の内容を、公開買付け等の類型ごとに整理すると、以下のとおりである。

【図表61－3　公開買付等事実に関する公表措置】

	自社株公開買付け	他社株公開買付け	買集め行為
公開買付開始公告・公開買付届出書の公衆縦覧等（②）	○（買付者）	○（買付者）	×
2以上の報道機関への公開（①）	○（買付者）	○（買付者）	○（買付者）
TDnetによる開示（③～⑧）	○（買付者）※	○（買付者・親会社・対象会社）	○（買付者・親会社・対象会社）

※自社株公開買付けの場合、公開買付者等は常に上場会社であるため、公開買付者等が上場会社でない場合にのみ適用される親会社・対象会社を通じたTDnetでの開示は適用されない。

9　金融庁パブコメ回答（平成25年8月30日）1頁1番。
10　松本250頁。

62 「公表」とリーク報道

> 新聞等によるリーク報道では情報源が通常明かされないが、このように情報源を公にしないことを前提とした報道機関に対する重要事実の伝達は「公開」に当たらない。

1 リーク報道と「公開」

「公開」は当該上場会社等の代表取締役若しくは代表執行役又はその委任を受けた者によってなされなければならないから（金商法施行令30条1項1号）、これら以外の者による重要事実の公開は「公表」とは解されない[11]。この点、新聞等によるリーク報道は、情報源は通常明かされないものの、代表取締役等の上記主体が伝達した可能性が否定できないことから、これが「公開」に該当するかは解釈上の論点であった。

しかし、最高裁は、以下のとおり述べて、情報源を公にしないことを前提とした報道機関に対する重要事実の伝達は、上記主体によってなされるものであっても、金商法施行令30条1項1号の「公開」には該当しないことを判示した。

【経産省職員インサイダー事件（最決平成28年11月28日刑集70巻7号609頁）】

> 「法一六六条四項及びその委任を受けた施行令三〇条は、インサイダー取引規制の解除要件である重要事実の公表の方法を限定列挙した上、詳細な規定を設けているところ、その趣旨は、投資家の投資判断に影響を及ぼすべき情報が、法令に従って公平かつ平等に投資家に開示されることにより、インサイダー取引規制の目的である市場取引の公平・公正及び市場に対する投資家の信頼の確保に資するとともに、インサイダー取引規制の対象者に対し、個々の取引が処罰等の対象となるか否かを区別する基準を明確に示すことにあると解される。」

「施行令三〇条一項一号は、重要事実の公表の方法の一つとして、上場会社等の代表取締役、執行役又はそれらの委任を受けた者等が、当該重要事実を所定の報道機関の「二以上を含む報道機関に対して公開」し、かつ、当該公開された重要事実の周知のために必要な期間（同条二項により一二時間）が経過したことを規定するところ、前記……の法令の趣旨に照らせば、<u>この方法は、当該報道機関が行う報道の内容が、同号所定の主体によって公開された情報に基づくものであることを、投資家において確定的に知ることができる態様で行われることを前提としていると解される。したがって、情報源を公にしないことを前提とした報道機関に対する重要事実の伝達は、たとえその主体が同号に該当する者であったとしても、同号にいう重要事実の報道機関に対する「公開」には当たらないと解すべきである。</u>」（下線筆者）

したがって、「公開」該当性は、重要事実の伝達が「情報源を公にしないことを前提としていたか否か」という事実認定によって左右されることになる。上記決定は、一般には情報源を公にしないことを前提としていれば報道上も情報源は秘匿され、そうでなければ報道内容等から情報源が判明するのが通常と考えられるといった経験則を踏まえ[12]、「本件報道には情報源が明示されておらず、報道内容等から情報源を特定することもできないものであ」ることを理由として、「公開」該当性を否定している。

なお、金商法施行令30条1項1号は、重要事実の「公開」を受けた報道機関が実際にその内容を報道することは要件としていないから、情報源を公にすることを前提として同号所定の主体による重要事実の「公開」がされ、12時間が経過している限り、報道において情報源が明示されなかったり、そもそも報道自体がされなかったとしても、その後のインサイダーによる取引は処罰対象にならない[13]。

11　神崎ほか1256頁。
12　法曹会編『最高裁判所判例解説刑事篇（平成28年度）』（法曹会・2019）202頁〔久禮博一〕。
13　法曹会編『最高裁判所判例解説刑事篇（平成28年度）』（法曹会・2019）201頁〔久禮博一〕。

実際に、大陽日酸株式会社の役員等からの情報受領者らによるインサイダー取引事件では、2014年5月13日に日本経済新聞の朝刊一面で重要事実のリーク報道がなされ、同日15時にTDnet上で当該重要事実の公表はなされたが、リーク報道から15時の公表までの間になされた取引についても課徴金が課されている。

2 「公知」による重要性の喪失の有無

　情報源を公にしないことを前提とした報道機関に対する重要事実のリークが「公開」に当たらないとしても、リーク報道によって重要事実の内容が一般投資家に広く知られた状態となっている場合に、インサイダー取引規制がなお及ぶかは別途論点となりうる。その背景には、そもそも公表によりインサイダー取引が解禁される趣旨は、公表された情報が市場価格にすでに反映され、投資者の投資判断に著しい影響を及ぼさなくなる点にあることに鑑みれば、当該情報が一般投資家に知られる状態に至ったときには、処罰の必要性がなくなるのではないかといった問題意識がある。

　しかし、上記最高裁決定は、以下のとおり、リーク報道によって重要事実（合併を決定した事実）が公知になった場合でも、インサイダー取引規制の効力が失われないことを判示した。

【経産省職員インサイダー事件（最決平成28年11月28日刑集70巻7号609頁）】

　「法令上規定された公表の方法に基づかずに重要事実の存在を推知させる報道がされた場合に、その報道内容が公知となったことにより、インサイダー取引規制の効力が失われると解することは、当該報道に法一六六条所定の「公表」と実質的に同一の効果を認めるに等しく、<u>かかる解釈は、公表の方法について限定的かつ詳細な規定を設けた前記……の法令の趣旨と基本的に相容れないものである</u>。本件のように、会社の意思決定に関する重要事実を内容とする報道がされたとしても、情報源が公にされない限り、法一六六条一項によるインサイダー取引規制の効力が失われることはないと解すべきである。」（下線筆者）

この点、調査官解説は、重要事実の中でも決定事実については、通常は外部の目に触れない形で決定され、正式に「公表」される前は限られた内部者・会社関係者のみで共有され、かつ段階的に中身が変わりうる性質を有するものであって、このような事実がリーク報道されたからといって、法令上の公表と同視できる程度に公知となり、「重要事実」性を喪失したと評価して良い場合はほぼ想定できないと指摘した上で、
・決定事実以外の重要事実が報道された場合には、本決定の射程は及ばない
・情報源が公にされた場合のインサイダー取引規制の効力については何ら判断を示していない
・本決定は決定事実のリーク報道によりインサイダー取引規制の構成要件該当性が一律に失われるという解釈を否定したものであって、リーク報道後のインサイダー取引を個別にみて、違法性阻却により同罪の成立を否定する余地についてまで判断したものではない

との留保を付していることには注意する必要がある。

63 故　意

> 故意がなければ刑事責任は問われないが、課徴金は課せられる可能性がある。

1　故意とは

　インサイダー取引規制の違反については刑事罰が存在するが（金商法197条の2第13号）、故意がなければ刑事罰には問われない（刑法38条1項）。
　故意とは、構成要件に該当する事実についての認識・認容をいう。構成要件に該当する事実とは、インサイダー取引規制に該当することとなる事実をいい、金商法166条1項の会社関係者及び同条3項前段の情報受領者

によるインサイダー取引の構成要件に該当する事実は概ね以下のとおりである[14]。

【図表63-1 会社関係者の構成要件該当事実】

①	自己が会社関係者であること
②	その職務等に関し重要事実を知ったものであること
③	当該重要事実が公表されていないこと
④	当該重要事実に係る上場会社等の発行する特定有価証券等の売買等を行うこと

【図表63-2 金商法166条3項前段の情報受領者の構成要件該当事実】

①	自己が重要事実の伝達を受けたこと
②	当該重要事実の伝達をした者が会社関係者であること
③	当該重要事実が当該会社関係者がその職務等に関して知ったものであること
④	当該重要事実が公表されていないこと
⑤	当該重要事実に係る上場会社等の発行する特定有価証券等の売買等を行うこと

　この点、法律を知らないから故意がなかったということにはならず（刑法38条3項）、例えば会社関係者に関していえば、自らが上場会社の役員である事実を認識・認容していれば足り、自らがインサイダー取引規制上の会社関係者に該当することまで認識している必要はない。重要事実の認識についても、例えば合併を行うことの決定をしたことを認識していれば、当該決定がインサイダー取引規制上の重要事実に該当することまで認識し

14　横畠206頁。

ている必要はない。また、事実の認識については、確定的に認識している必要はなく、未必的認識（該当するかもしれないという認識）であってもよい。加えて、重要事実等を利用しようという意図も不要である（情報伝達者・取引推奨者については、「57　情報伝達行為・取引推奨行為の取引要件」参照）。

2　課徴金

　課徴金は行政処分であるところ、行政処分の場合には、一般に、刑事罰とは異なり、故意ならず過失も含め、主観的要件は不要とされている[15]。この点、インサイダー取引規制違反に対する課徴金に故意が必要か（具体的には、情報受領者について、情報伝達者が会社関係者であることを認識している必要があるか（上記②の認識））について争われた事案として、ジェイオーグループホールディングス審判事件（H23-12）が存在する。

【ジェイオーグループホールディングス審判事件（平成22年度（判）第18号金融商品取引法違反審判事件）】

　　「金融商品取引法上の課徴金については、故意やこれに相当する違反事実の認識の存在を一般に必要とする規定はない一方、特に主観的要件を必要とする場合には、別途明文がおかれている。これは、金融商品取引法の課徴金制度は、証券市場の公正性と投資家の市場に対する信頼を保護するという目的を達成するために設けられたものであり、課徴金納付命令は、こうした金融商品取引法の規制の実効性確保を目的とした行政上の措置であって、刑罰のように行為者の責任非難を目的とするものではないから、原則として故意は要件とされないものと解される。そうすると、<u>課徴金の納付を命じるためには、特に明文で求められている場合を除いて、故意やこれに相当する認識の存在を必要としないものというべきである</u>」

　　「被審判人は、Bが『会社関係者』であることを知らなかったから、金融

15　木目田616頁。

> 商品取引法166条3項の違反事実についての認識がなかったと主張するところ、同項は、違反者が重要事実の伝達を受けたことは要件としているものの、それ以外に違反事実について違反者の認識を特に明文で求めていないから、上記のとおり、課徴金の納付を命ずるに当たっては、行為者の故意やこれに相当する認識の存在を要しないものというべきである。そうすると、被審判人のこの点に関する主張は、理由がない」（下線筆者）と判断した。

　上記のとおり、インサイダー取引規制違反に対する課徴金において故意は不要であるとされている。

64

自己の計算・他人の計算

> 　自己の計算で取引するか、他人の計算で取引するかにかかわらずインサイダー取引規制の対象となる。ただし、課徴金の額については、自己の計算によるか他人の計算によるかによりその金額は異なる。なお、他人の口座による取引であっても、諸般の事情を勘案して自己の計算による取引と扱われる場合も少なくない。

1　他人の計算

　インサイダー取引規制は、それが自己の計算であろうと、他人の計算であろうと対象となる（金商法166条及び167条は自己の計算の場合に限定していない。）。

　もっとも、自己の計算によるか他人の計算によるか等によって課徴金の額は異なるため（詳細は「90　金商法166条及び167条のインサイダー取引規制に係る課徴金」参照）、自己の計算であるか、他人の計算であるかの違いは依然として重要である。

　なお、他人の計算で行われた取引であっても、違反者と当該他人の間に一定の密接関係性がある場合には、違反者が自己の計算により取引を行っ

たものとみなされる（金商法175条10号・11号）。

2 他人の口座の使用と他人の計算

インサイダー取引に友人や知人等からの借名口座が使用されるケースは少なくない。しかし、自己の計算の取引かどうかは個別・具体的に判断されるものであり、取引自体は他人名義の口座を用いた場合であっても、①取引に係る資金提供、②名義人に対する口座開設・取引の実行の指示、③利得の帰属先等から、自己の計算による行為と判断されている事例も少なくない。最近の課徴金事例では借名口座の認定理由が記載されている事例は見受けられないが、過去の事例では以下のとおり認定されている。

以下に挙げる、味の素審判事件（H22-5）は、妻の名義で取引を行ったことが「自己の計算」による取引といえるかについて争われた事件である。かかる事件では、①取引に係る資金提供、②名義人に対する口座開設・取引の実行の指示の事実を根拠として、妻の名義による取引が被審人の計算によるものであると認定されている。

【味の素審判事件（平成21年度（判）第8号金融商品取引法違反審判事件）】

> 「本件株取引は被審人の指示に基づき行われたものである。そして、被審人の妻名義の証券口座に係る権利は、被審人が実父より相続した資金を原資とする、被審人の財産であることからすると、当該口座を使用した本件株取引の利益は被審人に帰属するものといえる」とした上で、妻名義の口座による取引を被審人の計算によるものとした。

また、過去の課徴金事例集では、以下の事例において借名口座による取引を自己の計算によるものであると認定した理由が述べられている。

【図表64－1　自己の計算に該当する理由として挙げられた主な事情】

No.	理由
H21-7	①他人名義口座は違反行為者らの指示で開設され、概ね本件株式の買付けしか行われていないこと ②株式の買付けは、違反行為者らの指示に基づき実行され、口座名義人は指示されるままに機械的に発注手続を行っていること ③株式の買付けは違反行為者らの資金で行われていること ④他人名義口座による株式買付けの経済的効果は違反行為者らに帰属していること
H21-14	①配偶者名義の口座で行われた内部者取引に係る株式売買は、違反行為者の指示に基づき行われたものであり、口座名義人の意思は何ら問題とされなかったこと ②株式の買付資金は、違反行為者の資金が充てられていること ③内部者取引により生じた利益は、夫婦（配偶者名義の口座の利用）の生活資金として費消したほか、違反行為者の借財の返済に充てられていること
H21-31	①違反行為者の指示に基づき、発注手続を行っていること ②株式の買付資金は違反行為者が自由に使える特定口座から出されていること ③内部者取引により生じた利益は、違反行為者が自由に使えるよう、特定口座に振り替えられていること
H24-8	（借名口座名義人が別途自ら調達した50万円分の買付けも自己の計算による買付けと認定した事案） ①違反行為者は自身で工面をした150万円及び知人（借名口座名義人）を通じて調達した50万円を用いて違反行為を行った。 ②知人が調達した50万円については、違反行為者が多く利益を得たかったために、知人に資金調達の一部を依頼し、知人に親族から借りさせたものであり、また、違反行為による利益はすべて違反行為者に帰属する状況であった。

第6章
適用除外

65

適用除外の概要

> インサイダー取引規制の適用除外となる類型としては、①知る前計画・契約、②クロ・クロ取引、③法令等における権利義務に基づく場合、又は④その他の制度を優先する必要がある場合等がある。

1　概　要

　金商法166条6項及び167条5項は、インサイダー取引規制の適用除外を規定している。

　重要事実に関する適用除外事由（金商法166条6項、取引規制府令59条）と公開買付け等事実に関する適用除外事由（金商法167条5項、取引規制府令63条）は、ほぼ同じ内容であるが、重要事実に関する適用除外にのみ、①自己株取得に関する適用除外（金商法166条6項4号の2）及び②社債券その他の政令で定める有価証券に係る売買等をする場合に関する適用除外（同項6号）が定められており、また、公開買付け等事実に関する適用除外にのみ、③公開買付者等の要請に基づいて応援買いをする場合の適用除外（同法167条5項4号）、④公開買付開始公告等に当該情報を記載して公開買付けを行う場合の適用除外（同法167条5項8号）及び⑤情報受領後6ヶ月が経過した場合の適用除外（同法167条5項9号）が定められている点で異なる。

　また、適用除外規定は、大別すれば、①知る前計画・契約、②クロ・クロ取引、③法令等における権利義務に基づく場合、④その他の制度を優先する必要がある場合に分類することができる。

【図表65－1　適用除外の類型】

No.	類型	重要事実	公開買付け等事実
1.	法令等（③）	株主に与えられた株式の割当てを受ける権利の行使（金商法166条6項1号・167条5項1号）	
2.	法令等（③）	新株予約権の行使（金商法166条6項2号・167条5項2号）	
3.	法令等（③）	特定有価証券等に係るオプション（金融商品市場において行う市場デリバティブ取引に係る権利等。金商法2条1項19号）の行使（同法166条6項2号の2・167条5項2号の2）	
4.	法令等（③）	会社法に基づく株式買取請求に基づき売買等をする場合（金商法166条6項3号・167条5項3号）	
5.	法令等（③）	法令上の義務に基づき売買等をする場合（金商法166条6項3号・167条5項3号）	
6.	その他（④）		公開買付者等の要請に基づいて行ういわゆる応援買い（金商法167条5項4号）
7.	その他（④）	公開買付け等に対抗するため当該上場会社等の取締役会が決定した要請に基づいて行ういわゆる防戦買い（金商法166条6項4号・167条5項5号）	
8.	その他（④）	自己株式の取得について授権枠の決定を公表した後における当該決定に基づく自己株式の取得（金商法166条6項4号の2）	
9.	その他（④）	安定操作取引（金商法166条6項5号・167条5項6号）[1]	

---

[1] 重要事実等を知っていることと無関係に行われる売買等であることが明らかであることから、適用除外が認められるとする見解もある（横畠155頁、木目田371頁）。

10.	その他（④）	新株予約権付社債券を除く社債券（普通社債券）について、いわゆるデフォルト情報（解散、倒産手続等の開始の申立て、手形・小切手の不渡り）以外の重要事実を知って行った売買等（金商法166条6項6号・取引規制府令58条）[2]	
11.	クロ・クロ（②）	重要事実等を知る者同士の証券市場によらない取引（金商法166条6項7号・167条5項7号。いわゆるクロ・クロ取引）	
12.	その他（④）		特定公開買付者等関係者から公開買付け等事実の伝達を受けた者が、公開買付開始公告及び公開買付届出書に当該伝達を受けた公開買付け等に関する事実等を記載して公開買付けを行う場合（金商法167条5項8号）
13.	その他（④）		特定公開買付者等関係者（公開買付者等の役員等を除く。）又は特定公開買付者等関係者から公開買付け等事実の伝達を受けた者が当該公開買付け等に関する事実を知り又は伝達を受けた後6ヶ月経過後に買付け等を行う場合（金商法167条5項9号）

14.	その他（④）	合併等（合併、分割又は事業の全部若しくは一部の譲渡若しくは譲受け）による特定有価証券等の承継のうち、承継資産の合計額に占める特定有価証券等の割合が20％未満である場合（金商法166条6項8号・167条5項10号・取引規制府令58条の2）[3]
15.	知る前（①）	重要事実等を知る前に行われた合併等（合併、分割又は事業の全部若しくは一部の譲渡若しくは譲受け）に係る取締役会決議に基づく合併等による有価証券等の承継（金商法166条6項9号・167条5項11号）
16.	その他（④）	単独新設分割により新設分割設立会社に特定有価証券等を承継させる場合（金商法166条6項10号・167条5項12号）
17.	その他（④）	合併等（合併、分割又は事業の全部若しくは一部の譲渡若しくは譲受け）、株式交換又は株式交付に際して、当事者である上場会社等が有する当該上場会社等の特定有価証券等を交付し又はその交付を受ける場合（金商法166条6項11号・167条5項13号）
18.	知る前（①）	重要事実等を知る前に上場会社等との間で書面による契約をした売買等に関する契約の履行（取引規制府令59条1項1号・63条1項1号）
19.	知る前（①）	重要事実等を知る前に契約した信用取引の反対売買の履行（取引規制府令59条1項2号・63条1項2号）
20.	知る前（①）	重要事実等を知る前に契約した市場又は店頭クレジット・デリバティブ取引の履行（取引規制府令59条1項3号・63条1項3号）

2　普通社債券に関しては、投資者が発行者の財務状態を信頼して投資を行うのが通常であり、デフォルト情報以外の情報は、そもそも投資判断に影響を及ぼさないことから適用除外規定が定められている。

3　No.14からNo.17の詳細は「53　『売買等』と組織再編による有価証券等の承継等」を参照。

21.	知る前（①）	証券会社方式又は信託銀行方式の役員・従業員持株会による株券の買付け（取引規制府令59条1項4号・5号・63条1項4号・5号）
22.	知る前（①）	証券会社方式又は信託銀行方式の関係会社従業員持株会による株券の買付け（取引規制府令59条1項6号・7号・63条1項4号・5号）
23.	知る前（①）	証券会社方式の取引先持株会による株券の買付け（取引規制府令59条1項8号・63条1項8号）
24.	知る前（①）	累積投資契約に基づく株券の買付け（取引規制府令59条1項9号・63条1項9号）
25.	知る前（①）	発行者以外の者が重要事実等を知る前に公告を行った公開買付けの計画又は発行者が重要事実等を知る前に関東財務局長への届出をした公開買付けの計画に基づく買付け等（取引規制府令59条1項10号・11号・63条1項10号・11号）
26.	知る前（①）	重要事実等を知る前に発行者の同意を得た計画又は公表の措置に準じ公開された計画に基づく売出し又は特定投資家向け売付け勧誘等（取引規制府令59条1項12号・63条1項12号）
27.	知る前（①）	重要事実等を知る前に公表の措置に準じ公開され、又は公衆縦覧に供されたコミットメント型ライツ・オファリングの計画に基づく新株予約権の取得又は売付け（取引規制府令59条1項13号・63条1項13号）
28.	知る前（①）	包括的な知る前契約・計画（取引規制府令59条1項14号・63条1項14号）

2 知る前計画・契約

　売買等についての投資判断を行った後、取引の実行前に重要事実等を知った場合、重要事実等を知ったとしても投資判断の変更ができないのであれば、重要事実等を知ったことにより有利な取引が行われることになら

ず、市場の公正性及び健全性に対する投資家の信頼を害することがない。

上記図表65-1のうち、No.15及びNo.18～No.28の規定がかかる類型に該当する。

なお、従来の金商法では、知る前契約・計画について、個別の取引類型ごとに適用除外が定められていたが、平成27年の取引規制府令の改正により、知る前契約・計画に関する包括的な適用除外規定が新設された（取引規制府令59条1項14号、63条1項14号）。詳細は「67 包括的な『知る前契約・計画』に基づく売買」を参照されたい。

3 クロ・クロ取引

有価証券等の売買等を行う双方当事者が、お互いに重要事実等の存在を知った上で、証券市場によることなく相対で取引を行う場合は、情報の偏在がなく、かつ証券市場の公正性を害することもない。

かかる類型として、重要事実等を知る者同士の証券市場によらない取引（金商法166条6項7号・167条5項7号。いわゆるクロ・クロ取引）に関する適用除外がある。詳細は「74 知る者同士の証券市場によらない取引（クロ・クロ取引）」を参照されたい。

4 法令等における権利義務に基づく場合

例えば、株主が重要事実等を知って会社法に基づく反対株主の株式買取請求権（会社法469条1項）を行使することが禁止されれば、少数株主の利益保護を図った会社法の趣旨が没却される。このように、法令等における権利義務に基づく売買等について、金商法は一定の範囲でインサイダー取引規制の適用除外を認めている。図表65-1のうち、No.1～No.5の規定がかかる類型に該当する。詳細は「75 株式買取請求権及び法令上の義務に基づく場合」～「77 取得請求権又は取得条項に基づく取得等」を参照されたい。

5 その他の制度を優先する必要がある場合

例えば、公開買付けの際のいわゆる防戦買いは、実務上、重要事実等を知りうる会社関係者等によりなされることが多く、これが禁止されれば、上場会社等に著しく不利となり不公平である。

このように、金商法は、その他の制度の趣旨を尊重する必要がある場合について、一定の範囲でインサイダー取引規制の適用除外を認めている。組織再編における適用除外の詳細は、「53　『売買等』と組織再編による有価証券等の承継等」を参照されたい。また、公開買付け等事実に関する適用除外の詳細は、「80　公開買付け等事実に関する適用除外」を参照されたい。

66
上場会社等との「知る前契約」に基づく売買等

> 重要事実等を知る前に締結した契約に基づく売買等が適用除外となるためには、①上場会社等との間の書面による契約であること、②当該契約に基づく履行であり、③当該契約において期日又は期限及び数量等が確定していることが必要である。

①重要事実等を知る前に、②上場会社等との間で当該上場会社等の発行する有価証券等に係る売買等に関し、③書面による契約を締結した者が、④当該契約の履行として、⑤当該書面に定められた当該売買等を行うべき期日又は当該書面に定められた当該売買等を行うべき期限の10日前から当該期限までの間において当該売買等を行う場合、インサイダー取引規制の適用が除外される（金商法166条6項12号、取引規制府令59条1項1号、金商法167条5項14号、取引規制府令63条1項1号）。

「知る前契約」の適用除外は、重要事実等を知る前に締結された契約に基づく取引のうち、重要事実等を知ったことにより売買等の実行について

裁量の働く余地がないものについて、適用除外を認めたものである[4]。

1　知る前契約の主体

「知る前契約」は、上場会社等との間で締結されたものであることが必要である（上記②）。したがって、会社関係者が重要事実等を知る前に、上場会社等以外の第三者との間で当該上場株券等の売買契約を締結しただけでは、本適用除外における「知る前契約」には該当しない。

もっとも、知る前契約の履行としてなされる売買等が上場会社等との間で行われるものである必要はなく、例えば、証券市場において有価証券等を取得することを義務の内容とする会社関係者と上場会社等の間の契約も「知る前契約」に該当する[5]。そのため、会社関係者が上場会社等以外の第三者との間で上場株券等の売買契約を締結する場合、上場会社等も契約当事者とする三者間契約とすることで、インサイダー取引規制の適用を除外することも考えられる。

2　取引実行の期日・期限

「知る前契約」に該当するためには、売買等を行うべき期日又は期限が書面上確定している必要がある（上記⑤）。売買等を行うべき期日（クロージング日）の定め方として複数の期日を定めることは差し支えなく、「○月○日又は別途当事者が合意する日」といった定め方も、重要事実等を知った後に別途変更の合意がなされない限りは「知る前契約」に該当する[6]。

他方、クロージング日を「別途当事者が合意する日」とのみ定めるなど、売買等を行うべき確定的な期日又は期限の定めがない場合は、「知る前契約」に該当しない。また、特定の日をクロージング日として定めた上、一方当事者がクロージング日を変更する権利を留保している場合も、未公表

---

[4]　三國谷122頁。
[5]　横畠162頁。
[6]　松本213頁。

の重要事実等を知った場合に、当該重要事実等が公表される前にクロージング日を前倒しして取引を実行するといった操作が可能になるため、「知る前契約」に該当しない[7]。さらに、特定の日をクロージング日と定めず、売買等の実行の時期を何らかの条件に係らしめた契約（例えば、第三者の書面による承認を取引の条件とし、クロージング日をかかる書面交付の翌日と定めた契約）も、「知る前契約」に該当しない[8]。

これに対し、契約において、クロージング日を特定の日と定めた上で、取引の実行（クロージング）の前提条件が定められた場合は「知る前契約」に該当する。当該前提条件が充足されない場合には取引が実行されないだけであり、取引のタイミングに裁量が働く余地はないからである[9]。

3 取引の数量

「知る前契約」の要件として、取引の目的である有価証券等の数量を定めることは法文上明示的には要求されていない。

しかし、売買等における有価証券等の数量を当事者の意思により増減できるような場合は、重要事実等を知った後に利益を増加させ又は損失を減少させることが可能となるため、「知る前契約」に該当しないものと考えられる[10]。

他方、有価証券等の数量が確定的に定められていない場合であっても、当初から定められた算式等に基づき数量が機械的に確定する場合は「知る前契約」に該当する。

なお、平成27年の取引規制府令の改正により、知る前契約・計画に関する包括的な適用除外規定が新設された（取引規制府令59条1項14号、63条1項14号）。詳細は「67 包括的な『知る前契約・計画』に基づく売買」を参照されたい。

---

[7]　木目田391頁。
[8]　横畠162頁。
[9]　松本213頁。
[10]　松本214頁。

67 包括的な「知る前契約・計画」に基づく売買

> 「知る前契約・計画」に関し、平成27年の取引規制府令の改正により、包括的な適用除外規定が新設された。

　従来の金商法では、「知る前契約・計画」について、個別の取引類型ごとに適用除外が定められていたが、平成24年インサイダーWG報告書では、「知る前契約・計画」に関する包括的な適用除外規定の新設が提案されていた。かかる指摘を踏まえ、平成27年の取引規制府令の改正により、「知る前契約・計画」の包括的な適用除外規定が新設された。かかる規定の要件は下表のとおりであり、これらすべてを満たす場合には、インサイダー取引規制の適用が除外される（取引規制府令59条1項14号、63条1項14号）。

【図表67－1　包括的な「知る前契約・計画」の要件】

1.	重要事実等を知る前に締結・決定された有価証券の売買等に関する書面による契約・計画の履行・実行として売買等を行うこと（取引規制府令59条1項14号イ、63条1項14号イ）	
2.	重要事実等を知る前に、右の①～③のいずれかの措置が講じられたこと（取引規制府令59条1項14号ロ、63条1項14号ロ）	① 当該契約・計画の写しの金融商品取引業者（いわゆる証券会社に限る。）に対する提出と提出日の当該証券会社による確認（当該証券会社が、当該契約の相手方や当該計画を共同して決定した者である場合を除く。）（取引規制府令59条1項14号ロ(1)、63条1項14号ロ(1)）
		② 当該契約・計画に確定日付が付されたこと（証券会社が当該契約を締結した者、又は当該計画を決定した者である場合に

		限る。）（取引規制府令59条１項14号ロ(2)、63条１項14号ロ(2)）
		③ 当該契約・計画が、インサイダー取引規制の公表措置に準じ公衆縦覧に供されたこと（取引規制府令59条１項14号ロ(3)、63条１項14号ロ(3)）
3.	当該契約・計画の履行・実行として行う売買等につき、売買等の別、銘柄及び期日並びに当該期日における売買等の総額又は数（デリバティブ取引にあっては、これらに相当する事項）が、当該契約・計画において特定されていること、又は、当該契約・計画においてあらかじめ定められた裁量の余地がない方式により決定されること（取引規制府令59条１項14号ハ、63条１項14号ハ）	

なお、上場会社等との「知る前契約」に基づく売買等との差異については、下表のとおりである。

【図表67－2　上場会社等との「知る前契約」に基づく売買等との差異】

要件	上場会社等との「知る前契約」	包括的な「知る前契約・計画」
契約締結者	上場会社等との間で締結されたものであることが必要	限定なし
期限・別途合意	売買等を行うべき期日又は期限が書面上確定していることが必要 売買等を行うべき期日又は売買等を行うべき期限の10日前から当該期限までの間において売買等を行うことが必要	期日が、契約・計画において特定されていることが必要（あらかじめ定められた裁量の余地がない方式により決定されることでも可）

金融商品取引業者の関与	不要		重要事実等を知る前に講じられた措置の一つとして、金融商品取引業者による確認が列挙されている

68 重要事実等を知る前に締結・決定された有価証券の売買等に関する書面による契約・計画

> 「知る前契約・計画」の包括的な適用除外規定の要件として、重要事実等を知る前に締結・決定された有価証券の売買等に関する書面による契約・計画の履行・実行として売買等を行うことが定められている。

1 重要事実等を知る前に締結・決定された契約・計画

　重要事実等を知る前に「締結された契約」又は「決定された計画」に該当するためには、契約当事者による当該契約を履行する旨又は計画当事者による当該計画を実行する旨の意思表示が必要であると考えられている[11]。例えば、従業員持株会については、単に計画の内容となる持株会規約が作成されたのみでは足りず、個々の従業員が当該持株会規約に従って買付け等を行う旨の意思表示、すなわち、従業員持株会への入会の申込みの意思表示が必要とされ、持株会規約と入会申込書がセットとなって「決定された計画」に該当するものに該当する。

　また、計画を実行する意思のもと書面により作成すれば、通常、当該計画は、「決定された計画」に該当すると考えられており[12]、法人が計画を決定する場合には、必ずしも取締役会での決議がなくとも当該法人における権限分掌規程等に従って決定すれば、「決定された計画」に該当するものと考えられている[13]。

11　船越31頁。
12　金融庁パブコメ回答（平成27年9月2日）1頁2番。

なお、インサイダー取引規制の例外となるためには、当該売買等が「知る前契約・計画」に基づく売買等であることが必要であるため、「知る前契約・計画」の内容とは異なる内容で売買等を行った場合には、当該売買等は、基本的に、「知る前契約・計画」に基づく売買等とはいえない[14]。

2 契約・計画の締結・計画時において未公表の重要事実を知っている者による「知る前契約・計画」の利用

重要事実を「知る前に締結された」又は「知る前に決定された」とは、「売買等を行う時点において知っている未公表の重要事実を知る前」に締結又は決定したことを意味すると解されている[15]。例えば、契約・計画の締結・計画の決定の時点において知っている重要事実Aが売買等を行う前にすべて公表又は中止され、また、当該契約・計画の締結・決定の後に知った重要事実Bが当該売買等を行う時点において未公表となっている場合（なお、当該契約・計画の締結・決定の時点から、当該売買等を行う時点までの間において、重要事実A及びBのほかに知っている重要事実はないものとする。）、売買等を行う時点において重要事実Bは未公表の重要事実ではあるが、契約・計画の締結・決定は重要事実Bを知る前に行われていることから、当該売買等が適用除外の要件をすべて満たせば、「知る前契約・計画」に係る適用除外の対象となると考えられる。一方、重要事実Aとの関係では、その公表又は中止の後に売買等が行われているため、そもそもインサイダー取引規制上、問題は生じない[16]。

このように、例えば、契約・計画の締結・決定の時点において何らかの重要事実（上記例では重要事実A）を知っていたとしても、当該重要事実がすべて公表された後に売買等を行うことを内容とする契約又は計画を締結又は決定することにより、売買等を行う時点において知っている他の重

13　金融庁パブコメ回答（平成27年9月2日）1頁1番。
14　船越34頁。
15　インサイダー取引規制Q&A問5。
16　インサイダー取引規制Q&A問5。

要事実（上記例では重要事実B）との関係で、「知る前契約・計画」として活用することができると考えられる。

3 書面の形式

「知る前契約・計画」は、書面によるものであることが必要であるが、書式等については特に定めがない。他方で、口頭での契約・計画や、電磁的記録による契約・計画は認められていない[17]。

69 重要事実等を知る前に講じられた措置

> 知る前契約・計画の包括的な適用除外規定の要件として、重要事実等を知る前に、①当該契約・計画の写しの証券会社に対する提出と提出日の当該証券会社による確認（当該証券会社が、当該契約の相手方や当該計画を共同して決定した者である場合を除く。）、②当該契約・計画に確定日付が付されたこと（証券会社が当該契約を締結した者、又は当該計画を決定した者である場合に限る。）、③当該契約・計画が、インサイダー取引規制の公表措置に準じ公衆縦覧に供されたこと、のいずれかの措置が講じられたことが定められている。

1 金融商品取引業者による確認

金融商品取引業者による確認に際しての提出先の証券会社は、実際に注文を行う相手方となる証券会社以外の証券会社であってもよい[18]。「提出」との文言から、異なる者同士での受け渡しが前提とされており、証券会社が自ら締結・決定した契約・計画を、当該証券会社に提出することはできない。したがって、証券会社が知る前契約を締結した相手方又は知る前計画の共同決定者である場合には、2の確定日付を取得する方法が実務

---

17 金融庁パブコメ回答（平成27年9月2日）2頁7番。
18 金融庁パブコメ回答（平成27年9月2日）2頁8番。

的には一般的である。

　証券会社による知る前契約又は計画の確認の方法については法令上定められていない[19]。証券会社としては、日本証券業協会のモデル規程[20]を参考にしつつ、提出を受けた契約・計画の写しの提出日付の確認及び当該写しの保存等について、適切に実施することになる[21]。

　確認の対象は、あくまで提出の日付であり、契約の締結日や計画の決定日ではない。提出された契約・計画の内容やその真正性の確認義務を負うものでもない[22]。もっとも、証券会社は、インサイダー取引規制に違反すること又は違反するおそれのあることを知りながら売買等の受託等をすることが禁止されていることから（金商業等府令117条1項13号）、かかる点で留意する必要がある[23]。

　契約を締結した相手方又は計画を共同して決定した者については、証券会社が知る前契約を締結した相手方又は知る前計画の共同決定者である場合を指し、証券会社が知る前契約・計画の履行又は実行として行う売買等の委託契約を締結した相手方である場合は含まれない[24]。また、計画を決定した者には、契約を締結した相手方と同等の当事者性が必要と考えられ、単に計画の作成や実行に関与したり協力したことをもって、計画を共同して決定した者に該当するものではない[25]。

2　確定日付

　あらかじめ複数の契約・計画を準備した上で、有利な契約・計画のみを

19　金融庁パブコメ回答（平成27年9月2日）2頁9番。
20　https://www.jsda.or.jp/about/jishukisei/web-handbook/101_kanri/files/naibushatorihikikanrikitei.pdf
21　船越34頁。
22　金融庁パブコメ回答（平成27年9月2日）2頁10～14番。
23　峯岸健太郎＝石川貴教「包括的な『知る前契約・計画』の追加等、取引の円滑化のためのインサイダー取引規制の改正」金融No.823（2015）19頁。
24　金融庁パブコメ回答（平成27年9月2日）3頁15番。
25　金融庁パブコメ回答（平成27年9月2日）3頁16番。

履行・実行し、不利な契約・計画を履行・実行せず、かかる実行しない契約・計画を隠ぺいすることにより規制をすり抜けることが可能との指摘を踏まえ、証券会社が知る前契約を締結した相手方又は知る前計画の共同決定者である場合が、かかる確定日付を用いる要件とされている。

3　公　表

　知る前契約・計画は、重要事実等と異なり、報道機関に必ずしも報道されるものではないとの指摘を踏まえ、インサイダー取引規制上の公表措置に準じ公衆縦覧に供されたことに限ることとされたため、報道機関に対して公開する措置及びホームページ上に公開する措置は、知る前契約・計画の公表措置として認められない[26]。したがって、知る前契約・計画の公表措置としては、基本的には、金融商品取引所へ通知し、金融商品取引所において日本語で公衆縦覧に供されることや、有価証券届出書や臨時報告書等の金商法25条1項に規定する書類が公衆縦覧に供されることが必要となる。

70

契約・計画における特定・裁量の余地がない方式による決定

> 　知る前契約・計画の包括的な適用除外規定の要件として、当該契約・計画の履行・実行として行う売買等につき、売買等の別、銘柄及び期日並びに当該期日における売買等の総額又は数（デリバティブ取引にあっては、これらに相当する事項）が、当該契約・計画において特定されていること、又は、当該契約・計画においてあらかじめ定められた裁量の余地がない方式により決定されることが定められている。

---

[26]　金融庁パブコメ回答（平成27年9月2日）5頁21番、22番。

1　売買等の別・買付け等又は売付け等の別

「売買等の別」とは、売付け・その他の有償の譲渡・合併により承継させること、買付け・その他の有償の譲受け・合併により承継することといった、「売買等」のうちのどの行為を行うかをいう[27]。

同様に、「買付け等又は売付け等の別」とは、買付け・その他の有償の譲受け・合併により承継すること、売付け・その他の有償の譲渡・合併により承継させることといった、「買付け等又は売付け等の別」のうちのどの行為を行うかをいう[28]。

2　期日・裁量の余地

「期日」とは、2024年1月1日といった特定の日を指し、5年後や10年後の日でもよい。その一方、例えば、2024年1月1日から1月31日までといった1日を超える期間や期限を定めるのみでは期日が特定され又は裁量の余地がない方式による決定とはいえない[29]。

また、「裁量の余地がない方式による決定」とは、売買等を行う本人の裁量によらずに期日が定まればよく、当該本人の裁量によらない条件の成就により自動的に期日が定まるようにする方法（例えば、「契約・計画の締結・決定の後、東京証券取引所における終値がはじめて〇円を超えた日の翌営業日」を期日とする方法）や証券会社等に売買等の期日を一任することにより本人の裁量によらずに期日が定まるようにすることが考えられる[30]。証券会社等への一任に当たっては、売買等の諸条件のうち、例えば価格について、一定の条件を設定した上で、当該条件を充足する期日に売買等を行うよう証券会社等に一任することも可能である。また、ある事実の公表の期日と売買等の期日が関連付けられている場合、公表の期日の決定について裁量を有する者は、売買等の期日に関しても裁量を有することとなる

---

[27]　船越37頁。
[28]　船越37頁。
[29]　金融庁パブコメ回答（平成27年9月2日）5頁25番。
[30]　船越37頁。

から、売買等の期日が特定され又は裁量の余地がない方式により決定されているとはいえないと考えられる[31]。条件の成就が本人の裁量によらないといえるか否かは、個別事例ごとに、当該条件の具体的内容や本人の具体的地位等の実態に即して判断されると考えられる[32]。

3 売買等の総額又は数・買付け等又は売付け等の総額又は数

数量については、「売買等の総額又は数」、「買付け等又は売付け等の総額又は数」と規定されているとおり、売買等の総額を決める方法又は売買等の数自体を決めるいずれかの方法で、特定され又は裁量の余地がない方式により決定される必要がある[33]。当該総額又は数は、1日単位で特定され又は裁量の余地がない方式により決定される必要があるとされている。そのため、一定期間における売買等の総額又は数を定めたり、上限や下限を定めるのみでは、特定され又は裁量の余地がない方式により決定されているとはいえない[34]。

なお、売買等を行う当日の市場の状況等によっては、知る前契約・計画において予定していた「売買等の総額又は数」に満たない数量の取引しか行えない場合も考えられるが、このように、外部的な事情により、やむを得ず予定に満たない取引しか行えなかったことは、基本的に、売買等が「契約の履行として」・「計画の実行として」行われたことを否定するものではない。例えば、知る前契約・計画において、1日当たり1,000株を取得する旨が予定されていたにもかかわらず、当日の市場の状況により、実際には800株しか取得できなかった場合であっても、「契約の履行として」・「計画の実行として」行われたことが否定されるものではない。他方で、意図的に取引の数量を少なくしたような場合には、「契約の履行として」・「計画の実行として」行われたとはいえず、適用除外を受けられない[35]。

---

31 金融庁パブコメ回答（平成27年9月2日）5頁27番。
32 船越37頁。
33 船越38頁。
34 金融庁パブコメ回答（平成27年9月2日）7頁29番、8頁31番。

71

契約・計画の中止・変更

> 一旦締結・決定した知る前契約・計画を履行・実行しないことは、基本的にインサイダー取引規制に違反しないと考えられている。
> また、契約・計画の内容を変更する場合には、新たに契約・計画を締結・決定する場合と同様、当該変更の時点であらためて知る前契約・計画の要件を充足する必要があると考えられている。

1 一旦締結・決定した契約・計画を履行・実行しないこと

一旦締結・決定した知る前契約・計画を履行・実行しないことは、単に売買等を実施しなかっただけであることから、基本的にインサイダー取引規制に違反しない[36]。

ただし、あらかじめ複数の契約・計画を準備した上で、有利な契約・計画のみを履行・実行し、不利な契約・計画を履行・実行しない場合、形式的には別個の契約・計画であっても、全体としてみれば「売買等の別」や「期日」等について特定され又は裁量の余地がない方式により決定されていると認められないと考えられ、取引規制府令59条1項14号ハ、63条1項14号ハの要件を満たさず、行った売買等について適用除外を受けられない[37]。

また、複数の期日に分けて売買等を行うことを内容とする契約・計画を準備した上で、有利な期日の売買等のみを行い、不利な期日の売買等を行わないこととするなど、全体としてみれば当該契約・計画の履行・実行として売買等を行っているとは認められないときも、同様に取引規制府令59条1項14号イ、63条1項14号イの要件を満たさず、行った売買等について適用除外を受けられない[38]。

---

35 船越38頁。
36 船越38頁。
37 船越38頁。

2 契約・計画の変更

契約・計画の内容を変更する場合には、新たに契約・計画を締結・決定する場合と同様、当該変更の時点であらためて知る前契約・計画の要件を充足する必要がある[39]。

ただし、契約書面・計画書面に記載されているあらゆる事項について変更があるたびに、知る前契約・計画の要件を充足しなければならないものではないと考えられている。すなわち、取引規制府令59条1項14号、63条1項14号の知る前契約・計画については、売買等の別、銘柄及び期日並びに当該期日における売買等の総額又は数が知る前契約・計画を構成する事項であるため、当該事項に変更がある場合には、その都度、同号に規定する要件を充足する必要がある。同号ハに規定する事項に影響を及ぼさない事項のみ変更する場合には、あらためて同号に規定する要件を充足する必要はない[40]。

72

持株会による買付け等

> 上場会社等の役員・従業員持株会、関係会社の従業員持株会、及び取引先持株会が行う株券の買付けは、適用除外となる。ただし、①買付けの時期、回数、金額等が事前に確定していること、②買付け者の判断を介しない機械的な買付けであること、③継続的に行われていること等が必要である。

一定の要件を満たす者を構成員とする証券会社方式又は信託銀行方式の持株会が行う株券の買付けについて、①一定の計画に従い、②個別の投資判断に基づかず、③継続的に行われる場合であって、④各従業員等の1回

---

38 金融庁パブコメ回答（平成27年9月2日）4頁19番、9頁37番。
39 金融庁パブコメ回答（平成27年9月2日）9頁38番。
40 金融庁パブコメ回答（平成27年9月2日）9～10頁40番。

の拠出金額等が100万円に満たない場合にはインサイダー取引規制の適用が除外される（取引規制府令59条1項4号～8号・63条1項4号～8号）。なお、令和6年9月13日付で金融商品取引法第2条に規定する定義に関する内閣府令が改正されており（以下、本項目において「本改正」という。）、令和7年1月1日から施行予定である。本改正では、上記の④の各従業員等の1回の拠出金額等が100万円に満たない場合という要件について、金額が100万円から200万円に引き上げられている。

また、累積投資契約により上場会社等の株券（優先出資証券を含む。）の買付けが金融商品取引業者に委託等をして行われる場合（いわゆる「るいとう」（株式累積投資制度）による買付けが行われる場合）であって、上記①～④の要件を満たす場合もインサイダー取引規制の適用が除外される（取引規制府令59条1項9号・63条1項9号）。

適用除外の対象となる持株会は、以下のとおりである。

【図表72－1　適用除外の対象となる持株会】

持株会の種類	構成員	
従業員持株会（取引規制府令59条1項4号・5号・63条1項4号・5号）	上場会社等及び上場会社等が直接又は間接に支配する会社の役員及び従業員	「直接又は間接に支配する会社」とは、①上場会社等が50％を超える議決権を保有する会社（子会社）、②①の会社が50％を超える議決権を保有する会社（孫会社）及び③②の会社が50％を超える議決権を保有する会社（曾孫会社）をいう[42]。

41　インサイダー取引規制Q&A問5。
42　③は金融商品取引法第2条に規定する定義に関する内閣府令及び有価証券の取引等の規制に関する内閣府令の一部を改正する内閣府令（平成24年12月14日内閣府令第78号）により追加された。

関係会社持株会 (取引規制府令59条1項6号・7号・63条1項6号・7号)	関係会社の従業員	「関係会社」とは、上場会社等が25%以上の議決権を保有する会社、②前事業年度において上場会社等に対する売上高が当該会社の売上高の総額の50%以上である会社、及び③前事業年度において上場会社等からの仕入高が当該会社の仕入高の総額の50%以上である会社をいう。
取引先持株会 (取引規制府令59条1項8号・63条1項8号)	取引関係者(取引関係者が法人である場合はその役員を含む)	「取引関係者」とは当該上場会社等の指定する当該上場会社等と取引関係にある者をいう。

　関係会社持株会の場合には、関係会社の役員を構成員に含むと、適用除外の対象とならない点に留意する必要がある。また、取引関係者持株会以外は信託銀行方式と証券会社方式のいずれも適用除外の対象となるが、取引関係者持株会は証券会社方式のみが対象となる。なお、本改正では、関係会社持株会の構成員に関係会社の役員が追加されている（従前は、関係会社は従業員のみであった）。

　また、本改正では、関係会社持株会における「関係会社」の定義について、会社計算規則2条3項21号の「会社が他の会社等の財務及び事業の方針の決定に対して重要な影響を与えることができる場合における当該他の会社等（子会社を除く。）」という規定を参照することとされており、実質的な支配関係の有無により関係会社該当性が判断されることとされている。

　持株会による買付け等に関する実務上の留意点については、「102　公開買付けと役員・従業員持株会による買付け」を参照されたい。

73

知る前計画に基づく公開買付け／売出し

> 公開買付け・売出しについて、重要事実等を知る前に公告等がなされた内容を変更せず、売買等をする場合、公告等の後に重要事実等を知ってもインサイダー取引規制は適用されない。

1 知る前計画に基づく公開買付け

　公開買付者は、公開買付け開始後に重要事実等を知ってしまったとしても、原則として公開買付けを撤回できず（金商法27条の11第1項本文）、重要事実等が公表されないまま公開買付けが成立した場合にインサイダー取引規制違反となるのは公開買付者に酷である。そこで、発行者以外の者が重要事実等を知る前に、公開買付開始公告を行った公開買付けに基づき買付け等を行う場合（取引規制府令59条1項10号・63条1項10号）、発行者が重要事実等を知る前に関東財務局長へ公開買付届出書を提出した公開買付けに基づき自己株式の買付け等を行う場合（同府令59条1項11号・63条1項11号）は、いずれもインサイダー取引規制の適用除外となっている。

　なお、かかる適用除外に該当する場合、インサイダー取引規制上は、公開買付者は特段の手続を行う必要はないが、公開買付規制上は、別途、公開買付届出書の訂正届出書の提出が必要になる場合がある点には留意が必要である。詳細は「106 3　訂正届出書の提出」を参照されたい。

　公開買付開始後に買付条件等を変更した場合、当該変更の際に投資判断の余地があるため、本適用除外の対象とならない[43]。

　もっとも、買付条件等の変更及びこれに伴う公告等が重要事実等を知る前に行われ、当該変更後の買付条件等に基づき株券等を取得する場合、変更後の買付条件等も重要事実等を知ったことと関係なく決定されており、

43　松本219頁。

「その他これに準ずる特別の事情に基づく売買等であることが明らかな売買等をする場合」（金商法166条6項12号・167条5項12号）に該当し、インサイダー取引規制の適用から除外される[44]。

2　知る前計画に基づく売出し等

重要事実等を知る前に、発行者の同意を得た計画又は金商法施行令30条1項に掲げる報道機関の2以上に公表された計画に基づき売出し（取引規制府令1条1項、金商法2条4項）又は特定投資家向け売付け勧誘等を行う場合で、金融商品取引業者がその取扱いを行う場合は、インサイダー取引規制の適用除外とされる（取引規制府令59条1項12号・63条1項12号）。

「有価証券の売出し」とは、すでに発行された有価証券の売付けの申込み又はその買付けの申込みの勧誘のうち、①適格機関投資家のみを相手方とするプロ私売出し、②特定投資家のみを相手方とする特定投資家私売出し及び③50名未満の者を相手方とする少人数私売出しのいずれにも該当しない場合をいう（金商法2条4項）。そして、上場株式については、上記①から③までには該当しないため、取引所市場での売買などの金商法施行令1条の7の3の定める例外に該当しない限り「有価証券の売出し」に該当することとなる。例えば、発行会社の役員や主要株主が、その所有する株式を市場外で売却するときは、売出しに該当する。

なお、本適用除外が適用されるためには、かかる有価証券の売出しを金融商品取引業者が取り扱う必要がある点に留意が必要である。

74
知る者同士の証券市場によらない取引（クロ・クロ取引）

> 重要事実等を有する者同士の市場外での売買等（クロ・クロ取引）については、インサイダー取引規制の適用除外とする規定が存在するが、双方当事者が有する重要事実等に偏在がないか確認する必要がある。

1 概 要

　取引を行う双方が、お互いに未公表の重要事実等を知っており、証券市場によることなく相対で取引を行う場合は、情報の偏在がなく、証券市場の公正性を損なうこともないことから、インサイダー取引規制の適用除外とされている（いわゆる「クロ・クロ取引」の適用除外）。

　具体的には、重要事実については、会社関係者（金商法166条1項）又は第一次受領者（同条3項）に該当する者の間において、売買等を取引所金融商品市場によらないでする場合は、インサイダー取引規制が適用されない（同条6項7号）。公開買付け等事実についても、同法167条1項に規定する公開買付け等の実施に関する事実を知った者が、当該公開買付け等の実施に関する事実を知っている者から取引所金融商品市場によらないで買付け等をする場合、又は同項に規定する公開買付け等の中止に関する事実を知った者が当該公開買付け等の中止に関する事実を知っている者に取引所金融商品市場によらないで売付け等をする場合はインサイダー取引規制が適用されない（同条5項7号）。なお、適用除外の対象となるのは市場外の取引に限定されるため、取引所のオークション市場（立会取引）における取引のみならず、ToSTNeT等の立会外取引も適用除外の対象とならない。

　ただし、このような取引であっても、当該取引が、特定有価証券等又は株券等を買い付けた者がさらにインサイダー取引規制に違反して取引を行うことを前提として行われたものである場合は、インサイダー取引規制の適用が除外されない（金商法166条6項7号括弧書・167条5項7号括弧書）。

2 クロ・クロ取引における売買等の主体

　クロ・クロ取引は、金商法の規定上、会社関係者又は第一次情報受領者の間の取引に限定されている。したがって、インサイダー取引規制の適用がある第一次情報受領者とインサイダー取引規制の適用がない第二次情報受領者の間の取引のように、インサイダー取引規制の適用がある者と適用

44　松本219頁、木目田402頁。

がない者の間の取引には、本適用除外規定は直接は適用されない。

　この場合、「その他これに準ずる特別の事情に基づく売買等であることが明らかな売買等をする場合」（金商法166条6項12号・167条5項12号）に該当しインサイダー取引規制の適用がないと解されるが、クロ・クロ取引の適用除外に該当することをより明確にするため、会社関係者が取引を行う双方に対し直接情報を伝達する等の方法により、取引を行う双方が会社関係者又は第一次情報受領者に該当するようにする対応が行われている。

　もっとも、インサイダー取引規制の適用がある者と適用がない者の間の取引であっても、双方が未公表の重要事実を知って相対で取引をする場合は、情報の偏在はなく、インサイダー取引規制の対象とする必要性は低い。また、公開買付け等事実に関するクロ・クロ取引ではこのような制限は課されていない（金商法167条5項7号）。

　そのため、重要事実について、インサイダー取引規制の適用がある者と適用がない者の間のクロ・クロ取引も、適用除外の対象とされている。

　なお、公開買付け等事実に関するクロ・クロ取引の例外においては、規定上も、事実を「知った者」「知っている者」と規定されており、公開買付者等関係者又は第一次情報受領者と第二次情報受領者の間の取引にも適用されるため、このような問題は生じない。

【図表74-1　クロ・クロ取引の適用除外規定の範囲】

重要事実（166条6項7号）		公開買付け等事実（167条5項7号）
規制の対象者同士の取引	規制の対象者と対象でない者の間の取引	
クロ・クロ取引の適用あり	クロ・クロ取引の適用あり	クロ・クロ取引の適用あり

3　当事者間の認識の差異

　両当事者が同じ重要事実等を認識している場合であっても、例えば、業

績予想の修正の値が異なる等、重要事実等の認識の程度・内容に差異があり、かかる差異が投資判断をする上で有意な差である場合にはクロ・クロ取引の例外は適用されない[45]。

そのため、クロ・クロ取引の例外を利用するためには、双方の当事者が認識している重要事実等の程度に差異が生じないよう株式譲渡契約に認識している重要事実等を記載する等の方法をとることが望ましい。ただし、実務的には、認識している重要事実等を正確に記載できないことも少なくない。

また、当該取引に係る有価証券等について、さらにインサイダー取引規制に違反して取引が行われることとなることを知っている場合は、インサイダー取引規制の適用が除外されない（金商法166条6項7号括弧書・167条5項7号括弧書）ため、売主としては、買主に対し、さらにインサイダー取引規制に違反して取引を行わないことを義務付けることが望ましい。

【契約条項の例】

第○条（重要事実）
1．売主及び買主は、本契約締結日及び本契約の実行日において、(1)［買主／売主］が金融商品取引法第166条第1項第○号に定めるところにより別紙記載の事実（以下「本重要事実」という。）を知っていること及び(2)［売主／買主］が［対象会社／買主／売主］から伝達を受けて本重要事実を知っていることを確認する。
2．売主及び買主は、本契約締結日及び本契約の実行日において、本重要事実を除き、それぞれが対象会社に係る金融商品取引法第166条第2項に定める業務等に関する重要事実（同条第4項に定める公表がなされていないものに限る。）に該当する可能性のある事実を認識していないことを確認する。

45　太田昭和監査法人編『インサイダー取引の防止と回避』（ぎょうせい・1989）49頁、木目田376頁。

3．売主及び買主は、本件株式について、更に金融商品取引法第166条第1項又は第3項の規定に違反して同条第1項に定める売買等が行われることがないことを確認する。

75

株式買取請求権及び法令上の義務に基づく場合

> 株主が会社法に定める株式買取請求権を行使する場合や、上場会社が法令上の株主又は新株予約権者の請求に基づき有価証券等を取得する場合、法令上の制限に反して取得した有価証券等を処分する場合などにはインサイダー取引規制が適用されない。

　金商法は、少数株主の利益保護のために会社法上認められた反対株主の株式買取請求権に基づく場合を、インサイダー取引規制の適用除外としている（金商法166条6項3号・167条5項3号）[46]。具体的には、以下の場合の買取請求権が対象となる。

【図表75－1　株式買取請求事由】

根拠条文 （会社法）	株式買取請求事由の概要
116条1項	1．発行する全部の株式の内容として譲渡制限を設ける場合
	2．ある種類の株式の内容として譲渡制限又は全部取得条項を設ける場合

46　服部219頁。

	3．①株式の併合若しくは分割、②株式無償割当て若しくは新株予約権無償割当て、③単元株式数の変更、又は④株主割当の方法による株式若しくは新株予約権の募集を行う場合において、種類株主総会決議を要しない旨の定款の定めがある種類株式の株主に損害を及ぼすおそれがあるとき
182条の4	株式の併合を行うことにより1株に満たない端数が生ずる場合
469条1項	事業譲渡等（事業の全部又は重要な一部の譲渡、他の会社の事業の全部の譲受け、事業の全部の賃貸、事業の全部の経営の委任、他人と事業上の損益の全部を共通にする契約その他これらに準ずる契約の締結、変更又は解約）を行う場合
785条1項	当該会社が消滅会社等となる吸収合併、吸収分割、株式交換を行う場合
797条1項	当該会社が存続会社等となる吸収合併、吸収分割、株式交換を行う場合
806条1項	新設合併、新設分割、株式移転を行う場合
816条の6	株式交付を行う場合

　なお、単元未満株式の買取請求（会社法192条・193条）や売渡請求（同法194条）は対象とされておらず、会社法上株主に認められた買取請求権のすべてが適用除外になるわけではない点に留意が必要である。また、反対新株予約権者の新株予約権買取請求権（同法118条1項・777条1項・787条1項・808条1項）は適用除外とされていない。

　法令上の義務に基づく売買等についても、インサイダー取引規制の適用除外となる（金商法166条6項3号・167条5項3号）。

　「法令上の義務」とは、会社法上の株主又は新株予約権者の請求に基づき、上場会社等が有価証券等を取得し又は交付する場合（単元未満株式の買取請求に基づく買取り（同法192条・193条）、単元未満株式の売渡請求に基づく売渡し（同法194条）、新株予約権の行使に基づく株式の交付（同法280条）、

反対株主又は反対新株予約権者の株式買取請求権に基づく株式又は新株予約権の取得（同法469条1項等）など）だけでなく、法令上、有価証券等の所有が禁止され又は制限される場合において、かかる制限に基づき強制される有価証券等の売買等も法令上の義務に基づく売買等に当たる。具体的には、私的独占の禁止及び公正取引の確保に関する法律10条・11条に違反して所有することとなった株式を第三者に譲渡する場合や、上場会社等の子会社が親会社株式取得の制限に基づき親会社である上場会社等の株式を処分する場合（会社法135条3項）[47]、株式の分割・併合等に際して端数を売却する場合（同法234条・235条）が挙げられる。

新株予約権又は種類株式の取得条項に基づく有価証券等の取得、及び、取得の対価としての自己株式である特定有価証券等の交付も一定の場合には本適用除外に該当することについては「77 2　取得条項に基づく取得の場合」を参照されたい。

76 新株予約権等の行使

> 新株予約権の行使又は株主に与えられた株式の割当てを受ける権利の行使により株式を取得する場合や、市場において取引が行われるオプションの行使により売買等をする場合は、インサイダー取引規制の適用が除外される。ただし、これらの権利行使により取得した株式の譲渡にはインサイダー取引規制が適用される点に留意が必要である。

1　新株予約権の行使・株式の割当てを受ける権利

新株予約権又は株式の割当てを受ける権利が行使された場合、上場会社等は新株を発行するか又は自己株式を交付することとなる。上場会社等が新株を発行した場合、これらの権利者による株式の取得は原始取得となり

---

[47]　松本197頁。

「売買等」に該当しないのに対し、上場会社等が自己株式を交付した場合、これらの権利者による株式の取得は「売買等」に該当する。

しかし、上場会社等が新株を発行するか自己株式を交付するかは上場会社等の選択に委ねられており、上場会社等がいずれの方法を選択するかによって、これらの権利者による権利行使に対するインサイダー取引規制の適用の有無が異なることは不合理である。また、新株予約権や株式の割当てを受ける権利の権利行使は一定の期間内に行う必要があるところ、重要事実等を知ったことによりこれらの権利行使が禁止されると、これらの権利者が権利を失う結果となりかねない[48]。かかる趣旨から、新株予約権の行使・株主に与えられた株式の割当てを受ける権利の行使による株式の取得はインサイダー取引規制の対象外とされている（金商法166条6項1号・2号・167条5項1号・2号）。

なお、上記の権利行使に対して上場会社等が自己株式の処分を行うことは、上場会社等にとっても「売買等」に該当するが、上場会社等による自己株式の処分は、法令上の義務に基づく売買等（金商法166条6項3号・167条5項3号）に該当し、インサイダー取引規制の適用は除外される[49]。

2 市場において取引が行われるオプションの行使による売買等

市場において取引が行われるオプションの行使による売買等については、インサイダー取引規制によりオプション制度の意義を減殺しないようにする必要がある等の理由により[50]、インサイダー取引規制の適用除外とされている（金商法166条6項2号の2・167条5項2号の2）。

ここで「オプション」とは、金商法2条1項19号に定めるオプションであり、金融商品市場において行う市場デリバティブ取引であるオプション取引に係る権利等のことをいう。

なお、オプションを付与していた者が、オプションを行使されたことに

48　三國谷116頁。
49　木目田348頁。
50　服部219頁。

より株券等の売買等を行う場合は、自己の意思に基づかない売買等であるので、「売買等」には該当せず、インサイダー取引規制は適用されない[51]。

3　取得した株式の売買等

新株予約権、株主に与えられた株式の割当てを受ける権利及びオプションの行使による株式の取得等についてはインサイダー取引規制の適用が除外されている。しかし、これらの権利の行使により取得した株式などの売買等をすることは、インサイダー取引規制により制限される点に留意が必要である。

77

取得請求権又は取得条項に基づく取得等

> 取得請求権又は取得条項に基づき種類株式又は新株予約権が取得される場合、①取得そのものと、②取得の対価としての有価証券等の交付のそれぞれについてインサイダー取引規制の適用の有無を検討する必要がある。もっとも、①取得そのものについては法令上の義務に基づく売買等などの規制の適用除外にあてはまる場面が多く、また②取得の対価としての有価証券等の交付については新規発行によることによりインサイダー取引規制の適用を避けることができる。

取得請求権（会社法107条1項2号・108条1項5号）が行使され、又は取得条項（同法107条1項3号・108条1項6号・236条1項7号）が発動された場合、株主・新株予約権者が有する株式・新株予約権が上場会社により取得される。また、取得請求権・取得条項による株式・新株予約権の対価として、自己株式などの有価証券等を交付する場合がある。これらの取引は「売買等」に該当し、また明示的なインサイダー取引規制の適用除外も定

51　松本196頁。

められていないことから、その適用の有無が問題となる。

　もっとも、「75　株式買取請求権及び法令上の義務に基づく場合」に記載したとおり、会社による株主・新株予約権者への対価の交付について、自己株式などの既発行の有価証券等を交付せずに新たに株式などの有価証券等を発行すれば、「売買等」には該当しない。

　そこで、以下では特に、取得請求権の行使又は取得条項の発動による株式・新株予約権の上場会社による取得について、インサイダー取引規制の適用の有無を検討する。

1　取得請求権に基づく取得の場合

　株主が、取得請求権を行使して株式を上場会社等に取得させる行為について、適用除外規定は設けられておらず、いずれも、インサイダー取引規制の適用対象となる。ただし、上場会社は、通常、自らの業務等に関する重要事実を知っていることから、いわゆるクロ・クロ取引（金商法166条6項7号・167条5項7号）と整理できる場合も多いであろう。

　他方、上場会社等が、かかる取得請求権の行使に基づき、当該種類株式を取得する行為及び取得の対価として有価証券等である自己株式を交付する行為は、会社法上の義務に基づく行為であるため、法令上の義務に基づく売買等の適用除外（金商法166条6項3号・167条5項3号）に該当し、インサイダー取引規制は適用されない。

2　取得条項に基づく取得の場合

　金融庁のパブコメ回答[52]では、取得条項に基づく新株予約権の取得は、インサイダー取引規制の対象である「特定有価証券等に係る有償の譲受け」に該当し、インサイダー取引規制の適用除外規定にも該当しない旨の回答がなされている。しかしながら、あらかじめ定められた日の到来など、上場会社等の行為によらずに取得事由が発動する場合、上場会社等に裁量

52　金融庁パブコメ回答（平成19年7月31日）569頁6番。

の余地はないので、上場会社等による株式・新株予約権の取得は法令上の義務に基づく売買等の適用除外（金商法166条6項3号・167条5項3号）に該当し、インサイダー取引規制は適用されないと考えられる。また、株主又は新株予約権者による任意の請求がなされた場合に取得事由が発動する場合は、そもそも明文の適用除外と経済的・実質的には同じと考えることができ、上場会社等に裁量の余地はないので、インサイダー取引規制は適用されないと考えられる[53]。他方、上場会社等の定める日の到来（会社法107条1項3号ロ）等、上場会社等の行為により取得事由が発動する場合は、上場会社等に裁量の余地があるため、上場会社等による株式・新株予約権の取得についてインサイダー取引規制が適用される。

　取得条項の発動に際して、株主又は新株予約権者にインサイダー取引規制が適用されるかについても、同様に考えられる。すなわち、株主・新株予約権者の行為によらずに取得条項が発動する場合は、当該株主・新株予約権者に裁量の余地はないので、法令上の義務に基づく売買等の適用除外（金商法166条6項3号・167条5項3号）に該当し、株主・新株予約権者が株式・新株予約権を上場会社等により取得されることにつき、インサイダー取引規制は適用されない。他方、当該株主・新株予約権者の行為により取得事由が発動される場合は、インサイダー取引規制が適用される（ただし、クロ・クロ取引に該当する可能性については上記1参照）。

【図表77-1　取得条項・取得請求権とインサイダー取引規制の適用の有無】

	上場会社	株主・新株予約権者
取得請求権に基づく有価証券等の取得・対価の交付	× （適用されない）	○ （適用される） ※クロ・クロ取引の適用可能性につき要検討

取得条項に基づく有価証券等の取得・対価の交付	上場会社等の行為等による事由	○（適用される）	×（適用されない）
	権利者の行為等による事由	×（適用されない）	○（適用される）※クロ・クロ取引の適用可能性につき要検討
	いずれの行為にもよらない客観的な事由	×（適用されない）	×（適用されない）

78

自己株式の取得と適用除外

> 自己株取得について授権枠の決定を公表し、かかる授権枠の決定に基づき個別具体的な取得を行う場合で、他に重要事実等が存在しない場合には、かかる個別具体的な取得の決定を公表せずに上場会社等が自己株取得を行っても、インサイダー取引規制違反にはならない。

1 自己株式の取得に関する適用除外の趣旨

自己株式の取得においては、①株主総会又は取締役会の決議において、取得する株式の数、株式を取得するのと引換えに交付する金銭等の内容及びその総額、株式を取得することができる期間を定める決議を行った上で（会社法156条。いわゆる授権枠の決定）、②実際の自己株式の取得に際しては、授権枠の決定（①）に基づき取締役会決議等において、取得する株式の数、株式1株を取得するのと引換えに交付する金銭等の内容及び数若しくは額又はこれらの算定方法、株式を取得するのと引換えに交付する金銭

---

53 長島・大野・常松法律事務所編『アドバンス金融商品取引法〔第3版〕』（商事法務・2019）1183頁。

等の総額、株式の譲渡しの申込みの期日を決定し（同法157条。いわゆる個別具体的な取得の決定）、自己株式の取得を行うことになる。

　前者の授権枠の決定（①）と後者の個別具体的な取得の決定（②）はいずれも「自己の株式の取得」（金商法166条2項1号ニ）として重要事実に該当する。

　そのため、授権枠の決定（①）が公表されていても、その後の個別具体的な取得の決定（②）を公表せずに自己株式の取得を行った場合、形式的にはインサイダー取引規制の違反に該当する。しかし、個別具体的な取得の決定（②）について都度公表した場合、当該事実の公表により、株価が変動する可能性があり、自己株式の取得に悪影響を与える可能性がある。また、授権枠の決定（①）が公表されていれば、投資者は上場会社等が自己株式の取得を行うことを予想でき、情報偏在の問題は生じないともいえる。

　そこで、授権枠の決定（①）が公表された場合には、授権枠の決定（①）に基づき個別具体的な取得の決定（②）を行い、かかる個別具体的な取得の決定（②）を公表せずに自己株式の取得を行う場合であっても、インサイダー取引規制が適用されない（金商法166条6項4号の2）[54]。

【図表78－1　自己株取得の時系列表】

①授権枠の決定・公表　　②個別具体的な取得の決定　　自己株式の取得

2　取引所規則に基づく開示との関係

　上記のとおり、インサイダー取引規制上は、個別具体的な取得の決定（②）について公表せずに自己株式の取得を行うことが可能であるが、取引所規則上は、個別具体的な取得の決定（②）についても、適時開示が必要である（東証規程402条1号e）。

54　本文記載のとおり、個別具体的な取得の決定が重要事実に該当することから設けられた規定であるため、公開買付け等事実に関しては同様の規定は存在しない。

そのため、ToSTNeT-3などの立会外取引や自己株式公開買付けにより自己株式を取得する場合においては、個別具体的な取得の決定（②）についても決定後直ちに開示を行った上で自己株式の取得を行う必要がある。他方、通常のオークション市場（立会取引）における自己株取得の個別具体的な決定（②）は、適時開示の対象ではあるものの（東証規程402条1号e）、実務上、取得状況に関する開示を月1回行うことにより開示遅延としない取扱いがなされているため、個別具体的な取得の決定（②）を公表せずに自己株取得を行うことが可能である。

3　実務上の留意点

金商法166条6項4号の2の規定によりインサイダー取引規制の適用が除外されるのは、当該上場会社等のみである。したがって、例えば、上場会社等の役員が、個別具体的な取得の決定の事実（②）を知り、当該事実の公表前に自己の所有する当該上場会社の有価証券等を売買した場合、インサイダー取引規制違反となる。

また、金商法166条6項4号の2の規定は、授権枠の決定（①）が公表された場合の個別具体的な取得の決定の事実（②）について、インサイダー取引規制の適用除外を定めたものであり、個別具体的な取得の際に、自己株取得以外の重要事実等が存在する場合には、かかる重要事実等を公表しない限り、インサイダー取引規制に反することになる。

そのほか、自己株取得に関する実務上の留意点については、「第9章第4節　自己株取得」を参照されたい。

79 対抗買いの要請に基づく売買等

公開買付け等に対抗するため、上場会社等の取締役会が決定した要請に基づき行われる買付けにはインサイダー取引規制が適用されない。公開買付け等が客観的に存在しなかった場合でも、公開買付け等が存在すると合理的に判断された場合には適用除外の対象となる。

1 概要

公開買付け又は買集め行為（公開買付け等[55]）に対抗するため、当該上場会社等の取締役会（委員会設置会社においては執行役）が決定した要請に基づいて、当該上場会社等の有価証券等の買付け等をする場合、インサイダー取引規制が適用されない（金商法166条6項4号・167条5項5号）。

これは、敵対的買収を受けた上場会社等が、かかる買収に対抗するために、その役員や密接な取引先に対して当該上場会社等の株式の買付けを要請した場合において、①別途重要事実が存在し、被要請者が会社関係者に該当する場合や、②上場会社等が公開買付者等関係者に該当し、被要請者が第一次情報受領者に該当する場合、公開買付等事実が公表される前に行われる当該被要請者による買付けはインサイダー取引規制違反となるが、そうすると、買収者側は公開買付け等を自由に行えるのに対し、被買収者側は対抗買いができず不均衡となるため、正式な機関決定という要件の下で、インサイダー取引規制の適用除外を認めたものである[56]。

なお、金商法上の対抗買いの要請を行うことについての決定は、投資判断に重要な影響を生じるものであるため、当該事実自体がインサイダー取

---

[55] 公開買付け等の詳細は「20 2 公開買付け等及び公開買付者等」を参照。なお、買集め行為について対抗買いの要請を行うためには、株券等所有割合が実際に5％を超えている必要がある点に留意を要する（金商法施行令31条但書参照）。

[56] 横畠148頁、194頁。

引規制上の重要事実となっている（金商法166条2項1号ヨ、金商法施行令28条10号）。

また、対抗買いに関する要請についての決定は、金融商品取引所における適時開示事項でもある（東証規程402条1号ｙ）。

2 「公開買付け等に対抗するため」

「公開買付け等に対抗するため」という要件については、「公開買付け等」に該当する事実は、対象会社にとって他者の情報であるため、対象会社がその存否を確実に把握することは難しく、どのような場合に要件を満たすのかわかりにくいとの指摘がなされていた[57]。この点が具体的に問題となるのは、上場会社等が公開買付け等の実施に関する事実が存在すると判断し対抗買いの要請を行い、かかる要請に基づき買付け等が行われたが、客観的には公開買付け等の実施に関する事実が存在しなかったという場合である。かかる場合に、対抗買いの要請に関する適用除外の要件を満たさないとすると、インサイダー取引規制違反になりうることとなる[58]。

そこで、平成24年インサイダーWG報告書において、いわゆる対抗買いに関する適用除外について解釈の明確化等を図ることが適当であるとの指摘がなされていた。

かかる指摘を踏まえ、平成27年9月2日の金商法等ガイドラインの改正により、対抗買いの要請決定の時点で公開買付け等が現に存在することまでは必要なく、被買付企業の取締役会が決定した要請が、①公開買付け等があることについての合理的な根拠に基づくものであること及び②当該公開買付け等に対抗する目的をもって行われたものであることの要件を満たす場合には、インサイダー取引規制の適用除外の対象となる対抗買いに係る要請に該当すると考えられることが明らかにされた。

一方で、対抗買いの要請を受けた第三者が、実際には公開買付け等が存

---

57 平成24年インサイダーWG第5回資料。
58 刑事責任を問うためには故意が必要であるが、課徴金については故意が不要である。詳細は「63　故意」を参照。

在しないことを知りながら、未公表の重要事実に基づく買付け等を行うおそれも考えられる。こうした買付け等は、被買付企業からの要請を悪用するものであり、取締役会が決定した要請に「基づいて」買付け等をするものとはいえず、適用除外の対象とはならない。

3　金商法上の対抗買いの要請と事実上の対抗買いの要請

　金商法上の対抗買いの要請は、インサイダー取引規制の適用除外要件に過ぎないため、上場会社等に未公表の重要事実が存在せず、上場会社等が公開買付者等関係者にも該当しない場合や、公開買付け等事実が公表されている場合等、被要請者による買付けにインサイダー取引規制が適用されない場合は、金商法上の対抗買いの要請を行う必要はなく、金商法上の要件を充足しない事実上の対抗買いの要請（例えば代表取締役による要請）を行うことも考えられる。事実上の対抗買いの要請は、取締役会決議を要しない点で機動的に行うことができ、また、インサイダー取引規制上の重要事実ではないという利点がある。

80 公開買付け等事実に関する適用除外

> ①公開買付け等事実の伝達を受けた情報受領者であっても、公開買付開始公告及び公開買付届出書に当該伝達を受けた公開買付け等の実施に関する事実等を記載して公開買付けを行う場合は、インサイダー取引規制違反とならない。また、②公開買付者等の役員等を除く公開買付者等関係者又は情報受領者であっても、公開買付け等の実施に関する事実を知り又は伝達を受けてから6ヶ月を経過した後に買付け等を行う場合には、インサイダー取引規制違反とならない。

　第三者の公開買付け等の実施に関する事実の伝達を受けた公開買付者等関係者及び情報受領者は、公表前に当該上場会社等の株券等の買付け等を

行うことができない。これを逆手にとって、例えば、敵対的買収を検討している者に対して公開買付け等の実施に関する事実を伝達することにより、買付け等を妨げることができるといった問題があった。

そこで、以下の2つの適用除外規定が設けられている。

1 公開買付開始公告等に当該情報を記載して公開買付けを行う場合
(1) 要 件

公開買付け等の実施に関する事実の伝達を受けた情報受領者が、伝達を受けた公開買付け等の実施に関する事実等の情報を公開買付開始公告及び公開買付届出書に記載して公開買付けを行う場合、当該情報を他の株主及び投資家も知ることが可能となるため、インサイダー取引規制の適用除外とされている。

具体的には、公開買付者等関係者であって金商法167条1項各号に定めるところにより公開買付け等の実施に関する事実を知った者（「特定公開買付者等関係者」）から、当該公開買付け等の実施に関する事実の伝達を受けた者又はその役員等（伝達を受けた者が法人である場合。伝達を受けた者が法人以外の場合は代理人又は使用人）が、①公開買付開始公告において以下の事項を明示し、かつ、②以下の事項が記載された公開買付届出書が提出され、公衆縦覧に供された場合には、インサイダー取引規制が適用されないこととされている（金商法167条5項8号・取引規制府令62条の2）。

(i) 当該伝達を行った者の氏名又は名称
(ii) 当該伝達を受けた時期
(iii) 公開買付者等又は買集め行為に係る公開買付者等の氏名又は名称及び住所又は所在地
(iv) 公開買付け又は買集め行為の対象となるか株券等の発行者の名称及び当該株券等の種類
(v) 公開買付け又は買集め行為に係る買付けの期間、買付けの価格、買付け予定の株券等の数並びに公開買付けの場合には買付予定数の上限及び下限付け

この適用除外が適用されるのは、公開買付けを行う場合に限られ、買集め行為を行う場合には適用されない。

(2) 実務上の留意点

公開買付け等又は買集め行為の情報については、上記のとおり詳細な内容を記載する必要があるものの、情報受領者が秘密保持義務を負っている場合や公開買付け等の実施に関する事実の伝達が曖昧な形で行われる場合もあるため、この適用除外は実務的には利用されていない。特に、公開買付開始公告又は公開買付届出書に虚偽の記載をすれば、民事上の責任（金商法27条の20第1項・18条1項）、課徴金納付命令（同法172条の6第1項）及び刑事罰（同法197条1項2号・3号）の対象となるため、当該伝達された情報が曖昧な場合にはその記載内容は慎重に検討する必要がある。

なお、公開買付者が当該上場会社等の重要事実を公開買付開始公告又は公開買付届出書に記載したとしても、当該事実の「公表」には該当しない。

2　情報受領後6ヶ月が経過した場合

相応の期間が経過すれば公開買付け等の実施に関する事実の有用性は失われることを理由に、情報伝達等から6ヶ月経過すれば買付け等を行うことを可能とする適用除外が設けられている。

具体的には、①特定公開買付者等関係者のうち、公開買付者等の役員等以外の者については、同項各号に定めるところにより公開買付け等の実施に関する事実を知った日から6ヶ月が経過している場合、②特定公開買付者等関係者から公開買付け等の実施に関する事実の伝達を受けた者については、当該伝達を受けた日から6ヶ月が経過している場合には、それぞれインサイダー取引規制の適用除外とされている（金商法167条5項9号）。

この適用除外は、上記1と異なり、公開買付けを行う場合に限られず、買集め行為を含む一切の買付け等が対象である。

また、上記6ヶ月の期間の起算点は「事実を知った日」又は「伝達を受けた日」とされており、同一の公開買付け等の実施に関する事実について

複数回伝達を受けたような場合に、①当初の情報伝達から6ヶ月が経過すればよいのか、②最後の情報伝達から6ヶ月が経過することが必要なのかは必ずしも明らかでないが、情報の有用性という観点からすると、最後の情報伝達から6ヶ月が経過することが必要と考えられる。

【図表80－1　複数回の情報伝達がなされた場合】

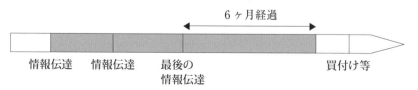

3　まとめ

　以上の公開買付け等事実に関する適用除外についてまとめると、図表80－2のようになる。

【図表80－2　公開買付け等事実に関する適用除外】

			買付方法	
			公開買付け	公開買付け以外（市場における買付け等）
主体	公開買付者等関係者	公開買付者等の役員等	（適用除外なし）	（適用除外なし）
		公開買付者等の役員等以外	・情報受領から6ヶ月経過した場合	・情報受領から6ヶ月経過した場合
	（第一次）情報受領者		・情報受領から6ヶ月経過した場合	・情報受領から6ヶ月経過した場合

| | | ・公開買付開始公告等に受領した情報を記載した場合 |

81

特別の事情に基づく売買等であることが明らかな売買等

> 個別の適用除外規定に該当しない場合であっても「特別の事情に基づく売買等であることが明らかな売買等」には、インサイダー取引規制が適用されない。ただし、その適用範囲は慎重に検討する必要がある。

　金商法166条6項12号及び167条5項12号は、①知る前計画・契約の適用除外に加え、②「その他これに準ずる特別の事情に基づく売買等であることが明らかな売買等」についても適用除外と定める。

　同各号には「（内閣府令で定める場合に限る。）」という括弧書が存在するにもかかわらず、上記②については具体的な内容を定める内閣府令の定めがない。しかし、本適用除外は一般的に重要事実等を知ったことと無関係に行われる売買等であることが明らかな客観的状況が存在する売買等に適用される[59]。

　本適用除外は、重要事実等を知ったことと無関係に行われることが外形的・客観的に明らかな売買等についてのみ適用されるため、例えば、有価証券等の所有者が、資金繰りの必要性が生じたことから有価証券等の売却を決定し、その後に重要事実等を知り公表前に当該有価証券等を売却した場合のように、当事者の主観的事情として投資判断に当たって重要事実等を利用していないに過ぎない場合は、本適用除外の対象とならない。

59　横畠159頁、松本212頁、木目田384頁。

本適用除外の対象は極めて限られるとされているが、「株先50」[60]のように実質的に一種の指数取引であり、個々の重要事実等による取引ではないことがその商品の性格から外形上明らかな場合や、現物と先物の価格差を利用してその差益を得る裁定取引がこれに該当する[61]。また、いわゆるインデックスファンド（あらかじめ対象とする指数（インデックス）を定め、ファンドの基準価額の動きが、その指数の動きと連動することを目指して運用するファンド）についても、運用者の裁量がない商品設計となっているのであれば、当該ファンドの運用者がインデックス構成銘柄の重要事実等を知って行う当該銘柄の売買等は本適用除外の対象となる[62]。

　なお、上場会社が、事前に社内規程又は契約等で規定された条件が対象期間において充足された場合に現物株式を役職員等に付与する譲渡制限付株式ユニットや業績連動型株式ユニットにおいて株式を自己株式の処分の方法により付与する場合、一般的な内容であれば、当該付与時点で上場会社側に未公表の「重要事実」があったとしても、当該付与が当該「重要事実」と無関係に行われたことが明らかであれば、本適用除外の対象となり、インサイダー取引規制違反にはならないものと考えられている（詳細は「115　事後交付型RS（いわゆる譲渡制限付株式ユニット又は業績連動型株式ユニットを含む）」を参照。）。

60　大阪証券取引所が導入した株式先物商品の一種で、各業種を代表する50銘柄をパッケージにしてその平均株価の先物を売買する商品。
61　横畠159頁。
62　大森泰人「霞が関から眺める証券市場の風景　第72回インデックス運用」金法1957号（2012）79頁。

82

重要事実を知ったことと無関係な取引

> 「会社関係者」が未公表の「重要事実」を知った後に売買等を行ったとしても、当該売買等が「重要事実」を知ったことと無関係に行われたことが明らかであれば、インサイダー取引規制によって抑止を図ろうとする売買等には該当しない。

　金商法第166条においては、上場会社の役職員等の「会社関係者」であって、上場会社に係る業務等に関する「重要事実」を知ったものは、その事実が公表された後でなければその会社の有価証券等の売買等をしてはならない旨が規定されているが、かかる趣旨は、上場会社の内部情報を知り得る特別の立場にある「会社関係者」が、未公表の「重要事実」を知って売買等を行うことは、一般の投資家と比べて著しく有利となって極めて不公平であり、そのような売買等が横行すれば、証券市場の公正性・健全性に対する投資家の信頼を損なうおそれがあることから、このような投資家の信頼を確保する点にある。しかしながら、投資家の信頼の確保という観点からは、「会社関係者」が未公表の「重要事実」を知った後に売買等を行ったとしても、当該売買等が「重要事実」を知ったことと無関係に行われたことが明らかであれば、それにより証券市場の公正性・健全性に対する投資家の信頼を損なうおそれは乏しく、インサイダー取引規制によって抑止を図ろうとする売買等には該当しないものと考えられる。

　このため、自社や取引先の未公表の「重要事実」を知っている上場会社の役職員が、それらの会社の株式を売買した場合であったとしても、例えば、『「重要事実」が、その公表により株価の上昇要因となることが一般的に明白なときに、当該株式の売付けを「重要事実」の公表前に行っている場合』や『「重要事実」を知る前に、証券会社に対して当該株式の買付けの注文を行っている場合』など、取引の経緯等から「重要事実」を知った

ことと無関係に行われたことが明らかであれば、インサイダー取引規制違反として課徴金納付命令等の対象とされることにはならないものと考えられている。

なお、「重要事実が、その公表により株価の上昇要因となることが一般的に明白なときに、当該株式の売付けを重要事実の公表前に行っている場合」に該当するため、当該売付けを、課徴金勧告の対象としなかった下記の事例が存在する。

【H29-10】

> 上場会社Ａ社の役員甲が、その職務に関し知った、同社が業務上の提携を行うことについての決定をした旨の重要事実（以下「重要事実」という。）を知人乙に対して利益を得させる目的をもって伝達し、伝達を受けた乙が、重要事実の公表前にＡ社株式を買い付けた。なお、乙は、重要事実の公表前にＡ社株式の一部を売り付けており、当該行為は形式的にはインサイダー取引に該当するものの、「重要事実が、その公表により株価の上昇要因となることが一般的に明白なときに、当該株式の売付けを重要事実の公表前に行っている場合」に該当するため、当該売付けを、課徴金勧告の対象としなかった。

第7章 J-REIT

83

J-REITの概要

> J-REITなどの上場投資法人等に係る有価証券の取引もインサイダー取引規制の対象である。会社関係者の範囲及び重要事実の範囲が株式会社の場合と異なる点に留意を要する。

　J-REIT（Japanese Real Estate Investment Trust）とは、投信法に基づいて組成される、不動産及び不動産信託受益権などを主たる投資対象として、投資家から集めた資金を運用する投資信託又は投資法人を用いた不動産投資ファンドをいう。令和6年9月1日現在58の投資法人が上場している[1]。

　J-REITなどの上場投資法人等に係る有価証券の取引もインサイダー取引規制の対象である。

1　投資法人型J-REITのスキーム概要

　投資法人型J-REITは、投資証券及び投資法人債の発行並びに金融機関からの融資により資金を調達し、これらの資金を原資として主として不動産等その他の特定資産の取得・運用を行い、購入した物件の賃料収入や物件の売買で得られた収益を投資家に分配する。

　投資法人は法人であり、投資主総会や役員会といった意思決定を行う機関を備えているが、投資法人は資産運用のためのビークル（器）であるため、実質的な業務を自ら行うことは禁止されており、資産運用業務は資産運用会社に、資産保管業務は資産保管会社に、一般事務は一般事務受託者に、それぞれ委託することが義務付けられている（投信法198条1項・208条1項・117条）。

1　投信法上のスキームとしては、投資信託（投信法2条3項）も存在し、投資法人と同様に上場も可能である（東証規程1201条の2第1項）が、現在上場しているJ-REITはすべて投資法人形態である。

また、投資法人型のJ-REITにおいて、投信法上の定めはないものの、人員・ノウハウの提供、投資対象物件の供給、信用補完等に関し実務上重要な役割を果たしているのが「スポンサー」である。スポンサーとは、投資法人の投資主、資産運用会社の株主その他の投資法人の関係者であって、運用資産の取得その他の投資法人に係る資産の運用等に主導的な立場で関与する者をいう[2]。実務上は、資産運用会社の親会社などがスポンサーとなることが通常である。

　以上をまとめると図表83－1のとおりである。

【図表83－1　投資法人（J-REIT）のスキーム図】

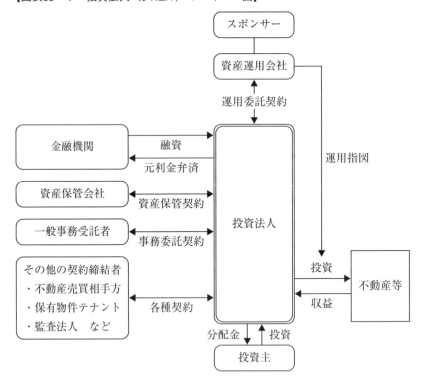

2　東京証券取引所の上場審査等に関するガイドラインⅧ3.(2)参照。

2　インサイダー取引規制導入経緯

　投信法に規定する投資証券若しくは投資法人債券又は外国投資証券（金商法2条1項11号）で金融商品取引所に上場されているもの（金商法施行令で定めるものを除く。）、店頭売買有価証券又は取扱有価証券に該当するものその他の金商法施行令で定める有価証券の発行者は「上場会社等」に含まれる（金商法163条1項）。投信法2条12項に規定する投資法人であり上場会社等に該当するものを「上場投資法人等」という（金商法163条1項）。

　上場投資法人等における会社関係者の範囲は「84　J-REITにおける会社関係者の範囲」を、重要事実等は「85　J-REITの重要事実等」を、決定・公表については「86　J-REITにおける決定・公表」を、その他の留意点は「87　その他の要件」をそれぞれ参照されたい。

84

J-REITにおける会社関係者の範囲

> 資産運用会社及びスポンサーも上場投資法人等と同様に会社関係者になる。資産保管会社や一般事務受託者は契約締結者としてインサイダー取引規制の対象となる。

　上場投資法人等における会社関係者の範囲については、投資法人特有の事情として、資産運用会社及びスポンサーが上場投資法人等の単なる契約締結先としてではなく、いわば一次的な内部者として、上場投資法人等と同様に扱われる点が特徴である。

1　資産運用会社

　投資法人は自ら実質的な業務を行うことができず、資産運用業務は資産運用会社に委託することが義務付けられている（投信法198条1項）。

　資産運用会社は資産運用業務の委託を受け、取得物件に関する重要情報

の取得・保有・管理を行っており、単なる投資法人の契約締結先とはいえないことから、会社関係者の範囲に関しては投資法人と同様に扱うものとされている（金商法166条1項1号）。

　資産運用会社が投資法人と同様に扱われるということの意義は、通常の株式会社に関するインサイダー取引規制と対比するとわかりやすい。例えば、株式会社である上場会社が資産運用会社と資産運用業務の委託契約を締結している場合、当該資産運用会社は金商法166条1項4号の契約締結先に該当し、当該資産運用会社の契約締結先（A社）は第一次情報受領者（同条3項）としてインサイダー取引規制の対象となるが、A社の契約締結先（B社）は第二次情報受領者となるため、インサイダー取引規制の対象とならない。

　他方、上場投資法人の場合、資産運用会社の契約締結先（A社）が金商法166条1項4号の契約締結先に該当するため、A社の契約締結先（B社）も第一次情報受領者としてインサイダー取引規制の対象となる。

【図表84-1　株式会社と投資法人の比較】

［株式会社の場合］

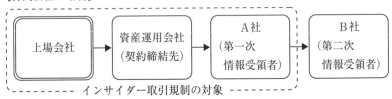

［投資法人の場合］

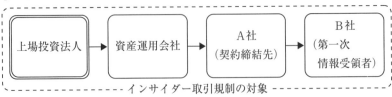

2　スポンサー

スポンサーは、投資法人型のJ-REITにおいて、人員・ノウハウの提供、投資対象物件の供給等に関し実務上重要な役割を果たしており、スポンサーの変更などスポンサーに関する情報が投資口の価格に大きな影響を与える。また、スポンサーが当該投資法人に関する重要な情報を得る機会も多いものと考えられる。

そこで、金商法では、会社関係者の範囲に関し、スポンサーを念頭に、「特定関係法人」という概念を設け、これを上場投資法人等と同様に扱うものとしている（金商法166条1項1号）。

「特定関係法人」の概要は図表84－2のとおりである（金商法166条5項、金商法施行令29条の3第1項、同条第2項、取引規制府令55条の7、55条の8）。

【図表84－2　特定関係法人の概要】

①	上場投資法人等が提出した有価証券届出書、有価証券報告書若しくは半期報告書で公衆の縦覧に供されたもの、公表した特定証券情報又は公表した発行者情報のうち、直近のものにおいて当該上場投資法人等の資産運用会社の親会社として記載され、又は記録された会社
②	上場投資法人等が提出した有価証券届出書、有価証券報告書若しくは半期報告書で公衆の縦覧に供されたもの、公表した特定証券情報又は公表した発行者情報のうち、直近のものにおいて、当該上場投資法人等の資産運用会社の利害関係人等（投信法201条1項に規定する利害関係人等をいう。）のうち、以下のいずれかに掲げる取引を行い、又は行った法人として記載され、又は記録された法人 　a．当該上場投資法人等との間における不動産、不動産の賃借権又は地上権（以下「不動産等」という。）の取得又は譲渡の取引 　b．当該上場投資法人等との間における不動産等を信託する信託の受益権の取得又は譲渡の取引 　c．当該上場投資法人等との間における不動産の貸借の取引 　d．当該上場投資法人等の特定資産であるb．に規定する信託の受益権に係る信託の受託者との間における当該信託の信託財産である不

動産の貸借の取引
※　a.及びb.については、(a)前営業期間の末日から過去三年間において当該上場投資法人等がa.及びb.に掲げる取引の対価として支払い、及び受領した金額の合計額に対する(b)前営業期間の末日から過去三年間において当該上場投資法人等が当該利害関係人等との間でa.及びb.に掲げる取引の対価として支払い、及び受領した金額の合計額が100分の20以上である場合に限る。
※　c.及びd.については、(a)前営業期間における当該上場投資法人等の営業収益の合計額に対する(b)(ⅰ)前営業期間の末日から過去三年間において当該上場投資法人等及びd.に規定する信託の受託者が当該利害関係人等からc.及びd.に掲げる取引の対価として受領した金額の合計額の一営業期間当たりの平均額又は(ⅱ)当営業期間の開始の日から三年間において当該上場投資法人等及びd.に規定する信託の受託者が当該利害関係人等からc.及びd.に掲げる取引の対価として受領することが見込まれる金額の合計額の一営業期間当たりの平均額のいずれか多い金額の割合が100分の20以上である場合に限る。

3　その他

　投信法上、投資法人に関し存在が予定されている者としては、一般事務受託者及び資産保管会社も存在するが、これらは、独自の意思決定機能はないこと等から、いずれも投資法人と同様に扱うこととはされておらず、契約締結者（金商法166条1項4号）として会社関係者に該当するにとどまる。

　なお、株式会社に関し帳簿閲覧請求権を有する株主が会社関係者となる（金商法166条1項2号）点については、同様の規定が金商法166条1項2号の2に規定されている。

　投資法人に関するインサイダー取引規制の対象となる者の概要をまとめると、図表84－3のとおりである。

【図表84－3　投資法人に関するインサイダー取引規制の対象者】

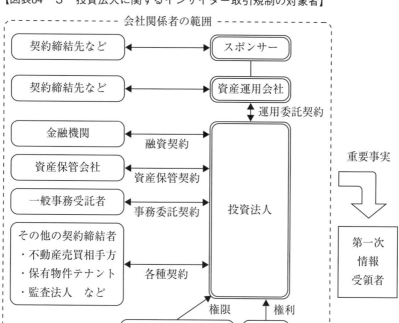

85

J-REITの重要事実等

> 上場投資法人等の決定事実・発生事実・決算情報が重要事実となるが、株式会社の場合とは重要事実の範囲が異なる。また、スポンサーの変更など、資産運用会社の決定事実・発生事実も重要事実となる。
> また、上場投資法人等の発行する有価証券に関する公開買付け等事実についてもインサイダー取引規制の適用対象となる予定である。

1　重要事実

　上場投資法人等の重要事実としては、上場投資法人等の決定事実・発生

事実・決算情報に加えて、資産運用会社の決定事実・発生事実も重要事実とされている（スポンサー企業の交代は資産運用会社の発生事実として整理されいる。）。

なお、上場投資法人等及び資産運用会社の決定事実及び発生事実については、それぞれ各号に列挙された事由に準ずる事項が金商法施行令で定められている。

上場投資法人等の重要事実の概要は図表85－1のとおりである。なお、上場会社の重要事実と同じく、軽微基準及び重要基準が存在する。

【図表85－1　上場投資法人等の重要事実】

上場投資法人等の決定事実		
	事項	軽微基準
1.	資産の運用に係る委託契約の締結又はその解約（金商法166条2項9号イ）	なし
2.	投信法82条1項に規定する投資法人の発行する投資口を引き受ける者の募集（金商法166条2項9号ロ）	投信法82条1項に規定する投資法人の発行する投資口を引き受ける者の募集の払込金額の総額が1億円（外国通貨をもって表示される投資証券の募集の場合にあっては、1億円に相当する額）未満であると見込まれること（取引規制府令55条の2第1号）
3.	投信法80条の2第1項（同法第80条の5第2項の規定により読み替えて適用する場合を含む。）の規定による自己の投資口の取得（金商法166条2項9号ハ）	なし

4.	投信法88条の13に規定する新投資口予約権無償割当て（金商法166条2項9号ニ）	新投資口予約権無償割当てにより割り当てる新投資口予約権の行使に際して払い込むべき金額の合計額が1億円（外国通貨をもって表示される新投資口予約権証券に係る新投資口予約権を割り当てる場合にあっては、1億円に相当する額）未満であると見込まれ、かつ、当該新投資口予約権無償割当てにより1口に対し割り当てる新投資口予約権の目的である投資口の数の割合が0.1未満であること（取引規制府令55条の2第2号）
5.	投資口の分割（金商法166条2項9号ホ）	投資口の分割により1口に対し増加する投資口の数の割合が0.1未満であること（取引規制府令55条の2第3号）
6.	金銭の分配（金商法166条2項9号ヘ）[3]	1口当たりの金銭の分配の額を前営業期間に係る1口当たりの金銭の分配の額で除して得た数値が0.8を超え、かつ、1.2未満であること（取引規制府令55条の2第4号）
7.	合併（金商法166条2項9号ト）	合併による投資法人の資産の増加額が当該投資法人の最近営業期間の末日における純資産額の100分の30に相当する額未満であると見込まれ、かつ、当該合併の予定日の属する営業期間及び翌営業期間の各営業期間（当該投資法人の営業期間が6月である場合にあっては、当該合併

---

3 なお、増資、新投資口予約権の行使、投資口の分割、自己投資口の取得、その他の要因による発行済投資口数の変化等の結果として1口当たりの分配金予想値に20％以上の変動が発生した場合であっても、金銭の分配について何らの決定も行われていない場合には、金銭の分配には該当しないものとされている（平成26年2月14日金融庁公表「コメントの概要及びそれに対する金融庁の考え方」12頁45番。）。

		の予定日の属する営業期間開始の日から開始する特定営業期間（連続する2営業期間をいう。以下同じ。）及び翌特定営業期間の各特定営業期間）においていずれも当該合併による当該投資法人の営業収益の増加額が当該投資法人の最近営業期間の営業収益（当該投資法人の営業期間が6月である場合にあっては、最近二営業期間の営業収益の合計額）の100分の10に相当する額未満であると見込まれること（取引規制府令55条の2第5号）
8.	解散（合併による解散を除く。）（金商法166条2項9号チ）	なし
9.	投信法42条1項の規定により行う同法67条4項に規定する最低純資産額の減少（金商法施行令29条の2の2第1号）	なし
10.	金融商品取引所に対する投資証券（投資信託及び投資法人に関する法律に規定する投資証券をいう。以下同じ。）の上場の廃止に係る申請（金商法施行令29条の2の2第2号）	なし
11.	認可金融商品取引業協会に対する投資証券の登録の取消しに係る申請（金商法施行令29条の2の2第3号）	なし
12.	認可金融商品取引業協会に対する取扱有価証券である投資	

	証券の取扱有価証券としての指定の取消しに係る申請（金商法施行令29条の2の2第4号）	なし
13.	破産手続開始又は再生手続開始の申立て（金商法施行令29条の2の2第5号）	なし
14.	金商法166条6項4号又は167条5項5号に規定する要請（金商法施行令29条の2の2第6号）	なし

上場投資法人等の発生事実		
	事項	軽微基準
1.	災害に起因する損害又は業務遂行の過程で生じた損害（金商法166条2項10号イ）	災害若しくは業務に起因する損害又は業務遂行の過程で生じた損害の額が投資法人の最近営業期間の末日における純資産額の100分の3に相当する額未満であると見込まれること（取引規制府令55条の3第1項1号）
2.	特定有価証券又は特定有価証券に係るオプションの上場の廃止又は登録の取消しの原因となる事実（金商法166条2項10号ロ）	金商法2条1項11号に掲げる投資法人債券に係る上場の廃止又は登録の取消しの原因となる事実（投資口の上場廃止の原因となる事実を除く。）が生じたこと（取引規制府令55条の3第1項2号）
3.	財産権上の請求に係る訴えが提起されたこと又は当該訴えについて判決があつたこと若しくは当該訴えに係る訴訟の	

		全部若しくは一部が裁判によらずに完結したこと（金商法施行令29条の2の3第1号）	
	a.	財産権上の請求に係る訴えが提起された場合	訴訟の目的の価額が投資法人の最近営業期間の末日における純資産額の100分の15に相当する額未満であり、かつ、当該請求が当該訴えの提起後直ちに訴えのとおり認められて敗訴したとした場合、当該訴えの提起された日の属する営業期間開始の日から3年以内に開始する各営業期間においていずれも当該敗訴による当該投資法人の営業収益の減少額が当該投資法人の最近営業期間の営業収益の100分の10に相当する額未満であると見込まれること（取引規制府令55条の3第1項3号イ）
	b.	財産権上の請求に係る訴えの判決等があった場合	上記 a. に掲げる軽微基準に該当する訴えの提起に係る判決等の場合又は上記 a. に掲げる基準に該当しない訴えの提起に係る訴訟の一部が裁判によらずに完結した場合であって、当該判決等により投資法人の給付する財産の額が当該投資法人の最近営業期間の末日における純資産額の100分の3に相当する額未満であると見込まれ、かつ、当該判決等の日の属する営業期間開始の日から3年以内に開始する各営業期間においていずれも当該判決等による当該投資法人の営業収益の減少額が当該投資法人の最近営業期間の営業収益の100分の10に相当する額未満であると見込まれること（取引規制府令55

			条の3第1項3号ロ）
4.		資産の運用の差止めその他これに準ずる処分を求める仮処分命令の申立てがなされたこと又は当該申立てについて裁判があつたこと若しくは当該申立てに係る手続の全部若しくは一部が裁判によらずに完結したこと（金商法施行令29条の2の3第2号）	
	a.	資産の運用の差止めその他これに準ずる処分を求める仮処分命令の申立てがされた場合	当該仮処分命令が当該申立て後直ちに申立てのとおり発せられたとした場合、当該申立ての日の属する営業期間開始の日から3年以内に開始する各営業期間においていずれも当該仮処分命令による投資法人の営業収益の減少額が当該投資法人の最近営業期間の営業収益の100分の10に相当する額未満であると見込まれること（取引規制府令55条の3第1項4号イ）
	b.	資産の運用の差止めその他これに準ずる処分を求める仮処分命令申立ての裁判等があった場合	当該裁判等の日の属する営業期間開始の日から3年以内に開始する各営業期間においていずれも当該裁判等による投資法人の営業収益の減少額が当該投資法人の最近営業期間の営業収益の100分の10に相当する額未満であると見込まれること（取引規制府令55条の3第1項4号ロ）
5.		投信法216条1項の規定による同法187条の登録の取消しその他これに準ずる行政庁による法令に基づく処分（金商	法令に基づく処分を受けた日の属する営業期間開始の日から3年以内に開始する各営業期間においていずれも当該処分による投資法人の営業収益の減少額が当該

	法施行令29条の2の3第3号)	投資法人の最近営業期間の営業収益の100分の10に相当する額未満であると見込まれること（取引規制府令55条の3第1項5号）
6.	債権者その他の当該上場会社等（金商法163条1項に規定する上場投資法人等に限る。以下同じ。）以外の者による破産手続開始又は再生手続開始の申立て（金商法施行令29条の2の3第4号）	なし
7.	不渡り等（金商法施行令29条の2の3第5号）	なし
8.	債務者又は保証債務に係る主たる債務者について不渡り等、破産手続開始の申立て等その他これらに準ずる事実が生じたことにより、当該債務者に対する売掛金、貸付金その他の債権又は当該保証債務を履行した場合における当該主たる債務者に対する求償権について債務の不履行のおそれが生じたこと（金商法施行令29条の2の3第6号）	売掛金、貸付金その他の債権又は求償権について債務の不履行のおそれのある額が投資法人の最近営業期間の末日における純資産額の100分の3に相当する額未満であると見込まれること（取引規制府令55条の3第1項6号）
9.	主要取引先（前営業期間における営業収益又は営業費用が営業収益の総額又は営業費用の総額の100分の10以上である取引先（営業期間が6月で	主要取引先（同号に規定する主要取引先をいう。）との取引の停止の日の属する営業期間開始の日から3年以内に開始する各営業期間においていずれも当該取引の停止による投資法人の営業収益の減少

	ある上場会社等（上場投資法人等に限る）にあつては、最近2営業期間における営業収益又は営業費用の合計額が当該最近二営業期間における営業収益の総額又は営業費用の総額の100分の10以上である取引先）をいう。）との取引の停止（金商法施行令29条の2の3第7号、取引規制府令55条の3第2項）	額が当該投資法人の最近営業期間の営業収益の100分の10に相当する額未満であると見込まれること（取引規制府令55条の3第1項7号）
10.	債権者による債務の免除又は第三者による債務の引受け若しくは弁済（金商法施行令29条の2の3第8号）	債務の免除の額又は債務の引受け若しくは弁済の額が投資法人の最近営業期間の末日における債務の総額の100分の10に相当する額未満であること（取引規制府令55条の3第1項8号）
11.	資源の発見（金商法施行令29条の2の3第9号）	発見された資源の採掘又は採取を開始する営業期間開始の日から3年以内に開始する各営業期間においていずれも当該資源による投資法人の営業収益の増加額が当該投資法人の最近営業期間の営業収益の100分の10に相当する額未満であると見込まれること（取引規制府令55条の3第9号）
12.	特定有価証券又は特定有価証券に係るオプションの取扱有価証券としての指定の取消しの原因となる事実（金商法施行令29条の2の3第10号）	なし

上場投資法人等の決算情報

営業収益、経常利益若しくは純利益又は金銭の分配について、公表がされた直近の予想値（当該予想値がない場合は、公表がされた前営業期間の実績値）に比較して当該上場会社等が新たに算出した予想値又は当営業期間の決算において差異が生じたこと（金商法166条2項11号）

	項目	重要基準
1.	営業収益	新たに算出した予想値又は当営業期間の決算における数値を公表がされた直近の予想値（当該予想値がない場合は、公表がされた前営業期間の実績値）で除して得た数値が1.1以上又は0.9以下であること（取引規制府令55条の4第1号）
2.	経常利益	新たに算出した予想値又は当営業期間の決算における数値を公表がされた直近の予想値（当該予想値がない場合は、公表がされた前営業期間の実績値）で除して得た数値が1.3以上又は0.7以下（公表がされた直近の予想値又は当該予想値がない場合における公表がされた前営業期間の実績値が零の場合はすべてこの基準に該当することとする。）であり、かつ、新たに算出した予想値又は当営業期間の決算における数値と公表がされた直近の予想値（当該予想値がない場合は、公表がされた前営業期間の実績値）とのいずれか少なくない数値から他方を減じて得たものを前営業期間の末日における純資産額で除して得た数値が100分の5以上であること（取引規制府令55条の4第2号）
3.	純利益	新たに算出した予想値又は当営業期間の決算における数値を公表がされた直近の予想値（当該予想値がない場合は、公表がされた前営業期間の実績値）で除して得た数値が1.3以上又は0.7以下（公表がされた直近の予想値又は当該予想値がない場合における公表がされた前営業期間の実績値が零の場合はすべてこの基準に該当することとする。）であり、かつ、新たに算出した予想値又は当営業期間の決

		算における数値と公表がされた直近の予想値（当該予想値がない場合は、公表がされた前営業期間の実績値）とのいずれか少なくない数値から他方を減じて得たものを前営業期間の末日における純資産額で除して得た数値が100分の2.5以上であること（取引規制府令55条の4第3号）
4.	金銭の分配	新たに算出した予想値又は当営業期間の決算における数値を公表がされた直近の予想値（当該予想値がない場合は、公表がされた前営業期間に係る金銭の分配の実績値）で除して得た数値が1.2以上又は0.8以下（公表がされた直近の予想値又は当該予想値がない場合における公表がされた前営業期間の実績値が零の場合はすべてこの基準に該当することとする。）であること（取引規制府令55条の4第4号）

資産運用会社の決定事実		
	事項	軽微基準
1.	当該上場会社等から委託を受けて行う資産の運用であって、当該上場会社等による特定資産（投信法2条1項に規定する特定資産をいう。）の取得若しくは譲渡又は貸借が行われることとなるもの（金商法166条2項12号イ）	
	a. 投資法人から委託を受けて行う資産の運用であって、当該投資法人による特定資産の取得が行われ	当該特定資産の取得価額[4]が当該投資法人の最近営業期間の末日における固定資産の帳簿価額の100分の10に相当する額未満であると見込まれること（取引規制

---

[4] 基本的には当該売買の対価として相手方に支払われる金額であり、売買のために要する費用は含まないものとされている（金融庁パブコメ回答（平成26年2月14日）14頁50番。）。

		ることとなるもの	府令55条の5第1項1号イ）
	b．	投資法人から委託を受けて行う資産の運用であって、当該投資法人による特定資産の譲渡が行われることとなるもの	当該特定資産の譲渡価額が当該投資法人の最近営業期間の末日における固定資産の帳簿価額の100分の10に相当する額未満であると見込まれること（取引規制府令55条の5第1項1号ロ）
	c．	投資法人から委託を受けて行う資産の運用であって、当該投資法人による特定資産の貸借が行われることとなるもの	当該特定資産の貸借が行われることとなる予定日の属する当該投資法人の営業期間開始の日から3年以内に開始する当該投資法人の各営業期間においていずれも当該貸借が行われることとなることによる当該投資法人の営業収益の増加額が当該投資法人の最近営業期間の営業収益の100分の10に相当する額未満であると見込まれること（取引規制府令55条の5第1項1号ハ）
2．	当該上場会社等と締結した資産の運用に係る委託契約の解約（金商法166条2項12号ロ）		なし
3．	株式交換（金商法166条2項12号ハ）		株式交換完全親会社となる資産運用会社にあって、主要株主の異動が見込まれる株式交換以外の株式交換（取引規制府令55条の5第1項2号）
4．	株式移転（金商法166条2項12号ニ）		なし
5．	株式交付（金商法166条2項12号ホ）		主要株主の異動が見込まれる株式交付以外の株式交付（取引規制府令55条の5第1項2号の2）
6．	合併（金商法166条2項12号		吸収合併存続会社（会社法749条1項に

		ヘ)	規定する吸収合併存続会社をいう。）となる資産運用会社にあって、主要株主の異動が見込まれる合併以外の合併（取引規制府令55条の5第1項3号）
7.		解散（合併による解散を除く。）（金商法166条2項12号ト）	なし
8.		会社分割（金商法施行令29条の2の4第1号）	
	a.	会社の分割により事業の全部又は一部を承継させる場合	投資法人から委託を受けて行う資産の運用に係る業務の承継が行われると見込まれる場合以外の場合（取引規制府令55条の5第1項4号イ）
	b.	会社の分割により事業の全部又は一部を承継する場合	主要株主の異動が見込まれる場合以外の場合（取引規制府令55条の5第1項4号ロ）
9.		事業譲渡（金商法施行令29条の2の4第2号）	
	a.	譲渡会社の場合	投資法人から委託を受けて行う資産の運用に係る業務の承継が行われると見込まれる場合以外の場合（取引規制府令55条の5第1項5号イ）
	b.	譲受会社の場合	主要株主の異動が見込まれる場合以外の場合（取引規制府令55条の5第1項5号ロ）
10.		当該上場会社等から委託された資産の運用に係る事業の休止又は廃止（金商法施行令29条の2の4第3号）	資産の運用に係る事業の休止又は廃止の予定日の属する投資法人の営業期間開始の日から3年以内に開始する当該投資法人の各営業期間においていずれも当該休

		止又は廃止による当該投資法人の営業収益の減少額が当該投資法人の最近営業期間の営業収益の100分の10に相当する額未満であると見込まれること（取引規制府令55条の5第1項6号）
11.	当該上場会社等から委託を受けて行う資産の運用であつて、その全部又は一部が休止又は廃止されることとなるもの（金商法施行令29条の2の4第4号）	投資法人から委託を受けて行う資産の運用であって、その全部又は一部が休止又は廃止されることとなる予定日の属する当該投資法人の営業期間開始の日から3年以内に開始する当該投資法人の各営業期間においていずれも当該休止又は廃止されることとなることによる当該投資法人の営業収益の減少額が当該投資法人の最近営業期間の営業収益の100分の10に相当する額未満であると見込まれること（取引規制府令55条の5第1項7号）
12.	破産手続開始、再生手続開始又は更生手続開始の申立て（金商法施行令29条の2の4第5号）	なし
13.	当該上場会社等から委託を受けて行う資産の運用であつて、新たに開始されることとなるもの（金商法施行令29条の2の4第6号）	投資法人から委託を受けて行う資産の運用であって、新たに開始されることとなる予定日の属する当該投資法人の営業期間開始の日から3年以内に開始する当該投資法人の各営業期間においていずれも当該資産の運用が新たに開始されることとなることによる当該投資法人の営業収益の増加額が当該投資法人の最近営業期間の営業収益の100分の10に相当する額未満であると見込まれ、かつ、当該資産の運用が新たに開始されることとなるた

		めに当該投資法人が特別に支出する額の合計額が当該投資法人の最近営業期間の末日における固定資産の帳簿価額の100分の10に相当する額未満であると見込まれること（取引規制府令55条の5第1項8号）

資産運用会社の発生事実

	事項	軽微基準
1.	金商法52条1項の規定による同法29条の登録の取消し、同項の規定による当該上場会社等の委託を受けて行う資産の運用に係る業務の停止の処分その他これらに準ずる行政庁による法令に基づく処分（金商法166条2項13号イ）	法令に基づく処分を受けた日の属する投資法人の営業期間開始の日から三年以内に開始する当該投資法人の各営業期間においていずれも当該処分による当該投資法人の営業収益の減少額が当該投資法人の最近営業期間の営業収益の百分の十に相当する額未満であると見込まれること（取引規制府令55条の6第1項1号）
2.	特定関係法人の異動（金商法166条2項13号ロ）	なし
3.	主要株主の異動（金商法166条2項13号ハ）	なし
4.	当該上場会社等から委託された資産の運用に係る財産権上の請求に係る訴えが提起されたこと又は当該訴えについて判決があつたこと若しくは当該訴えに係る訴訟の全部若しくは一部が裁判によらずに完結したこと（金商法施行令29	

		条の2の5第1号)	
	a.	財産権上の請求に係る訴えが提起された場合	当該請求が当該訴えの提起後直ちに訴えのとおり認められて敗訴したとした場合、当該訴えの提起された日の属する投資法人の営業期間開始の日から三年以内に開始する当該投資法人の各営業期間においていずれも当該敗訴による当該投資法人の営業収益の減少額が当該投資法人の最近営業期間の営業収益の百分の十に相当する額未満であると見込まれること(取引規制府令55条の6第1項2号イ)
	b.	財産権上の請求に係る訴えの判決等があった場合	上記a.に掲げる基準に該当する訴えの提起に係る判決等の場合又は上記a.に掲げる基準に該当しない訴えの提起に係る訴訟の一部が裁判によらずに完結した場合であって、当該判決等の日の属する投資法人の営業期間開始の日から三年以内に開始する当該投資法人の各営業期間においていずれも当該判決等による当該投資法人の営業収益の減少額が当該投資法人の最近営業期間の営業収益の百分の十に相当する額未満であると見込まれること(取引規制府令55条の6第1項2号イ)
5.		当該上場会社等から委託された資産の運用に係る事業の差止めその他これに準ずる処分を求める仮処分命令の申立てがなされたこと又は当該申立てについて裁判があつたこと若しくは当該申立てに係る手	

			続の全部若しくは一部が裁判によらずに完結したこと（金商法施行令29条の2の5第2号）	
		a.	資産の運用に係る事業の差止めその他これに準ずる処分を求める仮処分命令の申立てがなされた場合	当該仮処分命令が当該申立て後直ちに申立てのとおり発せられたとした場合、当該申立ての日の属する投資法人の営業期間開始の日から3年以内に開始する当該投資法人の各営業期間においていずれも当該仮処分命令による当該投資法人の営業収益の減少額が当該投資法人の最近営業期間の営業収益の100分の10に相当する額未満であると見込まれること（取引規制府令55条の6第1項3号イ）
		b.	資産の運用に係る事業の差止めその他これに準ずる処分を求める仮処分命令の申立ての裁判等があった場合	当該裁判等の日の属する投資法人の営業期間開始の日から3年以内に開始する当該投資法人の各営業期間においていずれも当該裁判等による当該投資法人の営業収益の減少額が当該投資法人の最近営業期間の営業収益の100分の10に相当する額未満であると見込まれること（取引規制府令55条の6第1項3号ロ）
6.	債権者その他の当該上場会社等の資産運用会社（投資信託及び投資法人に関する法律第二条第二十一項に規定する資産運用会社をいう。以下同じ。）以外の者による破産手続開始の申立て等（金商法施行令29条の2の5第3号）			なし

7.	不渡り等（金商法施行令29条の2の5第4号）	なし
8.	特定関係法人（法第百六十六条第五項に規定する特定関係法人をいう。）に係る破産手続開始の申立て等（金商法施行令29条の2の5第5号）	なし
9.	特別支配株主が当該上場会社等の資産運用会社に係る株式等売渡請求を行うことについての決定をしたこと又は当該特別支配株主が当該決定（公表がされたものに限る。）に係る株式等売渡請求を行わないことを決定したこと（金商法施行令29条の2の5第6号）	なし

上場投資法人等に関するバスケット条項

上場投資法人等の運営、業務又は財産に関する重要な事実であって投資者の投資判断に著しい影響を及ぼす事実（金商法166条2項14号）

2　バスケット条項

　金商法166条2項9号から13号までに掲げる事実を除き、上場投資法人等の運営、業務又は財産に関する重要な事実であって投資者の投資判断に著しい影響を及ぼす事実は重要事実となる（金商法166条2項14号。いわゆるバスケット条項）。

　金融商品取引所は、個別の適時開示事由とは別に適時開示のバスケット条項を設けており、かかる取引所のバスケット条項に該当する場合にはインサイダー取引規制上のバスケット条項にも該当する可能性が高い[5]。

J-REITの場合、適時開示上のバスケット条項に該当する場合として、以下が例示列挙されている[6]。

(1) 格付け機関による信用格付け（発行体格付に限る。）の変更（見直しの変更等は除く。）
(2) 上場投資法人等の資産保管会社についての同社による破産手続開始、再生手続開始又は更生手続開始の申立て
(3) 上場投資法人等の資産保管会社についての債権者その他の当該会社以外の者による破産手続開始、再生手続開始、更生手続開始又は企業担保権の実行の申立て
(4) 上場投資法人等の純資産の額が最低純資産額を下回った場合

なお、スポンサーの破産手続開始など、スポンサーに関する重要事実について、スポンサーが上場会社等の場合には、スポンサー自身の重要事実として開示される場合も考えられる。しかし、スポンサーが自らの重要事実として開示を行っても、上場投資法人等又は資産運用会社が当該事実を公表するまでは、当該事実が、上場投資法人等にとっての重要事実として公表されたこととはならない点に留意を要する。

3　公開買付け等事実

投資法人の発行する投資証券（投信法2条15号）は、金商法施行令の改正が行われ、公開買付け等事実に関するインサイダー取引規制の対象である「株券等」に含まれている（金商法167条1項、金商法施行令33条・33条の2）。

5　詳細は「45 2　金融商品取引所の適時開示基準との関係」参照。
6　東京証券取引所上場部編「上場不動産投資信託証券に関する情報の適時開示ガイドブック（投資法人・資産運用会社用）2024年4月版」（株式会社東京証券取引所・2024）110頁。

86

J-REITにおける決定・公表

> J-REITにおける重要事実の決定主体は、上場投資法人等又は資産運用会社の業務執行決定機関であり、実質的な意思決定がなされる場合には、役員会や取締役会が未了の段階でも「決定」に該当しうる。
>
> J-REITにおける重要事実の公表主体は重要事実により異なり、①上場投資法人等のみ、②資産運用会社のみ、③上場投資法人等又は資産運用会社のいずれかが公表主体となる場合がある。

1 J-REITにおける決定主体

上場投資法人等の決定事実に関しては、上場投資法人等の業務執行を決定する機関が、資産運用会社の決定事実に関しては資産運用会社の業務執行を決定する機関が決定主体である。

「業務執行を決定する機関」とは、実質的に会社の意思決定と同視されるような意思決定を行うことのできる機関であれば足りると解されており、株式会社の場合、会社法上の決定権限を有する取締役会ではなく、経営会議等の会議体や、社長等経営者のトップを決定機関と認定する事例も多い[7]。そのため、上場投資法人等又は資産運用会社においても、役員会や取締役会ではなく、実質的な会社の意思決定を行う者が業務執行決定機関と認定される可能性が高い。

また、業務執行決定機関は、通常、上場会社等の内部に存在するが、上場会社等の外部の者を「業務執行を決定する機関」とした課徴金事例も存在する[8]。上場投資法人等の場合、資産運用会社及びスポンサーが実務上大きな役割を果たしていることからすると、資産運用会社又はスポンサーの決定が、上場投資法人等の決定として扱われる可能性もある。

---

[7] 詳細は「21 『業務執行を決定する機関』の解釈」参照。
[8] 詳細は「22 会社外部者による関与」参照。

2　J-REITにおける公表主体[9]

　J-REITにおける重要事実の公表主体は、重要事実の内容によって異なり、①上場投資法人等の決定事実及び決算情報については上場投資法人等が（金商法166条4項2号）、②資産運用会社の決定事実については資産運用会社が（同項3号）、③上場投資法人等又は資産運用会社の発生事実及びバスケット条項については上場投資法人等又は資産運用会社のいずれかが公表主体となる（同項4号）。

【図表86－1　J-REITにおける公表主体】

重要事実	公表主体	
	上場投資法人等	資産運用会社
上場投資法人等の決定事実	○	×
上場投資法人等の発生事実	○	○
上場投資法人等の決算情報	○	×
資産運用会社の決定事実	×	○
資産運用会社の発生事実	○	○
バスケット条項	○	○

　なお、インサイダー取引規制における公表の方法は、①2以上の報道機関に対する公開及びその後12時間の経過と、②TDnet等金融商品取引所等における公衆縦覧等の方法がある（金商法166条4項、金商法施行令30条1項、取引規制府令56条）が、資産運用会社も上場投資法人等と同様にTDnetを通じた適時開示を行うことが可能である[10]ため、実務上は、TDnetを通じ

9　「公表」に関しては「61」『公表』」参照。
10　J-REITの場合、上場投資法人等及び資産運用会社が適時開示義務を負っており（東証規程1213条1項・1209条1項・1201条1項1号）、TDnetを通じて適時開示を行うことが義務付けられている（同規程1213条6項・414条1項）。

た公表（②）が行われている。

87

その他の要件

> 会社関係者及び重要事実の範囲以外の要件については、上場投資法人等についても、上場会社等に関するインサイダー規制が同様に妥当する。

1 適用除外

インサイダー取引規制の適用除外事由（金商法166条6項・167条5項）は、いずれも原則として上場投資法人等についても適用される。なお、会社法上の株式買取請求権に関する適用除外については、同様に投信法に基づく投資口の買取請求権に関する適用除外が追加されており（金商法166条6項3号・167条5項3号）、また、社債券に関する適用除外については、同様に投資法人債券に関する適用除外が追加されている（同法166条6項6号）。

適用除外の詳細については、「第6章　適用除外」を参照されたい。

2 刑事罰・課徴金・民事責任

上場投資法人等に係るインサイダー取引規制違反に対する制裁は、その他のインサイダー取引規制違反に対する制裁と同様であり、刑事罰、課徴金及び民事責任がある。

詳細は「第8章　刑事罰・課徴金・民事責任」を参照されたい。

第8章
刑事罰・課徴金・民事責任

88

刑事罰

> インサイダー取引規制違反に対する刑事罰は、5年以下の懲役若しくは500万円以下の罰金、又はこれらの併科である。なお、両罰規定や必要的没収・追徴に関する規定も存在する。

インサイダー取引規制に違反した場合の刑事罰の概要は以下のとおりである。この点、両罰規定が存在するため、例えば法人の役員がその法人の計算でインサイダー取引を行った場合には、その役員及び法人についてのいずれも刑罰の対象となる。また、インサイダー取引により得た財産等は必要的没収・追徴の対象となる。

【図表88－1　インサイダー取引規制違反に対する刑事罰の概要】

未遂犯	不処罰（「52　禁止される取引」参照）
過失犯	不処罰（故意が必要。故意については「63　故意」参照）
違反行為者	5年以下の懲役若しくは500万円以下の罰金、又はこれらの併科（金商法197条の2第13号）
両罰規定	法人の代表者又は法人若しくは人の代理人、使用人その他の従業者が、その法人又は人の業務又は財産に関し、インサイダー取引をしたときは、その行為者個人を罰するほか、その法人に対して5億円以下の罰金刑を科し、その人に対しては500万円以下の罰金（金商法207条1項2号）
没収・追徴	インサイダー取引により得た財産等についての必要的没収・追徴（金商法198条の2）

なお、実際には、多くの事案では罰金刑や執行猶予付きの懲役刑が下さ

れており、懲役刑の実刑判決が下されるのは重大事案の場合に限定されている。

89

必要的没収・追徴

> インサイダー取引により得た財産は没収・追徴の対象となる。一定の場合には違反行為者以外の者の財産も没収・追徴の対象となり、また、例外的に、一定の財産について没収・追徴がなされないケースも存在する。

インサイダー取引により得た財産は没収され（金商法198条の2第1項1号）、違反行為により取得した株式をすでに売却している場合など没収することができないときは、その価額は「犯人から」追徴される（同条2項）。

必要的没収・追徴に関して詳細な検討がなされた裁判例として村上ファンド事件第一審判決（東京地判平成19年7月19日資料版商事法務329号88頁）の補足説明がある。

【図表89-1 村上ファンド事件第一審判決における追徴についての補足説明の概要】

①	没収の事件につき当該財産の帰属を問題とする明文の規定は存在しないものの、没収の対象となる財産は「犯人」以外の者に属しないときに限られる。
②	「犯人」には行為者はもちろん両罰規定における被告会社も含まれる。
③	被告人の資産管理会社有限会社オフィスサポート名義の資産について、設立当初から株主が被告人1名であり、取締役も当初は被告人であったことに鑑みて、実質的には被告人の財産と同視でき、追徴・没収の対象となる。
④	被告人及びオフィスサポートが出資しているファンド名義で取得したニッポン放送株には、被告人がその出資割合による共有持分を有してお

	り、その共有持分についても「財産」に該当し「犯人」に帰属するものとして没収の対象となる。
⑤	没収の対象となったインサイダー取引により取得した株式とインサイダー取引の前から保有していた同種の株式がすべて売却された場合、追徴のための売却額算定に当たり、インサイダー取引により取得した株式と売却株式の対応関係については、先入れ先出し方式（買付け等のうち最も早い時期に行われたものと売付け等のうち最も早い時期に行われたものを組み合わせ、以下に順に組み立てていく方法）により判定する。
⑥	⑤の先入れ先出し方式の適用時期はインサイダー取引を行った期間に限定されない。
⑦	インサイダー取引による取得期間と当該取得した株式の売却期間の間に没収対象となる共有持分に変動が生じた場合、当該期間中に最も低くなった共有持分を基礎としつつも、(イ)被告人が出資の一部払戻しを受けて持分が下がった場合の当該減少割合分及び(ロ)他の出資者が出資をしたことにより持分が下がった場合の当該減少割合分を含めて追徴の対象とする。

　なお、上記②にも関連して、「犯人」には違反行為者の他に両罰規定によって処罰される法人等も含まれるものの、原則として訴因において行為者が法人等の業務従事者等として、その業務又は財産に関して違法行為をしたことが明示される必要があるとした裁判例も存在する（ジェイ・ブリッジ事件（東京地判平成21年12月10日判例体系28168216））。

　また、金商法198条の2第1項但書は「その取得の状況、損害賠償の履行の状況その他の事情に照らし、当該財産の全部又は一部を没収することが相当でないときは、これを没収しないことができる」と定めている。同項但書を適用した事例として以下のものがある。なお、インサイダー取引規制違反に関する事例ではなく相場操縦や風説の流布に関する事例であるものの、金商法198条の2第1項但書について、「これらを前提としながら、犯人に過酷な結果をもたらす場合などには、例外的に没収・追徴の対象か

ら除外することを許容しているものと解される。」等と判示して、同項但書を追徴にも適用している裁判例[1]が存在することから、インサイダー取引規制違反の事例においても、同項但書を追徴にも適用する余地があるものと考えられる。

【図表89－2　金商法198条の2第1項但書適用事例】

事件名等	概要
日本経済新聞社社員インサイダー事件（東京地判平成18年12月25日判例体系28135098）	短期間に複数回の買付けと売付けが繰り返され、実質的・経済的には同一と見られる財産が買付原資として繰り返し用いられていると見られる場合には、各行為によって得た利益にその間の最高投資額を加えた金額を没収・追徴の対象とするとしたもの。
テレウェイヴ事件（東京地判平成22年4月5日判タ1382号372頁）	信用取引により売付け又は買付けがなされた事案において各売却代金から反対売買後に犯人の手元に残る金額を残余した部分（犯人が実質的に得ることのできない部分）が高額に上るなど、各売却代金の全部を没収することが犯人に対して過酷な結果をもたらすと認められる場合に、各売却代金のうち売買代金及び委託保証金の合計金額に相当する部分のみを没収することも合理的裁量として許されるとしたもの。

なお、上記テレウェイヴ事件の判決においては、インサイダー取引の共同正犯者が共同して同取引を行ったことにより得た財産について、共犯者全員から追徴することが原則であるとしつつも、その全額を共同正犯者1名からのみ追徴することも許されるとした。すべての共犯者が訴追され共同被告人とされている上、当該共同正犯者のみが売却代金を取得しており他の共同正犯者において再投資のおそれがないことが明らかであることな

---

[1] 長島・大野・常松法律事務所編『アドバンス金融商品取引法〔第3版〕』（商事法務・2019）1183頁。

どがその根拠として述べられている。

90 金商法166条及び167条のインサイダー取引規制に係る課徴金

> 金商法166条及び167条のインサイダー取引規制違反の課徴金の計算方法は、違反行為者の地位・誰の計算で行ったかによって異なる。

金商法166条及び167条のインサイダー取引規制に違反した場合の課徴金の計算方法の概要は以下のとおりである（金商法175条）。

【図表90－1　金商法166条1項・3項違反に対する課徴金】

違反行為者	計算	対象者	課徴金額
会社関係者・情報受領者	①自己 ②密接な関係者 ③特殊な関係者	違反者	〔売付け等について〕 売付け等の総額−（公表後2週間の最安値×売付け等の数量） 〔買付け等について〕 （公表後2週間の最高値×買付け等の数量）−買付け等の総額
上場会社等の役員等	上場会社等	上場会社等	同上
会社関係者・情報受領者	他人	違反者	〔資産運用業者〕 1ヶ月分の運用の対価の額×3 〔その他〕 違反行為の対価の額

【図表90－2　金商法167条1項・3項違反に対する課徴金】

違反行為者	計算	対象者	課徴金額
公開買付者等・情報受領者	①自己 ②密接な関係者 ③特殊な関係者	違反者	〔売付け等について〕 売付け等の総額－（公表後2週間の最安値×売付け等の数量） 〔買付け等について〕 （公表後2週間の最高値×買付け等の数量）－買付け等の総額
公開買付者等・情報受領者	他人	違反者	〔資産運用業者〕 1ヶ月分の運用の対価の額×3 〔その他〕 違反行為の対価の額

　なお、課徴金の計算の基礎となる売付け等及び買付け等は、いずれも公表日以前6ヶ月以内になされたものに限られる（金商法175条1項1号・2項1号）。また、除斥期間は、インサイダー取引が行われた日から5年である（同法178条27項・28項）。

1　密接関係者・特殊関係者の計算による場合

　違反行為者が密接関係者・特殊関係者の計算でインサイダー取引を行った場合には、自己の計算で行ったものとみなされる（金商法175条10項・11項）。

　密接関係者及び特殊関係者はそれぞれ、以下に掲げるものをいう（課徴金府令1条の23）。

【図表90－3　密接関係者】

①	違反行為者の親会社
②	違反行為者の子会社

③	違反行為者と同一の親会社を持つ会社等（いわゆる兄弟会社）
④	違反行為者（個人に限る。）の同族会社（法人税法2条10号に定める同族会社。ただし、違反行為者が支配していないことが明らかと認められる会社を除く。）

【図表90－4　特殊関係者】

①	違反行為者の親族
②	違反行為者の事実上婚姻関係と同様の事情にある者
③	違反行為者の役員等
④	①～③以外の者で違反行為者（個人に限る。）から受ける金銭等によって生計を維持している者
⑤	②～④に該当する者と生計を同一にする親族

　本規定に基づき、密接関係者・特殊関係者の計算が自己の計算とみなされるものと判断された事例として以下の事例が存在する。

【図表90－5　密接関係者の計算が自己の計算とみなされた課徴金事例】

No.	事案
H25-12	違反行為者の同族会社の計算による売買について、同族会社は密接関係者に該当するとして自己の計算によるものとみなされた。
H26-5	違反行為者の同族会社の計算による売買について、同族会社は密接関係者に該当するとして自己の計算によるものとみなされた。
H27-7	違反行為者の同族会社の計算による売買について、同族会社は密接関係者に該当するとして自己の計算によるものとみなされた。

【図表90-6　特殊関係者の計算が自己の計算とみなされた課徴金事例】

No.	事案
H23-4	違反行為者が親族名義口座において親族の計算において行った株式の買付けについて、親族は特殊関係者に該当するとして自己の計算によるものであるとみなされた。
H24-7	親族の計算による売買について、親族は特殊関係者に該当するとして自己の計算によるものであるとみなされた。
H26-20	親族の計算による売買について、親族は特殊関係者に該当するとして自己の計算によるものであるとみなされた。

2　違反行為者が他人の計算において行った場合の課徴金の額

　上記1の場合を除き、違反行為者が他人の計算においてインサイダー取引を行った場合において、当該取引が運用対象財産の運用として行われた場合には、売買等をした日の属する月（2以上の月にわたって行われたものである場合には、最後の月）における、以下の①～④の運用の対価の額に相当する額に3を乗じた額が課徴金として課されることになる（金商法175条1項3号イ・課徴金府令1条の21第1項、金商法175条2項3号イ・課徴金府令1条の21第4項）。なお、①～④の運用の対価の額に相当する額については、運用報酬の価額（運用報酬の算定の基礎となる期間が1月を超える場合にあっては、当該運用報酬を月数で除す方法、運用実績に基づいて運用報酬が算定されるときには取引が行われた日の属する月の運用実績に基づいて算出する方法その他の合理的な方法により算出した額）の総額とされており、当該総額が算出できない場合には、取引価格に数量を乗じて得た額を10で除した額とされている（課徴金府令1条の21第2項、同条第5項）。

　①　投資法人資産運用行為を行った場合には、登録投資法人から違反者が委託を受けて運用を行う金銭その他の財産のうち、当該売買等に係る利益又は損失が帰属するもの（課徴金府令1条の21第1項1号）

　②　投資一任運用行為を行った場合には、投資一任契約の相手方から違

反者が委託を受けて運用を行う金銭その他の財産のうち、当該売買等に係る利益又は損失が帰属するもの（課徴金府令1条の21第1項2号）
③ 投資信託運用行為を行った場合には、当該権利を有する者から違反者が拠出を受けて運用を行う金銭その他の財産のうち、当該売買等に係る利益又は損失が帰属するもの（課徴金府令1条の21第1項3号）
④ ファンド自己運用行為を行った場合には、当該権利を有する者から違反者が拠出を受けて運用を行う金銭その他の財産のうち、当該売買等に係る利益又は損失が帰属するもの（課徴金府令1条の21第1項4号）

また、運用対象財産の運用として行われた場合以外の場合には、当該売買等に係る手数料、報酬その他の対価の額（合理的な方法により算出した、対価として違反者に支払われ、又は支払われるべき金銭その他の財産の価額の総額（課徴金府令1条の21第3項、同条第6項））が課徴金として課されることになる（金商法175条1項3号ロ、金商法175条2項3号ロ）。

【図表90－7　他人の計算において行われた場合の課徴金事例】

No.	事案
H26-1	課徴金額：41万円（課徴金府令1条の21第1項1号） 33件の各運用財産について課徴金の額を計算し、合計の上、1万円未満切捨て
H26-2[2]	課徴金額：54万円（課徴金府令1条の21第1項1号） ファンド① 14,591,134円（運用報酬額）×147,798,000円（算定対象取引の銘柄のうち最も高い額）÷5,123,624,544円（運用財産の総額）＝420,901円 ファンド② 2,221,451（運用報酬額）×72,933,000円（算定対象取引の銘柄のうち最も高い額）÷1,270,673,889円（運用財産の総額）＝127,504円

2　なお、同課徴金納付命令決定は、2020年7月10日に取り消されている。

	合計 420,901円＋127,504円＝54万円（１万円未満切捨て）
H26-3	課徴金額：17万円（課徴金府令１条の21第１項１号） 46,929,039円（運用報酬額）×147,600,000円（算定対象取引の銘柄のうち最も高い額）÷38,529,995,214円（運用財産の総額）＝17万円（１万円未満切捨て）
H29-6	課徴金額：50万円（課徴金府令１条の21第６項） 他人の計算に係る課徴金額 ｛(8,696,006円－6,336,670円－348,403円)×3,000,000／6,312,100｝(他人の計算による利益)－450,000円(他人へ運用益として渡した額)＝505,751.49円

3　売付け等及び買付け等の双方がなされた場合

　課徴金の計算の基礎となる売付け等及び買付け等は、いずれも公表日以前6ヶ月以内になされたものに限るとされている（金商法175条1項1号・2項1号）。

　そして、金商法166条のインサイダー取引規制は、重要事実公表前の買付け行為及び売付け行為の双方をその規制対象とする。したがって、重要事実の公表前に買付け行為と売付け行為を行った場合には、その両方の行為が同条1項又は3項違反となり、課徴金はそのいずれの行為についても課されることとなる。実際、証券取引等監視委員会は、重要事実の公表前に買付け行為及び売付け行為の双方が行われた下記の事例において、「重要事実を知りながら買付けを行い、その後、当該重要事実の公表前に売付け（反対売買）を行った場合には、その売買の両方が内部者取引に該当する」とし、それぞれ別個に課徴金の対象としている。

【図表90−8　重要事実の公表前に買付け及び売付けの双方が行われた課徴金事例】

No.	事案
H22-1	課徴金額：284万円 ①売付け 94,266,000円（売付価額）−228,000円（重要事実公表後の株価[3]）×401株＝283万円（1万円未満切捨て[4]） ②買付け 228,000円（重要事実公表後の株価）×175株−39,890,000円（買付価額）＝1万円（1万円未満切捨て）
H22-3	課徴金額：98万円 ①買付け 40円（重要事実公表後2週間における最高株価）×64,300株−2,053,300円（買付価額）＝51万円（1万円未満切捨て） ②売付け 2,276,300円（売付価額）−28円（重要事実公表後2週間における最低株価）×64,300株＝47万円
H23-3	課徴金額：157万円 ①買付け 61円（重要事実公表後2週間における最高株価）×30,000株−570,000円（買付価額）＝126万円 ②売付け 2,630,000円（売付価額）−29円（重要事実公表後2週間における最低株価）×80,000株＝31万円

4　複数の者が同一の証券口座を利用した場合

　課徴金の額は、違反行為者が自己の計算において行った取引ごとに計算するため、複数の者が同一の証券口座を利用して取引を行った場合には、

3　平成20年改正前金商法の適用となるため重要事実公表後の株価となっている。買付けについても同じ。
4　金商法176条2項。

違反行為者ごとに取引を特定する必要がある。

この点に関しては以下の事例がある。

【H22-15】

> T社の株式に対する二つの公開買付け等事実（以下、それぞれ「公開買付け等事実A」・「公開買付け等事実B」という。）について、違反行為者であるX₁及びX₂が、X₂の名義の証券口座を利用し、①公開買付け等事実Aに関して、T社の株券合計52株買い付け、②公開買付け等事実Bに関して、T社の株券合計15株買い付けたという事案。

証券取引等監視委員会は、X₁とX₂は、株取引によって得た利益について、あらかじめ拠出した金額にかかわらず折半することを合意していたことから、計算の帰属については、各違反行為者らの買付株数を、違反行為に係る買付株数のそれぞれ2分の1と認定した。そして、①については、X₁及びX₂がそれぞれ26株を自己の計算で買い付けたものと認定し、②については、X₁及びX₂がそれぞれ7.5株ずつを自己の計算で買い付けたものとして、課徴金を課した。なお、X₂による自己の計算による7.5株の買付けについては、公表前に同人は公開買付け等事実Bについて伝達を受けていないことから、X₂の7.5株の買付けについては課徴金の対象とはされなかった。

【H24-7】

> T社の株式に対する公開買付け等事実について、違反行為者が、親族の証券口座を使用して、自己及び親族の資金で共同してT社株式を買い付けた事案。違反行為者は、親族に対して公開買付け等事実を伝え、資金を出し合ってT社株式を買い付けようと誘い、買付代金、売付代金、手数料をすべて折半とすることとした。違反行為者は買付けのタイミング、買付株数、買付単価等を親族に伝え、親族はそれに従って親族名義の証券口座で株式の買付けに及んだ。

証券取引等監視委員会は、違反行為者と親族はお互いの行為を利用しあって両社が共同して買付けを行ったと評価できるから、親族の資金による買付けも、違反行為者が行ったものと認定した。なお、証券取引等監視委員会は、その上で、その行為は他人（親族）の計算においてする行為であるが、親族は特殊関係者に該当するとして自己の計算にみなされるとした（「64　自己の計算・他人の計算」参照）。

　上記H22-15においては、株取引によって得た利益について、あらかじめ拠出した金額にかかわらず折半することを合意していたことを踏まえ、利益の帰属に従って、それぞれの取引の範囲を画している。他方、H24-7においては、各者間の意思の連絡等の状況を詳細に認定した上で、利益の帰属にかかわらず、親族が拠出した資金の部分も含めて違反行為者の行為であると認定している。どの範囲の行為が違反行為者の行為と評価できるかについて、証券取引等監視委員会は諸般の事情を考慮の上実質的に判断しようとしていると思われる。

91

情報伝達・取引推奨行為に対する課徴金

> 情報伝達・取引推奨行為に対する課徴金の計算方法は、行為者が業務として行為を行ったかによって異なる。

　情報伝達・取引推奨行為に対する課徴金の計算方法の概要は以下のとおりである（金商法175条の2）。

【図表91－1　情報伝達・取引推奨行為に対する課徴金】

仲介関連業務に関して情報伝達・取引推奨行為をした	情報伝達・取引推奨を受けた者からの1ヶ月分の仲介関連業務の対価の額×3

場合（募集等関連業務に関してした場合を除く。）	
募集等関連業務に関して情報伝達・取引推奨行為をした場合	以下の①及び②の合計額 ① 情報伝達・取引推奨を受けた者からの1ヶ月分の仲介関連業務の対価の額×3 ② 募集等関連業務及びこれに併せて行う有価証券の引受業務の対価の額×2分の1
その他の場合	情報伝達・取引推奨を受けた者が得た利得相当額×2分の1 ※利得相当額 〔売付け等について〕 売付け等の総額－（公表後2週間の最安値×売り付等の数量） 〔買付けについて〕 （公表後2週間の最高値×買付け等の数量）－買付け等の総額

　上記のうち、「仲介関連業務」とは金商法2条8項2号又は3号に掲げる行為、同項4号に掲げる行為（店頭デリバティブ取引を除く。）、同項10号に掲げる行為（有価証券の売買を除く。）その他これらに類するものとして政令で定める行為及びこれらに付随業務として内閣府令に定める行為をいう（金商法175条の2第1項1号）。証券会社の行う委託売買業務はこれに該当する。

　また、「募集等関連業務」とは、金商法2条8項9号に掲げる行為に係る業務をいう（金商法175条の2第1項2号）。証券会社の募集・売出し業務はこれに該当する。

　なお、上場会社等の役員等が上場会社等の業務として情報伝達・取引推奨を行った場合、及び、公開買付者等の役員等が公開買付者等の業務として情報伝達・取引推奨を行った場合には、当該上場会社等及び公開買付者等に対してのみ課徴金が課せられることになり、当該役員等については課

徴金の対象とはならない（金商法175条の2第13項・14項）。

　また、仲介関連業務・募集等業務と関係なく、資産運用業者に対して情報伝達を行い、情報伝達を受けた資産運用業者がインサイダー取引規制に違反して売買等を行った場合、資産運用会社の課徴金は3ヶ月分の運用報酬だが（「90　金商法166条及び167条のインサイダー取引規制に係る課徴金」参照）、情報伝達者は、売買等により得た利得相当額の2分の1となっているため、売買等を行った者に比して情報伝達者が相当多額になる可能性がある。なお、インサイダー取引の場合と同様、除斥期間は情報伝達行為が行われた日から5年である（金商法178条29項）。

92

課徴金の調整

> 課徴金の額は一定の場合に増額・減額される。また、刑事罰としての没収・追徴との関係を調整する規定が設けられている。

1　課徴金の増額及び減額

　上場会社等による自己株取得がインサイダー取引に該当する場合にのみ、金商法177条各号に掲げる処分が行われる前に、当該事実を証券取引等監視委員会に報告すれば、課徴金額は半額になる（金商法185条の7第14項、課徴金府令61条の7）。

　他方、インサイダー取引又は情報伝達・取引推奨行為を行った者が、当該行為を行った日から遡って5年以内に課徴金納付命令を受けたことがあるときは、課徴金額は1.5倍になる（金商法185条の7第15項）。増額に関しては、減額と異なり上場会社等による自己株取得の場合に限定されていない。

2　没収・追徴との関係

インサイダー取引があった場合、これによって得た財産等は刑事手続において原則として必ず没収・追徴される（金商法198条の２）。この点、同一事件が課徴金の対象となると同時に没収・追徴の対象となることも理論上はありうるため（ただし、実務上は同一の事件について刑事罰が科されるとともに課徴金も課されるということはあまり想定されない。「119　インサイダー取引に関する調査の概要」参照）、両者の関係について以下のとおり調整する規定が設けられている。

① 課徴金納付命令時に没収・追徴の裁判が確定している場合

課徴金の額は当該没収・追徴相当額を控除した額とされる（金商法185条の７第17項）。

② 課徴金納付命令時が公訴提起後裁判が確定するまでの間に出された場合

裁判確定後、課徴金額の調整の要否を判断し、必要があればその調整がなされるまで課徴金納付命令の効力は発生しない（金商法185条の７第24項・185条の８第７項）。

③ 課徴金納付命令時には公訴提起もされていなかったが課徴金の納付期限前に公訴提起がなされた場合

すでに課徴金の全部が納付されている場合でない限り、課徴金額の調整の要否を判断し、必要があればその調整がなされるまで課徴金納付命令は停止される（金商法185条の８第１項・３項・７項）。

93

課徴金事案における氏名の公表

> インサイダー取引等の不公正取引を反復して行った者等については、課徴金事案に関し、個人の氏名が公表される。

金商法上、内閣総理大臣は、公益又は投資者保護のため必要かつ適当であると認めるときは、内閣府令で定めるところにより、法令違反行為を行った者の氏名その他法令違反行為による被害の発生若しくは拡大を防止し、又は取引の公正を確保するために必要な事項を一般に公表することができることとされている（金商法192条の2）。

　例えば、①情報伝達・取引推奨行為に違反する行為にかかわった証券会社等の役職員（補助的な役割を担った者を除く。）、②取引上の立場を利用して未公表の重要事実等を要求しインサイダー取引を行った者、③インサイダー取引など不公正取引を反復して行った者などが想定される[5]。

　また、平成24年インサイダーWG報告書において自主規制機関における自主規制ルールに基づくエンフォースメントの強化が求められたことを踏まえ、かかる氏名公表の対象となった者が日本証券業協会の協会員の役職員である場合において、当該行為が金融商品取引業の信用を著しく失墜させたと認められる場合には、「一級不都合行為者の取扱い」の検討対象とすることとされている。一級不都合行為者として取り扱われた場合、日本証券業協会の定める外務員資格並びに営業責任者資格及び内部管理責任者資格を取り消され（日本証券業協会「協会員の従業員に関する規則」12条1項）、また、協会員による当該者の新規採用も禁止されることとなる（同規則4条2項）。

94 海外の投資家に対する刑事罰・課徴金

　海外の投資家によるインサイダー取引規制違反についても、刑事罰・課徴金の対象となりうる。

5　平成24年インサイダーWG報告書4〜5頁、齊藤ほか39頁。

インサイダー取引規制違反に対する刑事罰は、日本国内（日本国外にある日本船舶又は日本航空機内を含む。以下同じ。）において罪を犯した者（日本人又は外国人であるかを問わない。）に適用がある（刑法1条）。そして、犯罪を構成する事実（行為又は結果）の一部が日本国内にあれば足りる[6]ため、例えば海外の投資家が日本の市場を通じてインサイダー取引を行った場合にも、売買等の取引は日本国内で行われていることから、刑事罰の適用がある。

また、課徴金についても、例えば、外国の投資家が、日本において上場している日本の会社の株式について、日本や海外において取引をした場合等には課徴金が課される[7]。

なお、刑事罰の適用事例及び課徴金事例については、「123 クロスボーダー取引」を参照されたい。

95

民事責任

> インサイダー取引規制に違反した場合の当該違反者の民事責任は、金商法上は規定されていない。

インサイダー取引規制違反をした者の民事責任は金商法には規定されていない。そのため、インサイダー取引規制に違反した者に対して、当該取引の相手方が民事上の責任を追及する際の根拠としては、信義則に基づく説明義務違反や不法行為などが考えられる。しかし、市場取引による場合には、どの相手方と取引を行ったか通常はわからないことから、一般的に

---

6 横畠204頁参照。
7 松尾直彦「金融商品取引法の国際的適用範囲」東京大学法科大学院ローレビュー6巻（2011）283頁、金融法委員会「金融関連法令のクロスボーダー適用に関する中間論点整理―証券取引法を中心に」（平成14年9月13日公表）。

は当該違反者に対して民事責任を追及することは難しい。
　この点に関する裁判例として東京地判平成3年10月29日（金判898号29頁）がある。

【東京地判平成3年10月29日】

> 　東京証券取引所を通じてジャパンラインの株式を買い付けた原告が、その後重要事実が公表されて同社の株価が値下がりしたために、かかる東京証券取引所を通じての株式の取得は、同社の大株主（被告）から取得したものであるとし、被告が当該重要事実を知りつつその公表前に原告に売却したことが不法行為に該当するとして、被告に対して不法行為に基づき株価の差額相当の損害賠償を請求した。
> 　裁判所は、原告の取得した株式が被告の売却した株式というためには、金融商品取引所における集団競争売買の中で被告の売り注文と原告の買い注文が現実に結び付けられたことを原告が主張立証しなければならないとし、結局原告主張の損害と被告の売却との間に因果関係は認められないとして原告の請求を棄却した。

96

法人のインサイダー取引規制違反防止義務

> 　会社法上、上場会社等の取締役は善管注意義務の内容として、その従業員によるインサイダー取引規制違反を未然に防止する体制を整備する義務を負っている。

1　日本経済新聞株主代表訴訟

　取締役の善管注意義務（会社法330条、民法644条）の一環として、従業員によるインサイダー取引を防止する義務を認めた裁判例として、日本経済新聞株主代表訴訟事件（東京地判平成21年10月22日判タ1318号199頁）がある。

(1) 事　案

　日本経済新聞社の従業員が、日本経済新聞社が管理するコンピュータを通じて、上場会社の株式分割等の法定公告が日本経済新聞に掲載される予定であることを知って、法定公告の掲載前にインサイダー取引を行い、刑事責任を問われた。そこで、日本経済新聞社の株主が、同社の取締役に対して、従業員のインサイダー取引を防止することを怠ったことについて善管注意義務違反があるとして、毀損されたコーポレートブランド価値相当額について損害賠償を請求した事案である。

(2) 判　旨

　裁判所は、日本経済新聞社が報道機関としての性質上、多種多様な情報を大量に扱っており、業務遂行上、秘密性のある情報や未公表情報等の重要事実等に接する機会が多いという事情を考慮の上、日本経済新聞社の「取締役としては、それらの事情を踏まえ、一般的に予見できる従業員によるインサイダー取引を防止しうる程度の管理体制を構築し、また、その職責や必要の限度において、従業員によるインサイダー取引を防止するために指導監督すべき善管注意義務を負うものと解される」として、日本経済新聞社の取締役が会社の従業員によるインサイダー取引を防止する一般的な義務を負うことを認めている。

　その上で、裁判所は、日本経済新聞社が、法定公告を管理するシステムを専用端末としていたこと、従業員に対してID等を付与していたこと、情報管理規定やインサイダー取引防止規定を整備していたこと、従業員に対して法令順守に関する社内研修等を実施していたこと等を考慮すると、日本経済新聞社は、「一般的に予見できる従業員によるインサイダー取引を防止しうる程度の管理体制」を構築していると認められ、日本経済新聞社の取締役に善管注意義務違反はないと判示している。

2　インサイダー取引防止体制の構築義務

　上記のとおり、日本経済新聞株主代表訴訟事件では、日本経済新聞社が

報道機関としての性質上、従業員が重要事実等に接する機会が多いという事情に着目した上で、同社の取締役に対して従業員によるインサイダー取引を防止する義務が認められており、上記裁判例はすべての会社の取締役について当該義務が認められるとしているわけではないと思われる。

しかし、常時重要事実等が発生しうる上場会社や、他社の重要事実等を取り扱うことが当然予定されている業種（報道機関、金融機関、監査法人等）では、従業員が重要事実等に接する機会が少なからずあるため、これらの会社の取締役には、従業員によるインサイダー取引を防止する義務が認められる可能性が高い。

なお、東証規程449条は、上場会社に対して、その役員等によるインサイダー取引の未然防止に向けて必要な情報管理体制の整備を行うことを努力義務として課しており、かかる観点からも上場会社の取締役は、従業員によるインサイダー取引を防止する義務を負っているといえる。

3　インサイダー取引防止体制の構築

インサイダー取引防止体制を構築するための方策としては、一般的には、①内部者取引防止規程を整備してその内容を周知すること、②役職員向けにインサイダー取引に関する研修を継続的に実施すること、③上場会社の事業内容及び取り扱う重要事実等に沿って適切な未然防止体制を構築すること等が考えられる。

なお、適時開示ガイドブック431頁によれば、東証規程449条における未然防止体制の内容としては、具体的には、社内規程を整備するとともに役職員への周知徹底を図ることや、役職員向けの研修を定期的に実施すること等の対応が考えられるとされている。各種の取引防止体制については「第9章　インサイダー取引防止の実務」を参照されたい。

97

金融商品取引所による制裁

> 上場会社がインサイダー取引を行った場合には、金融商品取引所による制裁措置の対象となりうる。

　上場会社は、金融商品取引所の規則に基づいてインサイダー取引を未然に防止する義務を負っており、その義務に違反した場合には、金融商品取引所による制裁措置の対象となりうる。

　東京証券取引所では、「上場会社は、当該上場会社の役員、代理人、使用人その他の従業員に対し、当該上場会社の計算における内部者取引を行わせてはならない。」との義務を定めている（東証規程442条）。例えば、上場会社による自己株取得がインサイダー取引に該当する場合、上場会社が他の上場会社の株式についてインサイダー取引を行った場合又は上場会社が運用するファンドの資産運用に際してインサイダー取引が行われた場合、この東証規程442条に違反する。この場合、公表措置（同規程508条）、上場契約違約金（同規程509条）、改善報告書の徴求（同規程504条）及び特別注意銘柄への指定（同規程503条）といった制裁を受けることがある。

　もっとも、これまで東証規程442条違反に基づき制裁措置がとられたことはない。

　なお、東京証券取引所は、「上場会社は、その役員、代理人、使用人その他の従業者による内部者取引の未然防止に向けて必要な情報管理体制の整備を行うよう努めるものとする。」とも定めている（東証規程449条）。しかし、かかる義務は努力義務であるため、これに違反したとしても上記のような制裁の対象とはならない。

第9章
インサイダー取引防止の実務

第1節
決算情報に係るインサイダー取引の防止

98
決算情報に係るインサイダー取引の防止

> 決算期又は四半期の末日から決算情報が公表される日までの間は、決算情報に係るインサイダー取引が行われる可能性が特に高いため、売買禁止期間を設ける等の対応をすることが望ましい。また、個別業績の開示を省略している連結財務諸表作成会社は、個別業績に係る重要事実の公表を失念しないよう留意する必要がある。

1 決算情報のインサイダー取引防止規程における取扱い

上場会社において、売上高、利益等の決算情報のうち一定の重要性を有するものは重要事実となる。かかる決算情報は上場会社において不断に発生するものであり、比較的多くの役職員が決算情報に触れる可能性があるため、決算情報の重要事実に係るインサイダー取引が行われるリスクは相対的に高い。

そして決算期又は四半期の末日から決算情報が公表される日までの間においては、財務データの集計等が行われる過程で決算情報に係る重要事実が形成されることとなるため、インサイダー取引の可能性が特に高い時期といえる。実際に、多くのケースにおいて、決算期又は四半期の末日から決算情報が公表される日までの間に、決算情報に係るインサイダー取引が行われている（「44　時期」参照）。

そのため、実務上、役職員に対して、決算集計の時期における自社株式の売買を禁止する規定を設けることが望ましい。全国証券取引所が実施した第5回全国上場会社インサイダー取引管理アンケート調査報告書（令和6年3月）（以下「第5回内部者取引管理アンケート」という。）によれば、アンケートに回答した上場会社の半数以上が、決算期末等特定の時期に一定の規制を設けている（同アンケート問8）。また、その場合の売買規制期間については、決算期の数値をある程度見込むことが可能となる決算期又は四半期の末日の一定期間前から、決算情報の公表までとすることが望ましい。

なお、同アンケートによれば、一定の規制を設けている上場会社については、売買規制期間の開始日は、各四半期の決算作業開始時とする会社が多い（同アンケート問9）。

2　個別業績の決算数値

決算情報に係る重要事実について実務上留意すべきものとして、連結財務諸表作成会社（ただし、取引規制府令49条2項に規定する特定上場会社等を除く。）における個別業績の決算数値がある。

当該連結財務諸表作成会社における個別業績の決算数値については、決算短信への記載が義務付けられているわけではなく、上場会社は表題を含めて記載を省略することができる[1]。そして、決算短信において個別業績の決算数値の記載を省略している上場会社の場合、個別業績について前年度の実績値（又は予想値）と比較して重要な差異が生じ、重要事実が発生した場合も（金商法166条2項3号）、決算短信においては当該事実を公表する必要は必ずしもない。

取引所規則においては、金商法166条2項3号に掲げる事実が生じた場合は、直ちにその内容を開示しなければならないとされているため（東証規程405条3項）、個別業績に係る重要事実が発生した場合、当該規則に基づいて公表が行われる必要があるが[2]、決算短信に関する上記取扱いから、

1　適時開示ガイドブック285頁。
2　適時開示ガイドブック266頁。

実際上は公表を失念しているケースも見られる。

しかし、個別業績に係る重要事実について、決算短信その他において公表が行われなければ、取引所規則における開示義務に違反するのみならず、会社に未公表の重要事実が残ってしまうことになるので、留意が必要である。

3　プレス・リリース等のウェブサイトへの掲載

上場会社が、決算情報等の重要事実を記載したプレス・リリース等を自社のウェブサイトに掲載する場合、公表予定時刻より前に自社ウェブサーバ内の「公開ディレクトリ」にセキュリティ措置を講じずにプレス・リリース等を保存すると、外部の者が公表予定時刻より前にこれを閲覧できることが指摘されている[3]。

このような事態を回避するため、金融庁及び全国証券取引所は、平成25年4月5日付で、上場会社の代表者に対し、①公表予定時刻までは、公開ディレクトリに資料を保存しないこと、②公表予定時刻より前に公開ディレクトリに資料を保存する場合には、外部者が容易にアクセスできないよう、パスワードの設定等によるアクセス制限を実施すること、③これらの措置を含む自社ウェブサイトへの会社情報の掲載手順について、社内でルール化した上で周知徹底し、併せてその遵守状況について定期的に点検を行うことに留意すべき旨の通知を行っている[4]。

また、全国証券取引所は、それぞれの上場規則において、上場会社は適時開示が求められる会社情報について自社のウェブサイト等の公開ディレクトリに保存する場合は、TDnetによる当該会社情報の開示後に行うか、又は公表予定時刻より前に保存するときはパスワード管理等のアクセス制限を行わなければならない旨を規定している[5]。そのため、上場会社

---

[3]　全国証券取引所が平成25年4月5日付で公表した「ウェブサイト等のセキュリティに関する調査結果について」によれば、全上場会社の約3％がアクセス制御を行わずに公開ディレクトリへの保存を行っていたとの調査結果が公表されている。

[4]　自社ウェブサイト掲載留意事項。

は、プレス・リリース等を自社のウェブサイトに掲載する場合には、上記の点に留意して十分なセキュリティ措置を講じる必要があり、仮にセキュリティ措置を講じない場合には、取引所規則に違反することになる。

4 社内における情報管理体制の整備

上場会社においては、比較的多くの役職員が決算情報等の重要事実に触れる機会を有しているため、社内において情報管理体制を整備して、当該機会を有する役職員の範囲を可能な限り限定することが重要である。

例えば、H28-7の事案では、管理者権限を設定するに当たり必要となるIDの付与先を管理していなかった上、パスワードについても長期間変更を行っていないという状況下にあったことで、インサイダー取引規制の違反行為者である社員が、管理者権限を悪用し、決算情報等を保管する社内のテストサーバーやファイルサーバーに不正にアクセスしたことで、重要事実（業績予想値下方修正及び業務上の提携）を認識するに至っている。

また、業務上の提携を重要事実とするものであるが、R4-4の事案は、在宅勤務をしていた親族から重要事実（業務上の提携）の伝達を受けた者によるインサイダー取引事例であり、在宅勤務の広がり等、勤務場所を限定しない多種多様な働き方が可能になっており、従来よりも社外への職務上不要な重要事実の漏洩リスクが高まっている点にも留意が必要である[6]。

---

5 東証規程413条の2、適時開示ガイドブック28頁等。
6 令和4年課徴金事例集35頁。

第2節
フェア・ディスクロージャー・ルール（重要情報の公表）

99 フェア・ディスクロージャー・ルール（重要情報の公表）

> 　投資者への公平かつ適時な情報の開示を確保することを目的として、上場企業等の役員等が未公表の重要情報を証券会社や投資家等に提供した場合に、当該情報が他の投資者にも提供されることを確保するルールとして、フェア・ディスクロージャー・ルール（重要情報の公表）が設けられた。
> 　インサイダー取引規制における重要事実とは異なり、重要基準・軽微基準が定められていない等、フェア・ディスクロージャー・ルールにおける重要情報は、インサイダー取引規制における重要事実よりも広い範囲の情報を対象としている。

1　概　要

　上場会社が証券会社のアナリストにのみ未公表の業績に関する情報を提供し、当該証券会社が当該情報を顧客に提供して株式売買の勧誘を行っていた事案[7]を通じて、投資家間の情報の公平性、ひいては投資家の市場に対する信頼性が害されるおそれが問題となったことを受け、投資者への公平かつ適時な情報の開示を確保することを目的として、発行者が未公表の重要情報を第三者に提供する場合に当該情報が他の投資者にも提供される

7　金融庁による平成27年12月15日付行政処分及び平成28年4月25日付行政処分参照。

ことを確保するルールとして、フェア・ディスクロージャー・ルール（重要情報の公表）が設けられた（金商法27条の36）。

これにより、上場会社等の役員等が、当該上場会社等における未公表の重要情報を証券会社や投資家等に伝達した場合には、原則として当該伝達と同時に、自社ウェブサイト等を通じて、当該重要情報を公表することが義務付けられた。

なお、フェア・ディスクロージャー・ルールに関する規制違反に対する課徴金制度や、公表義務を怠ったこと自体に対する罰則はない。

2　公表義務の主体

フェア・ディスクロージャー・ルールにおける公表義務の主体は「上場会社等」であり、①株券、新株予約権証券、優先出資株券若しくは社債券、又は②投信法上の投資証券、新投資口予約権証券若しくは投資法人債で、金融商品取引所への上場又は店頭売買有価証券若しくは取扱有価証券に該当するものの発行者が含まれる（金商法27条の36第1項、金商法施行令14条の16）[8]。

3　情報提供者の範囲

フェア・ディスクロージャー・ルールの対象となる情報提供者の範囲は、上場会社等若しくは上場投資法人等の資産運用会社又はこれらの役員等（役員、代理人、使用人その他の従業者）である（金商法27条の36第1項）。

このうち、代理人又は使用人その他の従業者については、「取引関係者に情報を伝達する職務を行うこととされている者」のみに限定されている一方で（金商法27条の36第1項）、役員については、かかる限定がされていない。

---

[8]　ただし、社債券の性質を有する資産流動化証券等は除かれている（金商法施行令14条の15、重要情報公表府令2条）。

4　情報受領者（取引関係者）の範囲

　フェア・ディスクロージャー・ルールが適用されるのは、情報提供者から情報の伝達を受ける者が「取引関係者」に該当する場合に限られている（金商法27条の36第1項）。

　具体的には、図表99－1のとおりであるが、①金商法27条の36第1項第1号が、主に有価証券に係る売買や財務内容等の分析結果を第三者へ提供することを業として行う者について規定し、また、②同項第2号が、主として売買等を行う蓋然性の高い者について規定している。ただし、②については、上場会社等の投資者に対する広報に係る業務に関して重要情報の伝達を受けた場合に限られている。

　この点、図表99－1の②a.に関して、上場会社等が他の会社の子会社である場合には、当該上場会社等の属する企業グループの経営管理のために、株主である親会社に重要情報を伝達する場合が考えられるが、かかる伝達行為は、通常「投資者に対する広報に係る業務に関して」行われるものではなく、フェア・ディスクロージャー・ルールの対象とはならないとされている[9]。

【図表99－1　情報受領者（取引関係者）の範囲】

	条項		取引関係者
①	金商法27条の36第1項第1号に掲げる者	a.	金融商品取引業者
		b.	登録金融機関
		c.	信用格付業者その他信用格付業を行う者
		d.	投資法人

---

[9] FDルールガイドライン問6。また、上場会社等が他の会社の関連会社である場合についても、当該上場会社等の属する企業グループの経営管理のために、自らの株主である他の会社に重要情報を伝達する行為も同様に考えられる（金融庁パブコメ回答（平成30年2月6日）7頁21番）。

		e.	専門的知識及び技能を用いて有価証券の価値等（金商法28条8項11号イに規定する有価証券の価値等をいう。）又は金融商品の価値等（同号ロに規定する金融商品の価値等をいう。）の分析及びこれに基づく評価を行い、特定の投資者に当該分析又は当該評価の内容の提供を行う業務により継続的な報酬を受けている者
		f.	高速取引行為者
		g.	外国の法令に準拠して設立された法人で外国において金融商品取引業、登録金融機関業務、信用格付業、e.に規定する業務若しくは高速取引行為と同種類の業務を行う者又は投信法2条25項に規定する外国投資法人
		h.	a.からg.までの役員等
②	金商法27条の36第1項第2号に掲げる者	a.	上場会社等に係る上場有価証券等（当該上場会社等が発行するものに限る。）の保有者（①のa.からg.に掲げる者である場合にあっては、重要情報公表府令6条に規定する金融商品取引業に係る業務に従事していない者に限る。）
		b.	適格機関投資家（①のa.からg.に掲げる者である場合にあっては、重要情報公表府令6条に規定する金融商品取引業に係る業務に従事していない者に限る。）
		c.	有価証券に対する投資を行うことを主たる目的とする法人その他の団体（外国の法令に準拠して設立されたものを含む。）
		d.	上場会社等の運営、業務又は財産に関する情報を特定の投資者等に提供することを目的とした会合の出席者（当該会合に出席している間に限る。）

5　重要情報

(1) 重要情報の範囲

フェア・ディスクロージャー・ルールにおける重要情報とは、当該上場会社等の運営、業務又は財産に関する公表されていない情報であって、投資者の投資判断に重要な影響を及ぼすものとされている（金商法27条の36第1項）。もっとも、重要情報の範囲については、FDルールガイドライン問2において、「未公表の確定的な情報であって、公表されれば有価証券の価額に重要な影響を及ぼす蓋然性のある情報」としている以上に、詳細な規定はなく、その具体的範囲については、解釈に委ねられている。

実務上は、少なくともインサイダー取引規制の対象となる重要事実や、年度又は四半期の決算に係る確定的な財務情報であって、株価等に重要な影響を与えるものについては、情報管理が必要とされている。

なお、決算情報としては、増収見込みである旨等の定性的情報も該当しうるが、他方、月次の売上等の数値は、一般的にはそれ自体では該当しないとされている[10]。

その他、会社の将来情報に関する議論等の取扱いとして、①中長期的な企業戦略・計画等に関する経営者との議論のなかで交わされる情報、②既に公表した情報の詳細な内訳や補足説明、公表済の業績予想の前提となった経済の動向の見込み、③他の情報と組み合わさることによって投資判断に影響を及ぼしうるものの、その情報のみでは、直ちに投資判断に影響を及ぼすとはいえない情報（いわゆる「モザイク情報」）は、いずれも、一般的にはそれ自体では重要情報には該当しないと考えられている[11]。

ただし、①については、具体的な計画内容が、それ自体として投資判断に活用できるような、公表されれば有価証券の価額に重要な影響を及ぼす蓋然性のある情報である場合、②については、それ自体として公表されれば有価証券の価額に重要な影響を及ぼす蓋然性のある情報が含まれる場合には、それぞれ重要情報に該当する可能性があるとされている。

10　金融庁パブコメ回答（平成30年2月6日）2頁4番。
11　FDルールガイドライン問4。

(2) 重要情報の管理

　FDルールガイドラインでは、重要情報の管理について、各上場会社等の事業規模や情報管理の状況に応じて、次のいずれかの方法により行われることが考えられるとされている[12]。

① 　諸外国のルールも念頭に、何が有価証券の価額に重要な影響を及ぼしうる情報か独自の基準を設けてIR実務を行っているグローバル企業は、その基準を用いて管理する

② 　現在のインサイダー取引規制等に沿ってIR実務を行っている企業については、当面、

　・インサイダー取引規制の対象となる情報、及び

　・決算情報（年度又は四半期の決算に係る確定的な財務情報をいう。③において同じ。）

であって、有価証券の価額に重要な影響を与える情報を管理する

③ 　仮に決算情報のうち何が有価証券の価額に重要な影響を与えるのか判断が難しい企業については、インサイダー取引規制の対象となる情報と、公表前の確定的な決算情報をすべて本ルールの対象として管理する

6　規制対象行為・義務

　規制の対象となる行為は、情報提供者が決算説明会、IRミーティング等の「業務に関して」重要情報の「伝達」（口頭・書面を問わない。）を行う場合である（金商法27条の36第1項）。

　そして、かかる場合、上場会社等は、原則として、当該伝達と同時に、当該重要情報を公表しなければならない。もっとも、①伝達した情報が重要情報に該当することを知らなかった場合又は②伝達と同時に当該情報を公表することが困難な場合（取引関係者に意図せず重要情報を伝達した場合及び伝達の相手方が取引関係者であることを知らなかった場合）には、同時の

---

[12] FDルールガイドライン問2。なお、この3つの方法のうち、最低限の情報管理の範囲は②とされている。

公表を要せず、当該伝達があったことを知った後速やかに公表を行うことで足りるとされている（金商法27条の36第2項、重要情報公表府令8条）。

7 重要情報の公表方法

上場会社等による重要情報の公表方法としては、法定開示（EDINET）、2以上の報道機関公開（12時間の経過）及び取引所適時開示（TDnet）が認められているほか、自社ウェブサイトへの掲載も認められている（金商法27条の36第4項、重要情報公表府令10条）。

8 重要情報の公表義務の例外

取引関係者が、法令又は契約により、重要情報が公表される前に、当該重要情報に関する守秘義務を負い、かつ上場有価証券等に係る売買等をしてはならない義務を負う場合には、上場会社等は、当該重要情報を公表する必要はないとされている（金商法27条の36第1項但書）。これは、上場会社等による重要情報の公表が行われなかったとしても、市場の信頼が害されるおそれは少ないと考えられるためである。

例えば、①証券会社の投資銀行業務を行う部門との間で組織再編や資金調達等の相談をするために重要情報を伝達する場合や、②信用格付業者に債券等の格付を依頼する際に重要情報を伝達する場合は、当該証券会社及び信用格付業者は各種の業規制により取引禁止や守秘義務等を負うため、上場会社等により当該重要情報の公表が行われなかったとしても、市場の信頼が害されるおそれは少ないと考えられている[13]。

もっとも、上場会社等は、取引関係者が上記の法令又は契約上の義務に違反したことを知ったときは、やむを得ない理由により当該情報を公表することができない場合等を除き、速やかに当該重要情報を公表しなければならない（金商法27条の36第3項）。

13　FDルールガイドライン問7。

9 インサイダー取引規制との関係

　上記5⑴のとおり、重要情報には決算情報（年度又は四半期決算）が含まれているところ、インサイダー取引規制における重要事実とは異なり、重要基準の定め（「⑩　決算情報と重要基準」参照）がなく、また、軽微基準の定めもない等、フェア・ディスクロージャー・ルールにおける重要情報は、インサイダー取引規制における重要事実よりも広い範囲の情報を対象としている。

　また、上記7のとおり、重要情報の公表方法には自社ウェブサイトへの掲載も認められているが、当該重要情報がインサイダー取引規制における重要事実にも該当する場合には、かかるウェブサイト上への開示のみでは、インサイダー取引規制における重要事実が公表されたことにはならないことにも留意が必要となる（「㊶　『公表』」参照）。

第3節

公開買付け

100
公開買付けにおける手続の流れと公開買付けの関係者

> 公開買付けの手続は、一般に①初期的な検討段階、②対象会社・大株主に対するアプローチ、③デュー・ディリジェンス、④関係者との交渉・調整、⑤開示書類等の準備、⑥公開買付けの開始・公表という流れで進行し、各手続の段階に応じて様々な関係者が登場する。公開買付けは一般的にインサイダー取引のリスクが高く、各段階に応じて情報管理を徹底する必要がある。

1　公開買付けとインサイダー取引規制

　公開買付けでは、買付価格は市場での株価よりプレミアムが付されることが多いため、公表前に対象となる株式を買い付けておくことにより容易に利得を得ることができること、検討の開始から公表に至るまでの期間が比較的長く情報管理が必要な期間が長いこと、公開買付けに関与する関係者が多数に上るため情報が拡散するリスクが高いこと等から、一般的にインサイダー取引のリスクが高いことが指摘されている。

2　手続の流れと関係者

　公開買付けの手続は、友好的な場合には、①初期的な検討段階から始まり、②対象会社・大株主に対するアプローチ、③デュー・ディリジェンス、④関係者との交渉・調整、⑤開示書類等の準備、⑥公開買付けの開始・公

表という流れで進行し、各手続の段階に応じて様々な関係者が登場することになる。以下では、一般的な公開買付けの手続の流れと各手続の段階において関与することとなる関係者を概観する。

(1) 初期的な検討段階

公開買付けの手続は、買付けのスキーム等の初期的な検討から始まる。かかる初期的な検討においては、株式取得の方法（公開買付けを行うかどうかを含む。）、株式の取得比率、買付けを行う主体、時期等について、様々な観点から検討が行われる。

かかる初期的な検討段階では、いまだ案件が具体化していないため、買付者においては、情報管理の観点から、特に限定された一部の役職員のみが関与することが望ましく、通常は特に限定された一部の役職員のみでプロジェクトチームが組成される。

また、スキームの検討に当たっては、様々な観点に基づく検討が必要となるため、ファイナンシャル・アドバイザー、弁護士、公認会計士、税理士等のアドバイザーもこの段階から必要に応じて関与することとなる。

なお、初期的段階における情報管理については、「⑩ 初期的段階における情報管理」を参照されたい。

(2) 対象会社・大株主に対するアプローチ

買付者が主導的に行う公開買付けにおいては、買付者における初期的な検討を経て、適宜対象会社に対するアプローチが行われる。また、対象会社の株主に親会社等の大株主が存在する場合には、かかる大株主に対するアプローチもこの段階から行われることとなる。

この段階では、買付者と同様、対象会社又は大株主においては、情報管理の観点から限定された一部の役職員のみでプロジェクトチームが組成され、また、アドバイザーも必要に応じて関与することとなる。

なお、大株主に対するアプローチにおける情報管理については、「⑭ 応募株主に対するアプローチ」を参照されたい。

(3) デュー・ディリジェンス

　公開買付けの手続においては、公開買付けの開始前に、公開買付けを行うことに関する重大な問題点の有無、対象となる株式の価値算定に影響を与える事項の確認、公開買付けを行うに際して必要となる手続の確認等を行うために、法務、会計、税務、ビジネス等の観点から、買付者が対象会社に対してデュー・ディリジェンスを行うのが通常である。

　デュー・ディリジェンスの対象となる資料・情報は広範囲に及ぶことから、対象会社においてデュー・ディリジェンスに対応する人員を確保する必要があり、この段階で新たに関与することとなる対象会社の役職員が少なくない。

　また、デュー・ディリジェンスのみを行うアドバイザー（人事、環境、ビジネス等）等については、この段階から関与することが多い。

　なお、デュー・ディリジェンスにおける情報管理については、「⑩デュー・ディリジェンスにおける情報管理」を参照されたい。

(4) 関係者との交渉・調整

　公開買付けの開始前においては、必要に応じて関係者との交渉・調整が行われる。

　例えば、買付者が買付資金について融資を受ける場合には、公開買付けの開始前に金融機関との交渉・調整が必要となるため、金融機関が関係者として登場することとなる。

　また、対象会社においては、重要な取引先、メインバンク等の金融機関、監督官庁から、公開買付けについて事前の了解を得る必要がある場合があり、その場合にはこれらの者も関係者として登場する。

(5) 開示書類等の準備

　案件の実現が相当程度具体的になった段階で、開示書類等の準備が行われ、買付者においては主に公開買付届出書、プレス・リリース等を、対象会社においては主に意見表明報告書、プレス・リリース等を作成すること

となる。

　かかる開示書類等の作成においては、買付者と対象会社は、作成業務の一部を印刷会社に依頼することが多く、この段階で印刷会社が登場する。

　また、開示書類等について、財務局や金融商品取引所に対して事前相談を行う必要があるため、財務局や金融商品取引所も関係者として登場する。

　また、案件によっては、買付者は、公正取引委員会に対して株式取得の計画に関する届出を行わなければならず、その場合には、公正取引委員会も関係者として登場する。

(6) 公開買付けの開始・公表

　上記の準備が終了した後、公開買付者は、公開買付けの開始について決定を行い、上場会社の場合には金融商品取引所を通じて適時開示を行う。また、対象会社においては、公開買付けに対する意見表明に関する決定を行い、金融商品取引所を通じて適時開示を行う。

　公表した後、通常はその翌営業日に公開買付者が公開買付開始公告と公開買付届出書の提出を行い、公開買付けを開始する。公開買付期間は、20営業日以上60営業日以内の範囲で設定され、公開買付者は、公開買付期間終了日の翌日に公開買付けの結果の公表と公開買付報告書の提出を行い、その後遅滞なく（概ね1週間程度で）決済が行われる。

(7) スケジュール

　公開買付けのスケジュールは下記のとおりであり、公開買付けの検討の開始から公表に至るまでには、多くのケースにおいて、2ヶ月から4ヶ月程度の期間が必要である。

【図表100−1　公開買付けの標準的なスケジュール】

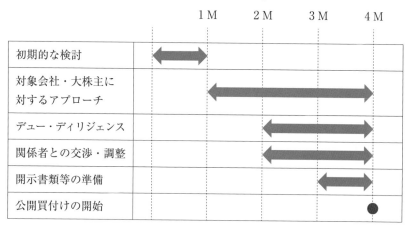

101

初期的段階における情報管理

> 情報管理は、案件の検討開始時点から行う必要がある。情報管理の方法としては、メンバーの限定及び注意喚起、パスワードの設定・案件名等のコード化、守秘義務契約の締結等が有益である。

1　重要事実の決定時期

　公開買付けに係る重要事実である「公開買付け等の実施に関する事実」（金商法167条1項）は、公開買付け等を「行うことについての決定をしたこと」である。

　この「行うことについての決定」とは、業務執行を決定する機関による当該行為の実施自体についての最終的な決定には限られず、当該行為の実施に向けての調査や準備、交渉等の諸活動を当該会社の業務として行う決定も含まれる（「24」『決定時期』の解釈」参照）。また、課徴金事例においては、公開買付けの場合、対象会社との交渉の開始や何らかの合意があっ

たかは特に問題とせずに、買付者側において買付けの準備を進めることをもって「決定」とされている（「30　公開買付け等における決定時期に関する判断要素」参照）。

このように、相当早い段階から重要事実の決定が認められていることに鑑みれば、実務的には、買付者の社内において対象会社の株式取得の検討を開始した場合には、その時点から情報管理を行うことが望ましい。

2　情報管理

情報管理の方法としては、会社内の限られたメンバーのみで情報を共有すること、情報管理の重要性についてそれぞれが十分に認識すること、メンバー以外の者に情報が漏洩しない体制を構築すること等が重要となる。

かかる体制を構築するための具体的方法としては、例えば以下の方法が考えられる。

(1)　メンバーの限定及び注意喚起

案件の早い段階でメンバーを確定し、メンバーリストを作成することは、関係者がお互いを認識することにより、メンバー以外の者に情報が伝達されることを防止するため望ましい。

なお、買付者や対象会社の役職員は、必ずしも公開買付け等の知識や経験が十分でないことから、ファイナンシャル・アドバイザーや弁護士から情報管理やインサイダー取引規制について注意喚起を行うことが望ましい。また、かかる注意喚起の一環として、買付者及び対象会社の役職員から、重要事実等について機密を保持し第三者に対する開示を行わないこと、インサイダー取引規制や社内規則を遵守すること等を内容とする情報管理に関する誓約書を提出させることも実務上行われている。

(2)　パスワードの設定・案件名等のコード化

第三者に対する情報漏洩を防止する方策として、ファイル等に対するパスワードを設定することや、案件名、当事者名、ファイル名等から案件内

容を推測されることがないよう、これらをコード化する（コードネームを設定する）方法も望ましい対応の一つとして考えられる。

例えば、H22-15の事案においては、パスワードが付されていないファイルが存在したことがインサイダー取引規制の違反行為者である元社員が重要事実を認識する直接の原因となっている[14]。

(3) 守秘義務契約

買付者の外部の者との間で守秘義務契約を締結することは、上記(1)の誓約書と同様、情報管理の重要性に関する注意喚起を行う観点からも望ましい。

守秘義務契約の相手方は、案件により異なるが、法律上守秘義務を負っている専門家以外の者との間で締結されることが多い。

(4) 公開買付者としての新会社（SPC）の名称等

上場会社の経営陣等や投資ファンドによる当該上場会社株式の公開買付けにおいて、公開買付者として新会社（SPC）が設立されることがあるが、当該新会社の設立は、公開買付けの実施よりも前に行われることが多く、当該新会社の名称を当該上場会社との関連が容易に推測できるものとしたり、当該新会社の所在地、代表者・役員の一部が当該上場会社と同一であったりすることで、「近い将来、当該上場会社株式のMBO等が行われるのではないか」といった推測が容易になることがあるとの指摘がなされている[15]。

したがって、公開買付けの実施に際して新会社を設立する場合には、名称、所在地、代表者・役員等の決定に際して、公開買付けの実施が推測されないよう留意をする必要がある。

---

14 カブドットコム証券株式会社特別調査委員会作成に係る平成21年7月17日付調査報告書4頁以下参照。
15 証券取引等監視委員会の令和4年10月7日付「MBOの実施に伴い設立される新会社（SPC）について」。

102

公開買付けと役員・従業員持株会による買付け

> 役員・従業員持株会による買付けは、当該持株会に加入している役職員が公開買付けに係る重要事実を知っていたとしても、「買付けが一定の計画に従い」、「個別の投資判断に基づかず」、「継続的に行われる」等の要件を満たす場合には、インサイダー取引とはならない。ただし、持株会の新規加入、拠出金の増減及び持株会から引き出した株式の売買等については、インサイダー取引となる可能性がある。

1 持株会がインサイダー取引の適用除外となる場合

役員・従業員持株会は、会社の株式の取得を目的として、役職員を会員として運営する組織であり、役職員の拠出金に基づいて証券会社に委託し、又は信託銀行等に信託する方法等により会社の株式の取得を行っている。

公開買付けの手続においては、一部の役職員は重要事実等を知ることとなるが、かかる役職員が加入している役員・従業員持株会による買付けがインサイダー取引に該当するかが実務上問題となることがある。

この点、公開買付けの対象会社の役員・従業員持株会による買付けについては金商法上、インサイダー取引の適用除外が設けられており、一部の役職員が重要事実等を認識していた場合でも、かかる役職員が加入している役員・従業員持株会による買付けは原則としてインサイダー取引規制に違反しない。すなわち、上場会社の役員又は従業員(当該上場会社が他の会社を直接又は間接に支配している場合における当該他の会社[16]の役員又は従業員を含む。)を構成員とする役員・従業員持株会が当該上場会社の株券の買付けを行う場合であって、当該買付けが一定の計画に従い、個別の投資判断に基づかず、継続的に行われる場合は、各役員又は従業員の1回当たりの拠出金額が100万円に満たない場合に限り[17]、インサイダー取引規制の

---

16 当該上場会社の子会社に該当する会社(上場会社等を除く。)をいう(取引規制府令63条2項)。

適用が除外される（金商法167条5項14号、取引規制府令63条1項4号。「[72] 持株会による買付け等」参照）[18]。

「一定の計画に従い」とは、持株会の規約等により、買付けの時期（日）、回数、拠出金額（口数）等が定められていることをいい、「個別の投資判断に基づかず」とは、買付けのタイミングや拠出金額（口数）の変更等について役員・従業員持株会において判断、裁量を加えず機械的に買付けの実行を行っていることをいうとされる[19]。したがって、買付けを行う者の裁量により、持株会の拠出金を増減し、購入する株式数を変更した場合には、本適用除外の対象とならないので留意が必要である。

また、「継続的に行われる」とは、一時的な買付けを行うための持株会を許さない趣旨であり、解散が予定されずに定期的に買付けを行っている一般的な持株会はこれに該当する[20]。

なお、日本証券業協会は、金融商品取引業者が行う持株制度に関する事務の取り扱いについて、持株制度ガイドラインを規定しており、実務上はこれに沿って取り扱われている。

2 インサイダー取引の適用除外とならない場合

上記1の要件を具備する役員・従業員持株会による買付けは原則としてインサイダー取引に該当しない。しかし、そのような役員・従業員持株会であっても、以下の場合にはインサイダー取引に該当するため、留意する必要がある。

---

17 なお、令和6年9月13日付の「金融商品取引法第2条に規定する定義に関する内閣府令」等の改正（令和7年1月1日から施行される。）により、1回当たりの拠出金額が100万円から200万円に引き上げられている。
18 信託方式による買付けについては、取引規制府令63条1項5号。関係会社持株会については、同項6号・7号。取引先持株会については、同項8号。
19 横畠163頁。
20 横畠163頁。

(1) 新規加入

重要事実等を知りながら持株会に新規加入することは、インサイダー取引に該当するとの見解があり[21]、実際にも、H29-9において、当該行為をもって違反行為と認定されている[22]。そのため、実務上は、対象会社の役職員が、重要事実等を認識して持株会に加入することは避けるべきであり、また、持株制度ガイドライン上も重要事実等を認識している役職員は入会できないとされている。

(2) 拠出金の増減

重要事実等を知りながら持株会の拠出金を増減することはインサイダー取引となるとする見解があり[23]、実際にも、H29-9において、当該増額行為をもって違反行為と認定されている。そのため、実務上は、対象会社の役職員が、重要事実等を認識して持株会の拠出金を増減することは避けるべきであり、また、持株制度ガイドライン上も重要事実等を認識している役職員は拠出金額の増減はできないとされている。

(3) 株式の引出し

対象会社の役職員が持株会から株式を引き出すこと自体は、有償の譲受けではないため「買付け等」又は「売買等」に該当せず、重要事実等を知って株式を引き出してもインサイダー取引には該当しない。もっとも、重要事実等を知って引き出した株式を市場で売却すれば、インサイダー取引に該当する。

(4) 退　会

対象会社の役職員が退会をする場合、①売買単位相当の持分については

21　服部247頁。
22　なお、H29-9は、その後、従業員持株会への入会及び拠出金増額行為を含む一部の課徴金納付命令決定が取り消されている（「図6　取消訴訟」参照）。
23　服部247頁。

株式の名義書換えを受ける処理が行われ、②売買単位相当に満たない持分については、時価で売却して精算する処理、売買単位相当に達する金額の臨時拠出により売買単位相当の持分とした上で名義書換えを受ける処理等が行われる（持株制度ガイドライン「16. 退会処理」）。

　①売買単位相当の持分について株式の名義書換えを受けることは、有償の譲受けではないため、「買付け等」又は「売買等」に該当せず、インサイダー取引にならない。

　これに対して、②売買単位相当に満たない持分について、時価で売却して精算する処理、売買単位相当に達する金額の臨時拠出により売買単位相当の持分とした上で名義書換えを受ける処理等については、かかる処理においては株式の売却や臨時拠出が行われることから、重要事実等を認識した上でこれらを行うことは厳密にはインサイダー取引規制違反となる可能性があるので、留意が必要である[24]。

　また、売買単位相当に満たない持分の処理については、時価で売却して精算する方法又は売買単位相当に達する金額の臨時拠出により売買単位にする方法以外には、整数の持分については退会者の証券口座へ振り替え、整数に満たない持分のみを時価で売却して現金で精算する方法もある[25]。整数に満たない持分の売却に当たっては、インサイダー取引規制の適用に留意する必要がある。なお、会社退職に伴い持株会を退会する場合に生じる整数に満たない持分の精算は、重要事実を知ったことと無関係に行われたことが明らかである場合には、インサイダー取引規制違反とならないと解されている[26]。

---

[24]　太田洋監修『新しい持株会設立・運営の実務〔第2版〕』（商事法務・2022）124頁。
[25]　太田洋監修『新しい持株会設立・運営の実務〔第2版〕』（商事法務・2022）125頁。
[26]　金融庁規制改革ホットライン回答（平成29年度）。

103 デュー・ディリジェンスにおける情報管理

> デュー・ディリジェンスには多くの者が関与する必要があるため、公開買付け等事実が漏洩しないように留意する必要がある。
> また、デュー・ディリジェンスにおいて対象会社の重要事実が発見された場合には、当該重要事実に係る案件を公表するか中止するかを選択する必要がある。

1 デュー・ディリジェンスにおける情報管理

公開買付けを行うに際しては、公開買付けに関する重大な問題点の有無、株式価値算定に影響を与える事項、公開買付けにおいて必要な手続等の確認を行うために、法務、会計、税務、ビジネス等の観点から、買付者が対象会社に対してデュー・ディリジェンスを行うのが一般的である。

デュー・ディリジェンスでは、買付者及びそのアドバイザーが対象会社の担当者に対して、対象会社の法務、会計、税務等に関する事項について質問を行い、また、資料の開示を要求することとなるが、デュー・ディリジェンスの対象となる資料・情報は広範囲に及ぶことから、対象会社におけるデュー・ディリジェンスに対応する人員が多数に上ることが多い。例えば、法務、会計、税務、人事等の分野を所管する部署からそれぞれ対応人員を確保する必要がある。そのため、デュー・ディリジェンスの過程において、公開買付け等事実が漏洩しないように十分留意する必要がある。

対象会社における対応としては、原則として、実務上可能な限り、公開買付け等事実を認識している者がデュー・ディリジェンスへの対応を行い、例えば、買付者及びそのアドバイザーと公開買付け等事実を知らされていない者との間で直接インタビューを行うことや書面による質問・回答のやりとりを行うことは避けることが望ましい。

なお、例外的に公開買付け等事実を認識していない者をデュー・ディリジェンスに対応させる必要がある場合には、監査法人による監査、親会社

による子会社監査、メインバンクによる調査等の名目で対応させることが考えられる。

2　デュー・ディリジェンスにおいて発見された未公表の重要事実

　デュー・ディリジェンスの過程においては、対象会社の未公表の重要事実が発見されることがあるが、買付者が、かかる未公表の重要事実を知って公開買付けを行った場合には、公開買付けがインサイダー取引に該当することとなる。

　また、公開買付届出書の「その他」欄には、①投資者が買付け等への応募の是非を判断するために必要と判断されるその他の情報、並びに②対象会社について最近の有価証券届出書、有価証券報告書、特定証券情報及び発行者情報に記載又は表示されていない重要な事実を知っている場合における当該事実を記載しなければならず（他社株公開買付府令第二号様式記載上の注意(34)）、当該未公表の重要事実を公開買付届出書に記載しない場合には、公開買付届出書に記載すべき重要な事項の記載が欠けているとして、課徴金（金商法172条の6）又は刑事罰（同法197条1項3号）の対象となる可能性もある。

　そのため、実務上、かかる事態を防止するために以下の対応が行われる。

(1)　重要事実の公表

　対象会社が当該未公表の重要事実を公開買付け開始前に公表した場合には、公開買付け開始時点では未公表の重要事実は存在しないこととなり、公開買付けはインサイダー取引とならない。

　また、対象会社が公表した重要事実について公開買付届出書の「その他」欄に記載することも可能となる。

　そのため、実務的にはまずはかかる重要事実の公表を行うことが可能かどうかを、当該重要事実に係る交渉の相手方との関係、案件の進捗度合い等を考慮の上検討することとなる。また、公開買付けの開始をかかる重要事実等を公表することができる時期まで延期することもある。例えば、買

付者が、対象会社の業績予想の修正が避けられない等の決算情報に関する重要事実を認識した場合には、対象会社による当該決算情報の公表と同時又は公表後に公開買付けを開始することが必要となる。

(2) 重要事実に係る案件の中止

上記(1)の重要事実の公表が不可能である場合には、公開買付けがインサイダー取引となることを回避するために、当該重要事実に係る案件を中止して重要事実を消滅させるという対応をとらざるを得ない。

重要事実に係る案件の中止については、後日、類似の案件が行われた場合等に、案件が継続して存在していたと疑われることのないように留意する必要がある。

実務上、案件を中止する場合には、実際に当該案件を中止したことを社内手続上も明確にした上で実際に当該検討を中止し、またその後も案件が継続して存在していたと疑われることのないよう、プロジェクトメンバーの解散・グループメールアドレスや案件共通パスワードの使用の中止、資料の廃棄等を行うことが必要である（「27 決定事実・公開買付け等事実の中止」参照）。

上記(1)重要事実の公表又は(2)重要事実に係る案件の中止の方法がとれない場合、公開買付けを中止せざるを得ない。

104 応募株主に対するアプローチ

> 公表前に応募株主と交渉を行う場合には、情報管理等の観点から、交渉を行う株主の範囲を限定する必要がある。また、公表前に応募株主と交渉を行う場合は、秘密保持契約を締結することや重要事実等を提供することについて事前に了解を得ることが望ましい。

1 交渉を行う株主の範囲

　上場会社の株主は多数に及ぶところ、多くの株主に対して公開買付けに係る重要事実を伝達することは情報管理の観点から望ましくなく、株主の分散状況、大株主の保有比率、公開買付けの買付予定株式数、応募の見込み、情報漏洩のリスク等を考慮の上、一定の株主に絞ってアプローチを行うこととなる。

　例えば、公開買付け及びその後のスクイーズアウトにより対象会社の発行済株式の全部の取得を目指す場合、スクイーズアウトを可能とするためには、公開買付けにより少なくとも対象会社の総議決権の3分の2以上を取得する必要がある（なお、スクイーズアウトに反対する株主の買取請求又は価格決定の申立て等のリスクを考慮すると、実際にはより多くの応募を確保することが望ましい。）。かかる議決権を確保するため、親会社やこれに準ずる大株主はもちろんのこと、これより少ない株式を有する株主に対しても一定の範囲でアプローチを行うことも考えられる。しかし、公開買付けの公表以前の段階では、情報管理の観点から、親会社やこれに準ずる大株主に絞ってアプローチを行うことが一般的である。

2 株主に接触する際の留意点

(1) 秘密保持契約の締結

　公開買付けの公表前に株主と交渉を行う場合には、情報管理の重要性に関する注意喚起を行う観点から秘密保持契約を締結することが望ましい。

(2) 重要事実等の提供

　対象会社の親会社やこれに準ずる大株主に対しては、通常、検討の早い段階において重要事実等を提供の上、交渉を行う必要がある。これに対して、より少ない株式を有する株主に対して重要事実等を提供する場合には、提供の時期、内容等について留意をする必要がある。

　例えば、対象会社の株主の中には、ファンドや金融機関等の公開買付けの対象となる株式を市場で継続的に売買しているケースもあるところ、こ

のような株主に対して重要事実等を提供すると、その後に当該株主が対象会社株式の買付けを行った場合、当該買付けは、原則としてインサイダー取引規制に違反することとなる（金商法167条1項）。また、公開買付けに伴い資本業務提携が行われる場合には当該提携について株主に情報を提供した後に当該株主が行う対象会社株式の売買等もインサイダー取引規制に違反することとなる（同法166条1項）。

そのため、このような株主は、これらの重要事実等を取得することについてセンシティブになることが多く、当該株主に対してアプローチする場合には注意する必要がある。実務的には、以下の対応が考えられる。

まず、アプローチするタイミングについては、可能な限り公開買付け開始時点に近接した時期とすることが望ましい。これにより、当該株主の売買機会が失われる期間をできるだけ短くすることが可能となる。

また、重要事実等を伝える前には、重要事実等が含まれている可能性がある情報を提供することについて了解を得ることが望ましい。ただし、了解を得る際に伝える情報の内容によっては、その時点で重要事実等の伝達があったとされる可能性があるため、アプローチを行う者、伝える情報の内容等には十分に注意する必要がある。

なお、公開買付け等事実の伝達を受けた者が、自ら公開買付けを行う際に公開買付届出書等に当該伝達を受けた事実を記載等した場合や当該伝達を受けた日等から6ヶ月が経過している場合には、当該伝達を受けた者による買付けにはインサイダー取引規制は適用されないこととされている（金商法167条5項8号・9号。「80 公開買付け等事実に関する適用除外」参照）が、適用除外の対象となる情報は公開買付け等事実に限定されており、公開買付け等事実に加えて資本業務提携に係る重要事実の伝達が行われた場合には、当該適用除外を利用することはできない。また、当該伝達を受けた者が市場で売買を行う等公開買付け以外の方法で買い付ける場合には、公開買付届出書等への記載による適用除外は利用することができず、6ヶ月の経過を待って売買を行う必要がある。このように、当該適用除外が適用される範囲は限定的であるため、依然として重要事実等の提供を行う際

には注意する必要がある。

105 特別関係者の調査

> 特別関係者の調査の範囲・時期は、情報漏洩リスクを考慮の上検討する必要があり、特別関係者の範囲が広範なケースにおいては、公表後、公開買付開始公告及び公開買付届出書の提出まで一定期間を空けて、調査を行うことがある。

1 特別関係者の調査の範囲・時期

特別関係者とは、買付者との間で、一定の資本関係、親族関係又は合意（共同取得、共同譲渡、議決権等の共同行使及び買付け後の相互譲渡に関する合意）が存在する者をいう[27]。

特別関係者には、買付者の役員だけでなく買付者の親会社、子会社等の役員も含まれるため、例えば、子会社を多数有する大企業が買付者となるような場合、特別関係者が多数に及ぶこととなる[28]。

このような場合、特別関係者の調査は広範に行う必要があるため、調査に際して情報漏洩が発生するリスクがあり、特別関係者の調査の時期、範囲等については留意する必要がある。

(1) 特別関係者の範囲が限定的なケース

特別関係者の範囲が限定的なケースにおいては、特別関係者の調査における情報漏洩のリスクが比較的低いため、公開買付けの公表前に特別関係

---

27 金商法27条の2第7項、金商法施行令9条。
28 もっとも、形式的基準による特別関係者のうち小規模所有者（総株主等の議決権の1,000分の1以下である者等をいう。他社株公開買付府令3条2項）については、公開買付届出書への記載を要しない。

者の調査を行うことが可能である。

(2) 特別関係者の範囲が広範囲に及ぶケース

買付者に多数の子会社が存在する等、特別関係者の範囲が広範に及ぶケースにおいては、情報漏洩のリスクの観点から、公開買付けの公表前にすべての調査を行うことは困難な場合が少なくない。このような場合、実務上は、以下のいずれかの対応がとられる。

(a) 公表から公開買付け開始までの間に調査する方法

公開買付けの公表までは、特別関係者の調査は調査対象者を限定して行い、公開買付けの公表後、公開買付開始公告及び公開買付届出書の提出まで1週間から2週間程度期間を空けて、その間に残りの調査を行う方法がある。

かかる方法による場合、特別関係者の調査の結果を公開買付届出書に記載することができるため、(b)の方法のように、公開買付期間中に特別関係者が対象会社株式を保有していることが判明して公開買付届出書の訂正届出書が必要となるといった事態は生じない。もっとも、(b)の方法と比べて、公開買付けの公表から公開買付けの開始までに時間がかかるという問題はある。

(b) 公開買付期間中に調査する方法

時間的な制約から、上記(a)の方法をとることができない場合、公開買付けの公表までは特別関係者の調査は調査対象者を限定して行い、残りの調査は公開買付期間中に行う方法がある。かかる方法による場合、公表前の限定的な調査の結果に基づいて公開買付届出書を作成提出することとなるため、公開買付期間中の調査の結果、特別関係者が対象会社株式を保有していることが新たに判明した場合には公開買付届出書の訂正届出書を提出しなければならない（なお、特別関係者の調査の結果、その議決権の数が総株主等の議決権の100分の1以上に相当する数以上増加又は減少しなければ、訂正

届出書の提出は不要である（他社株公開買付府令第二号様式記載上の注意(21)）。

そのため、訂正届出書の提出時点で公開買付期間が残り10営業日を下回っている場合には、公開買付期間の延長が必要となる（金商法27条の8第8項、他社株公開買付府令22条2項）。また、このように公開買付期間中の調査に基づいて当初の公開買付届出書と異なる記載を行うことは、当初の公開買付届出書の記載の正確性に疑義を生じさせるリスクが存在する。

2　調査の方法

(1) 調査票の送付

特別関係者の調査においては、以下のような調査票を買付者や子会社の役員等に送付して調査することが少なくない。

なお、公表前に調査を行う場合には、情報漏洩リスクを回避するため、調査票にはインサイダー取引のリスクや情報管理の重要性を記載することとなる。

【調査票の例】

株式等所有状況報告書

① 氏名　＿＿＿＿＿＿＿＿＿＿＿＿＿＿＿

私は、対象会社株式等を以下の通り所有しております

② 対象会社株式等の所有状況

項目	所有する株式等の数	令7条1項2号に該当する株式等の数（注1）	令7条1項3号に該当する株式等の数（注2）
株式	（個）	（個）	（個）
新株予約権			
新株予約権付社債券		—	
株券等信託受益証券		—	
株券等預託証券		—	
合計			
対象会社株式等に係る契約等 （該当あればチェック願います）	□担保契約 □売戻契約 □売買予約契約 □その他対象会社株式等に係る契約 （内容　　　　　　　　　　　　　　　）		

（注1）金銭の信託契約その他の契約又は法律の規定に基づき、議決権を行使することができる権限又は議決権の行使について指図を行うことができる権限を有する場合には、これに該当する株式等の数をご記載下さい。

（注2）投資一任契約その他の契約又は法律の規定に基づき、株式等に投資するのに必要な権限を有する場合には、これに該当する株式等の数をご記載下さい。

③ 対象会社株式等の所有状況の変更の予定（変更の予定がある場合のみご記載下さい）

項目	内容
取得又は売却予定株式等の数	＿＿＿＿＿＿株
取得又は売却予定日	年　　月　　日
取引相手方	
取引に係る契約内容 （該当あればチェック願います）	□売買予約契約 □オプション契約 　（コールの取得、プットの付与） □その他対象会社株式等に係る契約 　（内容　　　　　　　　　　　　　　）

※　別途内容について照会することがあります。
※　本書の記載内容は、法令の定めに従い公開される可能性がありますのであらかじめご承知おき下さい。

(2) 株主名簿の確認

　情報漏洩リスクのない確認方法として、特に上記1(2)(b)のように公開買付期間中に調査する方法による場合に、可及的に特別関係者を確認するため、対象会社の株主名簿を入手して特別関係者の保有株式数を確認する方法も実務上行われている。

　もっとも、株主名簿は通常、四半期に1度作成されるのみであるため[29]、株主名簿の作成時点から公開買付届出書提出時点までの間に株主及びその株式数が変動している可能性があり、かかる方法のみで特別関係者の株式保有状況を完全に確認することはできないという問題はある。

29　振替株式に係る株主名簿の記録・更新は、総株主通知に基づいて株主名簿の名義書換等が行われるところ（振替法152条）、総株主通知は事業年度を1年とする会社については6ヶ月に1回行われる（同法151条）。また、四半期末時点における議決権の状況等の株主に関する情報を開示するために総株主通知の請求をすることをあらかじめ証券保管振替機構に届け出ることにより、四半期会計期間の末日ごとの総株主通知請求を省略することができる（証券保管振替機構「株式等振替制度に係る業務処理要領（7.1版）」2-9-5頁）。

106

公開買付期間中に発見された未公表の重要事実

> 公開買付期間中に未公表の重要事実が発見された場合であっても、原則として、公開買付けはインサイダー取引とならない。ただし、未公表の重要事実を知った後に買付条件の変更を行う場合には、インサイダー取引となる可能性がある。また、未公表の重要事実を認識した場合には、対象会社にプレス・リリースの公表を促した上で、公開買付届出書の訂正届出書を提出することを検討する必要がある。

1 インサイダー取引の適用除外

公開買付期間中に買付者が対象会社の未公表の重要事実を知った場合については、知る前計画に基づく発行者以外の者による公開買付けに該当するため（金商法166条6項12号、取引規制府令59条1項10号）、買付者が行う公開買付けについては、原則としてインサイダー取引規制違反とはならない（「73 知る前計画に基づく公開買付け／売出し」参照）。

2 買付条件等の変更

上記インサイダー取引の適用除外の規定は、重要事実を知る前に公開買付開始公告を行った公開買付けの計画に基づき買付け等を行う場合に限られる。

そのため、公開買付開始公告後、重要事実を知った後に公開買付けの買付条件等を変更した場合には、当該買付条件等の変更後の買付け等は適用除外とならないと解されている[30]。「買付条件等」とは、買付け等の価格、買付予定の株券等の数、買付け等の期間、買付け等に係る受渡しその他の決済及び公開買付者が買付け等に付した条件をいう（金商法27条の3第2項1号）、例えば、買付者が、対象会社が業績予想の上方修正を行うとい

---

[30] 松本219頁。

う重要事実を知った後に、買付価格を引き上げるような場合には、当該買付条件等の変更後の買付けはインサイダー取引に該当することとなる。そのため、買付者が買付条件等の変更を行う場合には、インサイダー取引規制違反となるリスクを回避するため、対象会社に当該重要事実を公表させた後に買付条件等の変更を行う必要がある。

これに対して、重要事実を知る前に買付条件等の変更を行い、当該買付け条件等の変更後に重要事実を知った場合には、取引規制府令59条1項10号を直接適用することはできないが、金商法166条6項12号の「その他これに準ずる特別の事情に基づく売買等であることが明らかな売買等をする場合」に該当し、インサイダー取引規制の適用から除外される[31]。

3　訂正届出書の提出

公開買付期間中に買付者が対象会社の未公表の重要事実を知った場合には、実務上、公開買付届出書の訂正届出書を提出する必要があるかを検討する必要がある。

公開買付届出書の訂正は、自発的訂正（金商法27条の8第1項）や訂正届出書の提出命令（同条3項・4項）のほか、①買付条件等の変更その他の公開買付届出書に記載すべき重要な変更、②公開買付届出書を提出した日前に発生した公開買付届出書に記載すべき重要な事実で、公開買付届出書を提出するときにはその内容を記載することができなかったものにつき記載することができる状態になったこと、又は、③公開買付届出書に記載すべき事項に関し重要な事実が発生したことがあるときに行う必要がある（同条2項、他社株公開買付府令21条1項・3項）。

訂正届出書の提出が必要となる「重要な事実」の範囲は必ずしも明らかではないが、金融庁の「株券等の公開買付けに関するQ&A」問41は、公開買付期間中に対象会社が金融商品取引所の規則に基づきプレス・リリースを公表した場合、必ず訂正届出書の提出を行わなければならないわけで

31　松本219頁、木目田402頁。

はなく、投資者が買付け等への応募の是非を判断するために必要と判断されるその他の情報や対象者について最近の有価証券届出書、有価証券報告書、特定証券情報及び発行者情報に記載又は表示されていない重要な事実を知っている場合における当該事実に該当する場合に訂正届出書の提出が必要となるとしている。

　重要事実等は、投資者が買付け等への応募の是非を判断するために必要な情報とされる可能性が高いため、実務上は、重要事実等を認識した場合には、対象会社にプレス・リリースの公表を促した上で、公開買付届出書の訂正届出書を提出すべき場合が多いと思われる。

　なお、訂正届出書の提出時点で公開買付期間が残り10営業日を下回っている場合には、公開買付期間の延長が必要となる（金商法27条の8第8項、他社株公開買付府令22条2項）。

第4節

自己株取得

107

上場会社による自己株取得がインサイダー取引とされた事例

> 上場会社による自己株取得がインサイダー取引とされ課徴金の対象となった事例が3件存在する。

1　自己株取得とインサイダー取引規制

　上場会社が行う自己株取得は、資本効率の向上や株主への利益還元等の手段として、また、自社の株価が過小評価されていると上場会社が考える場合にそのことを市場に伝える手段としても、一般に広く用いられている。

　もっとも、上場会社内に重要事実がある場合は、上場会社の役職員が職務に関して重要事実を知った上で自己株式の取得を行ったこととなるため、インサイダー取引規制違反となる。

2　課徴金事例

　自己株取得がインサイダー取引規制違反に該当して課徴金の対象となった事例は、以下のとおりである。

【図表107－1　自己株取得の課徴金事例】

課徴金事例集	会社名	重要事実	決定機関	決定時期	公表時期	自己株取得期間
H21-7	フジプレアム	株式分割	社長により決定（社長が証券会社に対し株式分割を行う意思を表示）	9月7日まで	10月6日午後3時頃	10月3日
H21-29	小松製作所	子会社の解散	子会社取締役により決定（子会社の解散に係る申請書を小松製作所の役員に対してメールで送信）	6月21日まで	7月13日午後3時頃	7月4日から7月13日まで
H21-21	大塚家具	配当予想値の上方修正	社長により了承	2月9日まで	2月23日午後3時頃	2月10日から2月22日まで

　大塚家具の事例は、平成16年6月9日から平成18年2月22日まで、配当予想の修正とは無関係に計画的・継続的に自己株式の市場買付けを行っていた事例であり、また、小松製作所の事例は当該会社の規模に比べて解散を行った子会社の規模は極めて小さかった事例である等、自己株取得がインサイダー取引規制違反となる事例は、一般には自己株取得の担当者はインサイダー取引規制違反であるとの認識がなかった、いわば「うっかり」ミスによるものが多いと思われる。

　なお、小松製作所の事例においては、当該自己株取得が行われた当時、子会社の解散に関する軽微基準が設けられていなかったため、極めて規模の小さい子会社の解散が重要事実とされているが、平成20年12月の金商法

改正により、子会社の解散に関しても軽微基準が新設されている（取引規制府令52条1項5号の2）。

3　インサイダー取引規制違反事例の傾向

　自己株取得がインサイダー取引に該当するとされた事例は、平成19年又は平成20年頃に集中しており、それ以後は、公表された範囲では問題となったケースは見当たらない。その理由は、一つには、小松製作所の案件後、インサイダー取引規制があまりに形式的に適用されたことへの社会的批判とも無関係でないと思われる。しかし、平成21年以降も、自己株取得がインサイダー取引規制違反となりうる点に変わりはないため、引き続き上場会社の担当者は留意する必要がある。

108 自己株取得における重要事実の確認

> 　自己株取得を行う際には、事前に未公表の重要事実の有無を確認する必要がある。かかる確認の結果、重要事実の存在が確認された場合には、①未公表の重要事実を公表するか、②未公表の重要事実に係る案件を中止するか、又は、③自己株取得を中止するかのいずれかを選択する必要がある。

　上場会社内において、未公表の重要事実が存在するにもかかわらず、かかる未公表の重要事実を知って自己株取得を行った場合、自己株取得自体がインサイダー取引規制違反となる。そのため、上場会社が自己株取得を行う場合には、上場会社内において、未公表の重要事実の有無を事前に確認する必要がある。

1　重要事実確認のタイミング

　自己株取得の方法には、大別して、個別発注方式、信託方式・投資一任

方式、立会外市場取引（事前公表型）、自社株公開買付け及び市場外の相対取引の方法がある。

これらの方法の概要及び重要事実の確認の時期は、以下の表のとおりである。

【図表108－1　自己株取得における重要事実確認の時期】

方式	概要	重要事実の確認の時期
個別発注方式	立会市場において、時々の株価水準や市場動向等を見ながら上場会社が個別に発注を行う方式	発注の都度、重要事実の有無を確認する必要
信託方式・投資一任方式	（信託方式）自己株式を市場内で取得することを目的として信託契約を締結し、信託銀行に対して金銭を信託する方式 （投資一任方式）自己株式を取得することを目的として投資一任契約を締結する方式	信託契約又は投資一任契約を締結する時点における重要事実の有無を確認する必要
立会外市場取引（事前公表型）	買付日の前日にあらかじめ具体的な買付内容を公表した上で、立会外市場（ToSTNeT-3等）において、自己株式の買付けを行う方式	事前公表を行う時点における重要事実の有無を確認する必要[32]
自社株公開買付け	発行者が自社の株式を買い付けるために行う公開買付け	公開買付けの公表を行う時点における重要事実の有無を確

32　ただし、事前公表後に重要事実が発生した場合について、「Ⅲ　立会外市場取引による自己株取得」参照。

方式	概要	重要事実の確認の時期
		認する必要 ※公開買付け期間中に重要事実が発生又は判明した場合は、当該重要事実の公表が必要
市場外の相対取引	特定の株主から市場外において相対で自己株式を取得する方式	自己株式を取得する時点における重要事実の有無を確認する必要 ※クロ・クロ取引の例外を利用することが可能 ※株主総会の特別決議が必要

2 重要事実確認後の対応

上場会社内で重要事実の有無を確認した結果、未公表の重要事実が存在する場合には、重要事実が未公表のまま自己株取得を行うとインサイダー取引となる。そのため、①当該未公表の重要事実を公表するか、②当該未公表の重要事実に係る案件を中止するか、又は、③自己株取得を中止するかのいずれかを選択する必要がある。

まず、①当該未公表の重要事実の公表は、重要事実を公表することにより未公表の重要事実が存在しない状態とする方法であり、確実にインサイダー取引規制違反を免れる方法である。もっとも、案件の進捗度合い等によっては当該未公表の重要事実を公表できないことも少なからずあり、その場合には、②又は③の方法をとる必要がある。

次に、②当該未公表の重要事実に係る案件の中止については、当該案件を中止することにより重要事実が存在しない状態とする方法である。②の方法を選択する場合は、後日、類似の案件が行われた場合等に、案件が継続して存在していたと疑われることのないように留意する必要がある。

実務上、案件を中止する場合には、実際に当該案件を中止したことを社

内手続上も明確にした上で実際に当該検討を中止し、また、その後も案件が継続して存在していたと疑われることのないよう、プロジェクトメンバーの解散・グループメールアドレスや案件共通パスワードの使用の中止、資料の廃棄等を行うことが必要である（「27　決定事実・公開買付け等事実の中止」参照）。

上記①又は②の方法がとれない場合、③自己株取得を中止せざるを得ない。

109

信託方式・投資一任方式による自己株取得

> 信託方式・投資一任方式による自己株取得については、これらの契約を締結する時点で未公表の重要事実が存在するかどうかを確認する必要がある。また、注文に係る指示の禁止や注文に係る指示の撤回又は契約の解除を行う場合について信託契約等に具体的に規定することが望ましい。

1　個別発注方式における自己株取得の問題点

立会市場において、個別発注方式で行う自己株式の取得は、時々の株価水準や市場動向等を見ながら、自己株取得を行うことができる点にメリットがあるが、個別の発注の度に上場会社内に重要事実が存在しないかを確認する必要があり、また当該確認の結果、未公表の重要事実が発見された場合には自己株取得を中止しなければならないという問題がある。

2　信託方式・投資一任方式による自己株取得

上記1の個別発注方式の問題を解決するための方法として、信託方式・投資一任方式（特に信託方式）による自己株取得が多く利用されている。

信託方式・投資一任方式については、インサイダー取引規制Q&A（応用編）問1において、①信託契約又は投資一任契約の締結・変更が、当該

上場会社により重要事実を知ることなく行われたものであって、かつ、②(ⅰ)当該上場会社が契約締結後に注文に係る指示を行わない形の契約である場合、又は、(ⅱ)当該上場会社が契約締結後に注文に係る指示を行う場合であっても、指示を行う部署が重要事実から遮断され、かつ、当該部署が重要事実を知っている者から独立して指示を行っている等その時点において、重要事実に基づいて指示が行われていないと認められる場合には、自己株取得を行っている期間中に上場会社内で未公表の重要事実が発生したとしても、インサイダー取引に該当しないことが明らかにされている。

3　信託方式・投資一任方式の留意点

(1)　信託契約等の締結時点における未公表の重要事実の確認

信託方式・投資一任方式を利用して自己株取得を行う場合、信託契約又は投資一任契約を締結する時点において、未公表の重要事実が不存在であることを確認する必要がある。また、実務上は、未公表の重要事実が存在しないことを信託銀行等に対して表明することになる[33]。

(2)　注文に係る指示の禁止

信託契約・投資一任契約に基づき個別の注文に係る指示を行うことは、インサイダー取引の「売買等」に該当する[34]。そのため、実務上は、信託契約又は投資一任契約においては、注文に係る指示を禁止することが多い[35]。

これに対して、インサイダー取引規制Q&Aにおいては、指示を行う部署が重要事実から遮断されている等、重要事実に基づいて指示が行われていない場合には、注文に係る指示を行う余地が認められている。しかし、担当者にチャイニーズ・ウォールを設けた場合でも、代表取締役が未公表

---

[33] 久保淳一ほか「インサイダー取引防止における実務上の留意点と求められる態勢整備」金法1866号（2009）74頁。
[34] 横畠45頁。
[35] 久保淳一ほか「インサイダー取引防止における実務上の留意点と求められる態勢整備」金法1866号（2009）74頁参照。

の重要事実を認識している場合には、代表取締役がその指揮下に属する担当者を通じて間接的に自己株取得を行っていると見られるリスクが存在する[36]。

(3) 注文に係る指示の撤回等

対象者の役員が公開買付者の特別関係者等に当たる場合[37]、当該公開買付期間中は、対象者の役員持株会による買付け等は、別途買付けの禁止に該当するため、原則として当該役員持株会による買付け等を停止する必要が生じる。また、有価証券届出書の待機期間中に自己株式の取得を行うと、それに伴い有価証券届出書の訂正届出書の提出が必要となり[38]、当該自己株取得の実施期間中は当該有価証券届出書の効力を発生させることができないため、特に当該実施期間が長期に及ぶ場合には、当該有価証券届出書の効力を発生させるために、当該自己株取得を中断せざるを得ないことが生じうる。このように、信託契約・投資一任契約を締結した後においても、実務上、当該契約を撤回又は解除する必要性が生じることもあるが、かかる場合の取扱いについては必ずしも明らかではない。

この点、信託契約・投資一任契約において、上場会社がその任意で注文に係る指示を撤回できるとあらかじめ規定しておくことは、撤回をしないという消極的な形で上場会社が契約締結後も注文に係る指示を行うことができる形となり、そのような契約に基づいて行っていた買付けがインサイダー取引規制違反に該当していたのではないかという疑義が生じる可能性もある。

---

36 安部健介「自己株式の取得・活用等に係るインサイダー取引規制上の留意点」経理情報1109号（2006）25頁。
37 買付者が対象者の議決権の20％を保有することにより、対象者の役員が買付者の形式的特別関係者に該当する場合（金商法27条の2第7項第1号、金商法施行令9条2項2号）等が想定される。かかる場合、当該役員は公開買付者等に該当するため（金商法27条の3第3項）、当該役員による買付け等は別途買付けとして禁止される（金商法27条の5）。
38 金商法7条1項、開示府令11条1号、開示ガイドライン7-3⑯。

もっとも、実務上は、インサイダー取引が禁止している行為とは「売買その他の有償の譲渡若しくは譲受け」である以上、自己株式の取得を中止すること自体はインサイダー取引規制に反するものではなく、上記のように事後的に予期せぬ事由により撤回をする必要性が生じた場合において、信託契約・投資一任契約による自己株式の取得を中止すること自体はインサイダー取引規制に違反しないと解されるべきである。

4　流動株式を確保等するために発行会社が設定する信託

　信託方式・投資一任方式による自己株式の取得に関連して、株式の売却による市場需給への影響を低減させつつ、流通株式比率の向上やコーポレートガバナンス・コードにおける政策保有株式の縮減要請、株主の多様化によるコーポレート・ガバナンスの向上を図るための信託を上場会社が利用している事例が存在する。

　その概要は、以下のとおりである[39]。①当該信託（以下「本信託」という。）を導入しようとする上場会社が、大株主等から自己株式を取得するための金銭を本信託に対して拠出し（信託設定し）、②本信託が、あらかじめ信託契約に定められた方法に従い、大株主等から事前公表型のToSTNeT-2（立会外取引）を通じて当該株式を取得する。③その後、本信託が保有する当該株式は、あらかじめ信託契約に定められた方法に従い、市場出来高に応じた売却や売却時期を分散する等、短期間で大量の売却による市場需給への影響を極力回避した方法で市場において売却される。④なお、当該上場会社は、本信託による当該株式の取得や売却に対する一切の指図や議決権行使を行うことはできないものの、本信託の受益者として売却代金等を受け取り、本信託に対して配当を行うことになる。

　このように、受託者による上記②の取得は、上記①の当該上場会社との間の信託契約に基づき当該上場会社が拠出した金銭を原資としており、また、受託者による上記③の売却は、当該取得株式の処分であることから、

39　「株式需給緩衝信託®のサービス提供開始について」（https://www.nomuraholdings.com/jp/news/nr/nsc/20220214/20220214.pdf）参照。

本信託においても、インサイダー取引規制への抵触の有無が問題となる。この点、実務上、本信託設定時においては、当該上場会社は、受託者に対して、当該上場会社において未公表の重要事実が存在しないことを表明保証することが求められるところであり、また、上記④のとおり、信託契約において、当該上場会社は、受託者による取得及び売却に対する指図を行うことができないとされることからすると、本信託設定後に当該上場会社において未公表の重要事実が存在したとしても、インサイダー取引に該当しないと解しうる[40]。

110

立会外市場取引による自己株取得

> 立会外市場取引による自己株取得においては、買付けを行う前日に公表が行われ、そのタイミングで重要事実の確認を行う必要がある。

1　立会外市場取引による自己株取得の流れ

　立会外市場取引による自己株取得（事前公表型）は、買付日の前日にあらかじめ具体的な買付内容を公表した上で、自己株取得専用の立会外買付取引（東京証券取引所においてはToSTNeT-3）等において、自己株取得のための買付けを行う方式である。具体的には、例えば、ToSTNeT-3による自己株取得は、以下の流れで行われ[41]、未公表の重要事実の有無の確認は、下記表のX－1日において行う必要がある。

　なお、自己株取得の決定及び公表は買付日の前日であるX－1日に行われるため、当該決定から買付開始までの間に重要事実が発生することも考えられる。この場合、重要事実を認識したまま買付けを行うと、当該自己株取得はインサイダー取引に該当する可能性があるため、一般的には当該

40　インサイダー取引規制Q&A（応用編）問1。
41　自己株式取得Q&A Q15参照。

重要事実を公表する対応が必要となる。

【図表110－1　ToSTNeT-3による自己株取得の流れ】

	・定款に基づく自己株取得の当初取締役会決議
	・売り方に売却意向の確認
X－1日 　　15時00分～	・自己株式立会外買付取引による買付内容の決定 ・証券会社への注文発注 ・証券会社が東証に自己株式立会外買付取引の届出（17時まで） ・買付内容をTDnetに登録して公表
X日　　8時 　　　8時45分 　　　8時45分～	・自己株式立会外買付取引の売付申込受付開始 ・自己株式立会外買付取引の売付申込受付終了、取引成立 ・買付結果をTDnetに登録して公表

2　自己株取得の適用除外との関係

　立会外市場取引による自己株取得においては、買付けを行う前日（X－1日）に自己株取得について公表が行われるが、かかる公表は、適時開示の観点から必要であることに加え（東証規程402条1号e）、自己株取得の情報を入手している売り方である株主がインサイダー取引となることを回避するためにも必要である[42]。

　すなわち、自己株取得の決定自体も重要事実に該当するところ（金商法166条2項1号ニ）、自己株取得を行う上場会社については、同条6項4号の2により、自己株取得を重要事実とするインサイダー取引規制は適用されない（「78　自己株式の取得と適用除外」参照）。これに対して、売り方である株主については、このような適用除外規定が存在しないため、立会外

42　自己株式取得Q&A　Q8参照。

市場取引による自己株取得を行う前に、重要事実である自己株取得の事実について公表を行わなければ、売り方である株主の応募がインサイダー取引規制違反となる。

111
公開買付けによる自己株取得

> 公開買付けによる自己株取得においては、公開買付けの開始前に重要事実の有無を確認し、公表する必要がある。また、公開買付期間中に重要事実が発生又は判明した場合にも当該重要事実を公表しなければならない。

1　公開買付けの開始前の重要事実の確認

自己株式の公開買付けを行う場合において、当該上場会社に未公表の重要事実があるときは、公開買付届出書を提出する日より前に重要事実の公表を行わなければならない（金商法27条の22の3第1項）。

また、未公表の重要事実を知って自己株式の公開買付けを行った場合には、原則として自己株式の公開買付けがインサイダー取引規制違反となる。

したがって、公開買付けによる自己株取得を行う場合には、重要事実の公表義務及びインサイダー取引防止の観点から、公開買付けの開始前に未公表の重要事実が存在しないかを確認する必要がある。

2　公開買付期間中の重要事実の発生等

公開買付期間中に新たな重要事実が発生した場合、又は、公開買付届出書を提出する前に生じた重要事実が公表されていないことが判明した場合は、直ちに重要事実を公表し、かつ、公開買付けの応募者等へ通知書を交付する等の方法によりその旨の通知を行わなければならない（金商法27条の22の3第2項）。

また、重要事実を公表する場合には、公開買付期間について、公表日か

ら10営業日が経過した日が当初の公開買付期間内に収まらない場合には、公表日から10営業日が経過した日まで公開買付期間を延長する必要がある（金商法27条の22の3第4項、自社株公開買付府令25条）。

第5節

ストック・オプション・株式報酬制度

112

株式報酬制度の現状

> 役職員の企業価値向上への貢献意欲を高め、株主との価値共有を図ること等を目的として、ストック・オプションや株式報酬制度が上場会社において広がっている。これらの株式等の報酬について、インサイダー取引規制との関係では、①株式等の報酬の決定自体が重要事実に該当するか、また、②株式等の報酬の付与・設定、ストック・オプションの行使、株式の市場等での売却についてインサイダー取引規制の適用があるかの観点での検討が必要となる。

　コーポレートガバナンス・コードにおいて、経営陣の報酬について「中長期的な会社の業績や潜在的リスクを反映させ、健全な企業家精神の発揮に資するようなインセンティブ付けを行うべき」（原則4-2）とされる等、役職員の企業価値向上への貢献意欲を高め、株主との価値共有を図ること等を目的として、ストック・オプションや株式報酬制度が上場会社において広がっている。

　役員報酬に関する調査[43]によると、プライム市場上場会社のうち、2022年のコーポレート・ガバナンス報告書又は有価証券報告書において役員向け株式報酬制度を採用していることを開示している会社は、調査対象の1,832社中1,372社（約74.9%）あり、過去3年間（2019年：1,368社（約64%）、

2020年：1,298社（約60.3％）、2021年：1,378社（約63.6％））と比較しても約10％の上昇がみられる[44]。また、同調査によると、2022年にプライム市場上場会社が主に採用している旨を開示した株式報酬制度の種類の分布は、譲渡制限付株式（RS）が51％で最多となり、次いで株式交付信託（33％）、ストック・オプション（12％）、パフォーマンス・シェア（PS）（3％）、役員持株会（1％）となっている[45]。

役職員に対して報酬として株式や新株予約権を与える代表的な手法としては、図表112－1のものがあげられる。

インサイダー取引規制との関係では、以下の観点での検討が必要となる。図表112－1に結論をまとめているが、詳細は「113　ストック・オプション」から「117　株式交付信託・日本版信託型ESOP」までに記載している。

①　株式等の報酬の決定自体が重要事実に該当するか
②　株式等の報酬の付与・設定、ストック・オプションの行使、株式の市場等での売却についてインサイダー取引規制の適用があるか

【図表112－1　各株式等の報酬制度の違い】

株式等の報酬	重要事実に該当するか（①）[46]	インサイダー取引規制の適用があるか（②）
ストック・オプション	・無償発行等払込金額総額が1億円未満であれば軽微基準により非該当	【付与及び行使】 ・付与及び行使は規制対象外 【売却】 ・ストック・オプションにより取得した株式の売却は規制対象

43　澁谷展由「東証プライムの役員報酬設計〔2022年開示情報版〕」別冊商事法務474号（2023）33頁。
44　2019年から2021年の調査対象は東証一部上場会社であり、2022年から調査対象が東証一部上場会社からプライム市場上場会社へ変化したことに伴い、同年の調査対象会社数は2021年の調査から335社減少しているとのことである。

株式等の報酬	重要事実に該当するか（①）	インサイダー取引規制の適用があるか（②）
譲渡制限付株式	・無償型では軽微基準により非該当 ・有償型では払込金額総額が1億円以上となれば該当する	【付与】 ・新株発行による付与は規制対象外 ・自己株式処分による付与は原則規制対象（クロ・クロ取引の余地あり） ・ただし、自己株式処分であっても、一般的な譲渡制限付株式である場合、付与時点で上場会社側に未公表の重要事実があったとしても、当該付与が当該重要事実と無関係に行われたことが明らかであれば、規制の対象外 【売却】 ・譲渡制限解除後の株式売却は原則規制対象 ・ただし、譲渡制限解除後速やかに行われる源泉徴収税額に充当するための売却であり、役職員が指図を行わない売却の執行の仕組みであり、これらがあらかじめ社内規程や契約等で規定さ

---

45 複数の株式報酬制度を採用している企業については、開示内容から調査担当者が「主な」株式報酬制度と位置付けていると読み取れた1種類にて集計しているとのことである（澁谷展由「東証プライムの役員報酬設計〔2022年開示情報版〕」別冊商事法務474号（2023）33頁）。

46 なお、株式報酬に係る軽微基準の内容については、令和6年9月27日付で「有価証券の取引等の規制に関する内閣府令の一部を改正する内閣府令」が公布された（令和7年4月1日から施行される。）。改正の詳細については、「Ⅲ3 2　重要事実該当性」参照。

株式等の報酬	重要事実に該当するか（①）	インサイダー取引規制の適用があるか（②）
		れていれば、規制の対象外
事後交付型RS（いわゆる譲渡制限付株式ユニット又は業績連動型株式ユニットを含む）	・譲渡制限付株式と同様	・譲渡制限付株式と同様
従業員持株会RS	・譲渡制限付株式と同様	【従業員による新規加入及び拠出金等の変更】 ・規制対象 【割当契約締結及び割当て】 ・譲渡制限付株式と同様 【売却】 ・譲渡制限付株式と同様
株式交付信託・日本版信託型ESOP	・自己株式処分型では払込金額総額が1億円以上となれば該当する ・市場買付型では公開買付け等事実に該当しない限り非該当（実務上は公表される）	【受託者による取得】 ・自己株式処分型では規制対象（実務上、インサイダーフリーが要求される） ・市場買付型では規制対象（信託方式による例外あり） 【付与】 ・譲渡制限付株式と同様とも考えられる ・株式給付型において、株式交付に代わって売却代金相当額を付与する場合、規制対象となりうる（ただし、譲渡制限解除後速

第5節　ストック・オプション・株式報酬制度

株式等の報酬	重要事実に該当するか（①）	インサイダー取引規制の適用があるか（②）
		やかに行われる源泉徴収税額に充当するための売却であり、役職員が指図を行わない売却の執行の仕組みであり、これらがあらかじめ社内規程や契約等で規定されていれば、規制の対象外）
		【売却】 ・交付された株式の売却は原則規制対象 ・ただし、譲渡制限解除後速やかに行われる源泉徴収税額に充当するための売却であり、役職員が指図を行わない売却の執行の仕組みであり、これらがあらかじめ社内規程や契約等で規定されていれば、規制の対象外

113 ストック・オプション

　ストック・オプションの付与は、重要事実に該当するが、払込金額の総額が1億円未満であれば軽微基準に該当する。

　ストック・オプションを付与する場合及び当該ストック・オプションを行使する場合は、インサイダー取引規制の対象外とされている一方、ストック・オプションにより取得した株式を売却することはインサイダー取引規制の対象となる。

1　概　要

　ストック・オプションとは、あらかじめ設定された条件により、行使価額を会社に払い込むことで、将来のある時期に会社より株式を取得することができる権利である。日本では一般に新株予約権（会社法2条21号）の形態をとる。上場会社においては、中長期的な業績を役職員の報酬に反映する方法として、従来、ストック・オプションが利用されてきた。

　ストック・オプションを付与された役職員は、行使条件が充たされ、かつ市場株価が行使価額を上回っている場合に、ストック・オプションを行使して株式を取得し、これを市場で売却することで利益を得るのが一般的である。ストック・オプションには、その条件に応じて、行使価額が契約締結時の時価以上の金額であり、払込金額が無償である税制適格ストック・オプションや、行使価額を1円とする1円ストック・オプション等がある。

2　重要事実該当性

　上場会社によるストック・オプションの付与は、重要事実である「募集新株予約権を引き受ける者の募集」に該当する（金商法166条2項1号イ）が、新株予約権に係る払込金額の総額が1億円未満であると見込まれる場合には、軽微基準に該当する（取引規制府令49条1項1号イ）。

　そして、税制適格ストック・オプションについては、払込金額が0円であることから軽微基準により重要事実には該当しない（「払込金額の総額」に行使価額が含まれない点については、「16　決定事実の類型と軽微基準」を参照。）。同様に、有償で（払込金額を実際に支払わせて）ストック・オプションを発行する場合も、その総額が1億円未満であると見込まれれば、軽微基準により重要事実には該当しない。

　なお、上記の軽微基準にかかわらず、上場会社等又はその子会社・関連会社に対する役務の提供の対価として個人に対して株式又は新株予約権（以下、本項において「株式等」という。）を割り当てる場合においては、①当該株式及び当該新株予約権の目的である株式の総数が当該株式等の割当

日の属する事業年度の直前の事業年度の末日若しくは株式併合、株式分割若しくは株式無償割当てがその効力を生ずる日のうち最も遅い日における発行済株式（自己株式を除く。）の総数の100分の1未満であると見込まれること（希薄化率が1％未満と見込まれること。）、又は②割当日における当該株式及び当該新株予約権の目的である株式の価額の総額が1億円未満であると見込まれること（価額（時価）の総額が1億円未満と見込まれること。）のいずれかに該当するときには、軽微基準に該当するとする旨の改正取引規制府令が公布されている（令和7年4月1日から施行される）。

3 オプションの付与及び行使並びに取得株式の売却とインサイダー取引規制

　ストック・オプションを付与する場合、新株発行により行うことが一般的であり、新株発行は「売買等」に該当しない（「52　禁止される取引」参照。なお、自己新株予約権の付与については「売買等」に該当するが（「52　禁止される取引」参照）、当該ストック・オプションに譲渡制限が付されている場合には、譲渡制限付株式と同様の考え方が基本的に当てはまる（「114　譲渡制限付株式」参照[47]）。また、ストック・オプションの行使についても、新株発行であれば「売買等」に該当せず、自己株式処分であってもインサイダー取引規制の対象外とされている（「76　新株予約権等の行使」参照）。

　一方で、重要事実を知った上でストック・オプションにより取得した株式を売却することは「売買等」に該当し、インサイダー取引規制により制限される[48]。理論的には株式の売却について知る前計画の活用も考えられるが、一般にストック・オプションは行使できる期間が長く、ストック・オプションの行使と株式の売却について役職員に幅広い裁量が認められることが多いため、知る前計画を活用する余地は乏しい。

47　鎌田ほか（問9・10）16頁注8。
48　ストック・オプションについては、権利行使のタイミングについて役職員等が裁量を有しているため、インサイダー取引規制Q&A（応用編）問10の考え方は当てはまらない（鎌田ほか（問9・10）17頁注17。）。

114

譲渡制限付株式

> 譲渡制限付株式の付与は、重要事実に該当するが、払込金額の総額が1億円未満であれば軽微基準に該当する。
>
> 譲渡制限付株式を付与する場合、新株発行ではインサイダー取引規制の対象外であるが、自己株式処分ではインサイダー取引規制の対象となる。さらに、譲渡制限解除後の株式売却もインサイダー取引規制の対象となる。なお、いずれについても、一定の場合にはインサイダー取引規制の対象外となることがある。

1 概　要

（1） 株式報酬多様化の背景

　従来、経営陣の報酬は固定金銭報酬が多かった。しかし、経営陣の報酬によるインセンティブ付けをうたったコーポレートガバナンス・コードの制定（平成27年6月1日から適用）後、株式を経営陣の報酬として検討する上場企業が増えた。そして、経済産業省の研究会による報告書[49]で金銭報酬債権を現物出資する方法を用いた株式報酬の導入手続が示され、さらに、令和元年会社法改正により、上場会社の取締役又は執行役の報酬等として株式の発行等を行うときは、払込み又は給付を要しないとされた（会社法202条の2）。

　こうした流れを受けて、株式を直接役職員に割り当てる譲渡制限付株式等報酬設計が多様化している。

（2） 譲渡制限付株式とは

　譲渡制限付株式とは、一般に、株式報酬のうち、一定の期間の経過又は

---

[49] 経済産業省のコーポレート・ガバナンス・システムの在り方に関する研究会の平成27年7月24日付「コーポレート・ガバナンスの実践〜企業価値向上に向けたインセンティブと改革〜」。

条件の成就により、役職員が報酬として交付される株式を譲渡することができるようになるものをいう。ストック・オプションが株式を取得する権利を付与するのに対して、譲渡制限付株式は役職員に対して株式を直接割り当てることに特徴がある。

譲渡制限付株式のうち、一定期間の譲渡制限が付された株式報酬をリストリクテッド・ストック（以下「RS」という。）と、中長期的な業績目標の達成度合いによって交付される株式報酬をパフォーマンス・シェア（以下「PS」という。）と呼ぶ。また、PSは、業績等に応じて譲渡制限を解除する事前交付型PSと、業績等に連動した金銭報酬債権を付与した上で、業績等の連動期間として定めた一定期間経過後、当該金銭報酬債権を現物出資財産として株式を交付する事後交付型PSがある。

譲渡制限付株式を付与する法的な枠組としては、①金銭報酬債権を付与し、当該債権を現物出資財産として新株発行又は自己株式処分を行う有償型と、②令和元年会社法改正により導入された、無償により取締役又は執行役に対して株式を発行する無償型がある。

2 重要事実該当性

譲渡制限付株式の付与についての決定は、無償型の株式報酬の場合、軽微基準に該当する[50]が、有償型の株式報酬の場合、実務上は払込金額の総額が1億円以上となることが一般的であるため、軽微基準に該当せず、重要事実に該当することとなる（「16　決定事実の類型と軽微基準」参照。なお、改正取引規制府令については「113 2　重要事実該当性」参照。）。

この点、有償型の株式報酬の付与を毎年行っているような場合、株式の発行に係る決定がいつ行われたと考えるかは、難しい問題である（「24　『決定時期』の解釈」参照）。大企業の場合、株式報酬の付与については報酬委員会等において検討され、その後に（株主総会が必要な場合は株主総会に議案として上程された上で）取締役会において決議がなされ公表されること

50　金融庁パブコメ回答（令和3年2月3日）5頁15番。

が一般的であるが、報酬委員会における決定内容がほぼそのまま取締役会においても決議されることが一般的であるような場合は、報酬委員会が業務執行を決定する機関であると解される可能性があることには留意が必要である。

このように株式報酬として新株発行又は自己株式処分を行うことの「決定」が早い段階で認められる場合、インサイダー取引規制違反を回避するために重要事実の「公表」を行うことが検討される。この点、払込金額の総額が割当決議日までに変更される可能性があるとしても、当該内部決定が行われた時点において、その時点における株式報酬の総額又は総額の上限額として合理的に見込まれた額を金商法166条4項に規定する方法で公表することにより、当該決定をしたことの「公表」がされたことになる。例えば、「株式報酬として新株発行又は自己株式処分を行う予定であり、その総額として合理的に見込まれた額は●億円になります。」等と公表することが考えられる。ただし、かかる合理的に見込まれた額を上記に従い公表した場合であっても、その後に重要な変更があれば、あらためて変更後の合理的に見込まれた額を上記に従い公表するまでは当該決定をしたことの「公表」には当たらないとされている[51]。

なお、金融庁担当官の解説[52]によれば、「公表」に当たるためには、付与予定株式数、付与予定日、付与対象者の属性のいずれの公表も必須ではないとされているが、これらを公表した場合には、届出前勧誘に当たり、有価証券届出書又は臨時報告書の提出が必要となる可能性についても指摘されている点に留意が必要である。

---

51 インサイダー取引規制Q&A(応用編)問7。なお、取引規制府令の改正(令和7年4月1日から施行予定である。)に伴うインサイダー取引規制Q&A(応用編)問7の改訂(令和7年4月1日から適用される。)によれば、株式報酬の総額ではなく総数を公表する場合についても同様の考えが及ぶとされている。

52 鎌田ほか(問6~8)17頁(注15)。

3 譲渡制限付株式の付与とインサイダー取引規制

次に、譲渡制限付株式を付与すること自体が、インサイダー取引規制の対象となるか。

まず、譲渡制限付株式の付与が新株発行によって行われる場合は、「売買等」に該当しない（「52　禁止される取引」参照）。

一方で、譲渡制限付株式報酬の付与が自己株式処分による場合、有償型である場合はもちろん、無償型であっても、取締役の会社に対する職務執行の対価としての給付であることから、「売買等」に該当すると考えられる[53]。

もっとも、一般的なRSは、譲渡等の処分についての制限に係る期間（譲渡制限期間）が3～5年といった確定期間又は任期（通常は1年以上）の満了までとされており、かつ、所定の期間勤務を継続しなければ会社が無償取得することとされている。このような一般的なRSの付与であれば、当該付与時点で上場会社側に未公表の重要事実があったとしても、当該付与が株式報酬の一種として行われるものであり、また、譲渡制限期間が経過して付与対象者が付与された株式を処分できるようになるまでに相当の期間が必要となるものであるため、上場会社の内部情報を知りうる特別の立場にある者が当該情報を知り得ない一般の投資家と比べて著しく有利な立場で取引を行い、市場の公正性・健全性を害するということは基本的に想定されないものと考えられる[54]。したがって、上場会社が、役職員等に対して、RSを自己株式の処分の方法により付与する場合、上記の一般的な内容のとおり、当該付与時点で上場会社側に未公表の重要事実があったとしても、当該付与が当該重要事実と無関係に行われたことが明らかであれば、「その他これに準ずる特別な事情に基づく売買等であることが明らかな売買等」（金商法166条6項12号）としてインサイダー取引規制の対象外になると解されている[55]。

53　インサイダー取引規制Q&A（応用編）問8。
54　インサイダー取引規制Q&A（応用編）問8。
55　インサイダー取引規制Q&A（応用編）問8。鎌田ほか（問6～8）16頁。

また、かかるインサイダー取引規制Q&A（応用編）問8の考え方については、事前交付型PSについても基本的に当てはまるものと考えられる[56]。

なお、仮にインサイダー取引規制の対象となる場合も、理論上は、クロ・クロ取引を用いることで、インサイダー取引規制の対象外とすることも可能ではあるが（「65　適用除外の概要」参照）、付与対象者が多数にわたる場合は、情報管理の観点からも付与対象者全員に重要事実を伝達することは容易ではないという実務上の問題がある。

4　譲渡制限解除後の株式の売却とインサイダー取引規制

株式報酬として付与を受けた株式について、譲渡制限が解除された後に、当該付与対象者が売却を行うことは、インサイダー取引規制の適用がある[57]。

この点、あらかじめ知る前計画を決定することで、売却時におけるインサイダー取引規制違反を避けることが考えられる（「65　適用除外の概要」参照）。もっとも、例えば正当な理由により退職（退任）したことにより譲渡制限が解除される場合、付与対象者において退職時期に関して裁量が働く余地があるため、当該計画の決定に際して株式売却につき裁量の余地がない方式を定めておくことは容易ではないことがある。そのため、知る前計画を利用する場合は、例えば付与対象者の自己都合退職を正当な理由から除く等、譲渡制限が解除され売却される場面を裁量の余地がない形とするための工夫が必要である。

なお、①当該譲渡制限解除後速やかに行われる当該譲渡制限付株式の付与に関して課される源泉徴収税額への充当のための売却であり、②当該売却に関して、付与を受けた役職員等が指図を行わない方法での売却の執行

56　鎌田ほか（問9・10）16頁注7。
57　一定の要件を満たす譲渡制限付株式報酬の課税時期は、譲渡制限が解除された日とされ、また、当該日の株価をもって、収入金額の価額とされることから（所得税法施行令84条1項・2項、所基通23～35共-5の3・5の4）、当該付与対象者には、当該譲渡制限解除日において当該株式を売却することについて一定のニーズがあるといえる。

の仕組みであり、③上記①及び②があらかじめ社内規程や契約等で規定されている場合には、「その他これに準ずる特別な事情に基づく売買等であることが明らかな売買等」（金商法166条6項12号）としてインサイダー取引規制の対象外になると解されている[58]。具体的には、遅くとも源泉徴収税額の納付期限までに売却する等の譲渡制限解除日と株式売却日の時間的な近接性や、売却代金が、源泉徴収税額以下又は源泉徴収税額相当額を上回るものの源泉徴収税額相当額を確保するための必要最小限の投資単位となる売却が必要であり（なお、譲渡制限付株式に係る社会保険料や譲渡制限付株式に係る退職所得に対する住民税の特別徴収税額についても「源泉徴収税額」に含めることは可能と考えられる。）、また、売却数量、売却方法、注文方法について事前に決めておき、役職員等による変更・中止等の指図ができない仕組み等が求められる[59]。

115

事後交付型RS（いわゆる譲渡制限付株式ユニット又は業績連動型株式ユニットを含む）

> ①勤務の継続を条件とした確定数の現物株式を付与する譲渡制限付株式ユニットや②業績条件の達成度合いに応じた数の現物株式を付与する業績連動型株式ユニットを活用する事例も見られる。なお、インサイダー取引規制との関係では、①②とも譲渡制限付株式と同様の整理がされる。

近時、RSにおいても、一定期間の満了後に支給要件を満たしている場合に、当該期間の経過後に株式を付与するという事後交付型RSの利用が広がっている。

事後交付型RSは、その概要を公表し、役員に対する報酬について株主

---

58 インサイダー取引規制Q&A（応用編）問10、鎌田ほか（問9・10）15頁。
59 インサイダー取引規制Q&A（応用編）問10、鎌田ほか（問9・10）17頁注13及び14。

総会決議を経た上で、実際の株式報酬の付与に際して、再度、取締役会による発行決議及び公表がなされることとなる。有償型の場合は重要事実に該当すること、その時点における株式報酬の総額又は総額の上限額として合理的に見込まれた額の開示により「公表」がなされたと考えられること（「114 2 重要事実該当性」参照）、売却についてインサイダー取引規制の適用があること（「114 4 譲渡制限解除後の株式の売却とインサイダー取引規制」参照）は、一般的なRSと同様である。また、インサイダー取引規制Q&A（応用編）問8（「114 3 譲渡制限付株式の付与とインサイダー取引規制」参照）は、事後交付型の株式報酬に係る解釈を示すものではないものの、個別事例によっては、事後交付型の株式報酬であっても自己株式処分後に一定期間譲渡制限が付されているものであれば、自己株式処分の時点で上場会社側に未公表の重要事実があったとしても、インサイダー取引規制の対象外になる[60]。

　また、事前に社内規程又は契約等に規定された条件が対象期間（通常は1年以上）において充足された場合に、勤務の継続条件又は業績条件の達成度（ただし、形式的に指標は存在するものの、当該指標以外の事項を考慮する等、恣意的な評価がなされるような場合は除かれる[61]。）に応じて、当該対象期間の経過後における付与時期に現物株式が交付される譲渡制限付ユニット又は業績連動型株式ユニットについても、当該付与時点で上場会社側に未公表の「重要事実」があったとしても、当該付与が株式報酬の一種として行われるものであり、また、当該付与の条件及び当該条件充足時の現物株式の付与数並びに付与時期が当該付与時点より相当の期間前に社内規程又は契約等で規定されている等により、当該付与が当該「重要事実」と無関係に行われたことが明らかであれば、「その他これに準ずる特別な事情に基づく売買等であることが明らかな売買等」（金商法166条6項12号）としてインサイダー取引規制の対象外となる[62]。加えて、これによ

---

60 鎌田ほか（問6～8）17頁。インサイダー取引規制Q&A（応用編）問9。
61 鎌田ほか（問9・10）16頁注3。
62 インサイダー取引規制Q&A（応用編）問9、鎌田ほか（問9・10）14頁。

り付与される現物株式の売却についても、①当該譲渡制限解除後速やかに行われる当該譲渡制限付株式の付与に関して課される源泉徴収税額への充当のための売却であり、②当該売却に関して、付与を受けた役職員等が指図を行わない方法での売却の執行の仕組みであり、③上記①及び②があらかじめ社内規程や契約等で規定されている場合には、インサイダー取引規制の対象外になる[63]。

116

従業員持株会RS

> 従業員持株会を通じて、当該持株会に入会している従業員に対して譲渡制限付株式を付与する従業員持株会RSにおいても、インサイダー取引規制との関係では、譲渡制限付株式と同様の整理が可能と思われる。なお、従業員による従業員持株会への新規加入及び拠出金等の変更の場面については、通常の持株会の入会や拠出金等の変更と同様の留意が必要である。

1　概要

　上場会社が、従業員持株会を通じて、当該持株会に入会している従業員（対象従業員）に対して譲渡制限付株式を付与する仕組みとして、従業員持株会RSの活用が広がっている。

　具体的には、①対象従業員が、上場会社から支給された特別奨励金に係る金銭債権を持株会に拠出し、②持株会が、当該金銭債権をまとめて当該上場会社に現物出資することにより、上場会社から譲渡制限付株式の割当てを受けるものである。

　従業員持株会RSを導入することで、上場会社は、譲渡制限付株式を付与する際に、従業員持株会との間でのみ割当契約を締結することで足り、個々の従業員との間の割当契約が不要になるため、手続の煩雑さを回避す

---

[63] インサイダー取引規制Q&A（応用編）問10、鎌田ほか（問9・10）17頁注16。

ることができる。また、当該制度の導入により、従業員持株会への入会を促すことも期待されている。

2　インサイダー取引規制との関係

　インサイダー取引規制との関係では、譲渡制限付株式の付与と同様に、持株会への株式発行の決定は、新株発行又は自己株式の処分にかかわらず、払込金額の総額が1億円以上となる場合には、軽微基準に該当せず、重要事実に該当することとなる。上記重要事実の「公表」についても、譲渡制限付株式同様に、払込金額の総額が割当決議日までに変更される可能性があるとしても、当該内部決定が行われた時点において、その時点における株式報酬の総額又は総額の上限額として合理的に見込まれた額を金商法166条4項に規定する方法で公表することにより、当該決定をしたことの「公表」がされたことになると考えてもよいと思われる。

　また、実際に譲渡制限付株式を持株会に交付する際には、①従業員による従業員持株会への新規加入及び拠出金等の変更、並びに②上場会社及び持株会理事長の間の割当契約締結並びに割当ての時点でインサイダー情報がないかどうかが問題となる。

　まず、①については、通常の持株会の入会や拠出金等の変更と同様に（「02　2　インサイダー取引の適用除外とならない場合」参照）、重要事実等を知りながら、持株会に新規加入又は拠出金を増減等することは避けるべきである。②については、上場会社が自己株式処分の態様で株式報酬の付与を行うことは、「売買等」に該当するものの、株式報酬の付与時点で上場会社側に未公表の重要事実があったとしても、従業員持株会RSも譲渡制限付株式報酬という性質上、持株会を通じた譲渡制限付株式の付与においても、役職員等へ直接譲渡制限付株式を付与する場合と実質的に同一であれば、インサイダー取引規制Q&A（応用編）問8（「14　3　譲渡制限付株式の付与とインサイダー取引規制」参照）と同様の考え方が当てはまると考えられることから、持株会への譲渡制限付株式の割当てが重要事実と無関係に行われたことが明らかであれば、インサイダー取引規制の対象外になる

と考えられる[64]。

また、持株会から取得した譲渡制限付株式の売却についても、役職員へ直接譲渡制限付株式が付与された場合と同様に、①当該譲渡制限解除後速やかに行われる当該譲渡制限付株式の付与に関して課される源泉徴収税額への充当のための売却であり、②当該売却に関して、付与を受けた役職員等が指図を行わない方法での売却の執行の仕組みであり、③上記①及び②があらかじめ社内規程や契約等で規定されている場合には、インサイダー取引規制の対象外になる[65]。

117 株式交付信託・日本版信託型ESOP

> 株式交付信託・日本版信託型ESOPについて、自己株式処分型は重要事実に該当するが、払込金額の総額が1億円未満であれば軽微基準に該当する。一方、市場買付型では、公開買付け等事実に該当しない限り重要事実には該当しない。
> また、受託者による株式取得の場面については、自己株式処分型及び市場買付型ともに原則としてインサイダー取引規制の対象となる。さらに、受託者から従業員等への付与及びその後の売却については、譲渡制限付株式と同様の整理がされうる。

1 概要

役員・従業員に対するインセンティブ付与を目的として、上場会社を委託者、一定の要件を満たす従業員等を受益者とする株式交付信託を用いた、株式報酬を導入する例が見られる[66]。

株式交付信託としては、下表のとおり、①従業員持株会等の持株会に信

---

64 鎌田ほか（問6～8）17頁。
65 なお、持株会内で源泉徴収額へ充当するための株式売却についても、同様の考え方が適用される（鎌田ほか（問9・10）17頁注15。）。

託を通じて自社株を交付する「持株会型」と、②受給権を付与された従業員等に信託を通じて自社株を交付する「株式給付型」とに分類される。

具体的な内容としては、①の持株会型は、受託者が金融機関から金銭を借入れ（なお、かかる借入金債務は導入企業がこれを保証することが一般的である。）、当該金銭を原資として導入企業の株式を一括で取得し、持株会に定期的に売却するスキームである。他方、②の株式給付型は、受託者が導入企業から信託された金銭を原資として導入企業の株式を一括して取得し、所定の基準に従って従業員等に株式を交付するスキームである。

また、受託者が導入企業の株式を取得する方法としては、導入企業による自己株式処分の場合（自己株式処分型）と受託者による市場からの取得の場合（市場買付型）がある。

【図表117－1　持株会型のスキーム】

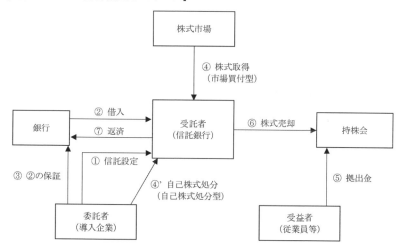

66　従業員に対する株式交付信託は、日本版信託型ESOP（ESOPとはEmployee Stock Ownership Planの略）と呼ばれることもある。

【図表117－2　株式給付型のスキーム】

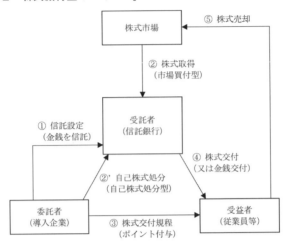

2　重要事実該当性

　株式交付信託（自己株式処分型又は市場買付型）の導入の事実について、自己株式処分型における自己株式処分の決定は、払込金額の総額が１億円以上となることが通常であることから、一般に重要事実に該当する（金商法166条２項１号イ）[67]。

　一方、市場買付型においては、確かに、受託者による導入企業の株式取得は、導入企業の信託した金銭を原資としていることから、実質は導入企業による自己株取得に類似しているものの、自己株取得に係る重要事実（金商法166条２項１号ニ）には該当しないと解されている。したがって、当該株式取得に係る議決権の数が、総株主等の議決権の５％以上となる場合には、公開買付け等事実に該当するものの（「20　公開買付け等事実」参照）、かかる場合でない限り、市場買付型に係る決定は重要事実には該当しないともいえる。もっとも、実務上は、保守的に導入・払込上限金額・取得上限株式数等の一定の事項の開示が行われている[68]。

---

[67]　なお、軽微基準該当性については「16　決定事実の類型と軽微基準」を、改正取引規制府令については「113 2　重要事実該当性」をそれぞれ参照。

3 受託者による株式取得とインサイダー取引規制

受託者が導入企業の株式を取得する場合のうち、自己株式処分型においては、導入企業による自己株式の処分は「売買等」に該当する。

もっとも、自己株式処分型においては、当該株式交付信託が一般的な内容（「115 事後交付型RS（いわゆる譲渡制限付株式ユニット又は業績連動型株式ユニットを含む）」参照）の譲渡制限付株式ユニット又は業績連動型株式ユニットと実質的に同一であれば、当該自己株式処分の時点で未公表の「重要事実」があったとしても、「その他これに準ずる特別な事情に基づく売買等であることが明らかな売買等」（金商法166条6項12号）としてインサイダー取引規制の対象外となる[69]。

「売買等」には他人に売買等の委託、指図をすることを含むと解されているため、導入企業がポイントの付与を通じて受託者に対する委託・指図を行って従業員等に現物株式の付与を行わせることは「売買等」に該当するものの、自己株式処分型においては、当該株式交付信託が一般的な内容（「115 事後交付型RS（いわゆる譲渡制限付株式ユニット又は業績連動型株式ユニットを含む）」参照）の譲渡制限付株式ユニット又は業績連動型株式ユニットと実質的に同一であれば、当該委託・指図の時点（付与されるポイント数が事前に規定された条件から一義的に定まるものであれば信託契約締結時点、一定の評価が介在するものであれば当該評価がなされた時点）で未公表の「重要事実」があったとしても、「その他これに準ずる特別な事情に基づく売買等であることが明らかな売買等」（金商法166条6項12号）としてインサイダー取引規制の対象外となる[70]。

なお、未公表の重要事実が存在する場合、インサイダー取引の適用を避けるため、理論上は、クロ・クロ取引によって行うことも考えられる。

---

68 例えば、バスケット条項が存在する点を考慮し、また、株式交付信託の社会的注目度から、制度導入についても開示することが望ましいとする意見がある（葉玉匡美・生瀬雅志「従業員持株ESOP信託の法務上の問題点」旬刊商事法務1915号（2010）21頁）。
69 インサイダー取引規制Q&A（応用編）問9、鎌田ほか（問9・10）14頁。
70 インサイダー取引規制Q&A（応用編）問9、鎌田ほか（問9・10）14頁。

もっとも、受託者たる信託銀行にとっては、かかる重要事実を保有することが好ましくないこともあり、実務上は、導入企業において未公表の重要事実がないこと、また、受託者において未公表の重要事実を認識していないことをそれぞれ表明保証する対応が一般的であり、クロ・クロ取引による株式取得は行われていない。

一方、市場買付型については、信託方式による自己株取得であるため、一定の条件の下では、導入企業において未公表の重要事実が発生した場合であっても、受託者による当該株式の取得はインサイダー取引に該当しない（「109 信託方式・投資一任方式による自己株取得」参照）。

なお、理論上は、自己株式処分型・市場買付型のいずれの場合であっても、知る前契約・知る前計画の要件を満たす場合には、インサイダー取引の適用から除外されることが考えられるとする見解もあるが[71]、上記のとおり、実務上は、導入企業において未公表の重要事実がないことが制度の実施に必要とされていることから、知る前契約・知る前計画も利用されていない。

4　持株会又は従業員等への株式付与とインサイダー取引規制

持株会型における持株会による株式の取得は、原則としてインサイダー取引規制が及ばない（「102 公開買付けと役員・従業員持株会による買付け」参照）。また、株式給付型においても、受託者が、役員又は従業員に株式を譲渡する場合、受益者の取得は受益権に基づく取得として無償取得に当たり、インサイダー取引規制が及ばないと考えられている（法166条1項）。なお、インサイダー取引規制Q&A（応用編）問9（注2）においては、信託を通じた株式の付与についても「同様の考え方が当てはまる」と記載されており、受益者である従業員等に対する株式の譲渡については有償譲渡であることが前提とも考えられる記載がなされているが、かかる場合であっても、受益者である従業員等に対する株式の譲渡が当該譲渡時点で存

---

[71] 葉玉匡美・生瀬雅志「従業員持株ESOP信託の法務上の問題点」旬刊商事法務1915号（2010）22頁。

在する未公表の重要事実と無関係に行われたことが明らかであれば、インサイダー取引規制違反にはならない[72]。

　なお、特に株式給付型については、給付条件を満たす従業員等において、株式の交付を受ける代わりに、自己に交付される株式相当数の売却代金相当額を交付するよう選択することができる制度設計もあるところ、かかる場合に当該従業員等が当該選択をしたときは、受託者は、当該株式を市場で売却し、換価した金銭を当該従業員等に対して交付することになる。この点、「売買等」には他人に売買等の委託、指図をすることを含むと解されていることから、かかる場合、当該選択が、当該従業員等から受託者に対する株式売買の指図と評価されるおそれがある。もっとも、かかる場合であったり、また、従業員等が自己に交付された株式を売却する場合であっても、①当該譲渡制限解除後速やかに行われる当該譲渡制限付株式の付与に関して課される源泉徴収税額への充当のための売却であり、②当該売却に関して、付与を受けた従業員等が指図を行わない方法での売却の執行の仕組みであり、③上記①及び②があらかじめ社内規程や契約等で規定されている場合には、インサイダー取引規制の対象外になると思われる[73]。

72　インサイダー取引規制Q&A（応用編）問9。
73　インサイダー取引規制Q&A（応用編）問10（注5）。

第6節

内部者取引防止規程

118

内部者取引防止規程

> 上場会社は、インサイダー取引未然防止体制の一環として、内部者取引防止規程を設ける必要がある。内部者取引防止規程の内容は、一般に、①役職員による自社株の売買等の手続に関する規定、②情報管理に関する規定（情報管理責任者の設置、重要事実等の報告等）、③役員による自社株の売買等に関する規定（短期売買利益の返還、空売りの禁止、売買報告書の提出等）、④実効性確保のための規定（教育・研修、監査、懲戒等）が設けられる。

　上場会社がインサイダー取引を未然に防止する体制を整備することは、取締役の善管注意義務、金融商品取引所の規則等の観点から重要であるが（「96　法人のインサイダー取引規制違反防止義務」参照）、かかる体制を整備するに際しては、まず、社内規程として、内部者取引防止規程を設けることが必要となる。

　第5回内部者取引管理アンケートによれば、第5回内部者取引管理アンケートに回答した上場会社（2,261社）のうち97.6％の上場会社がインサイダー取引を防止するための社内規程を整備している。

1　内部者取引防止規程の主な内容

　内部者取引防止規程の内容は、各上場会社の実情に応じて異なるが、一

般に、①役職員による自社株の売買等の手続に関する規定、②情報管理に関する規定(情報管理責任者の設置、重要事実等の報告等)、③役員による自社株の売買等の規定(短期売買利益の返還、空売りの禁止、売買報告書の提出等)、④実効性確保のための規定(教育・研修、監査、懲戒等)が設けられる。

内部者取引防止規程のモデル(以下「本モデル規程」という。)については、下記「7　内部者取引防止規程のモデル」を参照されたい[74]。

2　役職員による自社株式の売買等に関する手続

内部者取引防止規程においては、役職員によるインサイダー取引を防止するため、役職員による自社株式の売買等を管理する手続が設けられるが、かかる手続の方式としては、許可型、禁止型及び届出型が考えられる。

このうち、最も一般的な方式は許可型であり、許可型においては、役職員は、自社株式の売買等を行う際に、情報管理責任者に対して事前に許可を申請することが必要となる。インサイダー取引に該当するかの判断は複雑かつ専門的であるところ、役職員の自社株式の売買等がインサイダー取引に該当するかの判断を情報管理責任者にかからしめることにより、役職員が意図せずしてインサイダー取引を行ってしまうことを防止する効果が期待できる。本モデル規程も原則としてこの許可型によっている(10条)。

禁止型は、役職員による自社株式の売買等を一律禁止する方式である。かかる方式は、役職員の財産に対する制約の程度が大きいため、許可型や届出型と併用して部分的に用いられることが少なくない。例えば、役職員のうち重要事実等を知る可能性が高い者や、決算期等の重要事実等が発生する可能性が高い時期に限定して禁止型を設けることが考えられ、本モデル規程においては、重要事実等を知る可能性が一般的に高い情報管理責任

---

[74] 本モデル規程は、内部者取引防止規程事例集、松井秀樹編著『最新　企業のリスク管理規程集』(新日本法規・2006)160頁以下、松本316頁以下、木目田699頁以下、上村達男「インサイダー取引規制の内規事例」別冊商事法務195号(1997)等を参考に作成している。

者、総務部、経営企画部、経理部及び情報管理責任者が指定する者については一律に自社株式の売買等を禁止し（9条2項）、また、各四半期末及び本決算期についてはすべての役職員について自社株式の売買等を禁止するという形で、部分的に禁止型を併用している（9条3項）。

届出型は、役職員が自社株式の売買等を行う際に、事前又は事後に会社に対する届出を要求する方式である。届出型による場合、上場会社は、役職員の売買状況を把握することにより、必要に応じて自社株式の売買等を中止するよう役職員に対して勧告することが可能となるが、最終的には役職員の判断となるため、許可型と比べて役職員に対する拘束は弱い。

3 情報管理に関する事項

内部者取引防止規程においては、情報を一元的に管理するため、情報管理責任者等の担当者を設置することが多い。役職員に対して未公表の重要事実等を情報管理責任者に報告させることにより、情報管理責任者の下に情報を集中し、情報管理責任者が重要事実等や役職員の自社株式の売買等について適切な管理を行うことが可能となる。本モデル規程においては、個々の役職員が自ら又は上長を通じて情報管理責任者に重要事実等を報告する仕組みとしている（6条）。

なお、情報管理の仕組みについては、会社の規模、業務内容等の会社の実情に応じて設計する必要があり、例えば、比較的規模の大きい会社においては、各部門ごとに情報管理担当者を設置し、個々の役職員からの報告は情報管理担当者に対して行い、当該報告を受けた各情報管理担当者が情報管理責任者に対して報告を行う仕組みをとることが考えられる。

また、子会社に関する情報も重要事実となる可能性があることから、子会社に関する情報が情報管理責任者に報告される仕組みをとる必要がある。本モデル規程においては、子会社を担当する役職員が情報管理責任者に対して報告を行う仕組みとしているが（6条2項）、子会社の代表取締役を情報管理担当者として指定し、子会社の代表取締役に報告させる仕組みをとることも考えられる。

4 役員による自社株式の売買等

役員による自社株式の売買等については、金商法上、短期売買利益の返還（金商法164条）、空売りの禁止（同法165条）、売買報告書の提出（同法163条）が定められている。内部者取引防止規程においては、これらの制度を周知させる目的で、これらに関する条項が設けられることが少なくない。

5 情報伝達・取引推奨の禁止

会社関係者又は公開買付者等関係者が、他人に対し、公表前に取引をさせることにより、利益を得させる等の目的をもって、重要事実等の伝達や取引推奨を行うことは禁止されている（金商法167条の2）（「54 情報伝達行為・取引推奨行為に対する規制の概要」参照）。

そのため、内部者取引防止規程においても、金商法が定める重要事実等の伝達・取引推奨の禁止に関する規定を設けておくべきである（8条）。

6 実効性確保のための規定

内部者取引防止規程においては、その他の事項として、教育・研修、監査、懲戒等に関する規定が設けられるのが一般的である。いくら内部者取引防止規程を設けたとしても、個々の役職員が内部者取引防止規程の内容を知らなければ、自社株式の売買等の手続や情報管理に関する規定は遵守されず、その実効性は失われることとなる。そのため、定期的に役職員に対して教育・研修を行うこと、内部者取引防止規程が実効的に運用されているかを監査の対象とすること、内部者取引防止規程を遵守しない役職員が懲戒等の制裁の対象となること等を内部者取引防止規程において明記することが必要となる。

7　内部者取引防止規程のモデル[75]

本モデル規程	解説
内部者取引防止規程 **第1章　総　則** （目　的）（注1） 第1条　本規程は、当社の役職員が、当社及び他社の重要事実等の管理並びに役職員による株券等の売買等に関する行動基準を定めることにより、内部者取引の未然防止を図ることを目的とする。 （法令等の遵守） 第2条　当社の役職員は、金融商品取引法その他の関係法令及び本規程の定めを遵守し、重要事実等の適切な管理と内部者取引の未然防止に努めなければならない。 （定　義） 第3条　本規程において使用される用語は、以下の各号に定める意義を有する。	（注1） 　本モデル規程では、その主たる内容である、重要事実等の管理及び役職員による株式売買の管理を、端的に規定している。これ以外に、企業の社会的責任、企業の信用確保、証券市場の秩序維持、規程全体の構成について言及することも考えられる[76]。

75　なお、断りのない限り、取締役会及監査役会設置会社を念頭に置いている。
76　内部者取引防止規程事例集5頁。

本モデル規程	解説
(1) 「株券等」とは、次のものをいう。(注2) 　ア　株券、新株予約権証券、社債券、優先出資証券、投資証券、投資法人債券、外国投資証券（外国の者が発行した、これらの性質を有する証券・証書であって、(ア)上場され、又は店頭売買有価証券若しくは取扱有価証券（以下「上場等」という。）に該当するもの、(イ)当該証券・証書を受託有価証券とする有価証券信託受益証券が上場等されているもの、(ウ)当該証券・証書に係る権利を表示する預託証券・証書が上場等されているものを含む。） 　イ　信託財産を上記アのみに対する投資として運用することを信託約款に定めた投資信託又はこれに類する外国投資信託の受益証券 　ウ　資産を上記アのみに対する投資として運用することを規約に定めた投資法人又は外国投資法人の発行する投資証券、投資法人債券又は外国投資証券 　エ　上記アに係るオプションを表示する証券・証書 　オ　上記アに係る権利を表示する預託証券・証書	(注2) 　インサイダー取引の対象となる有価証券の範囲については、「60　インサイダー取引規制の対象となる有価証券」参照。

本モデル規程	解説
カ 上記アを受託有価証券とする有価証券信託受益証券 キ 上記アを発行する会社以外の会社の発行する社債券で、上記アにより償還することができる旨の特約が付されているもの（社債券を保有する者が、上記アによる償還をさせることができる権利を有しているものに限る。） ク 外国の者の発行する証券又は証書で前号に掲げる有価証券の性質を有するもの (2) 「役職員」とは当社の役員及び従業員をいう。 (3) 「役員」とは、当社の取締役及び監査役をいう。（注3）	 （注3） 　「役員」とは、取締役、会計参与、監査役若しくは執行役又はこれらに準ずる者をいい（金商法21条1項1号）、会計参与及び執行役を設置している会社については、これらの者も役員に含める必要がある。
(4) 「従業員」とは、当社の従業員（正規、臨時及び派遣）、嘱託、顧問その他の使用人及び従業者をいう。	

本モデル規程	解説
(5) 「売買等」とは、株券等の売買その他の有償の譲渡若しくは譲受け又は金融商品取引法第2条第20項に定めるデリバティブ取引をいい、家族、知人その他名義又は計算の如何を問わず、自己の名義若しくは計算又は指示で行うものすべてが含まれるものとする。なお、「売買等」には以下の行為が含まれる。(注4) 　ア　役員持株会又は従業員持株会への入会若しくはこれらの拠出金を増減させる行為 　イ　役員持株会又は従業員持株会から引き出した株券等を売付ける行為 　ウ　ストック・オプションを有する者が当該ストック・オプションを行使することにより取得した株券等を売り付ける行為	(注4) 　「売買等」の定義については、「52　禁止される取引」参照。なお、本モデル規程においては、家族、知人等の他人の名義による売買等、持株会への入会若しくはその拠出金を増減させる行為、又は持株会から引き出した株券等やストック・オプションの行使により取得した株券等の売付けがいずれもインサイダー取引に該当することを確認的に規定している。
(6) 「重要事実」とは、当社又は他社に関する別表1に掲げる情報をいう。(注5)	(注5) 　投資法人の発行する投資証券等についてもインサイダー取引の対象であるため、投資証券等に関する重要事実等についても別表を設けることが考えられる。なお、本モデル規程においては別表は省略している。
(7) 「重要事実等」とは、当社又は他社に関する重要事実及び公開買	

本モデル規程	解説
付け等事実をいう。	
(8) 重要事実の「公表」とは、重要事実が次に掲げるいずれかに該当するときをいう。(注6) ア 重要事実が2以上の報道機関に公開され、その後12時間を経過したとき イ 重要事実が記載された有価証券届出書、発行登録書、発行登録追補書類、有価証券報告書（その記載内容に係る確認書を含む。）、半期報告書（その記載内容に係る確認書を含む。）、内部統制報告書、臨時報告書、親会社等状況報告書又はこれらの添付書類若しくは訂正書類のいずれかが公衆の縦覧に供されたとき ウ 重要事実が上場する金融商品取引所又は金融商品証券業協会に通知され、公衆の縦覧に供されたとき	(注6) 　「公表」の定義については、「61『公表』」参照。重要事実の「公表」（金商法166条4項）は一般の用語とは異なるため、定義を設けるのが一般的である。
(9) 「公開買付け等事実」とは、当社にあっては当社の経営企画担当取締役又は代表取締役が、他社にあっては実質的に会社の意思決定うことができる機関が、上場等されている株券等に対する公開買付け若しくは総株主等の議決権の5％	(注7) 　「公開買付け等事実」は、実質的に会社の意思決定と同視されるような意思決定を行うことのできる機関が、当該行為の実施に向けての調査や準備、交渉等の諸活動を当該会社の業務として行う旨の決定を行った

本モデル規程	解説
以上の株券等を買い集める行為についての決定（当該行為の実施に向けての調査や準備、交渉等の諸活動を会社の業務として行うという決定を含む。）をした事実又は当該決定を公表した後に行わないことを決定した事実をいう。（注7）	時点で発生する（「21」『業務執行を決定する機関』の解釈」及び「24」『決定時期』の解釈」参照）。なお、本モデル規程においては、意思決定機関を経営企画担当取締役又は代表取締役としているが、会社の実態に合わせて規定する必要がある。
⑽　公開買付け等事実の「公表」とは、公開買付け等事実が次に掲げるいずれかに該当するときをいう。（注8） 　ア　公開買付開始公告又は公開買付撤回公告がなされたこと（公開買付撤回公告が困難で公表された場合を含む。） 　イ　公開買付け等事実が2以上の報道機関に公開され、その後12時間を経過したとき 　ウ　公開買付届出書又は公開買付撤回届出書が公衆の縦覧に供されたとき 　エ　公開買付者等が上場会社等である場合には、公開買付け等事実が上場する金融商品取引所又は金融商品証券業協会に通知され、公衆の縦覧に供されたとき 　オ　公開買付者等が上場会社等でない場合には、公開買付者等の親会社又は公開買付け等に係る株券等の発行者が、公開買付	（注8） 　公表方法として、i 公開買付者等が上場会社等である場合には、公開買付者等が公開買付け等に係るTDnetを通じた適時開示を行ったとき、ii 公開買付者等が上場会社等でない場合には、公開買付け等に係る株券等の発行者又は公開買付者等の親会社が公開買付者等の要請により公開買付け等に係るTDnetを通じた適時開示を行ったときを含む（「61」『公表』」参照）。

本モデル規程	解説
等事実を上場する金融商品取引所又は金融商品証券業協会に通知し、公衆の縦覧に供されたとき	
⑾　「他社」とは、上場会社、店頭登録会社若しくは取扱有価証券の発行会社又は上場投資法人等であって、当社以外の者をいう。（注9）	（注9） 　「上場投資法人等」の定義については、「83　J-REITの概要」参照。
⑿　「子会社」とは、直近に提出された有価証券届出書、有価証券報告書、半期報告書で公衆の縦覧に供せられたものにおいて、企業集団に属する会社として記載され又は記録された会社をいう。（注10）	（注10） 　「子会社」の範囲については、「18　子会社の決定事実と軽微基準」参照。
（本規程の適用対象者） 第4条　本規程は当社の役職員に適用される。（注11）	（注11） 　上場会社等の子会社の役職員は、職務に関し子会社の業務等に関する重要事実を知った場合は「会社関係者」に該当し、インサイダー取引規制の適用を受ける。また、上場会社等と子会社の間の契約の締結、交渉又は履行に関し知ったときは上場会社等の業務等に関する重要事実についても「会社関係者」に該当し、また会社関係者から伝達を受けた場合には情報受領者に該当し、インサイダー取引規制の適用を受ける。この

本モデル規程	解説
	ように、子会社の役職員についてもインサイダー取引規制違反を防止するために本モデル規程の対象とすることが考えられるが、子会社の数や規模が大きい場合、上場会社の負担が大きくなるため、本モデル規程においては、子会社の役職員については、本モデル規程の対象とせず、子会社において別途内部者取引防止規程を設けることを想定している。
2　当社の役職員であった者で、退任又は退職後1年を経過しない者は、役職員とみなして本規程第8条第1項、第9条第1項及び第11条を適用する。（注12）	（注12） 　役職員等が、在任又は在職中に重要事実等を知った場合は、退任又は退職後1年間は、インサイダー取引規制の対象となる（「④　元会社関係者・元公開買付者等関係者」参照）。本モデル規程では、退任・退職後1年間について、伝達等の禁止及び重要事実等を知った場合の売買等の禁止の規定を適用することとしている。他方、現役の役職員については売買等に際して許可制を採用しているが（本モデル規程10条）、退任・退職した役職員についてはそのような制限は設けていない。第5回内部者取引管理アンケートによれば、退任・退職後1年以内の役職員における自社株売買については、許可型（38.6％）が最も多く、次いで無関知型（26.8％）となっているが、本

本モデル規程	解説
	モデル規程は無関知型に当たる。 　なお、元公開買付者等関係者(金商法167条1項)の範囲は、公開買付者等でなくなった後6ヶ月であることから、11条についてのみ退任後6ヶ月に限定することも考えられる。
第2章　重要事実等の管理	
(情報管理責任者の設置) 第5条　当社の重要事実等の管理及び内部者取引の未然防止のため、情報管理責任者を置くこととし、情報管理責任者は総務部担当取締役がこれに当たる。(注13)	(注13) 　重要事実等の管理については、情報管理責任者等を設置して、一元的に管理することが望ましい。本モデル規程においては、総務部担当取締役を情報管理責任者としているが、会社の規模によっては、情報管理責任者の下部機関として各部門に情報管理担当者等を設置することも考えられる。
(重要事実等の報告等) 第6条　役職員は職務に関し、当社の未公表の重要事実等又は重要事実等に該当する可能性のある情報を知ったときは、自ら又は直属の上長を通じて、情報管理責任者に報告しなければならない。 2　当社の子会社を担当する役職員は、職務に関し、子会社に関する情報のうち、当社の未公表の重要事実等又	

本モデル規程	解説
は重要事実等に該当する可能性のある情報を知ったときは、自ら又は直属の上長を通じて、情報管理責任者に報告しなければならない。 3　情報管理責任者は、当社の重要事実等に該当する可能性のある未公表の情報を自ら知ったとき、又は前項の報告を受けたときは、関連部署とも協議の上、重要事実等に該当するか否かの判定を行い、関連部署及び前項の報告者に対して、当該情報の管理等について必要な指示を行うものとする。 4　前項の情報が公表等により重要事実等としての管理が不要となった場合には、情報管理責任者は関連部署及び第1項の報告者に対して、当該情報の管理等について必要な指示を行うものとする。 （重要事実等の公表） 第7条　当社の重要事実等は、金融商品取引法その他の関連法令及び金融商品取引所の規則に基づき、できる限り速やかに公表するものとし、その要否、時期、方法、担当者については、情報管理責任者が、必要に応じて関連部署と協議の上決定するものとする。	

本モデル規程	解説
（重要事実等の伝達等の禁止）（注14）（注15） 第8条　当社又は他社の未公表の重要事実等又は重要事実等に該当する可能性のある情報を知った役職員は、公表前に取引をさせることにより利益を得させる等の目的をもって、これを他の役職員その他の第三者に伝達し、又は売買等をすることを勧めてはならない。 2　当社の未公表の重要事実等又は重要事実等に該当する可能性のある情報を知った役職員は、職務上必要な場合を除き、情報管理責任者の許可なくしてこれを他の役職員その他の第三者に伝達し、又は売買等をすることを勧めてはならない。 3　当社の役職員が、前項の規定に基づいて当社の未公表の重要事実等又は重要事実等に該当する可能性のある情報を第三者に伝達する場合には、当該第三者との間で秘密保持契約の締結その他当社の重要事実等を管理するために必要な措置を講じなければならない。	（注14） 　会社関係者又は公開買付者等関係者が、他人に対し、公表前に取引をさせることにより利益を得させる等の目的をもって、重要事実の伝達や取引推奨を行うことが禁止されている（「54　情報伝達行為・取引推奨行為に対する規制の概要」参照）。第1項では法律に従い、当社又は他社の重要事実等を知った場合に、「公表前に取引をさせることにより利益を得させる等の目的」がある場合に伝達等を禁止している。 　また、当社の重要事実等については、特に、第2項で他の役職員その他の第三者に対する伝達を職務上必要な場合又は情報管理責任者の許可がある場合に限り認め、第3項で重要事実等を伝達する場合に重要事実等を管理する措置を講ずべきことを定めている。 （注15） 　本モデル規程においては規定していないが、業務上、他社のインサイダー情報を日常的に取り扱う会社（金融機関等）においては、他社の重要事実等についても情報管理責任者への報告を義務付ける例がある。

本モデル規程	解説
第3章　重要事実に基づく株券等の売買等の禁止 （株券等の売買等の禁止） 第9条　役職員は、当社又は他社の重要事実を知った場合、法令及び本規程で認められる場合を除いて、当該重要事実が公表されるまで、当社又は当該他社の株券等の売買等をしてはならない。（注16）	（注16） 　第二次情報受領者による売買等については、インサイダー取引とならないが、たとえ第二次情報受領者であっても、役職員が重要事実を知って株券等の売買等を行った場合、上場会社の情報管理について非難される可能性があることから、本モデル規程においては、第二次情報受領者による取引も禁止している。
2　役員、情報管理責任者、総務部、経営企画部及び経理部に所属する役職員並びに情報管理責任者が指定する役職員は、その在任中当社の株券等の売買等をしてはならない。ただし、当社の株券等の売付けについてやむを得ない事由があると情報管理責任者（ただし、情報管理責任者が売付ける場合には、代表取締役とする。）が認める場合、当社の株券等を売付けることができる。（注17）	（注17） 　役員や、総務部、経営企画部、経理部等の一定の部署の従業員は、重要事実等に恒常的に触れるため、本モデル規程では、これらの部署に所属する者については、在任期間中、当該会社の株券等の売買等を禁止することとしている。もっとも、生計の維持等のため、株券等の売付けが必要な場合も考えられることから、本モデル規程においては例外的に許可を得て売付けを認めている。なお、このような役職員について売買等を禁止する例は、一般の従業員に比較すれば多いが（第5回内部者取引管理アンケートによれば、役員5.6％、重要情報に接する可能性の高い職員

本モデル規程	解説
	2.7％）、これらの役職員についても本モデル規程第9条のような許可型を採用する会社も多い（第5回内部者取引管理アンケートによれば役員75.4％、重要情報に接する可能性の高い職員76.2％）。
3　役職員は、各決算期（第1四半期、第2四半期、第3四半期及び本決算期末をいう。以下同じ。）の末日の1ヶ月前から当該決算期に関する決算が公表されるまでの間、当社の株券等の売買等をしてはならない。（注18）	（注18） 　各決算期末日付近から決算が公表されるまでは、決算情報に係る重要事実が発生する蓋然性が高いことから、当該期間における当該会社の株券等の売買等を禁止することとしている。売買禁止期間の始期は、決算の集計を開始する時期や決算の方向性が固まる時期等とする必要があり、本モデル規程においては決算期の1ヶ月前としているが、各社の実情に応じて決定する必要がある（第5回内部者取引管理アンケートによれば、売買禁止期間の始期を各四半期の決算作業開始時とする会社が多い。）。
（役職員の売買等の許可）（注19） 第10条　役職員が、当社の株券等の売買等をする場合には、5営業日前までに情報管理責任者に当該売買等の許可を申請しなければならない。	（注19） 　許可制の対象となる役職員等の範囲については、派遣社員等も含めてすべての役職員等を対象とする会社が多い（第5回内部者取引管理アンケートによれば、派遣社員、パート・アルバイトまで許可制とする会

本モデル規程	解説
	社は58.5％)。もっとも、会社の規模等に鑑みて、すべての役職員等を対象とすることが現実的でない場合には、許可制の対象を重要事実を知りうる一定の立場の者とすることも考えられる。
2　情報管理責任者は前項の申請があった場合、当社の重要事実等の有無等を確認の上、当該売買等が内部者取引に該当する可能性がある場合その他法令等に照らして当該売買等を許可しないことに相当な理由がある場合は、当該売買等を許可しないことができる。	
3　第１項に基づき売買等の許可を申請した役職員は、当該許可又は不許可の決定に従うとともに、当該決定の内容を他の役職員その他の第三者に伝達又は漏洩してはならない。	
第４章　公開買付け等事実に基づく株券等の売買等の禁止	
(未公表の公開買付け等事実に基づく株券等の売買等の禁止) 第11条　役職員が公開買付け等事実を知ったときは、法令及び本規程で認められる場合を除いて、当該事実が公表されるまでは、公開買付け又は	

本モデル規程	解説
買集めの対象となる会社の株券等の売買等を行ってはならない。	
第5章 役員による当社の株券等の売買等	
（短期売買利益の返還）（注20） 第12条 役員は、自己の計算において、6ヶ月以内の間に、当社の株券等の反対売買等（買付け後6ヶ月以内の売付け及び売付け後6ヶ月以内の買付けをいう。）を行って利益を得た場合には、当該利益を当社に返還しなければならない。	（注20） 　上場会社等の役員が短期売買等を行った場合には、その利益を上場会社等に返還しなければならないことを確認的に規定している（金商法164条）。
（空売りの禁止）（注21） 第13条 役員は、自己が保有する当社の株券等の額又は数量を超えて当社の株券等の売付け等を行ってはならない。	（注21） 　上場会社等の役員については、空売りを行うことが禁止されていることを確認的に規定している（金商法165条）。
（売買等の報告）（注22） 第14条 役員は、自己の計算において、当社の株券等の売買等を行った場合、法令の定めるところにより、当該売買等に関する報告書を売買等のあった月の翌月15日までに財務（支）局に提出しなければならない。 2　前項の売買等が証券会社に対する委託によって行われた場合には、前	（注22） 　上場会社等の役員は、株券等の売買をした場合には、売買報告書を提出しなければならないことを確認的に規定している（金商法163条）。

本モデル規程	解説
項の報告書は当該証券会社を経由して提出するものとする。 **第6章　その他** （教育・研修等）（注23） 第15条　総務部は、本規程の目的を達するため、情報管理責任者と協議の上、役職員に対し、内部者取引の防止に関する継続的な教育・研修等を行い、その重要性及び趣旨を周知徹底させるものとする。 （監　査） 第16条　内部監査室は、内部者取引の未然防止に係る社内体制について監査を行い、その適切性及び有効性を定期的に検証するとともに、監査結果及び改善提案について取締役会に報告する。 2　監査役は、内部者取引の未然防止に係る社内体制の整備についての取締役の職務の執行を監督する。 3　役職員は、前2項の監査について内部監査室又は監査役から協力を求められた場合は、これに協力しなければならない。	（注23） 　本モデル規程においては、教育・研修等を総務部の担当としているが、その他に適切な部署（法務部等）があれば、当該部署が担当することとなる。

本モデル規程	解説
（調査への協力義務） 第17条　役職員は、内部監査室その他の部署が、内部者取引に関する調査を行う目的で、株券等の売買等の取引履歴を示す資料その他の資料の提出を求めた場合には、当該資料を速やかに提出しなければならない。 2　役職員は、前項に定めるほか、当社が行う内部者取引に関する調査に協力しなければならない。 （懲戒・制裁） 第18条　本規程に違反した従業員は、就業規則に定める懲戒処分の対象となる。 2　本規程に違反した役員のうち、取締役については取締役会の決議により、監査役については監査役会の決議により、それぞれ就業規則の懲戒に関する規定を準用して処分を行う。（注24） （規程の改廃） 第19条　本規程の改廃は、取締役会の決議による。 2　前項の改廃がなされた場合は、情報管理責任者はその内容を社内に周知する。	（注24） 　取締役及び監査役については、就業規則の適用がないため、取締役会決議又は監査役会の決議により制裁を行うこととしている。

本モデル規程	解説
附　則 　本規程は、○○年○月○日より施行する。	

第10章
インサイダー取引の調査とその対応

第1節

インサイダー取引の調査

119

インサイダー取引に関する調査の概要

> インサイダー取引に関する調査は、主に証券取引等監視委員会により行われ、①課徴金に関する調査と②犯則事件に関する調査が存在する。①課徴金については、取引調査課による調査、課徴金納付命令勧告、審判手続を経て、金融庁長官により課徴金納付命令の決定が行われる。②犯則事件については、特別調査課による調査、告発、起訴、刑事裁判手続を経て、判決が行われる。

1 調査の全体的な流れ

インサイダー取引に関する調査は、主に証券取引等監視委員会により行われる。証券取引等監視委員会の内部では、まず市場分析審査課において取引審査を行った上で、課徴金事案については取引調査課が、犯則事件については特別調査課がそれぞれ調査を行い、それぞれ違反行為が認められれば、金融庁長官に対する課徴金納付命令に関する勧告・検察官に対する告発が行われる。その全体的な流れは、図表119−1のとおりである[1]。

---

[1] 図表119−1における件数は、①証券取引等監視委員会による情報受付・取引審査、課徴金納付命令勧告及び告発の件数は令和4年度活動状況及び金融庁のホームページにおける課徴金納付命令等一覧、②金融商品取引所による売買審査における調査又は審査の件数は、日本取引所自主規制法人「JPX自主規制法人の年次報告2023」30頁に基づいている。なお、証券取引等監視委員会による取引審査には、財務局等による取引審査の件数も含む。

【図表119−1　インサイダー取引に関する調査の流れ】

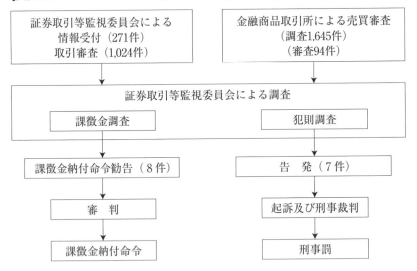

　各段階におけるインサイダー取引に関する調査の概要、処分対象者が争う方法、課徴金手続と犯則手続の違いは以下のとおりである。

2　調査の開始

(1)　証券取引等監視委員会（市場分析審査課）における情報受付及び取引審査

　証券取引等監視委員会の市場分析審査課では、情報収集し問題を把握するため、①一般投資家等からの情報の受付や、②インサイダー取引の疑いがある取引・銘柄の審査（取引審査）等を行っており、これらにより取得した情報をインサイダー取引の調査に活用している。

　具体的には、①については、一般投資家や市場関係者等からインサイダー取引等に関する情報を広く受け付けている。

　また、②取引審査においては、株価に不自然な動きが見られた銘柄、重要事実等が公表された銘柄、新聞等で話題になっている銘柄、及び一般から寄せられた情報において取り上げられている銘柄を抽出の上、金融商品

取引業者等に売買取引に関する報告又は資料の提出を求める等の方法により審査を行っている。

(2) 金融商品取引所による売買審査

金融商品取引所は、自主規制業務の一環として、インサイダー取引等の不公正取引について売買審査を行っている（金商法84条2項3号、金融商品取引所等に関する内閣府令7条1号）。金融商品取引所による売買審査の結果は、証券取引等監視委員会に報告され、証券取引等監視委員会における課徴金に関する調査、犯則事件の調査等に活用されることとなる。

3 証券取引等監視委員会における調査

証券取引等監視委員会は、上記2の市場分析審査課による情報受付及び取引審査、金融商品取引所による売買審査等により取得した情報をもとに、①課徴金納付命令に関する勧告に向けて行う調査又は②検察官への告発に向けて行う犯則事件に関する調査を行うこととなる。①課徴金に関する調査は取引調査課が、②刑事罰については特別調査課が、それぞれ担当する。

なお、課徴金納付命令と刑事罰については、両者を重ねて行うことは法令上許容されており、金商法185条の7及び185条の8は、課徴金と刑事処分（罰金、没収又は追徴）の間で調整規定を設けている（「92　課徴金の調整」参照）。もっとも、実務上は、事案の悪質性、金額、社会的な影響、行為者の属性等を総合的に勘案した上で、課徴金に関する調査と犯則調査を振り分けており[2]、令和5年3月31日現在、実際に課徴金と刑事処分が重ねて行われた事案は存在しない。

---

[2] 久保淳一ほか「〈事例研究座談会〉インサイダー取引防止における実務上の留意点と求められる態勢整備」金法1866号（2009）79頁の佐々木発言。なお、課徴金調査で開始した案件が、途中で犯則調査に変わるケースもあるとのことである。

4 課徴金に関する調査から処分までの流れ

(1) 取引調査課における調査

　課徴金の対象となるインサイダー取引等についての調査は、証券取引等監視委員会の取引調査課により行われる。調査の結果、違反行為が認められれば、証券取引等監視委員会は内閣総理大臣及び金融庁長官に対して課徴金納付命令の発出を求める勧告を行うこととなる（金融庁設置法20条）。

(2) 課徴金納付命令に関する勧告後の流れ

　証券取引等監視委員会により課徴金納付命令に関する勧告が行われた場合、金融庁において審判手続が開始される。審判手続を経た後、審判官が、審判事件についての決定案を作成して金融庁長官に提出し、かかる決定案に基づいて金融庁長官が課徴金納付命令の決定を行う。

　審判手続において、被審人より課徴金に係る金商法178条1項各号に掲げる事実及び納付すべき課徴金の額を認める旨の答弁書が提出されたときは、審判の期日を開くことを要しない（同法183条2項）。インサイダー取引に係る課徴金事例の多くでは、被審人より上記答弁書が提出され、審判期日が開催されることなく、課徴金納付命令が出されている。

(3) 課徴金納付命令について争う方法

　課徴金納付命令については、まず、被審人として審判手続において違反事実等を争うことが考えられる。上記(2)のとおり、多くの事案においては、違反事実等を認める旨の答弁書が提出されるため審判期日は開催されないが、このような答弁書が提出されずに審判期日において違反事実が争われた事案の中には、違反事実がない旨の決定が行われた事案も2件ある。

　また、審判手続を経て課徴金納付命令が出された場合には、課徴金納付命令の決定に対して取消訴訟を提起することが考えられる。課徴金納付命令が取消訴訟において取り消された事案としては、同一事案の別の違反行為者の事案を含めると、令和5年3月31日現在、8件の判決がある。

　以上の課徴金に関する調査から課徴金納付命令までの流れの詳細は、

「121　課徴金に関する調査から課徴金納付命令までの流れ」を参照されたい。

5　犯則事件に関する調査から処分までの流れ

(1)　特別調査課における調査

インサイダー取引等に係る犯則事件（金商法第8章の罪のうち、有価証券の売買その他の取引又はデリバティブ取引等の公正を害するものとして政令で定めるものに係る事件。金商法210条1項）の調査は、証券取引等監視委員会の特別調査課により行われる。犯則事件の調査により犯則の心証を得た場合には、証券取引等監視委員会は、検察官に告発し、領置・差押物件があるときは、領置・差押目録とともに引き継ぐ（同法226条）。

(2)　告発後の流れ

検察官は、告発が行われた事件について、起訴を行うか否かを判断する。

検察官による起訴が行われた場合、刑事裁判手続を経て、懲役又は罰金の刑事罰が科される。検察官により起訴された後、被告人は、刑事裁判において違反事実等を争うこととなる。

以上の刑事罰に関する調査から処分までの流れの詳細は、「122　犯則事件の調査の流れ」を参照されたい。

6　課徴金手続と犯則手続の違い

課徴金に係る手続と犯則事件の手続は、以下の表のとおり、①証券取引等監視委員会における担当部署、②強制調査の可否、③審判手続又は刑事裁判手続における証明の程度、④法人に対する処分等の違いがある。

【図表119−2　課徴金手続と犯則手続の違い】

	課徴金手続	犯則手続
担当部署	取引調査課	特別調査課
調査権	任意調査のみ（ただし、検査拒否等の罪がある。）	強制調査が可能
証明の程度[3]	民事訴訟で要求される水準	合理的な疑いを容れない程度の証明
法人に対する処分	可能	不可（ただし、両罰規定あり。）

120 金融商品取引所の売買審査の概要

> 金融商品取引所は、インサイダー取引等について売買審査を行っており、かかる売買審査の結果については証券取引等監視委員会に対して報告が行われる。また、金融商品取引所は、上場会社のインサイダー取引未然防止体制が不十分であると認められた場合には、上場会社に対して注意喚起等を行う。

1　売買審査の流れ

　売買審査は、①調査銘柄の抽出、②調査、③審査銘柄の抽出、④審査、⑤処理といった流れで行われる。

　インサイダー取引においては、法令上の重要事実等が公表された銘柄を調査銘柄として抽出の上（①調査銘柄の抽出）、株価・売買高の推移の分析、売買手口の偏向性や委託者の把握等、上場会社に対する経緯報告書の徴求といった方法で調査が行われる（②調査）。

3　十市崇ほか『金融商品取引法違反への実務対応──虚偽記載・インサイダー取引を中心として』（商事法務・2011）195頁、木目田611頁。

かかる調査の結果に基づき、より詳細な分析が必要となる審査銘柄が抽出されるとともに（③審査銘柄の抽出）、注文の受託・執行に関する経緯や委託者の詳細な情報（職業、口座開設日、取引内容、発行会社との関係等）に関する照会等、より詳細な審査が行われる（④審査）。

さらに、売買審査の結果に基づき上場会社・取引参加者に対する処分・注意喚起等が行われるとともに、売買審査の結果については、証券取引等監視委員会に報告が行われる（⑤処理）。

2 金融商品取引所による注意喚起

金融商品取引所による売買審査の結果、上場会社に法令違反行為又はそのおそれのある行為が認められた場合や、インサイダー取引の未然防止のための社内管理体制が不十分であると認められた場合には、管理体制の整備・改善を促す観点から、金融商品取引所より上場会社に対して注意喚起等が行われる。また、事案の内容から必要と判断される場合には、改善措置等についての文書による報告も併せて求められる[4]。

日本取引所自主規制法人は、令和4年度において、上場会社に対する注意喚起を7件行っている。

また、証券会社等の取引参加者の行為が法令や諸規則に違反している場合等には、金融商品取引所は取引参加者に対して処分や注意喚起を行う（自主規制法人業務規程17条、同20条・東京証券取引所の取引参加者規程34条等）。

3 経緯報告書

上場会社が重要事実等を公表した場合、売買審査部（日本取引所自主規制法人の場合）から上場会社に対して「会社情報の公表に至る経緯に関する報告書」（経緯報告書）の提出が要請されることがある（自主規制法人業務規程16条2項）。

---

4 日本取引所自主規制法人「JPX自主規制法人の年次報告2023」31頁。

経緯報告書においては、会社情報の発生から公表に至るまでの経緯を時系列で一覧表にまとめて記載することが必要となり、社内外での検討・決定・発生、幹部職員等社内における報告、対象会社や相手方との協議、公認会計士、ファイナンシャル・アドバイザー、幹事証券、名義書換代理人、取引銀行、顧問弁護士、行政官庁、大株主等外部への報告等について、日時、内容、場所、関係者をできる限り具体的に記載することが必要となる。

また、経緯報告書に記載されたすべての関係者について、社内関係者及び社外関係者の別に分類の上、関係者一覧を作成することが必要となる。

経緯報告書は、通常、売買審査部から提出を要請された日から2週間程度を目処にドラフトを提出することが要請される。また、経緯報告書の内容については、売買審査部から確認、質問又は修正を依頼されることがある。

経緯報告書は、当該案件に関して行われた会議の日時、場所、参加者、概要等について記載することが求められるため、上場会社は重要な案件を行うに際して経緯報告書の作成が必要となる可能性があることを想定して、当該案件に関する記録を保存しておくことが望ましい。

121 課徴金に関する調査から課徴金納付命令までの流れ

> 証券取引等監視委員会は、課徴金に関する調査を行い、かかる調査の結果に基づいて課徴金納付命令の勧告を行う。金融庁は、かかる勧告に基づいて審判手続を開催し、課徴金納付命令を発出する。
>
> なお、課徴金に関する調査においては、検査忌避罪等が存在するため、検査忌避等を行ったと疑われることがないように対応する必要がある。また、審判手続においては、ほとんどの事例において審判手続を開催せずに課徴金納付命令が出されているが、審判手続が開催された事案の中には、インサイダー取引に係る違反事実が認められない旨の決定がされた事案がある。

1 課徴金に関する調査

　課徴金に関する調査は、証券取引等監視委員会の取引調査課により行われる。そのため、証券取引等監視委員会による調査が取引調査課により行われているか、それとも犯則事件の調査を行う特別調査課により行われているかを確認することにより、証券取引等監視委員会の狙いが課徴金納付命令の勧告又は告発のいずれであるかを確認することができる。ただし、課徴金に関する調査の途中で犯則事件の調査に切り替わることや、反対に、犯則事件の調査の途中で課徴金に関する調査に切り替わることもある。

　課徴金に関する調査においては、以下の処分が行われる（金商法177条）。

① 事件関係人若しくは参考人に出頭を求め、質問をし、又はこれらの者から意見若しくは報告を徴する処分

② 事件関係人に対し帳簿書類その他の物件の提出を命じ、又は提出物件をとどめておくこと

③ 事件関係人の営業所その他必要な場所に立ち入り、帳簿書類その他の物件を検査する処分

　上記の処分は、捜査機関の行う捜索差押え等の強制捜査とは異なり、調査対象者の意思に反して行うことはできない。しかし、これらの処分に従わない場合には、罰金等の制裁が科せられる。具体的には、①の要求に対して出頭・陳述・報告をせず、又は虚偽の陳述・報告を行った場合、②の要求に対して物件を提出しない場合には20万円以下の罰金に処せられ（金商法205条の3第1号・第2号）、また、③の物件の検査等を拒み、妨げ、又は忌避をした場合には、6月以下の懲役若しくは50万円以下の罰金に処せられ、又はこれらを併科される（金商法205条6号）。

　このように、取引調査課による課徴金に関する調査については、罰金等の制裁の下に協力が間接的に強制されており、取引調査課による調査を受ける場合には、証券取引等監視委員会から検査拒否等を行ったと疑われることがないようにする必要がある。

　なお、証券取引等監視委員会は、平成25年8月30日付で「取引調査に関する基本指針」を策定し、取引調査の基本的な考え方や標準的な実施手続

等を公表している。同指針においては、立入検査や質問調査を行う際に調査官は証票を携帯しなければならないこと、立入検査や質問調査は対象者の同意を得た上で行われること、対象者の業務への支障が最小限となるよう配慮すること等が規定されている。

また、課徴金に係る事件について必要な調査をするため、公務所又は公私の団体に照会して必要な事項の報告を求めることができる（金商法177条2項）。かかる規定は、違反行為者の所在等を確認することを意図したものである[5]。なお、照会を受けた者の意に反して報告を強制することはできず、また、報告を行わないことに関する罰金等の制裁は規定されていない。

2　課徴金納付命令の勧告

証券取引等監視委員会は、課徴金に関する調査を行った場合において、必要があると認めるときは、その結果に基づき、内閣総理大臣及び金融庁長官に課徴金納付命令の発出を求める勧告を行う（金融庁設置法20条）。

証券取引等監視委員会が課徴金納付命令の勧告を行った場合、原則として記者レクを行い、また、証券取引等監視委員会のホームページにおいて、勧告の内容、法令違反の事実関係及び課徴金の額の計算を公表する。

3　審判手続の開始

課徴金納付命令の勧告が行われた場合、金融庁長官（内閣総理大臣より権限を委任されている。金商法194条の7第1項）は、課徴金納付命令の勧告が行われた日から大体1週間程度で審判手続開始決定を行うのが通例である（同法178条）。

なお、金商法上は、金融庁長官は、証券取引等監視委員会の課徴金納付命令の勧告を受けずに職権で審判手続開始決定を行うことが可能であり、有価証券報告書等の虚偽記載においては、このような事案が存在するが[6]、

---

[5] 金融庁「金融商品取引法等の一部を改正する法律（平成25年法律第45号）に係る説明資料」（平成25年6月）5頁。

令和5年3月31日現在、インサイダー取引については、このような事案は存在しない。

審判手続開始決定が行われた場合、被審人に対して審判手続開始決定書の謄本が送達され、審判手続が開始される（金商法179条3項）。審判手続開始決定書には、審判の期日及び場所、課徴金に係る同法178条1項各号に掲げる事実並びに納付すべき課徴金の額及びその計算の基礎が記載される（同法179条2項）。

4　審判手続

被審人は、審判手続開始決定書の謄本の送達を受けたときは、これに対する答弁書を、遅滞なく、審判官に提出しなければならない（金商法183条1項）。

課徴金に係る金商法178条1項各号に掲げる事実及び納付すべき課徴金の額を認める旨の答弁書が提出されたときは、審判の期日は開催されない（同法183条2項）。インサイダー取引に係る課徴金事例の多くは、課徴金に係る事実等を認める旨の答弁書が提出され、審判期日が開催されることなく、課徴金納付命令が出されている。審判期日が開催されない場合、審判手続開始決定から大体1ヶ月から2ヶ月で課徴金納付命令が出されている。

これに対して、課徴金に係る金商法178条1項各号に掲げる事実及び納付すべき課徴金の額を認める旨の答弁書が提出されないときは、審判期日が開催される。

インサイダー取引に係る事案において、審判期日が開催された事案としては、平成21年度から平成24年度にかけて合計8件ほどであったが、平成25年度から平成28年度にかけては20件と大きく増加した。その後、平成29年度から令和4年度にかけては、10件となっている（ただし、令和3年度

6　例えば、金融庁の平成20年10月10日付「株式会社アーバンコーポレイションに対する課徴金納付命令に係る審判手続開始の決定について」及び平成20年10月24日付「株式会社アーバンコーポレイションに対する課徴金納付命令に係る審判手続開始の決定について」参照。

及び令和4年度は0件である。)[7]。

　このうち、平成24年10月19日決定では、重要事実（業務上の提携）の伝達を受けた事実は認められないとしており、また、令和3年3月19日決定では、取引推奨行為の時点で、推奨者は重要事実（会社更生手続開始の申立）を知っていないとしており、それぞれ、違反事実がないと認める旨の決定が出されている。

【図表121-1　審判において違反事実がないとされた事例】

勧告年月日	事案名 （重要事実）	決定年月日／公表年月日 （事件番号）
H24.3.16	SJIとの契約締結交渉者からの情報受領者による内部者取引 （業務上の提携）	H24.10.19／H24.10.23 （平成23（判）30）
R2.1.28	日本海洋掘削の社員による重要事実に係る推奨行為 （会社更生手続開始の申立） （R2-14）	R3.3.19 （令和元（判）37）

5　課徴金納付命令等の決定

　審判手続が行われた後、審判官は、審判事件についての決定案を作成して金融庁長官に提出し（金商法185条の6）、かかる決定案に基づいて金融庁長官により課徴金納付命令等の決定が行われる（同法185条の7）。

　課徴金納付命令の納付期限は、決定書の謄本を発した日から2ヶ月を経過した日となる（金商法185条の7第21項）。

---

[7] なお、令和5年4月末時点の件数であり、また、各年度における件数はいずれも証券取引等監視委員会が勧告を行った日が属する年度にカウントしている。

【図表121－2　調査から課徴金納付命令までの流れ】

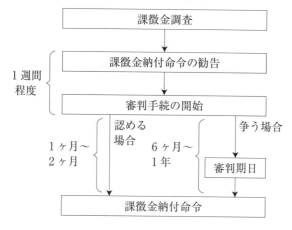

6　取消訴訟

　審判手続を経て課徴金納付命令決定がなされた後、被審人は、当該決定に不服がある場合は取消訴訟を提起することができる（行政訴訟法3条2項）。

　下表のとおり、令和5年3月31日現在、平成29年の公募増資に係るインサイダーの事案以降、複数の公募増資に係るインサイダー事案において、課徴金納付命令決定が取り消されたほか、令和3年には、従業員持株会を通じた買付けを含む業務上の提携に係るインサイダー事案において、複数の対象者に対する課徴金納付命令が取り消される等されている。

【図表121－3　取消訴訟において課徴金納付命令決定が取り消された事例】

課徴金納付命令決定日	事案名 （重要事実）	判決
H25.6.27	東京電力の契約締結交渉先の社員からの情報受領者による内部者取引 （公募増資）	東京高判H29.6.29 （判時2369号41頁）

H26.10.30	国際石油開発帝石の契約締結交渉先の社員からの情報受領者による内部者取引 （公募増資） （H26-2）	東京高判R2.6.25 （金判1603号38頁）
H26.12.26	日本板硝子の契約締結交渉先の社員からの情報受領者による内部者取引 （公募増資） （H26-4）	東京地判R1.5.30 （判タ1502号183頁）
H29.3.30	モルフォ社員による内部者取引 （業務上の提携） （H29-9）	東京地判R3.10.29 （判時2552号55頁）
H29.4.11	SHIFT役員による重要事実に係る伝達 （業績予想値の下方修正） （H28-3）	東京高判R4.10.13[8] （LLI/DB登載）
H30.12.20	モルフォ役員による内部者取引 （業務上の提携） （H29-9）	東京高判R3.11.24 （金判1648号33頁）
H30.12.20	モルフォ社員による内部者取引 （業務上の提携） （H29-9）	東京地判R4.1.21 （平成31年（行ウ）第32号乃至第34号） （LLI/DB登載）
H30.12.20	モルフォ社員による内部者取引 （業務上の提携） （H29-9）	東京地判R4.1.21 （平成31年（行ウ）第36号及び第37号） （LLI/DB登載）

122

犯則事件の調査の流れ

> 証券取引等監視委員会は、犯則事件の調査を行い、かかる調査の結果に基づいて検察官に対して告発を行う。かかる告発に基づいて起訴及び刑事裁判が行われ、最終的に刑事判決が言い渡される。
>
> なお、犯則事件の調査においては、警察及び検察と連携して調査が行われ、捜索差押え等の強制調査が行われる。

1 犯則事件の調査

犯則事件の調査は、証券取引等監視委員会の特別調査課により行われる。そのため、証券取引等監視委員会による調査が特別調査課により行われている場合、証券取引等監視委員会の狙いが告発であることを確認することができる。

犯則事件の調査においては、証券取引等監視委員会は、以下の処分を行うことができる。

① 犯則嫌疑者等に対する質問、犯則嫌疑者等が所持し若しくは置き去った物件の検査、又は犯則嫌疑者等が任意に提出し又は置き去った物件の領置等（金商法210条1項）

② 臨検、捜索及び差押え等（金商法211条等）

上記①は任意調査であり、対象者の意思に反して行うことはできない。これに対して、②は、裁判所の発する許可状により行う強制調査であり、対象者の意思に反して強制的に行うことができる。

上記①の任意調査については、課徴金に関する調査と異なり、検査忌避

---

8 なお、取消訴訟とともに、課徴金納付命令及びこれに至る各種の手続に対する国家賠償請求も提起されており、1審は処分の取消し及び国家賠償請求を認めたが（東京地判令和3年12月9日裁判所ウェブサイト掲載判例）、2審は国家賠償請求を認容した部分を取り消し、同請求を棄却する旨の判決をした（東京高判令和4年10月13日LLI/DB登載）。

罪等は存在せず、処分に従わない場合における罰金等の制裁はない。

犯則事件の調査においては、将来起訴される可能性があり実質的に犯罪捜査の前置手続となるため、黙秘権の保障が及ぶと解されている。そのため、調査官は、犯則事件の調査対象者に対して質問を行う場合には、事前に、質問に対する回答を黙秘する権利があることや供述した内容によって不利益な取扱いを受ける可能性があることを告知する必要がある[9]。

なお、犯則事件の調査は、警察や検察といった捜査機関と連携して行われ、必要に応じて捜査機関による任意捜査（取調べ、領置等）と強制捜査（逮捕勾留、捜索差押等）が行われる。

犯則事件の調査の流れとしては、まず、証券取引等監視委員会による質問調査等の任意調査が行われ、嫌疑が深まると裁判所の許可状を得て強制調査が行われる。その後、調査が進行し、警察や検察といった捜査機関との連携の目処がついた段階で必要に応じて捜査機関との合同での強制捜査に入り、この時点で必要に応じて逮捕、取調べが行われることとなる[10]。

2 告 発

犯則事件の調査が終了したときは、調査の結果が、証券取引等監視委員会の職員から証券取引等監視委員会に報告される（金商法223条）。証券取引等監視委員会は、犯則の心証を得た場合には、検察官に告発し、領置・差押物件等があるときは、領置・差押目録等とともに引き継ぐ（同法226条）。

なお、証券取引等監視委員会は、告発を行った場合、証券取引等監視委員会のホームページにおいて、告発の対象となった犯則事実を公表する。

3 起訴及び裁判

証券取引等監視委員会から告発を受けた検察官は、インサイダー取引を

---

9 コンメ4 694頁。
10 岳野万里夫「最近の証券取引等監視委員会の活動から」証券レビュー第52巻第7号（2012）56頁。

行った者を起訴すべきかどうかを判断する。なお、平成17年7月1日以後、インサイダー取引に関する証券取引等監視委員会による告発が行われた事案については、嫌疑者の一部について起訴が行われなかった事案も存在するものの、案件ベースでは全件起訴が行われている[11]。また、実務上、告発から短期間で検察官による起訴が行われており、近時の事例においては、告発日又はその翌日に起訴が行われている事案が多い。検察官による起訴が行われた場合、刑事裁判が行われた上で判決が言い渡される。

【図表122－1　犯則調査の流れ】

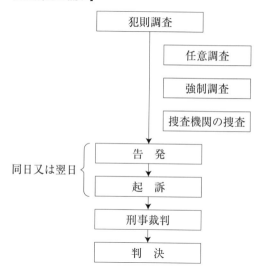

11　令和4年度活動状況　附属資料222頁以下参照。

123 クロスボーダー取引

> 証券取引等監視委員会は、国境を越えたインサイダー取引に対応するため、海外証券規制当局との情報交換の枠組みを構築してきている。令和5年3月末現在、海外証券規制当局との情報交換の結果、海外証券規制当局が海外投資家に対して処分を行った事例が3件、証券取引等監視委員会が告発を行った事例が8件、課徴金納付命令勧告を行った事例が10件存在する。

1 海外証券規制当局との情報交換

　金融・資本市場におけるクロスボーダー取引や投資ファンド等の国際的活動が日常化しており、海外の投資家等が日本の証券市場においてインサイダー取引を行う事例等、国境を越えたインサイダー取引が懸念されている。このようなクロスボーダーのインサイダー取引においては、海外の投資家等に対して調査を行う必要があるところ、海外の現地調査においては、国家主権の関係から一定の制約に服するほか、費用や時間等のコストを要することとなる。そのため、海外の証券規制当局と密接に連携協力しながら調査を進める必要があるところ、金融庁は海外証券規制当局との情報交換の枠組みを構築することにより、国境を越えたインサイダー取引に対応している。

　例えば金融庁は、二国間の情報交換枠組みを構築したり、平成20年2月には、多国間情報交換枠組み（以下「多国間MOU」という。）の署名当局となったりしている。多国間MOUは、IOSCO（証券監督者国際機構）が各国証券監督当局間の協議・協力及び情報交換に関する枠組みを定めたものであり、多国間MOUの署名当局となることによって、アメリカ、イギリス、中国等を始めとする多くの主要国・地域の証券監督当局（令和5年3月31日現在、署名を行った当局は129）との間で情報を相互に交換することが可能となる[1][2]。

また、金融庁は、令和4年10月17日、IOSCO・APRC（アジア太平洋地域委員会）における多国間の監督上の情報交換枠組みに関する覚書（以下「APRC監督MMoU」という。）の署名当局にもなっている。従来の多国間MOUが、法執行を前提とした情報交換の枠組みであった一方で、APRC監督MMoUは、広く監督上の情報交換を行うことを可能としている（令和4年10月現在、オーストラリア、香港、マレーシア、シンガポール等のアジア太平洋地域の証券監督当局を含む12の当局が署名当局となっている。）[13]。

2　海外証券規制当局との情報交換により処分が行われた事例

　令和5年3月末現在、証券取引等監視委員会が海外証券規制当局との情報交換を行った結果、海外証券規制当局が当地の法令に基づいてインサイダー取引に関して処分を行った事例は3件ある。

　また、証券取引等監視委員会が告発を行った事例は8件、課徴金納付命令勧告を行った事例は10件ある[14]。

12　金融庁の平成20年2月12日付「IOSCO・マルチMOU（多国間情報交換枠組み）への署名について」及びIOSCOのホームページ「Signatories to Appendix A and Appendix B List」参照。

13　金融庁の令和4年11月11日付「IOSCO（証券監督者国際機構）・APRC（アジア太平洋地域委員会）における監督MMoU（多国間の監督上の情報交換枠組み）への署名について」。

14　平成24年度活動状況　附属資料325頁、平成25年度活動状況　附属資料360頁及び令和4年度活動状況　附属資料242頁。

第2節

上場会社の対応

124

初期的対応

> 証券取引等監視委員会による課徴金に関する調査が開始された場合、上場会社の初期的対応としては、①調査対象事実を把握すること及び②検査忌避罪と疑われないよう留意することが重要である。

1 調査対象事実の把握

証券取引等監視委員会による立入検査（金商法177条）が開始された段階では、上場会社は、通常、調査対象事実を把握できない。しかし、調査対象事実によって上場会社のその後の対応が大きく異なることになるため、証券取引等監視委員会とのコミュニケーションを通じて、調査対象事実を把握することが重要となる。

(1) 課徴金か刑事罰か

証券取引等監視委員会の調査が、課徴金に関する調査かそれとも犯則調査かによって、調査権限や最終的な処分が異なることになる（「119 インサイダー取引に関する調査の概要」参照）。

証券取引等監視委員会は、課徴金に関する調査は取引調査課が行い、刑事罰に関する調査は特別調査課が行うことになっているため、上場会社は、

証券取引等監視委員会の担当者の名刺等でその所属部署を確認することにより、証券取引等監視委員会の狙いが課徴金なのか、それとも刑事罰なのかを確認することができる。

(2) 調査対象者

調査の対象となっている者が誰か（上場会社か、その役職員かそれとも第三者か）によって、上場会社のその後の対応が異なることとなる。

上場会社が違反行為者である場合には、上場会社自体が課徴金納付命令や刑事罰の対象となる可能性があり、また、上場会社の役職員が違反行為者である場合には、上場会社のインサイダー取引防止体制が株主等から問われる可能性がある（取締役の善管注意義務について、「96 法人のインサイダー取引規制違反防止義務」参照）。そのため、これらのケースにおいては、上場会社として積極的な対応をとることが必要となる可能性があり、当該インサイダー取引についての公表（「125 違反事案に係る開示」参照）や調査委員会の設置（「127 調査委員会の設置及び公表」参照）が必要となることもある。

これに対し、第三者がインサイダー取引の違反行為者である場合には、上場会社の役職員が情報漏洩を行った場合を除き、上場会社の責任を問われることは考えにくい。

2 調査への協力

証券取引等監視委員会の課徴金に関する調査に応じなかった場合には、検査忌避罪に該当して刑事罰が科される可能性がある（「121 課徴金に関する調査から課徴金納付命令までの流れ」参照）。そのため、取引調査課による課徴金に関する調査を受ける場合には、証券取引等監視委員会の調査に対して協力を行い、検査拒否等を行ったと疑われることがないようにする必要がある。

なお、証券取引等監視委員会の初期的な調査においては、以下の事項について調査が行われることが多い。

(1) 重要事実等に係る案件の経緯

　重要事実等の発生時期等を確認するため、問題となっている重要事実等に係る案件の経緯、例えば、どのような経緯で当該案件の検討が開始されたか、いつ頃から本格的な検討が開始されたか等について調査が行われることがある。証券取引等監視委員会は、金融商品取引所から経緯報告書を取得することがあり（「⑫　金融商品取引所の売買審査の概要」参照）、調査においては、経緯報告書の記載の詳細についても確認が行われることとなる。また、かかる調査においては、会議の議事録等の提出が求められることがある。

(2) 案件関係者

　重要事実等を認識していた者を把握し、重要事実等の伝達ルート等を確認するため、問題となっている重要事実等の検討に関係していた者、例えば、案件の検討に関与したメンバー（外部アドバイザー等を含む。）、関係部署、各メンバーの参加時期等について調査が行われることがある。かかる調査においては、案件関係者のリスト、組織図、役職員のリスト等の提出が求められることがある。

(3) 重要事実等の管理状況

　重要事実等の漏洩のリスクがある箇所を確認するため、重要事実等の管理状況、例えば、重要事実等を管理している部署、パスワードの設定状況、案件名等のコード化、ファイルの保管状況、秘密保持誓約書の提出の有無等について調査が行われることがある。また、より一般的な事項として、インサイダー取引防止体制、例えば、インサイダー取引防止規程、インサイダー取引に関する教育・研修の実施状況等についても調査が行われることがある。

125

違反事案に係る開示

> 上場会社がインサイダー取引規制違反の事案について開示を行うかどうかは、金融商品取引所の規則に基づく開示義務や、株主、取引先その他社会一般に対する説明の必要性等により判断することとなる。また、開示を行う場合には、証券取引等監視委員会による公表のタイミングで行われるのが一般的である。

1 金融商品取引所の規則

　上場会社が、インサイダー取引規制違反の事案について開示を行う必要があるかについては、まずは金融商品取引所の規則上、上場会社に開示義務が発生するかどうかを検討する必要がある。

(1) 上場会社がインサイダー取引規制に違反する場合

　上場会社がインサイダー取引規制に違反して、課徴金納付命令や告発の対象となる場合には、「免許の取消し、事業の停止その他これらに準ずる行政庁による法令に基づく処分又は行政庁による法令違反に係る告発」（東証規程402条2号f）として、適時開示が必要となる場合がある。当該適時開示に関する軽微基準は以下のとおりであり（東証施規402条1項4号）、課徴金納付命令の場合は①及び②、告発の場合は③に該当する場合には軽微基準に該当し、適時開示は義務とならない。

① 法令に基づく処分を受けた日の属する連結会計年度開始の日から3年以内に開始する各連結会計年度においていずれも当該処分による連結会社[15]の売上高の減少額が直前連結会計年度の売上高の10％に相当する額未満であると見込まれること

② 法令に基づく処分を受けた日の属する事業年度開始の日から3年以

15　連結財務諸表提出会社及び連結子会社をいう（東証施規2条3項26号、連結財務諸表規則2条5号）。

内に開始する各事業年度においていずれも当該処分による会社(特定上場会社等である場合には、会社の属する企業集団)の売上高の減少額が当該会社の最近事業年度の売上高の10％に相当する額未満であると見込まれること(取引規制府令50条5号に定める事項)

③ 行政庁により法令違反に係る告発がなされた事業部門等の直前連結会計年度の売上高が当該連結会計年度の連結会社の売上高の10％に相当する額未満であること

上記③については、上場会社が自社の資産運用の過程においてインサイダー取引を行った場合、そもそも告発を受けた「事業部門等」の特定が困難であることが少なくないが、そのような場合には、上場会社全体が告発を受けたとして軽微基準に該当しないと解さざるを得ない場合もあろう。

(2) 上場会社の役職員等がインサイダー取引規制に違反する場合

上記(1)に対し、上場会社の役職員等が課徴金納付命令や告発の対象となる場合には、通常、適時開示が義務となるわけではない。理論的には、「上場会社の運営、業務若しくは財産又は当該上場株券等に関する重要な事実であって投資者の投資判断に著しい影響を及ぼすもの」(東証規程402条2号x)として、開示が必要となる可能性はあるが、これに該当するケースは例外的である。

2 開示の必要性

上記1のとおり、金融商品取引所の規則に基づく開示義務の観点からは、上場会社自体が課徴金納付命令や告発の対象となる場合を除き、開示義務がないのが通常である。もっとも、上場会社としてインサイダー取引に係る事案についてコメントを行うことが、株主、取引先その他社会一般に対する説明として必要となる場合には、任意に開示を行うことも検討する必要がある。

この点、開示の必要性は、インサイダー取引の違反行為者、インサイダー取引と上場会社の業務との関連性等により異なることとなる。

インサイダー取引の違反行為者が、上場会社の役職員ではなく社外の第三者である場合には、通常は上場会社の責任が問われる可能性は低いため、上場会社の開示が必要と判断される可能性は比較的低い。

これに対し、インサイダー取引の違反行為者が上場会社又は上場会社の役職員である場合には、上場会社のインサイダー取引防止体制が問われる可能性があるため、上場会社として開示が必要と判断される場合がある。

また、インサイダー取引又は情報漏洩行為が上場会社の業務に密接に関連して行われた場合には、事案の概要、関係者に対する処分、再発防止策等を公表して、株主、取引先その他社会一般に対する説明を行う必要がある場合が少なくない。

3　開示を行うタイミング

証券取引等監視委員会は、証券取引等監視委員会による公表が行われる前においては、調査の密行性の観点から、上場会社による開示を望まないため、上場会社がインサイダー取引規制違反の事案について開示を行う場合、課徴金納付命令の勧告又は告発に関する証券取引等監視委員会のホームページでの公表のタイミングで行うのが通常である。

4　開示を行っている事案

インサイダー取引に関して課徴金納付命令が出された事例のうち、当該インサイダー取引の対象となる株式の発行体である上場会社がTDnetを通じて開示を行っている事案については、その多くが上場会社又はその関係会社若しくはそれらの役職員がインサイダー取引若しくは情報伝達行為・取引推奨行為を行った事案か、又はそれらの者からの情報受領者がインサイダー取引を行った事案であり、上場会社における情報管理体制が問題となりうる事案において開示が行われていることが窺われる。

また、開示内容については、勧告の概要、違反行為者に対する処分の内容（違反行為者が上場会社又はその関係会社の役職員である場合）、違反行為者に対する損害賠償請求等の法的措置の検討、再発防止策の内容等を記載

するのが一般的となっている。

126
上場会社における内部調査

> 上場会社がインサイダー取引について内部調査を行う場合、①調査メンバー、②証券取引等監視委員会との調整、③調査の対象及び方法に留意する必要がある。

1 内部調査のメンバー

内部調査のメンバーは、社内の役職員のみで構成する場合、弁護士等の社外の専門家で構成する場合、及び社内の役職員と社外の専門家で構成する場合の3パターンが考えられる。

いずれのメンバー構成とするかは、事案により異なるが、例えば、迅速かつ効率的な調査を行うという観点からは、社外の者より社内の事情に通じている社内の役職員による調査を行うことが望ましい。一方、社内の役職員のみでは、調査の客観性を担保することが難しく、特に、内部調査の結果を外部に開示する等の場合には社外の者をメンバーに加えて調査の客観性を確保することが望ましい。また、内部調査は、証券取引等監視委員会等の調査を妨げることのないように行う必要があるところ、かかる観点からは経験のある専門家をメンバーに加えることが望ましい。

内部調査のメンバー構成については、以上の点を考慮の上決する必要があるが、実際には、社内の役職員と社外の専門家で構成する場合が少なくない。

2 証券取引等監視委員会との調整

内部調査の開始に当たっては、証券取引等監視委員会等との調整が必要となる。証券取引等監視委員会は、調査を円滑に進めるため、会社に対し

て徹底した情報管理を要請することがあるが、内部調査の実施は関係者の供述に影響を与えたり、証拠の散逸に繋がる可能性があるため、内部調査の実施について、証券取引等監視委員会の了承を得なければならない場合がある。例えば、中央三井トラストホールディングスにおける調査においては、証券取引等監視委員会との関係上、一定期間内部調査を自粛しており、その後、証券取引等監視委員会の承諾を得た上で特別調査委員会を設置している[16]。また、モルフォにおける調査においては、特別調査委員会による本格的な調査は、証券取引等監視委員会の調査が一応の区切りを迎えたことの確認後に開始されている[17]。

また、内部調査において一定の事実が判明した場合、その結果を証券取引等監視委員会に提出することが望ましい場合もある。例えば、内部調査の結果、違反行為が存在しないことが判明した場合には、その旨を証拠とともに証券取引等監視委員会に示すことで、証券取引等監視委員会による調査の早期終結を促すことが可能となる。また、内部調査の結果、違反行為が存在することが判明した場合であっても、上場会社の情報管理体制に不備がないこと、関係者の処分や再発防止策を証券取引等監視委員会に報告することは、証券取引等監視委員会の最終的な決定において一定の考慮がされる可能性があるため、望ましい場合がある。

3　内部調査の対象及び方法

(1)　事実関係の確認

内部調査においては、まず、問題となっているインサイダー取引の事実関係について確認することとなる。

もっとも、上記2に記載のとおり、証券取引等監視委員会による調査との関係上、証券取引等監視委員会による調査がある程度終了した後に上場

---

[16] 三井住友トラスト・ホールディングスが平成24年6月7日付で公表した「第三者委員会調査報告書」別添資料1頁参照。

[17] モルフォが平成29年3月17日付で公表した「特別調査委員会の調査報告書について」別添「調査報告書（公表版）」1頁参照。

会社としての内部調査を開始せざるを得ず、また、証券取引等監視委員会による調査がある程度終了した段階でなければ、インサイダー取引の違反行為の概要が判明しないことが多い。

　そのため、内部調査は、証券取引等監視委員会による勧告の内容を前提とした上で、再発防止等の観点から、その事実関係の詳細について確認することが多い。

(2)　発生原因の解明

　内部調査においては、インサイダー取引の発生原因の解明も行われる。インサイダー取引の発生原因を解明することで、会社のインサイダー取引防止体制が十分であったかを確認することができ、かかる検証に基づいて再発防止策を策定することが可能となる。

　発生原因の解明を行う方法としては、関係者に対するヒアリングの実施、メール・社内チャットの調査、電話通話記録の調査、ネットワークを通じた共有フォルダへのアクセス履歴の調査、内部通報窓口の設置、情報管理体制等（組織、内部規程等）の調査等が考えられる。

(3)　類似事案の調査（株取引調査）

　類似事案の調査として、役職員を対象とした株取引調査が行われることがある。かかる株取引調査が行われる理由は、会社の役職員によるインサイダー取引が行われた場合、世間から類似の事案の存在が疑われる可能性があり、会社の社会的信頼を回復するためには、全社的な調査を行い類似事案の有無を公表することが必要となる点にある。かかる株取引調査は、一般的には、まず役職員を対象とした株取引に関するアンケートを実施した上で、株取引を行っている役職員から株取引記録を提出してもらうという方法で行われるが、役職員によるアンケートの回答や株取引記録の提出は役職員の任意の協力を求める形となるため、役職員が調査に協力的でない場合には、その実効性を確保することは難しいという問題がある[18]。そのため、株取引調査として、役職員に対するアンケートのみを実施する例

もある。

127

調査委員会の設置及び公表

> インサイダー取引に係る調査委員会の設置の要否は、調査結果をステークホルダーに公表する必要性、第三者による調査の必要性等により異なり、例えば、実際に調査報告書の公表が行われている事例としては、証券会社や銀行等というインサイダー取引により当該事業に対する社会的信頼を失うおそれのある業種に係る事例や、上場会社の役員によるインサイダー取引という上場会社のインサイダー取引防止体制に疑いを生じさせる事例や悪質性が高い事例が挙げられる。

1　調査委員会の種類

　上場会社の株式についてインサイダー取引が行われた場合や会社の役職員等がインサイダー取引を行った場合において、会社から独立した委員による調査、原因の分析、再発防止策の提言等を行い、その結果をステークホルダーに公表することで会社の信頼を回復することや再発の防止を目的として、調査委員会を設置する場合がある[19]。

　調査委員会には、弁護士等の外部有識者のみにより構成される第三者委員会と、会社の役員等により構成される内部調査委員会があり、いずれを選択するかは事案の性質により異なるが[20]、一般的には、会社の役職員等

---

[18]　日本放送協会の社員によるインサイダー取引の調査においては、アンケートにより株取引を行っていると回答した役職員2,724名のうち943名が株取引記録の取得に関する委任状の提出を拒否しており、株取引調査の難しさを示している。

[19]　日本弁護士連合会「企業等不祥事における第三者委員会ガイドライン」（2010）前文参照。

[20]　内部調査委員会と第三者委員会のいずれを選択すべきかについて述べたものとして、日本弁護士連合会弁護士業務改革委員会編『「企業等不祥事における第三者委員会ガイドライン」の解説』（商事法務・2011）124頁以下参照。

が組織的に違法行為や情報漏洩行為を行っているケース等においては、内部調査では調査結果に客観性や中立性に疑義を呈される可能性があるため、第三者委員会による調査が必要となると思われる。

なお、第三者委員会については、日本弁護士連合会が平成22年に「企業等不祥事における第三者委員会ガイドライン」(以下「日弁連ガイドライン」という。)を公表している[21]。日弁連ガイドラインにおいては、会社から独立した委員のみをもって構成され、徹底した調査を実施した上で、専門家としての知見と経験に基づいて原因を分析し、必要に応じて具体的な再発防止策等を提言するような第三者委員会についてのモデルが示されている。もっとも、令和5年3月31日時点に公表されているインサイダー取引に係る第三者委員会の調査報告書においては、日弁連ガイドラインに沿っている旨の記載がされているものは見当たらない。

2 調査委員会の設置及び公表の要否

インサイダー取引が行われた場合の調査において、調査委員会を設置するか、それとも内部調査のみを実施するかについては、事案により異なる。

また、インサイダー取引の多くは、役職員等による個人的な犯罪行為であり、調査委員会を設置して調査結果を公表する必要性が高くないことも多い。これに対して、インサイダー取引が会社の業務の過程で行われたものであり、会社の情報管理体制やインサイダー取引防止体制が問われるようなケースにおいては、調査委員会の調査結果を公表することにより、会社の信頼を回復することが必要となることがある。

平成20年1月1日から令和5年3月31日までの間において、インサイダー取引に関して調査委員会が設置され、調査報告書又はその要旨が公表されている事例は、平成24年度頃までは、監査法人、報道機関、証券会社及び銀行という、上場会社の重要事実等を取り扱うことが当然に予定されており、また、インサイダー取引により当該事業に対する社会的信頼を失

---

21 https://www.nichibenren.or.jp/document/opinion/year/2010/100715_2.html

うおそれのある業種が多かった。

また、平成25年度頃以降は、特に、上場会社の役員による情報伝達行為という、上場会社のインサイダー取引防止体制に疑いを生じさせる事例や悪質性が高い事例において、調査報告書の公表が行われることが多い。

128 再発防止策

> インサイダー取引に対する再発防止策としては、役職員への啓発活動、株式取引の禁止等、誓約書の提出、情報管理体制の整備等が考えられる。

1　役職員への啓発活動

インサイダー取引の多くは、違反行為者が、インサイダー取引規制やインサイダー取引防止規程の存在を知らないか、又は意図的にこれらに違反して行う個人的な行為である。そのため、会社のインサイダー取引防止規程や情報管理体制に問題がないことも多い。

このような場合には、役職員に対してインサイダー取引に関する教育・研修を行うといった啓発活動が再発防止策の中心となり、実際のインサイダー取引事案に関する開示例においても、このような役職員への啓発活動のみをもって再発防止策とするケースも見受けられる。

2　具体的な再発防止策

上記1に対して、特に調査委員会が設置され、調査報告書又はその要旨が公表されているケースにおいては、当該上場会社の業務に対する社会的信頼や行為の悪質性等の観点から（「127　調査委員会の設置及び公表」参照）、インサイダー取引を個人的な犯罪行為として片付けることは難しく、会社の社会的信頼を回復するために、より具体的な再発防止策を講じるケースが多い。

(1) 株式取引の禁止等

　重要事実等を取り扱う部署に所属する者については、重要事実等に触れる機会が多いため、インサイダー取引のリスクが相対的に高い。そのため、再発防止策として、重要事実等を取り扱う可能性が高い部署に所属する者による株式取引を原則として一律禁止することが考えられる。

　実際の例としては、①公認会計士によるインサイダー取引のケースでは、関与先会社の株式の売買等が禁止され、②報道関係の会社の社員によるインサイダー取引のケースでは、報道情報システムの使用を認められている者及び報道局・海外総支局に所属する職員の株式取引が原則禁止され、また、③金融関係の会社の社員によるインサイダー取引のケースでは、(i)審査部門及び法務コンプライアンス部に所属する者の株式等の取引が禁止されたり、(ii)運用部門に所属する者の株式等の取引が禁止されたりした事例がある。

　一方で、①届出制度の徹底を図るとする例や、②届出制度の範囲を同居の有無にかかわらず役員の二親等以内の親族にまで拡大する例も見受けられる。

(2) 誓約書の提出

　インサイダー取引を行わないこと、情報漏洩を行わないこと等に関する誓約書を役職員に定期的に提出させることは、インサイダー取引について役職員に継続的に注意喚起を行うことに資するため、再発防止策として、役職員に誓約書を提出させることが考えられる。

　誓約書を提出する役職員の範囲については、例えば、①重要事実等を取り扱うことが当然に予定されている会社においては役職員全員、②その他の会社においては重要事実等を取り扱う部署に所属する役職員全員、また、その他の役職員については、重要事実等を知る立場になった場合に個別に誓約書を提出する方法が考えられる。

(3) 情報管理体制の整備

　重要事実等を取り扱っている部署から、他の部署の者に情報が漏洩し、その結果としてインサイダー取引が行われている場合には、再発防止策として、情報管理体制を整備することが考えられる。

　実際の例としては、案件名のコード化、ファイルへのパスワード設定の徹底、案件打合せにおける会議室利用の徹底、各種システムにおけるアクセスログの定期的な検証、アクセス権限の限定等、情報管理体制を整備するための具体的な方法が再発防止策として挙げられている。

　また、重要事実等を取り扱う会議体の範囲を明確化又は最小化する例や、情報管理責任者（「118　内部者取引防止規程」参照）の職務内容を明確にし、例外的に重要事実等を外部者に伝達する場合の手順を定める例、外部者に重要事実等を伝達する際は相手方及び内容を必要最小限の範囲に限定し、秘密保持契約書の締結等をもって相手方に対しても情報管理の徹底を求めるとする例等も見受けられる。

事 項 索 引

あ行

IR活動 ・・・・・・・・・・・・・・・・・・・・・ 231
新たに算出した・・・・・・・・・・・・・・・・ 180
逸失利益・・・・・・・・・・・・・・・・・・・・・ 165
一般事務受託者・・・・・・・・・・・・・・・・ 324
イトーキ事件・・・・・・・・・・・・・・・・・・ 32
インサイダー取引防止体制・・・・・・ 368,369
売付け等・・・・・・・・・・・・・・・・・・・・・ 221
SPC・・・・・・・・・・・・・・・・・・・・・・・・ 391
EDINET ・・・・・・・・・・・・・・・・・・・・ 252
MBO・・・・・・・・・・・・・・・・・・・・・・・ 137
応援買い・・・・・・・・・・・・・・・・・・・・・ 270
応募株主・・・・・・・・・・・・・・・・・・・・・ 398
オプション・・・・・・・・・・・・・・・・・・・ 299
親会社の異動・・・・・・・・・・・・・・・・・ 166

か行

買集め行為・・・・・・・・・・・・・・・・・・・ 26
海外証券規制当局・・・・・・・・・・・・・・ 486
海外の投資家・・・・・・・・・・・・・・・・・ 365
会計参与・・・・・・・・・・・・・・・・・・・・・ 27
会計帳簿閲覧権・・・・・・・・・・・・・・ 20,39
解散・・・・・・・・・・・・・・・・・・・・・・・・ 141
会社外部者・・・・・・・・・・・・・・・・・・・ 102
会社関係者・・・・・・・・・・・・・・・・・・・ 19
会社関係者等・・・・・・・・・・・・・・・・・ 3
買付け等・・・・・・・・・・・・・・・・・・・・・ 221
買付け等又は売付け等・・・・・・・・・・・ 8
課徴金・・・・・・・・・・・・・・・・・・・・ 10,353
課徴金事例・・・・・・・・・・・・・・・・・・・ 116
課徴金納付命令・・・・・・・・・・・・・・・ 480
課徴金の調整・・・・・・・・・・・・・・・・・ 363
カバードワラント・・・・・・・・・・・・・・ 249

株券・・・・・・・・・・・・・・・・・・・・・・・・ 249
株券等・・・・・・・・・・・・・・・・・・・・・・ 5,8
株式買取請求権・・・・・・・・・・・・・・・ 296
株式交付信託・・・・・・・・・・・・・・・・・ 438
株式取引の禁止等・・・・・・・・・・・・・ 500
株式分割・・・・・・・・・・・・・・・・・・・・・ 143
株式報酬制度・・・・・・・・・・・・・・・・・ 422
株取引調査・・・・・・・・・・・・・・・・・・・ 496
関係会社持株会・・・・・・・・・・・・・・・ 290
勧告・・・・・・・・・・・・・・・・・・・・・・・・ 478
監査役・・・・・・・・・・・・・・・・・・・・・・ 27
完全子会社化・・・・・・・・・・・・・・・・・ 136
関連株券等・・・・・・・・・・・・・・・・・・・ 250
関連有価証券・・・・・・・・・・・・・・・・・ 249
企業化・・・・・・・・・・・・・・・・・・・・・・ 143
企業集団・・・・・・・・・・・・・・・・・・・・・ 175
起訴・・・・・・・・・・・・・・・・・・・・・・・・ 484
基本合意書・・・・・・・・・・・・・・・・・・・ 253
行政庁による処分・・・・・・・・・・・・・ 164
業績連動型株式ユニット・・・・・・・・ 434
共同して買い集める者・・・・・・・・・・ 26
業務執行を決定する機関・・・・・・・・ 100
業務上の提携・・・・・・・・・・・・・・ 112,126
禁止される行為・・・・・・・・・・・・・・・ 215
金融商品取引所・・・・・・・・・・・・ 370,474
クロ・クロ取引・・・・・・・ 232,271,274,292,301
クロスボーダー取引・・・・・・・・・・・・ 486
経緯報告書・・・・・・・・・・・・・・・・・・・ 475
刑事罰・・・・・・・・・・・・・・・・・・・・・・ 349
軽微基準・・・・・・・・・・・・・・・・・ 81,85,147
契約の「締結若しくはその交渉又は
　履行に関し知ったとき」・・・・・・・・ 45
決算情報・・・・・・・・・・・・・・・・・・ 175,373
決算短信・・・・・・・・・・・・・・・・・・・・・ 176

決定・・・・・・・・・・・・・・・・・・・・・・・・・6	実質的経営者・・・・・・・・・・・・・・・・・・・101
決定時期・・・・・・・・・・・・・・・・・・・・・110	SHIFT株式・・・・・・・・・・・・・・・・・・・・・182
決定事実・・・・・・・・・・・・・・・・・・・・・・65	氏名の公表・・・・・・・・・・・・・・・・・・・・364
決定事実の中止・・・・・・・・・・・・・・・・・95	社債券・・・・・・・・・・・・・・・・・・・・・・・・249
決定事実の変更・・・・・・・・・・・・・・・・・96	従業員持株会・・・・・・・・・・・・・・・・・・・289
権限の行使に関し知ったとき・・・・・・・・41	従業員持株会RS・・・・・・・・・・・・・・・・・436
権利の行使に関し知ったとき・・・・・・・・39	重要事実・・・・・・・・・・・・・・・・・・・・・・・・4
故意・・・・・・・・・・・・・・・・・・・・・・・・260	重要情報の公表・・・・・・・・・・・・・・・・・377
公開買付者等・・・・・・・・・・・・・・・・・・・23	出向・・・・・・・・・・・・・・・・・・・・・・・・・・29
公開買付け・・・・・・・・・・・・・・・・133,485	取得条項・・・・・・・・・・・・・・・・・・・・・・301
公開買付者等関係者・・・・・・・・・・・・6,20	取得請求権・・・・・・・・・・・・・・・・・・・・301
公開買付け等・・・・・・・・・・・・・・・・・・・8	主要株主の異動・・・・・・・・・・・・・・・・166
公開買付け等事実・・・・・・・・・・・・・・・・7	種類株式・・・・・・・・・・・・・・・・・・・・・・249
公表・・・・・・・・・・・・・・・・・・5,7,250,284	純粋持株会社等・・・・・・・・・・・・・・・・・66
子会社・・・・・・・・・・・・・・・・・・・・・・153	証券取引等監視委員会・・・・・・・・・・・469
子会社の決算情報・・・・・・・・・・・・・・178	上場会社等・・・・・・・・・・・・・・・・・・・・・23
子会社の決定事実・・・・・・・・・・・・・・・83	上場廃止・・・・・・・・・・・・・・・・・・・・・・168
告発・・・・・・・・・・・・・・・・・・・・・・・・484	譲渡制限付株式・・・・・・・・・・・・・・・・429
固定資産の譲渡・・・・・・・・・・・・・・・146	譲渡制限付株式ユニット・・・・・・・・・・434
個別発注方式・・・・・・・・・・・・・・・・・414	使用人・・・・・・・・・・・・・・・・・・・・・・・・27
	情報管理体制・・・・・・・・・・・・・・・376,501
さ行	情報受領者・・・・・・・・・・・・・・・・・12,48
最近事業年度・・・・・・・・・・・・・・・・・・81	情報伝達・・・・・・・・・・・・・・・・・・・・・・361
財産権上の請求・・・・・・・・・・・・・・・171	情報伝達・取引推奨規制・・・・・・・・・・14
財産権上の請求に係る訴えの提起・・・・171	情報伝達行為・・・・・・・・・・・・・・・・・225
再発防止策・・・・・・・・・・・・・・・・・・・499	情報伝達者・・・・・・・・・・・・・・・・・・・・12
裁判・・・・・・・・・・・・・・・・・・・・・・・・484	職務等に関し・・・・・・・・・・・・・・・・・・5,7
J-REIT・・・・・・・・・・・・・・・・・・・・・・319	職務に関し知ったとき・・・・・・・・・・・・30
資金調達・・・・・・・・・・・・・・・・・・・・・204	知る前計画・・・・・・・・・・・・・・・・・・・291
自己株式・・・・・・・・・・・・・・・・・・・・・145	知る前計画・契約・・・・・・・・・・・・273,278
自己株式の取得・・・・・・・・・・・・・・・303	知る前契約・・・・・・・・・・・・・・・・・・・275
自己株取得・・・・・・・・・・・・・・・・・・・409	知る前契約・計画の中止・変更・・・・・・287
事後交付型RS・・・・・・・・・・・・・・・・・434	新株予約権証券・・・・・・・・・・・・・・・249
資産運用会社・・・・・・・・・・・・・・・・・321	新株予約権等の行使・・・・・・・・・・・・298
資産保管会社・・・・・・・・・・・・・・324,343	新規事業の開始・・・・・・・・・・・・・・・142
指示の撤回等・・・・・・・・・・・・・・・・・416	新製品・・・・・・・・・・・・・・・・・・・・・・・143
自社株投信・・・・・・・・・・・・・・・・・・・249	新製品の企業化・・・・・・・・・・・・・・・143
実現可能性の要否・・・・・・・・・・・・・112	信託方式・投資一任方式・・・・・・・・・414
執行役・・・・・・・・・・・・・・・・・・・・・・・27	審判手続・・・・・・・・・・・・・・・・・・・・・479

ストック・オプション	426
スポンサー	320,323
製品の欠陥	201
誓約書	500
積極的意思	232
組織再編	126,221
その他の従業者	29
損害の額	164

た行

第一次情報受領者	49
対抗買い	306
第二次情報受領者	49
代理人	27
大量保有報告書	255
立会外市場取引	418
立入検査	488
他人の計算	263,356
チャイニーズ・ウォール	38
注意喚起	475
仲介関連業務	362
中止	117
調査委員会	497
追徴	350
TDnet	252
訂正届出書	407,416
適用除外	269
デフォルト情報	271
デュー・ディリジェンス	396
店頭売買有価証券	24
Tokyo Pro Bond Market	24
Tokyo Pro Market	24
特殊関係者	354
特定株券等	250
特定有価証券	249
特定有価証券等	249
特別関係者	401
特別調査課	473
特別の事情に基づく売買等であることが	

明らかな売買等	312
トラッキング・ストック	154,178
取扱有価証券	24
取消訴訟	481
取引先持株会	290
取引推奨行為	225,361
取引調査課	472

な行

内部者取引防止規程	444
内部調査	494
日本エム・アイ・シー事件	43
日本版信託型ESOP	438

は行

売買等	5,217
バスケット条項	186,342
発生時期	159
発生事実	147
パフォーマンス・シェア	430
犯則事件	483
必要的没収	350
フェア・ディスクロージャー・ルール	377
プレス・リリース	375
粉飾決算等	195
別途買付けの禁止	416
法人	60
防戦買い	270,275
法的倒産手続開始	139
報道機関	251
法令に基づく権限	40,41
募集等関連業務	362
募集の払込金額の総額	81

ま行

マクロス事件	182
密接関係者	354
民事責任	366
持株会	288,392

元会社関係者・・・・・・・・・・・・・・・・・・・・・・・・ 22
元公開買付者等関係者・・・・・・・・・・・・・・・・ 22
モルフォ事件・・・・・・・・・・・・・・・・・・・・・ 35,127

や行

役員・・・・・・・・・・・・・・・・・・・・・・・・・・・・・・・・・ 27
役員等・・・・・・・・・・・・・・・・・・・・・・・・・・・・・・ 27
優先出資証券・・・・・・・・・・・・・・・・・・・・・・・ 249

ら行

リーク報道・・・・・・・・・・・・・・・・・・・・・・・・ 257
リストリクテッド・ストック・・・・・・・・ 430
流通株式比率の向上・・・・・・・・・・・・・・・・ 417
累積投資・・・・・・・・・・・・・・・・・・・・・・・・・・ 289

判 例 索 引

東京簡判平成2年9月26日資料版商事法務81号35頁（日新汽船事件）・・・・・・・・・・・・・・ 52
東京地判平成3年10月29日金判898号29頁・・・・・・・・・・・・・・・・・・・・・・・・・・・・・・・・・・・ 367
東京地判平成4年9月25日判時1438号151頁（マクロス事件）・・・・・・・・・ 180,181,182,190,196
東京簡判平成7年3月24日告発事件の概要一覧表4号事件（新日本国土工業事件）・・・ 159
大阪地判平成8年5月24日判時1609号153頁（日本商事事件）・・・・・・・・・・・・・・・・・・・・ 201
名古屋地判平成9年9月30日判タ972号283頁（鈴丹事件）・・・・・・・・・・・・・・・・・・・・・ 160
最判平成11年2月16日刑集53巻2号1頁（日本商事事件）・・・・・・・・・・・・・・・・・・・ 191,213
最判平成11年6月10日刑集53巻5号415頁（日本織物加工事件）・・・・・・・・・・・・・ 100,111,113
東京高判平成11年10月29日告発事件の概要一覧表21・22号事件（トーア・スチール事件）
・・・ 142
大阪高判平成13年3月16日金判1123号29頁（日本商事事件差戻後控訴審判決）・・・・・・ 197
東京地判平成15年5月2日判タ1139号311頁（三笠コカ・コーラボトリング事件）・・・・・ 45
最決平成15年12月3日判タ1141号150頁（日本エム・アイ・シー事件）・・・・・・・・・・・・ 43
横浜地判平成16年1月30日告発事件の概要一覧表54号事件（ソーテック事件）・・・・・・ 146
名古屋地判平成16年5月27日資料版商事法務244号206頁（大日本土木事件）・・・・・・・・ 54
東京地判平成17年10月19日判例体系28135419（イセキ開発工機事件）・・・・・・・・・・・・・ 139
東京地判平成17年10月27日LEX/DB28135404（西武鉄道事件）・・・・・・・・・・・・・・・ 191,208
東京地判平成17年10月28日判例体系28135406（チノン事件）・・・・・・・・・・・・・・・・・・・・ 42
東京地判平成18年7月7日告発事件の概要一覧表73号事件（キヤノンソフトウェア事件）
・・・ 145
東京地判平成18年12月25日判例体系28135098（日本経済新聞社社員インサイダー事件）
・・ 53,144,352
さいたま地判平成19年3月20日告発事件の概要一覧表84号事件等
　（アライドテレシス事件）・・ 145
東京地判平成19年7月19日資料版商事法務329号88頁（村上ファンド事件第1審判決）
・・・ 350
横浜地判平成19年12月18日告発事件の概要一覧表87号事件
　（ピーシーデポコーポレーション事件）・・・・・・・・・・・・・・・・・・・・・・・・・・・・・・・・・・・ 145
東京地判平成21年4月15日告発事件の概要一覧表111号事件（LTTバイオファーマ事件）
・・・ 191,209
さいたま地判平成21年5月27日告発事件の概要一覧表117号事件（プロデュース事件）
・・・ 191
東京地判平成21年9月14日判例体系28167002（LTTバイオファーマ事件）・・・・・・ 191,209
東京地判平成21年10月22日判タ1318号199頁（日本経済新聞株主代表訴訟事件）・・・・・ 367

判例索引

東京地判平成21年12月10日判例体系28168216（ジェイ・ブリッジ事件）・・・・・・・・・・・・ 351
東京地判平成22年2月4日LLI/DB06530007（グッドウィル・グループ事件）・・・・・・・ 84
東京地判平成22年4月5日判タ1382号372頁（テレウェイヴ事件）・・・・・・・・・・・・・・・ 352
大阪地判平成22年9月1日告発事件の概要一覧表132号事件（テークスグループ事件）
・・・ 191,206
東京地判平成23年4月26日LEX/DB25471735（リサ・パートナーズ事件）・・・ 57,187,192,204
最判平成23年6月6日刑集65巻4号385頁（村上ファンド事件）・・・・・・・・・・・・ 101,113,114
平成23年6月10日付告発　告発事件の概要一覧表144号事件
　（スルガコーポレーション事件）・・・・・・・・・・・・・・・・・・・・・・・・・・・・・・・・・・・・・ 192,207
東京地立川支判平成24年3月7日告発事件の概要一覧表142号事件
　（オックスホールディングス事件）・・・ 161
神戸地判平成24年5月18日告発事件の概要一覧表157号事件（日本風力開発事件）
・・・ 170,192,197
最判平成27年4月8日法時88巻2号135頁・・・・・・・・・・・・・・・・・・・・・・・・・・・・・・・・・ 28
東京地判平成28年2月26日LEX/DB25533915（石山Gateway Holdings事件）・・・・・・ 192
最決平成28年11月28日刑集70巻7号609頁（経産省職員インサイダー事件）・・・・ 42,257,259
東京高判平成29年6月29日判時2369号41頁
　（東京電力公募増資インサイダー事件課徴金納付命令取消訴訟控訴審判決）・・・ 34,36,481
東京高判平成29年6月29日金判1527号36頁・・・・・・・・・・・・・・・・・・・・・・・・・・・・・・・・ 52
東京地判平成30年1月25日告発事件の概要一覧表192号事件（東芝テック事件）・・・・・ 161
東京地判令和元年5月30日金判1572号14頁
　（日本板硝子公募増資インサイダー事件課徴金納付命令取消訴訟第1審判決）・・・・ 34,37
東京地判令和元年5月30日判タ1502号183頁・・・・・・・・・・・・・・・・・・・・・・・・・・・・・・ 482
東京高判令和2年6月25日金判1603号38頁・・・・・・・・・・・・・・・・・・・・・・・・・・・・・・・ 482
東京地判令和3年4月27日裁判所ウェブサイト・・・・・・・・・・・・・・・・・・・・・・・・・ 239,244
東京地判令和3年10月29日判時2552号55頁・・・・・・・・・・・・・・・・・・・・・・・・・・・・・・ 482
東京高判令和3年11月24日金判1648号33頁・・・・・・・・・・・・・・・・・・・・・・・・・・・・・・ 482
東京高判令和3年11月24日金法2196号57頁・・・・・・・・・・・・・・・・・・・・・・・・・・・・・・ 128
東京地判令和3年12月9日裁判所ウェブサイト
　（SHIFT株式に係る課徴金納付命令取消訴訟）・・・・・・・・・・・・・・・・・・・・・・・・・・ 181,483
東京地判令和4年1月21日資料版商事法務462号121頁
　（モルフォ事件課徴金納付命令取消訴訟第1審判決）・・・・・・・・・・・・・・・・・・・・・・・・・ 35
東京地判令和4年1月21日（平成31年（行ウ）第32号乃至第34号）LLI/DB・・・・・・ 482
東京地判令和4年1月21日（平成31年（行ウ）第36号及び第37号）LLI/DB・・・・・・ 482
最決令和4年2月25日刑集76巻2号139頁・・・・・・・・・・・・・・・・・・・・・・・・・・・・・・・・ 244
最三小決令和4年2月25日ジュリ1576号118頁（イトーキ事件）・・・・・・・・・・・・・・ 32,36
東京高判令和4年10月13日資料版商事法務466号102頁
　（SHIFT株式に係る課徴金納付命令取消訴訟）・・・・・・・・・・・・・・・・・・・・・・・・・・ 181,182
東京高判令和4年10月13日LLI/DB・・・・・・・・・・・・・・・・・・・・・・・・・・・・・・・・・・ 482,483

東京地判令和 4 年 7 月22日告発事件の概要一覧表211号事件（テラ事件）‥‥‥‥‥ 192
東京地判令和 5 年 6 月 7 日LEX/DB25573033（Aiming事件）‥‥‥‥‥‥‥‥‥ 192
東京地判令和 5 年 7 月 7 日LEX/DB25573033（Aiming事件）‥‥‥‥‥‥‥‥‥ 192
東京地判令和 5 年 7 月 7 日LEX/DB25573033（エイチーム事件）‥‥‥‥‥‥‥ 193
東京地判令和 5 年10月 5 日裁判所ウェブサイト‥‥‥‥‥‥‥‥‥‥‥‥‥‥‥ 244

略　歴

【編著者】

戸嶋　浩二（としま　こうじ）
　　1998年東京大学法学部卒業。2000年弁護士登録。2005年コロンビア大学ロースクール卒業。2006年ニューヨーク州弁護士登録。2006年～2007年東京証券取引所上場部に出向。現在、森・濱田松本法律事務所弁護士。
　〈主な著書等〉
　　『M&A法大系〔第2版〕』（有斐閣・2022、共著）、『資本業務提携ハンドブック』（商事法務・2020、共編著）、『M&A契約―モデル条項と解説』（商事法務・2018、共著）、『新・会社法実務問題シリーズ／2　株式・種類株式』（中央経済社・2012）等

久保田　修平（くぼた　しゅうへい）
　　2001年東京大学法学部卒業。2002年弁護士登録。2008年コーネル大学ロースクール卒業。2009年ニューヨーク州弁護士登録。2008年～2009年米国三菱商事株式会社法務部に出向。現在、森・濱田松本法律事務所弁護士。
　〈主な著書等〉
　　『M&A法大系〔第2版〕』（有斐閣・2022、共著）、『ヘルステックの法務Q&A〔第2版〕』（商事法務・2022、共著）、『エクイティ・ファイナンスの理論と実務〔第3版〕』（商事法務・2022、共著）、『論究会社法―会社判例の理論と実務』（有斐閣・2020、共著）等

宮田　俊（みやた　すぐる）
　　2005年東京大学法学部卒業。2007年東京大学法科大学院修了。2008年弁護士登録。2014年ニューヨーク大学ロースクール卒業。2015年ニューヨーク州弁護士登録。2017年金融庁証券取引等監視委員会事務局に出向。現在、森・濱田松本法律事務所弁護士。
　〈主な著書等〉
　　『類型別　不正・不祥事への初動対応』（中央経済社・2023、共著）、『エクイティ・ファイナンスの理論と実務〔第3版〕』（商事法務・2022、共著）、「インサイダー取引に関する留意点～最新の動向を踏まえて～」（月刊監査役No.723・2021）、「暗号資産取引、STOとその不正」（金融法務事情2144号・2020、共著）等

【第2版著者】

清水池　徹（しみずいけ　とおる）

2009年同志社大学法学部卒業。2010年弁護士登録（森・濱田松本法律事務所）。2014年〜2015年サントリー食品インターナショナル株式会社総務部、2019年〜2021年金融庁証券取引等監視委員会事務局にそれぞれ出向。現在、SMBC日興証券株式会社コンプライアンス統括部。

〈主な著書等〉

「バスケット条項に関する考察—近年の課徴金勧告事案を題材として—」（旬刊商事法務2215号・2019、共著）、『自動運転・MaaSビジネスの法務〔第1版〕』（中央経済社・2020、共著）、『弁護士が教える　いちばんわかりやすい労働判例集』（労務行政・2018、共著）

芳川　雄磨（よしかわ　ゆうま）

2015年慶應義塾大学法学部卒業。2017年慶應義塾大学法科大学院修了。2018年弁護士登録。2020年東京証券取引所上場部に出向。2024年ベトナム外国弁護士登録。現在、森・濱田松本法律事務所弁護士。

〈主な著書等〉

「他社株公開買付けにおける応募契約・不応募契約および公開買付者と対象者との間の契約等の分析（上・下）」（資料版商事法務470号・471号・2023、共著）、「『公正なM&Aの在り方に関する指針』策定後の公開買付けにおける公正性担保措置の分析」（資料版商事法務459号・2022、共著）、「コーポレートガバナンス・コードの改訂を踏まえた『コーポレート・ガバナンスに関する報告書』の作成上の留意点」（旬刊商事法務2268号・2021）等

須賀　裕哉（すが　ゆうや）

2015年東京大学法学部卒業。2017年東京大学法科大学院修了。2018年弁護士登録（森・濱田松本法律事務所）。2021年東京証券取引所上場部に出向。現在、KTS法律事務所弁護士。

〈主な著書等〉

『Q&A越境ワークの法務・労務・税務ガイドブック』（日本法令・2023、共著）、「MBO等における株式価値算定上の論点と開示」（資料版商事法務461号・2022）等

西條　景（にしじょう　けい）

2016年大阪大学法学部卒業。2018年京都大学法科大学院修了。2019年弁護士登録。現在、森・濱田松本法律事務所弁護士。

〈主な著書等〉
「民法・不動産登記法(所有者不明土地関係)の改正等(前編・後編)」(ARES不動産証券化ジャーナルVol.62・Vol.63・2021、共著)等

江角　航介（えすみ　こうすけ）
　2018年東京大学法学部卒業。2020年弁護士登録。現在、森・濱田松本法律事務所弁護士。
〈主な著書等〉
「公開買付けの予告（予告TOB）に関する事例分析（上・下）」(資料版商事法務483号・484号・2024、共著)、「他社株公開買付けにおける応募契約・不応募契約および公開買付者と対象者との間の契約等の分析（上・下）」(資料版商事法務470号・471号・2023、共著)

古橋　悠（ふるはし　ゆう）
　2018年東京大学法学部卒業。2020年弁護士登録。現在、森・濱田松本法律事務所弁護士。
〈主な著書等〉
『自動運転・MaaSビジネスの法務〔第2版〕』(中央経済社・2023、共著)、『新アプリ法務ハンドブック』(日本加除出版・2022、共著)、「第208回通常国会で成立した主な法律と実務への影響」(旬刊経理情報No.1652・2022)

【初版著者】
峯岸　健太郎（みねぎし　けんたろう）
　2001年一橋大学法学部卒業。2002年弁護士登録（森・濱田松本法律事務所）。2006年～2007年金融庁総務企画局企業開示課に専門官（任期付公務員）として執務。現在、三浦法律事務所弁護士。

園田　観希央（そのだ　みきお）
　2003年早稲田大学法学部卒業。2006年東京大学法科大学院修了。2007年弁護士登録。2010年～2011年東京証券取引所上場部に出向。2014年バージニア大学ロースクール卒業。2016年ニューヨーク州弁護士登録。現在、弁護士法人森・濱田松本法律事務所弁護士。

石川　大輝（いしかわ　だいき）
　2005年東京大学法学部卒業。2007年東京大学法科大学院修了。2008年弁護士登録。2014年シカゴ大学ロースクール卒業。2014年～2015年北米三菱商事会社法務部に出向。現在、森・濱田松本法律事務所弁護士。

邉　英基（べん　ひでき）
　　2007年慶應義塾大学法学部卒業。2008年弁護士登録。2014年ミシガン大学ロースクール卒業。2015年ニューヨーク州弁護士登録。2015年〜2018年法務省民事局に出向。現在、森・濱田松本法律事務所弁護士。

佐川　雄規（さがわ　ゆうき）
　　2008年東京大学法学部卒業。2009年弁護士登録（森・濱田松本法律事務所）。2012年〜2013年東京証券取引所上場部に出向。2016年コロンビア大学ロースクール卒業。2017年ニューヨーク州弁護士登録。現在、パナソニックホールディングス株式会社。

茨木　雅明（いばらぎ　まさあき）
　　2007年早稲田大学法学部卒業。2010年早稲田大学法科大学院修了。2011年弁護士登録（森・濱田松本法律事務所）。現在、三菱商事株式会社法務部。

事例でわかるインサイダー取引〔第2版〕

2013年12月27日	初　版第1刷発行
2024年11月20日	第2版第1刷発行
2025年1月21日	第2版第2刷発行

編著者	戸　嶋　浩　二　　久保田　修　平
	宮　田　　　俊

著　者	清水池　　　徹　　芳　川　雄　磨
	須　賀　裕　哉　　西　條　　　景
	江　角　航　介　　古　橋　　　悠

発行者　　石　川　雅　規

発行所　　髜商　事　法　務

〒103-0027　東京都中央区日本橋3-6-2
TEL 03-6262-6756・FAX 03-6262-6804〔営業〕
TEL 03-6262-6769〔編集〕
https://www.shojihomu.co.jp/

落丁・乱丁本はお取り替えいたします。
印刷／そうめいコミュニケーションプリンティング
©2024 Koji Toshima, Shuhei Kubota, Suguru Miyata
Printed in Japan
Shojihomu Co., Ltd.
ISBN978-4-7857-3123-6
＊定価はカバーに表示してあります。

JCOPY　＜出版者著作権管理機構　委託出版物＞
本書の無断複製は著作権法上での例外を除き禁じられています。
複製される場合は、そのつど事前に、出版者著作権管理機構
（電話03-5244-5088、FAX 03-5244-5089、e-mail: info@jcopy.or.jp）
の許諾を得てください。